Bernd Rill

Tilly

Bernd Rill

Tilly

Feldherr für Kaiser und Reich

Universitas

Schutzumschlag: Christel Aumann, München
Satz: Fotosatz Völkl, Germering
Druck: Jos. C. Huber KG, Dießen
Buchbinder: R. Oldenbourg, München
Printed in Germany
ISBN: 3-8004-1068-0

Vorwort zum Thema »Tilly«

In der Münchner Feldherrnhalle stehen die Statuen zweier bayerischer Heerführer, derer sich die Geschichtsschreibung bis jetzt in unzureichendem Maße angenommen hat: des Fürsten Wrede und des Johann Tserclaes, Grafen von Tilly. Dabei reicht die Bedeutung beider weit über die weiß-blauen Grenzpfähle hinaus, besonders die Tillys.

Denn dieser hat im Dreißigjährigen Krieg länger ein Oberkommando geführt als irgendeine andere damalige Feldherrngröße. Ohne seine militärischen Fähigkeiten, eingesetzt im Dienste des Herzogs und Kurfürsten Maximilian und an der Seite des Kaisers und der katholischen Partei, wären deren Heere nicht im ersten Drittel des langen Krieges bis an die Ufer der Nord- und Ostsee gelangt, und hätte der Kaiser niemals die Machtfülle erreicht, die es ihm nach Jahrhunderten zum ersten Mal wieder zu ermöglichen schien, als Herr ganz Deutschlands gebieterisch aufzutreten.

Ohne Tillys Mitwirkung wäre die böhmische Rebellion von 1618 nicht niedergeworfen worden; ohne Tillys Feldherrentalent, das manchmal die Grenze zum Genie streifte, wäre die fortbestehende protestantisch-calvinistische Opposition im Reich nicht zersprengt, der König von Dänemark nicht aus der Reichspolitik ausgeschaltet worden. Und ohne die ungeheure Willenskraft des greisen Tilly schließlich hätte die katholische Herrschaft in Norddeutschland nicht einmal ein Jahr gegen den Ansturm des Schwedenkönigs Gustav Adolf aufrechterhalten werden können.

Das verdunkelte Tillys Ruhm bei der Nachwelt: daß er vor dem »Löwen aus Mitternacht« das Feld räumen mußte. Und noch etwas trübt den Blick des Betrachters: daß Tilly auch in der Zeit seines Erfolges im Schatten Wallensteins stand. Dies jedoch ist ungerecht und schief gesehen, wie die Tatsachen zeigen, die auch von der Geschichtsschreibung oftmals zurechtgerückt werden, damit die Farben des Gemäldes, das der Historiker von einer Zeit entwerfen will, auch richtig zusammenstimmen.

Natürlich ist der Grund der Malerei in der genialen Persönlichkeit Wallensteins zu sehen, der an politischem Weitblick und an Organisationskraft Tilly überragte – an militärischen Fähigkeiten aber ihm letztlich nicht gleichkam. Und außerdem ist es keine Frage, daß Wallensteins kolossales Auftreten ab 1625/26 im Deutschen Reich ohne die selbständige Stellung Tillys neben ihm unmöglich gewesen wäre. Es ist also nichts als Fairneß, dem Wallonen in bayerischen Diensten den Ehrenplatz im Geschehen des Dreißigjährigen Krieges zuzuerkennen, den er im Bewußtsein des Publikums nicht immer hat.

Folgen wir ihm also durch das Grauen seiner Feldzuge, und hören wir dazu, was selbst seine Gegner zugaben: daß er nur deshalb Krieg führte, um den Krieg zu beenden, und daß an der Redlichkeit dieser seiner Absicht kein Zweifel erlaubt ist, denn er gehörte zu den uneigennützigsten Akteuren, die jemals in der Geschichte aufgetreten sind. Der Krieg war ihm, der Krieg führen konnte wie ein Meister, doch immer auch ein Ärgernis. Dafür werden wir, die wir zwei Weltkriege hinter uns haben und im Schatten der Atomwaffen leben, mehr Verständnis aufbringen können als die Generationen vergangener Jahrhunderte.

Ein Heldenlied für Tilly soll dieses Buch also nicht sein, denn seine Taten sprechen auch dann für ihn, wenn wir sie einfach nacherzählen.

Dabei dürfen wir nicht in die Fehler verfallen, die der Reihe nach schon Scharnhorst angeprangert hat, »ein Gemälde mit starken Farben aufzutragen, so daß es unmöglich wird, die wahren Umstände, Ursachen und Folgen zu entdecken.«

Vielmehr müssen »die vorgefallenen Begebenheiten nicht als die Handlung einzelner Individuen, sondern in ihrem Verhältnis zum Ganzen genommen« gezeichnet werden. Das bedeutet, daß Tillys Feldzüge in die politische Entwicklung einzuordnen sind, der sie dienten. Auch wollen wir uns in der folkloristischen Schilderung des Kriegselends etwas Zurückhaltung auferlegen, und zwar aus zweierlei Gründen: wir müßten sonst mit Grimmelshausen und Schiller in stilistische Konkurrenz treten, und außerdem sind die Verwüstungen des Krieges gar nicht so katastrophal gewesen, wie es üblicherweise referiert wird. Hier ist aus historischer Überlieferung Genre-Malerei geworden, so als ob der Dreißigjährige Krieg mit Callots Radierungen unter dem Motto »Les Misères et les Malheurs de la Guerre« ganz und gar zusammenfiele.

Der in England lehrende Historiker S. H. Steinberg weist nach, daß die hohen Menschenverluste einzelner deutscher Landstriche, aus denen üblicherweise das Bild einer Apokalypse gewonnen wird, oft fragwürdig und auch falsch sind; er spricht daher von einer »Fabel von der allgemeinen Verwüstung und dem Massenelend« und resümiert: »Die Kriege des 17. Jahrhunderts wirkten auch nicht verheerender oder in stärkerem Maße entsittlichend als andere Kriege vorher oder nachher.« Hier ein »Gemälde mit starken Farben aufzutragen« wäre also ein literarisches, aber kein historiographisches Unterfangen.

Wir dürfen ferner nicht einseitig »die Augenblicke wählen, in welchen wir unseren Helden erscheinen lassen wollen«, so daß wir ihn dann »immer nur im Paradekleide« sehen; das würde dem nüchternen und redlichen Charakter Tillys auch wenig entsprechen. Es wird uns vorkommen, als sei er gerade auf diese Art immer im Paradekleide erschienen, da er ständig auf der Höhe der einmal erreichten Leistung blieb. Er ist nach einem langen siegreichen Leben zwar in Niederlage gestorben, aber er hat persönlich doch nicht versagt.

Und so mußte er in bitterer Erfahrung am eigenen Leib die von Scharnhorst ausgesprochene Wahrheit lernen, daß Kriegsgeschichte mit ihrem Auf und Ab, das auch von der stärksten Hand nicht gebändigt werden kann, oft »nichts weiter ist als ein an Wahrscheinlichkeit grenzender Roman.«

1. Kapitel

Der Geist der Zeit

Am Vormittag des 5. Juni 1568 war auf dem Markt von Brüssel, der Hauptstadt der spanischen Niederlande, ein Blutgerüst errichtet, ganz mit schwarzem Tuch bedeckt. Der Oberkommandierende der Truppen des spanischen Königs im Lande und außerordentliche Kommissar Philipps II., Fernando Alvarez de Toledo, Herzog von Alba, hatte die Hinrichtungsstätte mit zweiundzwanzig Fahnen seiner Soldaten einschließen lassen, mehr als 2000 Mann, die jeden Versuch, die angeordneten Exekutionen zu stören, im Blut ersticken sollten. Der Platz starrte vor Waffen.
Gegen elf Uhr führte die Wache den ersten Delinquenten herbei: Lamoral, Grafen von Egmont und Prinzen von Gavre, wegen des vielfachen Verbrechens der beleidigten Majestät zum Tode durch öffentliche Enthauptung verurteilt. Als Egmont das Blutgerüst bestiegen hatte, beklagte er, daß er keinen rühmlicheren Tod für König und Vaterland sterben könne. In völliger Verkennung seiner und der Niederlande Situation fragte er seine Umgebung, ob er noch auf Begnadigung hoffen dürfe. Meinte er etwa, diese ganzen hochnotpeinlichen Zurüstungen seien nur als eine grausame Komödie gedacht, die man dem finsteren Herzog Alba, der von einem Fenster des Regierungspalastes auf die Szene herabblickte, wohl zutrauen könnte?
Nun mußte Egmont niederknien, das Kruzifix küssen, das auf einem Tischchen neben ihm aufgestellt war, die letzte Ölung empfangen, und als er mit lauter Stimme gebetet hatte: »In manus tuas, domine, commendo spiritum meum«, hob der Henker das Richtschwert und hieb zu.
Während der Leichnam mit einem schwarzen Tuch zugedeckt wur-

de, führten die spanischen Soldaten in lastender Stille den nächsten Todeskandidaten herbei, den Grafen Hoorne. Fassungslos zeigte er auf den Leicham vor ihm und fragte, ob das der Körper seines Freundes Egmont sei. Der Hauptmann, der die Exekution überwachte, nickte, Hoorne mußte auf das Kissen niederknien, auf dem kurz zuvor Egmont gekniet hatte, und auch sein Haupt fiel unter dem Schwert des Henkers. Die Köpfe der beiden Grafen wurden auf Piken über dem Blutgerüst aufgesteckt und durften erst um drei Uhr nachmittags auf ausdrücklichen Befehl des Herzogs von Alba abgenommen werden.

Ganz Brüssel war entsetzt, viele der herbeigeströmten Zuschauer weinten, mehr noch: die ganzen spanischen Niederlande ergriff lähmender Schrecken, auch den Adel, der so offensichtlich vor Albas Blutdurst nicht sicher war.

Genau diese Einschüchterung hatte Alba mit den Todesurteilen gegen die beiden im Lande weit bekannten und auch populären Adligen bewirken wollen. Da die Urteile rechtlich auf sehr schwachen Füßen standen, auf so schwachen, daß sich in der Residenz Albas und auch in der seines Herrn und Meisters im Escorial, Philipp II., die Gnadengesuche hoher und höchster Herren aus ganz Europa geradezu zu häufen begannen, konnten sie nur den Sinn haben, Terror auszuüben.

Vielleicht war unter den Zuschauern der makabren Szene auch der Herr Martin Tserclaes von Tilly gewesen, der aus dem französischsprachigen Teil der Niederlande kam, mit seinem Stammschloß zwischen Nivelles und Gembloux im Süden der Provinz Brabant. Es wäre nicht verwunderlich gewesen, wenn er sein eigenes Leben für gefährdet gehalten hätte. Denn der niederländische Adel war durch die politischen Ereignisse der letzten Jahre gegenüber dem König von Spanien doch recht ins Zwielicht geraten, und Alba zögerte nicht, als sein Henker aufzutreten: vor Egmont und Hoorne waren schon fünfundzwanzig andere Aristokraten auf dem Brüsseler Hauptplatz zum Blutgerüst geführt worden, verurteilt auf Geheiß des Herzogs vom sogenannten »Conseil des Troubles«, den die Einheimischen nur noch den »Blutrat« nannten.

Politische und religiöse Anlässe gleichermaßen hatten die reichsten europäischen Provinzen des spanischen Weltreichs in große Unruhe versetzt. Philipp II. war seinem Vater, dem spanischen König Karl

I., als römischer Kaiser Karl V., 1555 in der Regierung der Niederlande gefolgt. Der alternde Kaiser hatte 1546/47 die protestantischen Fürsten im Reich bekriegt und unterworfen. Am 23. April 1547 wurden bei Mühlberg die im Schmakaldischen Bund zusammengeschlossenen evangelischen Fürsten und Städte besiegt, zum ersten Mal im Reformationszeitalter war damit um des alten Glaubens willen Blut vergossen worden. Aber Karl V. gelang es nicht, seinen Sieg zur Rekatholisierung der Besiegten zu verwenden. Nicht nur, daß deren Glaubenswechsel mit Waffen allein nicht durchgesetzt werden konnte – dazu hatte die Reformation unter den Deutschen schon zu festen Fuß gefaßt –, sogar diese Waffen waren dem Kaiser von Kurfürst Moritz von Sachsen wieder aus der Hand geschlagen worden. Karl V. mußte sich zum Religionsfrieden bequemen, den sein Bruder Ferdinand schließlich 1555 zu Augsburg mit den Protestanten aushandelte.

Darin verzichtete der deutsche Teil des Hauses Habsburg auf seine Pläne, die alte Religion im Reich wieder durchzusetzen, indem er den Grundsatz zum Reichsgesetz machte, daß die Konfession eines Fürsten auch die seiner Untertanen bestimmte (cuius regio, eius religio). Wer von den Untertanen sich dem nicht fügen wollte, der mußte auswandern und fand keinerlei Stütze an den Fürsten der jeweils anderen konfessionellen Seite. Das bedeutete, daß protestantische Reichsstände in ihrem Territorium die Reformation ungehindert durchsetzen konnten, galt aber natürlich auch für Fürsten, die zur Rekatholisierung entschlossen waren. Also ein rein formaler Kompromiß, der einerseits die Errungenschaft des allgemeinen Landfriedens im Reich, wie er von Kaiser Maximilian I. auf dem Reichstag von Worms (1495) verkündet worden war, auf das religiöse Feld ausdehnte.

Aber andererseits war der angehäufte konfessionelle Streitstoff, die religiöse Polarisierung der Gemüter damit keinesfalls aus der Welt geschafft; unter dem Schutz des Augsburger Friedens konnten die Parteien erneut rüsten, bis sie sich stark genug fühlen mochten, ihn zu ihrem Vorteil über den Haufen zu werfen. Betrachtete Spanien sich nicht schon seit Jahrhunderten, seit der Verdrängung der mohammedanischen Mauren von seinem Boden, als der Hort und Vorkämpfer katholischer Rechtgläubigkeit? Und wie denn, wenn die spanischen Habsburger sich ihrer deutschen Verwandten plötzlich annahmen und ihr Interesse in einer Wiederdurchsetzung der katholischen Religion im Reich erblickten? Galt doch der Kaiser des Heiligen Römischen Reiches als der Schutzherr des altüberkommenen römisch-katholischen Glaubens, und ob er in Augsburg endgültig auf diese Position verzichtet hatte, das war eine Frage, die man in Madrid ganz anders beantworten konnte als in Wien. Philipp II. hatte sogar ein Recht zur Mitsprache im Reich, denn als Herr der Niederlande, Herzog von Luxemburg, Freigraf von Burgund und Herzog von Mailand war auch er ein Reichsfürst.

Aber das waren die Gefahren der Zukunft. Zunächst war Philipp durch den Willen seines Vaters zum religiösen Waffenstillstand auch im Reich verpflichtet, ein Krieg gegen Frankreich (1557–59) hielt die spanische Macht im Westen fest, und dann begann der Aufstand in den Niederlanden, der das stolze Weltreich mit all seinen für damalige Zeiten unermeßlichen Hilfsquellen beständig lähmte und in die rein defensive Aufgabe verstrickte, erst einmal die eigenen Provinzen zu behaupten. Da auch hier der Widerstand von Protestanten und Calvinisten gegen den katholischen Hof von Madrid einen wesentlichen Faktor bildete, war die Flamme des Glaubenskrieges am Rande des Reiches schon auf Dauer entzündet.

Philipp II. kannte gegenüber seinen niederländischen Untertanen weder politische noch religiöse Toleranz. Der Adel, darunter der Herr von Tilly, lebte ohne Religionsfrieden, in beständiger Spannung. Die spanischen Könige hatten auf ihrer heimischen Halbinsel ihre absolute Herrschaft auf Kosten der Stände durchgesetzt; Philipp II. gedachte diese Regierungsweise auch auf die Niederlande zu übertragen, die sich seit Jahrhunderten weitgehender ständischer Freiheit erfreuten und diese auch in offenem Aufruhr gegen Maximilian I. und Karl V. behauptet hatten. Spanien wollte nun, ungeachtet solcher Erfahrungen, ungehindert durch aristokratische Vorrechte, wie verbrieft sie auch waren, an dem blühenden Reichtum dieser Provinzen teilhaben, und es wollte seine katholischen Untertanen dort nicht von den Protestanten und Calvinisten drangsaliert sehen, die ebensowenig Toleranz zeigten wie die Anhänger der alten Kirche.

Der Staatsrat, die ständische Regierung in Brüssel und damit die politische Domäne des einheimischen Adels, war infolge der Mitgliedschaft des landfremden Kardinals Granvella, des Sohnes eines Ministers Karls V., zum heimlichen Befehlsempfänger Philipps II. geworden. Die Inquisition versuchte im Lande ihre scharfe Ketzergesetzgebung durchzusetzen und trieb dadurch den Adel erst recht dem neuen Glauben in die Arme. Da half es auch nichts mehr, daß Philipp seine Truppen vorübergehend aus dem Lande und Granvella aus dem Staatsrat zurückzog – denn die Inquisition ermunterte er sogar noch. Auch mußte in dieser Atmosphäre die Kirchenreform, zu der die katholische Seite langsam zu gelangen suchte, mit einer Entsendung von Jesuiten und der Vergrößerung der Anzahl der Bischofssitze gegen die niederländischen Interessen wirken. Je mehr katholisch-spanische Einheitlichkeit erstrebt wurde, desto mehr versteifte sich der einheimische Widerstand.

Schließlich entlud er sich in verheerenden Bilderstürmereien gegen katholische Kirchen und Klöster. Da Philipp II. persönlich ein eifriger Diener des Glaubens war und nunmehr auch seine königliche Autorität schwer beleidigt sah, entschloß er sich endgültig zur Züchtigung seiner niederländischen Untertanen – auch des aufsässigen Adels. Alba marschierte 1567 mit einer Armee und weitgehenden Vollmachten im Lande ein, schuf ein drückendes Klima von Verfolgung und Verdacht und versuchte, den Adel ganz ohne Zuckerbrot, nur mit der Peitsche in den schuldigen Gehorsam zurückzuzwingen. Wir wissen, daß diese Politik schließlich scheiterte, da sie zu starrsinnig war. Doch in den Jahren 1567/68, als die Grafen Egmont und Hoorne zur Abschreckung sterben mußten, da war Alba in den Niederlanden der weitaus stärkere. Entweder Hinrichtung oder Flucht ins Ausland bei Konfiskation des gesamten Vermögens drohte nun demjenigen, der sich nicht sofort beugte. Der Sohn Egmonts flüchtete sich gleichsam in spanische Kriegsdienste. Was konnte da schon der um vieles weniger einflußreiche Herr Martin Tserclaes von Tilly tun?

Einige Zeit nach den spektakulären Hinrichtungen hatte Alba eine Menge von Verbannungsurteilen ausgesprochen, am 1. September 1568 auch gegen den Herrn von Tilly, Seneschall von Namur und Eigentümer der Güter Balastre und Montigny, denn dieser hatte einem als hochverräterisch angesehenen Unternehmen nahegestanden, dem »Kompromiß von Brüssel«. Im Dezember 1565 hatten sich einige Adlige zusammengetan und ein Dokument aufgesetzt, in dem die Abschaffung der Gerichtshöfe der Inquisition und die Milderung

der Ketzergesetzgebung verlangt wurde. Das Dokument zirkulierte unter dem niederen Adel, zu dem wir auch Martin von Tilly zählen dürfen, und bekam dort an die 400 Unterschriften. Der höhere Adel kompromittierte sich zwar nicht auf diese Weise, erklärte sich aber der Krone gegenüber außerstande, für die Durchführung der Ketzergesetzgebung garantieren zu können.
Die Sache hatte gefährliche Konsequenzen für die Spanier: die Adligen, die das Gesuch, das auch Tillys Unterschrift trug, der Statthalterin unterbreiteten, von einem ihrer Beamten verächtlich als »Bettler« (»Gueux« bzw. »Geusen«) bezeichnet, setzten eine Milderung der Ketzergesetzgebung durch. Selber nahmen sie die Bezeichnung »Geusen« an, um ihren Stolz gegen den spanischen Stolz trotzig zur Schau zu stellen. Die Situation verschlechterte sich noch bis zu den Bilderstürmereien des Jahres 1566. Dann marschierte Alba ein, und seine Vergeltung traf auch Martin von Tilly.
Jetzt durfte der ehemalige Rebell nur noch daran denken, das Überleben seiner Familie zu sichern und ihr die Zukunft nicht hoffnungslos zu verbauen. Er floh aus dem Machtbereich Albas; seine Gemahlin gab die Söhne Jakob und Johann gleichsam zur Buße für die Hochverräterei Martins und vielleicht auch als Geiseln für späteres Wohlverhalten zu den Jesuiten in die Schule, erst nach Châtelet, dann nach Köln, dem Zentrum des jesuitischen Schulbetriebs am Niederrhein und weit genug entfernt von der Gefahr ketzerischer Ansteckung in den Niederlanden.
Johann Tserclaes von Tilly, geboren im Februar 1559 auf Tilly (oder in Brüssel? oder in Lüttich?), der zweite Sohn des Martin, hatte so seine ersten Lebensjahre in Waffenlärm und Glaubensverfolgung verlebt, im Banne der beginnenden, habsburgisch gelenkten Gegenreformation, die zwar durchaus nicht auf Krieg eingeschworen war, aber ihn auch nicht verabscheute. Das Zeitalter war eisern, und es war gleichzeitig fromm und glaubenseifrig – man könnte eine Parallele zum Lebensgefühl mittelalterlicher Ordensritter ziehen.
Und in der Tat stammen Johanns Vorfahren mütterlicherseits aus dem Ordensland Ostpreußen: die Mutter Dorothea, Mädchenname von Schierstädt, kam vom Gut Heselecht bei Neidenburg an den Hof der Königin Maria von Ungarn, Statthalterin der Niederlande. Martin von Tilly hatte unter Meinhardt von Schierstädt, dem Vater der Dorothea, in Livland in den fünfziger Jahren des Jahrhunderts

gegen die Russen Iwans IV. (»des Schrecklichen«) gekämpft. Auch er war also ein Offizier, und die Russen galten damals schlicht als Ketzer, der Kriegsdienst gegen sie als Kreuzzug; in den Niederlanden war die Stimmung zwischen Lutheranern, Calvinisten und Katholiken um nichts besser.

In dieser Atmosphäre wuchs Johann Tserclaes auf, erntete er seinen Kriegsruhm, und ihr fiel er schließlich auch zum Opfer. Damit ist zwar der geschichtliche Grundakkord gegeben, aber genauere Einzelheiten über die erste Kindheit des späteren Feldherren sind unbekannt. Keinerlei Anekdoten sind überliefert, weder wahre noch gut erfundene, aus denen die Zeitgenossen auf seine spätere Kriegstüchtigkeit geschlossen hätten, keine angeblich schneidig kommandierte Schneeballschlacht wie im Falle des kleinen Napoleone di Buonaparte. Allerdings auch nicht das erste Aufscheinen von bedenklichen Charakterzügen wie dessen höchst aggressive Rauflust gegenüber den Nachbarkindern.

Um sein kriegerisches Talent so früh schon zu beleuchten, bliebe demnach nur seine Ahnentafel: die wird bis 1064 zurückverfolgt, bis zum Todesjahr des Ahnherrn väterlicherseits, Gideon Tserclaes. Mit ihm könnte man die Tillys sogar auf die normannischen Krieger zurückführen, die Wilhelm dem Eroberer bei seiner Unterwerfung Englands halfen – wenn der Ahnherr Gideon eine historisch faßbare Persönlichkeit wäre. Angesichts der Neigung vieler aristokratischer Familien, ihre Ursprünge auf sagenhafte Recken der grauen Vorzeit zurückzuführen, ist hier wohl Vorsicht angebracht. Jedenfalls ist sicher, daß unter den Vorfahren viele Soldaten waren, und einer von ihnen, Evrart Tserclaes, hatte 1421 sogar einen Aufstand gegen seinen Herzog Johann von Brabant angezettelt und Brüssel in seine Hand gebracht – wofür er seinen Kopf verlor.

Im übrigen wurde der Held unserer Biographie der Berühmteste seiner ganzen Familie und war damit »selbst Ahne«, wie es Napoleons Marschall Ney einmal einem übermütigen Aristokraten entgegengeschleudert hat. Es soll also nur noch festgehalten werden, daß das Geschlecht ursprünglich schlicht Tserclaes hieß. Erst 1448 kaufte ein Johann Tserclaes das Schloß Tilly. Geblieben ist allein dessen ruhmvoller Name, aber es steht an dieser Stelle kein vorzeigbarer Stein mehr auf dem anderen.

Der junge Johann Tserclaes nun hatte bei den Jesuiten genügend Gelegenheit, sein Gen-Material zu aktivieren, indem er sich unter ihrer Anleitung mit kriegerischem Geist erfüllte. Denn wenn die Gesellschaft Jesu damals auch eher darauf baute, Europa durch ihre Diplomatie und ihre hervorragenden Schulen dem Katholizismus zurückzugewinnen, so konnte sie doch in diesen Schulen auch zukünftige Kämpfer für den alten Glauben heranziehen. Selbst mit gleichsam paramilitärischer Disziplin ausgezeichnet, wußten sie als gute Pädagogen, daß die Kampfmoral im Kriege ebenso wichtig ist wie die Beherrschung des Waffenhandwerks. Mit dieser Kampfmoral erfüllten sie den jungen Johann Tserclaes offensichtlich auf Lebenszeit.

Die Erziehung war ihnen eine Fortsetzung des Krieges mit anderen Mitteln. Ignatius von Loyola, der Begründer ihres Ordens, war ja auch zeitlebens Soldat gewesen, erst auf dem Schlachtfeld von Navarra, dann, nach seiner Bekehrung, auf dem geistlichen Feld Europas. Schon der den »Geistlichen Übungen« des Ignatius vorangestellte Grundsatz mutet an wie der Befehl, alle Kräfte zu konzentrieren auf das gegebene Ziel hin, in schneidender Klarheit und Nüchternheit, wie zum bestmöglichen, disziplinierten Einsatz von geistlichen Truppen:

»Der Mensch ist geschaffen, daß er Gott dem Herrn ... diene, wodurch er seine Seele zu retten vermag. Und alles übrige auf der Erde ist um des Menschen willen geschaffen, und daß es ihm helfe, den Zweck zu verfolgen, zu dem er geschaffen ist. Daraus folgt, daß der Mensch von allem alles gebrauchen soll, was seinem Zwecke dient, und sich soweit von allem freimachen soll, als es ihn von seinem Ziele abzieht. Deshalb müssen wir uns gleichgültig machen gegen alles Geschaffene, sofern uns Freiheit des Urteils darin gewährt und nicht versagt ist, so daß wir ... einzig nach dem trachten und greifen, was dem Zwecke förderlich ist, zu dem wir geschaffen sind.«

Kein Ergebnis ohne Willensanstrengung, zu der der Soldat Gottes sich auch zwingen kann: »Ich denke die Verwerflichkeit der Todsünde zuerst im Verstande durch und errege dann am einzelnen Fall durch den Willen mein Gemüt« – d. h. der Verstand kommandiert die Emotion herbei, die ihn weitertragen soll, er verfährt mit sich selber wie mit den Truppen, die er durch eine Ansprache anfeuert.

Sogar die Hölle in Länge, Breite und Tiefe kann so beschworen werden, mit vom Verstand vorgegebenen Hilfsmitteln für die Phantasie, ebenso wie der Militär sich von den Greueln des Krieges nicht um den kühlen Kopf bringen lassen darf. Das gemahnt gar an Clausewitz, den theoretischen Klassiker der säkularisierten Kriegskunst: »Es ist sinnlos und sogar gegen das Eigeninteresse, sich nur aus dem Grunde, weil die Schrecklichkeit der einzelnen Elemente der Angelegenheit Widerwillen erregt, nicht ihre wirkliche Natur vor Augen zu führen ...«

Dann wiederum spricht der Offizier Inigo de Loyola fast unverhüllt, wenn er Christus einem König vergleicht, der seine Untertanen zum Krieg aufbietet: »Es ist mein Wille, alle Länder der Ungläubigen zu unterwerfen. Deshalb, wer mit mir sein will, der muß sich begnügen mit der Speise, wie ich sie habe, und dem Trank und der Kleidung und allem andern dergleichen. Und er muß Ungemach tragen, wie ich, lange Zeit, und in der Nacht wachen und so fort, daß er dann teilhaft werde meines Sieges, wie er meiner Mühsal teilhaft war.«

Diese Aufforderung ist für die Ehrbegriffe eines Soldaten das, was man später, nach Ignatius und Tilly, als »Griff ans Portepee« bezeichnen wird: »... wenn einer eines solchen Königs Bitte nicht aufnimmt, wie sehr verdient er es dann, vor aller Welt getadelt und für einen schlechten Ritter gehalten zu werden!« Christus ist der »höchste Heerführer der Guten« in Jerusalem, der Feind, Luzifer, hat seine Truppen um Babylon konzentriert. Die »Geistlichen Übungen« sind ein Drill der Seele.

Ein guter Offizier muß auch deutliche Führungseigenschaften haben, daher sind dem Seelen-Drill Anweisungen für den geistlichen Führer vorangestellt, wie er den Übenden zur Gestaltung der Übungen anzuleiten habe, damit sie das tauglichste Mittel zum Zweck der geistlichen Disziplinierung werden:

»Es ist gut für den Übenden, wenn er in der ersten Woche nichts von dem weiß, was in der zweiten Woche zu tun ist ... Wie es in der Zeit der Erhebung recht leicht ist, in der Betrachtung eine ganze Stunde auszudauern, so ist es zur Zeit der Verzweiflung sehr schwer, sie auszufüllen. Deshalb soll der Übende, um gegen die Verzweiflung anzukämpfen und die Versuchungen zu besiegen, immer etwas über die volle Stunde aushalten, damit er sich gewöhne, den Widersacher nicht nur zu ertragen, sondern ihn niederzuwerfen.«

Mit diesen ganz und gar unschwärmerischen und streng systematischen Vorschriften muß Johann Tserclaes während seiner Schulzeit konfrontiert worden sein; geistliche Exerzitien und militärisches

Exerzieren waren hier einander so angenähert, wie es nur irgend möglich ist. Tillys späteres Leben zeigt uns, daß er das Dienstreglement für die Soldaten Christi überzeugt in sich aufgenommen hat – er hatte eben denselben Instinkt für Disziplin und Kampf wie Ignatius von Loyola. Im übrigen aber wird man nicht geboren als Soldat für den römisch-katholischen Glauben; dazu muß man erst erzogen werden.

Tilly mochte angesichts des Kampfes zwischen Gut und Böse, den ihn die Jesuiten zu führen hießen, allmählich begreifen, daß das Chaos des Krieges zu keinem Ergebnis geleitet werden kann, wenn es nicht durch rigorose Disziplin gebändigt wird – daß also äußerste Gewaltanwendung äußerste Ordnung erfordert. Sonst wäre Krieg ein untaugliches Mittel zum Zweck geworden. Der damalige Kriegszweck, sofern für Tilly bedeutsam, war nicht nur politischer, sondern oft auch religiöser Art: glühenden Haß brachten ihm die Jesuiten nicht nur gegen die Lutheraner, sondern auch gegen die Calvinisten bei, wie es der besonderen Situation der Niederlande entsprach.

Und damit wurde eigentlich, wie in unserem Jahrhundert, der Zweck des Krieges ins Maßlose, also Unpraktikable, ausgedehnt, nämlich bis zur vollständigen physischen Vernichtung des Gegners oder zumindest zu seiner moralischen Vernichtung in Gestalt des Zwanges zur religiösen Konversion. Doch dieser Tendenz zum »totalen Krieg«, die dem Glaubenskrieg anhaftet, sollte Tilly nie erliegen.

Die Jesuiten wußten auch, daß man die Devotion für die Sache der katholischen Kirche nicht ungebunden schweifen lassen darf, wenn man mit ihr im tätigen politisch-militärischen Leben Erfolge erzielen will. Hierfür ist die Neubelebung und bewußte Gestaltung des Kultes ein passendes Mittel, denn dieser konzentriert die Devotion, nimmt auch die Sinne in seinen Dienst und zeigt dem Gläubigen handgreiflich, übersichtlich und jederzeit im Bewußtsein abrufbar, wofür er steht und kämpft. So verstärkt die Devotion den Kampfgeist. Religion und Wille zum Handeln gehen die Einheit ein, die die Gegenreformation benötigt, um dauerhafte Siege zu erringen.

Als Brennpunkt des Kultes war die Marienverehrung besonders geeignet, denn die Gottesgebärerin galt als das Abbild der Kirche: Durch Maria war Christus in die Welt getreten, daher trafen in ihrer

Person Himmel und Erde zusammen. Ebenso sieht sich die Kirche teils im Diesseits verankert, teils ins Jenseits reichend, sofern ihr Haupt Christus ist. Maria hat Christus geboren, blieb aber Jungfrau. Ebenso »gebiert« die Kirche ihre Kinder – nicht im landläufig-natürlichen, sondern im geistlichen Sinne, und nennt sich also »heilige Mutter Kirche«. Marienverehrung war daher gleichbedeutend mit Verehrung der Kirche: die eifrigen Katholiken erkannten einander am Ausmaß ihres Marienkultes.

Außerdem war die Kirche im politischen Tageskampf vielfältig engagiert. Sie zu verehren hätte fast schon zu politisieren bedeutet; dabei konnten die religiösen Gefühle ungleich weniger gepflegt werden als bei der Marienverehrung, die wegen der gezeigten Gleichsetzung Marias mit der Kirche aber doch den gleichen Wert hatte. Für das Zeitalter der Gegenreformation war dabei zweifelsohne ganz besonders wichtig, daß die Katholiken sich durch den Marienkult selbstbewußt von Lutheranern und Calvinisten abheben konnten, und je mehr diesen die Sache übertrieben und theologisch suspekt vorkam, desto entschlossener konnten jene auf ihrer besonderen Art von Frömmigkeit bestehen.

Die Jesuiten organisierten die Marienverehrung in den »Marianischen Kongregationen«, deren erste von J. Leunis 1563 in Rom gegründet worden war. Diese bekam 1584 von Papst Gregor XIII. die kirchenrechtliche Bestätigung und wurde die Mutterkongregation aller anderen, die daraufhin unter sachkundiger Anleitung überall in Europa geradezu aus dem Boden schossen.

Die Mitglieder oder »Sodalen« durften bis 1751 nur Männer sein. Sie weihten Maria ihr gesamtes Leben, nahmen die »Geistlichen Übungen« des Ignatius besonders ernst und leiteten aus ihnen die Lebensregel ab, der Kirche tätig zur Verfügung zu stehen. Eine Art lockerer Laienorden war das also, und durch die Marianischen Kongregationen bekam die Kirche oder die sich dezidiert katholisch verstehenden Staaten wie Spanien, Österreich und Bayern ein großes Reservoir ergebener Diener, die um so nützlicher waren, als sie einerseits unbedingte Loyalität versprachen, andererseits ihren Horizont aber nicht durch Klostermauern verstellt hatten.

Es würde etwas in der »Personalakte« des Jesuitenzöglings Johann Tserclaes fehlen, wenn er nicht auch marianischer Sodale gewesen wäre – zwar nicht schon auf der Schule, denn die kanonische Absegnung durch den Papst erfolgte erst, nachdem Johann sie verlassen hatte, aber zweifelsohne haben die unterrichtenden Patres seinen fügsamen Geist bereits in Köln in die entsprechende Richtung gelenkt. Für einen zukünftigen Militär von Adel war es ja auch keine völlig neue Vorstellung: Maria als die Dame, der er diente, wie einst die Ritter des Mittelalters ihrer Angebeteten ihre Heldentaten zu Füßen gelegt hatten, in sittsamer Verehrung, ohne die Angebetete je besitzen zu wollen – ein Moderner würde hier sicherlich von Trieb sublimierung sprechen, die einem Zweck dient. Der geistliche Rationalismus des Ignatius von Loyola regiert auch in diesem Fall: Der Soldat muß wissen, wofür er kämpft, denn dies hält ihn aufrecht in den Stunden der Willensanfechtung, die sein rauhes Leben mit sich bringen mag. Und wie stärkend ist es für ihn, wenn dieses Wissen mit einer gewissen Herzenswärme verbunden ist, die über die Härte des Krieges hinausweist!

Mit siebzehn Jahren trat Johann zusammen mit seinem älteren Bruder Jakob in die Kriegsdienste des Königs von Spanien, seines Landesherren. Er mußte als einfacher »Aufwarter« im Regiment des Octavio von Mansfeld von der Pike auf dienen. Sein Adelsrang brachte ihm keinesfalls das Vorrecht einer sofortigen Offiziersstelle, denn so viele davon hatte die Armee überhaupt nicht zu bieten, und, wie man vermuten darf, für Nicht-Spanier ohne Einfluß besonders wenige. Beide Tillys hatten für ihr Fortkommen nichts davon, daß ihrem Vater 1574 seine konfiszierten Güter zurückgegeben worden waren. Martin von Tilly durfte froh sein, daß er damit wieder seine Existenzgrundlage gewonnen hatte, das war alles. Ab 1577 wird Jakob als Herr »auf« Tilly bezeichnet, aber die Einkünfte des Familiengutes werden nicht allzu hoch gewesen sein, wenn man sich die Verwaltung durch irgendwelche Günstlinge Albas als Mißwirtschaft vorstellt und die unsicheren Zeitläufte hinzurechnet, die aus Tillys Heimat einmal mehr in der Geschichte das Schlachtfeld Europas machten. Kein kometenhafter Start einer Karriere für Johann Tserclaes also, vielmehr eintönig graue Zeiten, zunächst im »Gamaschendienst«.

Nicht nur seine Veranlagung, auch adelige Tradition haben ihn veranlaßt, das Soldatenhandwerk zu erlernen. Der Nachweis des Wohlverhaltens gegenüber der Krone spielte nun wohl keine Rolle mehr. Warum hätte Johann aus der Art derer von Tilly schlagen sollen?

Schließlich: wenn er nicht von seinen Gütern leben konnte, was blieb ihm anderes übrig als Kriegsdienste zu nehmen? Und endlich: fromm war er, aber Priester wollte er nicht werden – also wußte er, was er zu tun hatte, da die Zeit es liebte, Gott mit dem Schwert zu dienen.

2. Kapitel

In spanischen und kaiserlichen Diensten

Der »Gamaschendienst« dauerte sieben Jahre, und Höhepunkte darin gab es wenige. Johann mußte sich vorläufig mit dem Stolz begnügen, in der ruhmreichsten Armee des damaligen Europa zu dienen, mit deren Hilfe der spanische König seine Vorherrschaft auf dem Kontinent behauptete. Zu einem von deren »Göttern« war der Herzog von Alba aufgestiegen, der den Völkern nördlich der Pyrenäen als die Verkörperung des typischen Spaniers erschien: glaubensstark, streng, düster, seiner Macht bewußt – kein Wunder, daß berichtet wird, der junge Johann habe ihn in seinem Auftreten zu imitieren versucht. Sofern dies zutreffen sollte, zeigt es, daß er in der Schule der Jesuiten wirklich jeglichen Makel seiner Vergangenheit vergessen hatte, da er sich in der Positur des Verfolgers seines Vaters gefiel.

Aber der Ruhm Albas war in den Niederlanden verblaßt, weil er die Rebellen nicht in die Knie zwingen konnte. Seinen beiden Nachfolgern, Don Luis de Requesens und dem strahlenden Don Juan, genannt »d'Austria«, dem Sohn Karls V. und der Regensburger Patrizierstochter Katharina Blomberg, ging es nicht besser. Die Niederlande wurden zum Grab jeder hohen militärischen Karriere in spanischen Diensten. Johann hatte schon recht, wenn er sich da nicht vordrängte, sich vielmehr darauf beschränkte, ab und zu von seinen Vorgesetzten eine Belobigung zu erhalten und sich damit für die Übernahme höherer Kommandoposten in der Zukunft unverbindlich zu empfehlen.

Sein Oberkommandierender ab 1579 war Alessandro Farnese, Herzog von Parma, Sohn der Statthalterin Margarete und des Ottavio

Farnese, Herzogs von Parma. Mansfeld stellte ihm Johann von Tilly vor, und Farnese, immerhin der nach Alba »regierende« Kriegsgott, zeichnete ihn vor angetretener Front durch seine Anerkennung aus. Farnese vereinigte militärische mit politisch-diplomatischer Begabung und hatte damit in der verworrenen Situation der Niederlande die besten Aussichten von allen, die es jemals versuchten, diese Provinzen der spanischen Krone zurückzugewinnen. Bis 1583 hatte er zumindest den Süden der Niederlande für König Philipp II. dauerhaft erobert, sowohl durch kluges Entgegenkommen als auch durch energische Kriegführung.

Farnese hätte seine Erfolge nicht erringen können, ohne auch die einzelnen Soldaten seiner Armee mit gegenreformatorischem Geist zu erfüllen. Er tat alles, um aus seinen Söldnerhaufen eine Kampftruppe für den Glauben zu machen, ließ den Dienst im Gebet anfangen und beenden, zu den Mahlzeiten, vor der Schlacht, ja in sonstigen gefährlichen Situationen, sofern es militärisch überhaupt noch zulässig war, immer hatten die Krieger auch ihre Frömmigkeit zu zeigen. Da Farnese unnachsichtig in der Handhabung der Disziplin war, taten sie dies wohl auch alles bereitwillig. Die Niederländer amüsierten sich darüber – sie hätten es als Warnzeichen ansehen sollen, daß die katholische Seite nach dem Schock der Reformation sich nunmehr zum ernsthaften Gegenangriff aufraffte.

Brügge, Gent, ganz Flandern fiel Alessandro Farnese in die Hände, der Kreis um Antwerpen, die wichtigste Hafenstadt der reichen Provinzen, schloß sich immer enger.

Johann Tserclaes konnte von einem solchen Vorgesetzten viel lernen, besonders muß ihm die religiös fundierte Disziplin imponiert haben. Denn Disziplin, die in den heutigen Armeen der allgemeinen Wehrpflicht etwas Selbstverständliches ist, gab es zur Zeit der Söldner und Landsknechte nur theoretisch. Heute ist Militär identisch mit Normung, Uniform und Drill, damals war das Militär geradezu eine Stätte, in der Individualisten auf ihre Kosten kommen konnten. Die Zeit Tillys ist der Kulminationspunkt des Söldnerwesens – mit Dahergelaufenen hatte er zeit seines Lebens zu tun, denen die Sache des Kaisers, die evangelische Freiheit, die Treue zum Landesherrn oder welcher geistige Hintergrund auch immer wohl weniger bedeuteten als einem heutigen Wehrpflichtigen die nationale Tradition oder die »Verteidigung der Freiheit«.

Es ging eben viel uriger zu als beim heutigen Kommiß. Clausewitz war noch lange nicht geboren, der preußische Unteroffizier noch lange nicht erfunden. Das Lagerleben, wenn Farnese nicht gerade durch die Zeltgassen ritt, war bunt und ungeordnet, als ob ein ganzer Völkerstamm auf die Reise gehen wollte: nicht nur die »kämpfende Truppe« bevölkerte das Lager, sondern auch deren gesamter familiärer Anhang.

Ein Soldat, der etwas auf sich hielt, war »verheiratet«, und das auch mehrere Male neben- und hintereinander. Kinder zogen auch mit ihm, seine eigenen leiblichen, aber auch junge Menschen, die ihrem Zuhause aus lauter Abenteuerlust entlaufen waren und nun die niederen Dienste im Lager verrichteten: sie putzten die Stiefel, gingen den Soldatenfrauen zur Hand – oft genug mehr, als es den Männern lieb war – trugen die Lanzen und Musketen oder entwickelten beim »Organisieren« von Verpflegung und Material ihre kriminellen Fähigkeiten.

Viele dieser Jungen zogen den Schlachthaufen als Trommlerbuben voran und waren dann im Kampf die ersten, die fielen. Sie hatten, besonders wenn sie halbverrückt waren, eine Art Zwischenstellung zwischen einem Menschen und dem Maskottchen des Regiments.

Die Frauen kümmerten sich um die Mannsleute, als ob sie mit ihnen eine gutbürgerliche Ehe führten, obwohl die meisten von ihnen den Pfarrer zeit ihres Lebens nur von weitem gesehen hatten. Das war auch nicht unbedingt von Nachteil für sie: denn was in den Heeren der damaligen Zeit als Seelsorger sein Wesen trieb, das war nicht eben die Creme der theologischen Wissenschaft; selbst im Heer des gestrengen Lutheraners Gustav Adolf mußten Tagesbefehle herausgegeben werden, die den Feldpredigern immer wieder verboten, betrunken zur Meßfeier zu erscheinen.

Zurück zu den Frauen im Lager: sie wuschen, flickten, stopften und plünderten für die Soldaten. Sie verwalteten die Planwägen, auf denen die Kombattanten ihren Hausrat transportierten, und übernahmen den Streit mit der Nachbarin, wem nun dieses Federbett oder jenes silberne Besteck wirklich gehörte. Wenn die Armee Beute machte, wuchs der Hausrat schlagartig; wenn der Kriegsgott zürnte, war er wie gewonnen, so zerronnen.

Die Männer wollten auch im Felde ein Mindestmaß an häuslicher Behaglichkeit nicht missen. Kein Wunder, daß sie dann auch nicht

gesonnen waren, die Frauen ziehen zu lassen, auch wenn sie es mit der Treue nicht so genau nahmen. Ein Obrist hatte ein Regiment einst über einen Fluß setzen lassen und Eilmarsch angeordnet. Daher blieb der nachziehende Troß mitsamt den Frauen und den Bübchen zurück. Der Obrist nun war ein Anfänger in seinem Metier und freute sich über dieses Abhängen, denn das konnte der Beweglichkeit und Disziplin der Truppe nur von Vorteil sein.
Aber die Soldaten begannen zu meutern und erklärten tumultartig, keinen Meter weiterzumarschieren, wenn nicht bald ihre Frauen Gelegenheit zum Nachrücken hätten. Da mußte der Obrist klein beigeben und merkte sich die Lektion.
Was tat der Soldat, wenn es gerade nichts zum Kämpfen, Besetzen oder Marschieren gab? Er spielte und verpraßte sein Hab und Gut. Antike und auch moderne Armeen werden in den Ruhepausen von ihren Kommandeuren krampfhaft mit irgend etwas beschäftigt, nicht so die Soldaten um 1600: sie würfelten, und je höher der Einsatz, desto prickelnder für ihre gefahrgewohnten Nerven. Die Landsknechte Kaiser Maximilians hatten wenigstens noch Karten gespielt, aber den Soldaten anno 1600 war das schon zuviel an intellektueller Betätigung: Würfeln regte auf, und das genügte.
Da waren Mord und Totschlag unter Kameraden nicht weit, denn selbstverständlich wurde die Kunst des gezinkten Würfels gepflegt, und dann kam auch schon der Lagergewaltige um die Ecke, den das rohe Volk mehr fürchtete als den Feind und den eigenen Feldherrn: der Profos, dessen Aufgabe es war, die Blutgerichtsbarkeit innerhalb des Lagers auszuüben.
Daß der dann eine Menge persönlicher Feinde hatte, war klar. Nur blühte unter den Knechten der abstruseste Aberglaube, und der flüsterte ihnen ein, daß der Profos mit dem Teufel im Bunde stehe, da er die Macht hatte, sie zum Teufel zu befördern. Und daher begegneten sie ihm scheu und ehrfürchtig, und wenn der Profos schlau genug war, dann legte er sich selbst auch den Nimbus des Zauberers und Dämonenbeschwörers zu. Er behauptete dann, daß er »kugelsicher« machen könne, daß er »Freikugeln« gießen könne, die ihr Ziel unfehlbar treffen, und daß das Wohl der Galgenvögel in der Schlacht daher von seinen guten Diensten abhänge. Das half nicht immer – manchmal haßten die Soldaten den Profos so, daß sie ihn trotzdem jämmerlich umbrachten.

Mit derart zügellosen Haufen militärische Leistungen zu erbringen, das muß in der Tat eine Anstrengung gewesen sein, die den damaligen Kommandeuren weitaus mehr an Charakter und Einsatz abverlangte als heutigen Offizieren im Generalstabsbunker! Nicht nur, daß ein Feldherr dem Tod in der Schlacht kaltblütig ins Auge sehen mußte: er durfte ihn auch nicht von der Hand der eigenen Mannschaft fürchten und mußte bereit sein, notfalls mit gezogenem Schwert unter einen rebellischen Haufen zu fahren, um seiner Autorität den gehörigen Nachdruck zu verleihen.

Die Insubordinationen damals waren Legion. Wir werden Meutereien, willkürlichen Krawallen, unüberwindbarer Abneigung, den Kommandos zu gehorchen und jeglicher Art von Unordnung im Lager auch im Laufe unserer Darstellung häufig begegnen. Man kann fast sagen, die Knechte benahmen sich im Lager auch nicht viel anders, als wenn sie ihrer Fahne wieder einmal davongelaufen waren: dann »garteten« sie im Lande, d. h. sie schweiften als gefährliche Landstreicher herum und baten mit drohendem Nachdruck um Verköstigung und Quartier, wo es ihnen gerade gefiel. Die einsamen Bauernhöfe und Dörfer irgendwo hinten im Walde waren dann ihre beliebtesten Anlaufstellen, und die Bauern schlugen ein Kreuz, wenn die ungemütlichen Gesellen wieder abzogen, ohne die Einrichtung ruiniert oder sich an jemandem vergriffen zu haben. Ja, vielleicht haben manche Knechte »auf Gartung« mehr »geleistet« als unter den Fahnen! Denn, sagt sarkastisch Macchiavelli, einer der größten Verächter des Söldnerwesens, im 12. Kapitel seines »Principe«: »... sie haben keine andere Neigung und keinen anderen Grund, im Feldlager zu bleiben, als ein bißchen Sold; und das genügt nicht, sie dahin zu bringen, daß sie für dich sterben wollen.«

In den Köpfen der Soldaten half ihrem Anführer also kaum etwas anderes, als sie auf ihn einzuschwören und damit zu einem brauchbaren Truppenkörper zu machen, er mußte also persönliches Vorbild sein können. Nicht dem König von Spanien dienten sie, sondern dem jungen Alessandro Farnese, nicht seiner kurfürstlichen Durchlaucht Maximilian von Wittelsbach, sondern dem »Vater Hans«, wie sie ihn schließlich nannten, ihrem Johann von Tilly. Ein fähiger Söldnerführer war eine Macht neben den politischen Mächten, und letztere mußten mit ersterer behutsam umgehen und genau rechnen. Die Condottieri im Renaissance-Italien hatten den weiten Rahmen der entsprechenden Möglichkeiten abgesteckt: vom Anführer, der selber nichts als ein Haudegen und Abenteurer war und dessen Berechenbarkeit daher von seiner Bezahlbarkeit abhing, bis zum selbstbewußten Politiker auf eigene Faust und aus eigenem Talent, von Machiavelli in seiner »Kriegskunst« ausgiebig beschimpft: »Gut kann man niemals denjenigen nennen, der eine Tätigkeit ausübt, bei er es darauf ankommt, jederzeit seinen Vorteil wahrzunehmen, und der deshalb räuberisch, betrügerisch und gewaltsam sein muß und viele Eigenschaften entwickeln muß, die ihn notwendigerweise böse machen; anders können die Leute auch gar nicht beschaffen sein, die diesen Beruf ausüben, seien sie nun bedeutend oder unbedeutend, weil ihr Beruf sie ja im Frieden nicht nährt ...«

Grundlegend für diese Entwicklung war der Verfall des Rittertums im späten Mittelalter gewesen, mit dem die Infanterie wieder an Bedeutung gewann. Die Landsknechte rühmten sich, nachdem die Ritter die klassischen Fußtruppen der Antike, die römischen Legionen, abgelöst hatten, sie würden nun wieder den Ruhm der Legionen zur Geltung bringen. Unumkehrbar wurde dieser Wandel dadurch, daß das Aufkommen der Feuerwaffen ab dem 14. Jahrhundert eine Rückkehr der dominierenden Stellung der Ritter auf den Schlachtfeldern unmöglich machte. Dazu kam noch, daß die Ritterheere eigentlich eine Addition von Einzelkämpfern waren, das Kampfgeschehen sich also in Duelle auflöste. Darum kam es auf den Massenansturm an, die Heere stiegen an Zahl, und damit mußte sich die mittelalterliche »Ritterschaft« zur neuzeitlichen »Kavallerie« wandeln. Deren Differenzierung in, grob gesprochen, schwere (»Gendarmen«) und leichtere (»Kürassiere« und »Dragoner«) war nun notwendig, um gegen Infanterie und Schußwaffen noch etwas ausrichten zu können. Es wurde dazu wichtig, geschlossen in Reih und Glied zu operieren und die Fähigkeit zu erwerben, auf dem Schlachtfeld gewisse Manöver einheitlich ausführen zu können. Dazu mußte sich auch die Reiterei ernsthaftem Drill anbequemen, wie er in den Fußtruppen geübt wurde. Das war nichts für selbstbewußte Edelleute, folglich verlor die Reiterei ihren im Mittelalter gepflegten aristokratischen Charakter.

Die ehemaligen schweren Lanzen wurden unpraktisch, denn sie wirkten eigentlich nur, wenn ihr Träger in gestrecktem Galopp eine lange Strecke anstürmen konnte – man denke etwa daran, wie im

Mittelalter Turniere ausgefochten wurden. Bei der Bewegung geschlossener Truppenkörper war das nicht mehr machbar. Die Reiterei war also überwiegend mit Schußwaffen auszurüsten und erhielt Pistolen. Das waren urtümliche Geräte mit langem Lauf, ziemlich schwer, mit unsicherer Zündung. Sie mußten ständig gereinigt werden und wirkten nur, wenn man sie ganz nahe am Ziel abfeuerte. Also steckte sich der Reiter gleich mehrere ein, in den Gürtel, in die Stiefelschäfte, in die Satteltaschen. Das sah recht nach Aufschneiderei aus, aber die Reiter hatten im Gefecht ja eben nur soviel Schuß, wie sie Pistolen zur Verfügung hatten, ihr martialisches Auftreten war also taktisch gerechtfertigt.

Die Fußtruppen hatten zunächst nur zur Unterstützung der Ritter gefochten, doch schon 1302 mußten die französischen Ritter, als sie gegen das Bürger- und Handwerkeraufgebot der flandrischen Städte anrückten, bei Kortrijk (Courtrai) eine vernichtende Niederlage hinnehmen. Als schließlich am Ende des 15. Jahrhunderts Maximilian, der Sohn Kaiser Friedrichs III., in dem Bestreben, seine niederländisch-burgundische Erbschaft in Besitz zu nehmen, sich nicht auf die Bürger der dortigen Städte verlassen konnte und eine Soldtruppe anheuern mußte, da tauchte zum ersten Male der Ausdruck »Landsknechte« auf. Er soll ursprünglich weder etwas mit »Landleuten« noch auch mit »Lanze« zu tun gehabt haben, sondern meinte soviel wie Gendarmerie, Gerichtsboten, Büttel mit militärischer Ausbildung, ein Mittelding zwischen Schutz- und Bereitschaftspolizei.

Die ersten Lehrmeister in der neuen Infanterietaktik wurden die Schweizer, die sich um 1500 als »Reisläufer« an den Meistbietenden, vorzugsweise aber den König von Frankreich, verkauften und es im Laufe des Jahrhunderts mit tiefem Groll sahen, daß deutsches und spanisches Fußvolk ihnen den Rang ablief. Die erwähnte Umgestaltung der Reiterwaffe bewirkte, daß die Infanterie nicht mehr mit ihr zusammen operieren konnte und ihre eigene Gefechtstaktik entwikkelte. Grundeinheit war, wie von den Schweizern vorexerziert, der quadratische Gefechtshaufen verschiedenster Ausdehnung, auch als »Gewalthaufen« bezeichnet. Dieser war mit langen Lanzen ausgerüstet, die einem strammen Walde gleich nach außen starrten, und, zumindest in der Theorie, durch eisernen Vormarsch den Feind niedermachen sollten, ähnlich der Phalanx bei den Mazedoniern Alexanders des Großen. Da solche Haufen, von den Spaniern »Tercios« genannt, beim Vorrücken Gelände brauchten, das meistens nicht vorhanden war, mußten sie in Einzelabteilungen mit einigem Zwischenraum voneinander operieren. Dies auch, um die neben den Tercios operierenden Schützen besser unter sich aufnehmen zu können, die die Schußwaffen im Kampf Mann gegen Mann zur Geltung brachten. Denn es war um 1600 allgemeine Auffassung, daß ein Tercio allein keine Chance habe gegen einen Feind, der sich gut verschanzt hatte und sich auch noch mit Artillerie und anderen Feuerwaffen verteidigte. Ferner hatte man die Erfahrung gemacht, daß ein beherzter Kavallerieangriff eine Einheit von Schützen leicht auseinandersprengen konnte. Umgekehrt waren also die Schützen auf die Deckung angewiesen, die die massierten Piken der Tercios boten. Ein ordentlich aufgestelltes Tercio von Kavallerie niederreiten zu lassen, das wiederum war mehr oder weniger unmöglich. Die Zusammenwirkung von Hieb- und Schußwaffen war notwendig, um den Fußtruppen die bestmögliche Festigkeit vor dem Feind zu geben.

Die Spanier ordneten zum besseren Schutz der Kämpfer mit den Feuerwaffen ihre Tercios nicht in gerader Linie nebeneinander, sondern stellten sie, meistens in drei Linien, hintereinander auf. Das hatte den weiteren Vorteil, daß die vorrückende erste Linie an keiner Stelle zerrissen werden konnte, da die dahinterstehenden Abteilungen sich in die Bresche warfen. Während der Schlacht war die Aufstellung also nicht starr gedacht, sondern frei vertauschbar und gewährte der Führung damit die Flexibilität, die sie brauchte, um wechselnden Situationen taktisch gerecht werden zu können.

Damit hatten die Spanier die Taktik der Schweizer Gewalthaufen aufgenommen und sie fortgebildet zu einem System von größerer Beweglichkeit. Die Infanteriemassen, die neue Errungenschaft des späten Mittelalters, tauchten nun organisatorisch gebändigt auf den Schlachtfeldern auf. Dies war ein Fortschritt, den die Militärs des 16. Jahrhunderts auch in den anderen europäischen Ländern mitvollzogen.

Wenn die Spanier also keine »Wunderwaffe« ins Treffen führten, so konnten sie ihren Feinden nur dadurch Schrecken einjagen, daß sie es verstanden, überragende Kommandeure heranzuziehen, daß sie an irgendeinem Punkt Europas immer im Kriege standen und so ihre Trup-

pen nachhaltiger übten als ihre Gegner, und daß sie die Truppen – zumindest grundsätzlich – nicht beständig an- und abmusterten, sondern länger im Felde hielten. Nur so konnte deren Erfahrung in kriegerischen Erfolg oder erfolgreiche Drohung umgesetzt werden. Das konnten sie nur, weil sie über die Gold- und Silbergruben ihres amerikanischen Kolonialreiches verfügten. Nicht daß deswegen die typische Gefahr der Söldnerarmee gebannt gewesen wäre: die Disziplin zu verlieren, sobald der Sold nicht mehr pünktlich einläuft. Gerade in den Niederlanden war die spanische Soldateska unter Alba auch deshalb verhaßt, weil sie sich das, was sie von ihren Zahlmeistern nicht bekam, mit bedenkenloser Brutalität von den Einwohnern des Landes holte. Alessandro Farnese achtete daher auf peinlichste Ordnung im Soldwesen, und Johann von Tilly merkte sich diese Lehre fürs Leben, ebenso, wie er in dem Kriegsbrauch aufwuchs, der schamhaft damit umschrieben wird, daß »der Krieg den Krieg ernährt«, was bedeutet, daß der Soldat nicht nur zum Plündern des Feindes, sondern auch zur notwendigen Versorgung aus dem Lande lebt.
Diese Söldnerhaufen waren doppelt kostspielig: einmal in der Anschaffung und Ausrüstung, zum anderen durch die Ausartung der Plündereien, die oftmals die Länder der Fürsten schädigten, den sie eigentlich hätten bereichern sollen. Die Kosten-Nutzen-Rechnung stimmte hier nicht, denn der Krieg zerstörte unter solchen Umständen mehr, als die Militärtechnik für sich schon zerstört hätte. Machiavelli (im »Principe«) faßt zusammen: »Im Frieden wird man von den eigenen Söldnern beraubt, im Krieg von den Feinden.«
So wird der Kampf in den Niederlanden selbst schon ein »Dreißigjähriger Krieg«, sogar ein noch längerer (bis zum zwölfjährigen Waffenstillstand zwischen Spanien und den Nordprovinzen im Jahre 1609).
Seine europaweite politische Brisanz erhielt er daraus, daß die Niederlande im Schnittpunkt der Interessen Englands, Frankreichs und auch der deutschen Staaten mit ihren unausgetragenen religiösen Gegensätzen lagen. Wer ihr Umfeld beherrschte, konnte entweder den Spaniern oder ihren lutherischen und calvinistischen Gegnern einen vernichtenden Schlag zufügen. Besonders wichtig war der deutsche Niederrhein, an dem die drei geistlichen Kurfürstentümer lagen, von denen das Schicksal des deutschen Katholizismus und damit der deutschen Habsburger entscheidend abhing.

Der Augsburger Religionsfrieden hatte seinen Kompromißcharakter auch dadurch gezeigt, daß er dem Kaiser die geistlichen Fürstentümer zu erhalten suchte, eine unverzichtbare Stütze seines Einflusses im Reich. Er vereinbarte daher den »geistlichen Vorbehalt«: wechselte ein geistlicher Fürst die Konfession, dann ging er seiner Herrschaft verlustig. Seit 1577 regierte im Erzbistum Köln Graf Truchseß von Waldburg, katholisch und sehr lebenslustig, der mit knapper Mehrheit des wahlberechtigten Domkapitels vor Herzog Ernst von Bayern gewählt worden war. Ernst, der Sohn Herzog Albrechts V. von Bayern, war schon Bischof von Freising und Hildesheim; mit ihm versuchten die seit der Jahrhundertmitte unverbrüchlich auf die katholische Seite eingeschworenen bayerischen Wittelsbacher, ihre Hausmacht im Reich auszudehnen.
Graf Gebhard beschritt unbewußt selbst den Weg seiner Absetzung, als er sich 1580 anläßlich einer Prozession unsterblich in Agnes, Gräfin von Mansfeld und Stiftsfräulein verliebte. Wenn er sie heiraten wollte, dann mußte er die katholische Religion aufgeben und auf seine Kurwürde verzichten. Aber man redete ihm zu, er könne das Erzbistum behalten und dennoch heiraten. Eine bedeutende Stärkung der calvinistischen Partei im Reich wäre die Folge gewesen. Nun mußte Graf Gebhard erleben, daß die Lutheraner unter der Führung des Kurfürsten von Sachsen sich diesem Abenteuer sehr abgeneigt zeigten. Eher sollte der Kaiser dem Augsburger Frieden gemäß den Grafen vom Thron stoßen, als daß Köln den Calvinisten in die Hände fiele! Also suchte Gebhard lieber den Anschluß an die lutherische Partei. Das heißt, seine Absprachen mit ihr waren noch nicht weit gediehen, und das war bei der strikt kaisertreuen Haltung des Kurfürsten von Sachsen auch nicht verwunderlich, als Graf Gebhard im November 1582 durch eigene Söldner handstreichartig die Stadt Bonn besetzte.
Alessandro Farnese ließ in der Nähe von Aachen demonstrativ seine Truppen aufmarschieren, die Stände des Erzbistums, das Domkapitel und auch die Mehrheit der Bevölkerung wandten sich gegen Gebhard. Da er dem Reichsrecht eindeutig zuwidergehandelt hatte, wurde er von Kaiser Rudolf II. in die Reichsacht erklärt. Ein Feldzug gegen ihn war also legitimiert als die Vollstreckung der Reichsacht. Die Sache mußte mit den Waffen ausgefochten werden, nachdem die Katholiken durch die Neuwahl des Erzbischofs, die auf

Ernst von Wittelsbach fiel, Gebhard den Kampf angesagt hatten. Auch hier wieder, wie schon einige Jahre lang in den Niederlanden: der Katholizismus hatte die Kraft zum Zurückschlagen gewonnen.
Kurfürst Ernst ließ Truppen für sich anwerben, darunter auch ein Regiment zu Fuß aus den südlichen Niederlanden unter dem Obristen Hermann von Lynden, Baron von Reckheim. Dieser nahm den mittlerweise vierundzwanzigjährigen Tilly als Fähnrich in seine Leibkompanie auf, auf Empfehlung Oktavio von Mansfelds. Das Regiment umfaßte 3000 Mann zu Fuß und eine Kompanie Lanzenreiter. Der politische Anlaß war äußerst denkwürdig, und hätten Katholiken, Calvinisten und Lutheraner schon 1583 denselben einheitlichen Grad an Entschlossenheit, politischer und militärischer Organisation gezeigt wie nach 1618, dann wäre schon damals ein langer und blutiger Krieg zwischen ihnen ausgebrochen. Aber die Sache schleppte sich recht unentschlossen hin, Tilly konnte nur einige taktische Bravourstücke leisten, den Ausgang des Kampfes entschied er in seiner untergeordneten Stellung nicht.
Im Herbst 1583 belauerten sich beide Parteien, indem sie sich an den Ufern des Rheins gegenüberlagen oder auch hin- und hermarschierten. Die Truppen Herzog Ernsts eroberten im Dezember 1583 mit Gemetzel die Burg Godesberg, belagerten dann die Stadt und nahmen ihre Kapitulation entgegen, nachdem auch der Entsatz für das von Anfang an von Graf Gebhards Leuten besetzte Bonn gescheitert war. Da dieser daraufhin in die Niederlande floh, war der Rest des Erzstifts, das sogenannte Herzogtum Westfalen, etwa das Sauerland, wehrlos.
Hier hat Tilly, wie er in seiner Korrespondenz schreibt, das Land in eigener Verantwortung vom Feinde gesäubert, wobei es auch zu einigen Gefechten in offenem Felde kam. Ende 1584 war dieser Krieg militärisch entschieden, das Regiment von Lynden löste sich auf, und Tilly trat wieder zurück in die Dienste Farneses in den Niederlanden. Damit war für ihn diese Bewährungsprobe zwar ruhmreich abgetan, aber es brachte ihm für sein Fortkommen unmittelbar keinen Vorteil: er trat in Farneses Armee zurück als einfacher »Aufwärter«, mit der Pike in der Hand, obwohl er in Westfalen bereits hoffnungsvolle Zeichen von Kommandobegabung gezeigt hatte. Wohl schon aus den erwähnten Gründen kümmerte das die Spanier

nicht, die Personalsituation war für einen Nicht-Hidalgo fast aussichtslos und Tillys Karriere blieb weiterhin im Schatten des strahlenden Farnese, der 1584 Antwerpen eroberte. Das katholische Europa jubelte, das protestantische war niedergeschmettert.
Die reiche Handelsstadt, die reichste des damaligen Abendlandes, war so stark befestigt, daß sie nur durch das Abschneiden vom Umland und durch Aushungern bezwungen werden konnte. Nachdem die Plätze in ihrem Umkreis gefallen waren, von denen sie hätte Hilfe bekommen können, ließ Farnese eine Sperre über die Schelde unterhalb Antwerpens bauen, um der Stadt die Zufuhr aus Seeland abzuschneiden. Die Bürger sprengten die Sperre mit Minenschiffen, Farnese ließ sie in unglaublich kurzer Zeit wiederherstellen; dann wollten die Bürger den Spaniern den Damm vor der Stadt entreißen, mit dessen Durchstechung sie das ganze Umland unter Wasser setzen und die spanische Armee ersäufen hätten können.
Bei Flut fuhren sie mit ihren Schiffen heran und begannen Breschen in den Damm zu graben, aber als die Flut zurückging, hatten sie gegen die erbitterte spanische Gegenwehr ihr zerstörerisches Werk noch nicht vollenden können. Mit den Leichen der auf dem Damm zurückgebliebenen Niederländer ließ Farnese die Breschen wieder auffüllen. Schließlich zogen die Bürger die Kapitulation einer langen Aushungerung vor.
1587 verließ Tilly die Niederlande endgültig. Dort hatte er bei aller Tüchtigkeit keine Zukunft, das erkannte er nun wohl klar. Die Belobigungen durch Farnese nützten ihm nichts. Außer vielleicht, daß dieser ihn nun ziehen ließ: auf Befehl Philipps hatte Farnese dem Herzog von Guise ein Hilfskorps zu schicken, in dem Tilly eine Kompanie kommandierte. Damit kam der aufstrebende Offizier auf ein weiteres Kriegstheater von entscheidender Wichtigkeit für ganz Europa: das der französischen Hugenottenkriege.
Im Auf und Ab des Kampfes zwischen Katholiken und Protestanten in Frankreich waren die Klingen seit 1562 fast unaufhörlich gekreuzt worden. Als Vorkämpfer der Hugenotten trat schließlich König Heinrich von Navarra auf, durch seine Heirat mit Margarete von Valois der Schwager König Heinrichs III. von Frankreich (1574–1589). Der Navarrese wurde zum einzigen legitimen Thronfolger, und der König selbst hielt am katholischen Glauben fest. Heinrich aus Paris forderte nun Heinrich aus Navarra auf, zum alten

Glauben zurückzukehren, und als dieser das ablehnte, war wieder offener Krieg zwischen Katholiken und Protestanten. Hinter dem König aus Paris stand Herzog Heinrich von Guise (daher die Bezeichnung »Krieg der drei Heinriche«), das Oberhaupt der »Ligue«, eines Bundes kämpferisch-katholischer Aristokraten, die dem König von Frankreich nicht weniger ihren Willen aufzwingen wollten als dieser dem König von Navarra. Hinter der Ligue aber stand König Philipp II. von Spanien, der sie als Mittel betrachtete, um in die Angelegenheiten Frankreichs hineinregieren zu können und so den gefährlichsten Rivalen Spaniens auf dem Kontinent »gleichzuschalten«.

Heinrich von Navarra bekam Hilfsgelder aus England, Landsknechte aus der protestantischen Schweiz und Zuzug einer Armee von deutschen Protestanten. Die Schweizer wurden in ihrer Loyalität unsicher, und die Protestanten entschlossen sich daher, gegen die Armee der Ligue vorzugehen (in der Tilly als Kavallerist diente).

Sie waren in den Burgflecken Auneau, wenige Kilometer östlich von Chartres, eingerückt, ohne die Burg sichern zu lassen. In der Nacht besetzte der Herzog von Guise folgerichtig die Burg und brach von ihr aus in der Morgenfrühe des 24. November 1587, als die Protestanten gerade ihre Truppen zum Weitermarsch zu sammeln begannen, unter sie. Die Verwirrung war allgemein, die Truppen waren nicht mehr zu sammeln, und als die Schweizer noch erklärten, nicht fechten zu wollen, da war für die Deutschen der Feldzug verloren. Guise stieß nach und verfolgte die Reste des protestantischen Heeres bis über die französischen Grenzen.

Nach dieser Schlacht trat Tilly direkt in die Dienste des Herzogs von Lothringen, einem der führenden Vertreter der Ligue. Er nahm 1588 an der Belagerung von Jametz teil, einer kleinen Festung zwischen Montmédy und Damvillers, am Fluß Loison gelegen. In Abwesenheit des Oberkommandierenden befehligte er die gesamte lothringische Armee einige Tage lang – dies war für ihn ein erneuter Schritt nach oben und zeigt, daß auch sein neuer Dienstherr mit ihm sehr zufrieden gewesen sein muß. Jametz lag zwischen dem spanischen Herzogtum Luxemburg und der französischen Grenze, war also für Philipp II. als mögliche Einfallspforte nach Frankreich von Bedeutung.

Im selben Jahr hatte die Ligue ihre Macht in Frankreich noch mehr gesteigert, indem sie König Heinrich III. aus seiner Hauptstadt Paris verdrängte. Da ließ der König den übermächtigen Herzog von Guise einfach ermorden. Dann schloß er mit Heinrich von Navarra ein einjähriges Bündnis, um der Ligue, die nach Rache für den Herzog von Guise schrie, Widerpart bieten zu können. Er schickte sich an, das abtrünnige Paris zu belagern, da wurde er am 1. August 1589 von einem Fanatiker erdolcht.

Mithin blieb nur noch Heinrich von Navarra als Thronprätendent übrig. Schon nach dem Tode Guises hatte der Herzog von Lothringen der bedrohten Ligue Hilfstruppen zugeschickt: Tilly kommandierte in diesem Verband vier Standarten Reiterei, zusammen eine Schwadron. Heinrich von Navarra mußte nun mit der Ligue den Kampf aufnehmen. Er verschanzte sich bei Argues in der Nähe von Dieppe, um den Unterstützungslieferungen aus England nahe zu sein. Die ligistischen Truppen waren viermal so stark wie die seinen, wurden aber zurückgeschlagen (20./21. September 1589). Damit konnte Heinrich von der Kanalküste ins Landesinnere ziehen. Nachdem er an der Loire eine Ausgangsbasis gewonnen hatte, tastete er sich an das von der Ligue gehaltene Paris heran: im Februar 1590 begann er die Belagerung von Dreux. Die Ligue entschloß sich, zur vorbeugenden Sicherung der Hauptstadt Heinrich in der Region von Dreux zur Schlacht zu stellen.

Die Feinde prallten am 14. März 1590 in der Ebene von Ivry aufeinander. Der Ansturm der ligistischen Reiterei war zunächst unwiderstehlich, die Fahnen Heinrichs wichen fast schon vom Schlachtfeld. Da soll dieser durch schonungslosen persönlichen Einsatz seine Truppen erst zum Stehen und dann erneut an den Feind gebracht haben. Will man der Überlieferung glauben, dann war das persönliche Beispiel eines Feldherrn niemals hinreißender. Heinrichs Kavallerie trieb in neuer Begeisterung die fast schon siegreichen ligistischen Reiter zurück und entschied damit den Kampf: denn nun konnte er seine Kanonen mit freiem Schußfeld auf die Infanterie auffahren lassen. Die Schweizer ergaben sich sofort, die anderen, Franzosen, Italiener, Spanier, Wallonen und Deutsche, wurden zusammengeschossen und niedergehauen. Tilly ging zusammen mit den Resten der Armee bis nach Lothringen zurück.

Anschließend wurde er vom Herzog von Lothringen in anderer Mission weiterbeschäftigt. Die Domherren des Bistums Straßburg

wählten den Herzog zum Mitglied ihres Kapitels. Sie wollten sich nämlich sichern gegenüber drei der Domherren, die in Zusammenhang mit dem Kölner Streit gebannt worden waren, gleichzeitig aber Sitz und Stimme im Straßburger Domkapitel hatten. Diese Herren mußten die beste Verteidigung im Angriff sehen, damit ihr Kölner Mißgeschick sie nicht auch ihrer Straßburger Posten enthob, und besetzten daher, handstreichartig, wie es Graf Gebhard mit Bonn gemacht hatte, den Wirtschaftshof des Bistums. Sie konnten dabei der Sympathien der protestantischen Mehrheit der Stadtbevölkerung sicher sein, die schon immer in Spannung mit ihrem Bischof gelebt hatte. 1592 starb der amtierende Bischof, Karl von Lothringen besetzte die zum Bistum gehörige Stadt Zabern und sorgte damit dafür, daß er von den katholischen Domherren nun auch wirklich zum Nachfolger gewählt wurde. Die Protestanten im Domkapitel wählten unterdessen einen Protestanten zum Bischof.
Karl von Lothringen handelte mit kaiserlichem und auch mit spanischem Einverständnis: denn das Elsaß war eine Brücke zwischen den habsburgischen Besitzungen am Oberrhein und denen in Luxemburg und den Niederlanden, durfte also nicht in die Hände möglicher Gegner fallen. Auch Bayern war interessiert: nicht nur, weil es auf die katholische Sache eingeschworen war, sondern weil Renate von Lothringen Herzog Wilhelm V. (1579–1597) von Bayern geheiratet hatte, den Vater Maximilians, des mit Abstand wichtigsten Dienstherren Tillys.
Wir müssen es uns hier leider versagen, als Biographen Tillys den Knoten des politisch-reichsrechtlichen Geflechts näher zu analysieren. Kurze Hinweise auf die allgemeine Lage genügen, um zu demonstrieren, daß Tilly immer mehr in die Rolle eines wichtigen Kämpfers für katholische Interessen hineinwuchs. Große Kriegstaten wurden im Elsaß ohnehin nicht verübt. Als König Heinrich IV. schließlich 1593 zum Katholizismus übergetreten war (»Paris ist eine Messe wert«), da verschaffte dieser Hintergrund den Lothringern auch am Oberrhein das Übergewicht. 1594 schloß der König den Frieden mit dem Herzog von Lothringen, dem alten Parteigänger der Ligue. Das bedeutete für Tilly unmittelbar, daß er die beiden Städte Dun und Villefranche verlor, die ihm der Herzog zum Lohn für seine guten Dienste übertragen hatte (obwohl sie ihm gar nicht gehörten), denn nun wurden sie an Frankreich zurückgegeben.

Der König glaubte als gewitzter Diplomat, gerade darin einen Anknüpfungspunkt zu haben, um Tilly in seine Dienste ziehen zu können, und machte ihm zum Ausgleich verlockende materielle Angebote. Doch Tilly war kein gewitzter Diplomat, sondern ein aufrechter Soldat, der zu seiner Fahne stand und sich nicht zum bloßen Söldner erniedrigen lassen wollte. Seine Fahne aber hieß katholische Religion in Verbindung mit dem Haus Habsburg, und davon ging er durchaus nicht ab. Denn daß die Könige von Frankreich (unabhängig von ihrer Konfession) die geborenen Feinde des Hauses Habsburg waren, das wußte er sicher. Daher konnte er schon 1594 den Verdacht gehegt haben, im Dienste der Bourbonen eines Tages gegen jene Welt fechten zu müssen, der er schließlich die Formung seiner Persönlichkeit verdankte. So hängen die bisherigen Kriegsschauplätze, auf denen er sich allmählich nach oben diente, doch eigentlich zusammen: In Köln und in Straßburg ging es um den zerbrechlichen Augsburger Religionsfrieden, diesen Waffenstillstand, der das Ausbrechen eines allgemeinen Religionskrieges im Reich gerade noch verhinderte; in Frankreich hingegen war die konfessionelle Auseinandersetzung bereits im Gange. Hätten die Katholiken gesiegt, dann, so dürfen wir wohl prognostizieren, wären ihre Partner auch im Reich aggressiver geworden. Da sich aber Heinrich von Navarra durchsetzte und sogar zum Ausgleich mit Spanien kam, konnte kein Funken von Westen nach Osten überspringen. Tilly ritt sozusagen zwischen einer Reihe von Pulverfässern dahin, die seinen Lebensweg links und rechts säumten, und deren Explosionen vorläufig noch keine Kettenreaktion auslösten und ihn daher noch am Leben ließen.
Folgt man nunmehr der Darstellung Gilardones, dann reiste Tilly noch im selben Jahr 1594 nach Prag zu Kaiser Rudolf II. und auf den Kriegsschauplatz in Ungarn, wo die Türken gerade einen neuen Angriff gegen die Christenheit entfesselt hatten. Dagegen steht jedoch die Entdeckung des Grafen Villermont, seines französischen Biographen aus dem vorigen Jahrhundert, zwischen 1594 und 1600 seien die Spuren Tillys in den zeitgenössischen Quellen nicht zweifelsfrei auffindbar, und dies scheint – leider – überzeugend: Ausgangspunkt ist, daß sowohl Johann als auch sein Bruder Jakob denselben Anfangsbuchstaben ihres Vornamens haben und daher, falls die Dokumente nur von einem »Herrn von Tilly« oder einem »J. von Tilly«

sprechen, Zweifel aufkommen können, wer von beiden gemeint ist. Denn sowohl Johann als auch Jakob dienten in den Niederlanden, und sie traten auch gemeinsam in lothringische Dienste. Kaiser Rudolf II. schrieb nun an Erzherzog Ernst, den die Spanier als Generalgouverneur der Niederlande eingesetzt hatten, um sich durch Vorschieben eines deutschen Habsburgers die Treue der dortigen Untertanen eher zu sichern, als wenn sie einen Sproß des inzwischen ziemlich verhaßten Philipp II. residieren ließen, und bat ihn um fähige Kriegsleute für seinen Türkenkrieg. Da der Krieg an Rhein und Schelde nun schon Jahrzehnte dauerte, war er zur Schmiede geworden, aus der die europäische Elite der Militärs hervorging. Der Kaiser zog erst durch den Privatsekretär des Erzherzogs Erkundigungen ein, dann bat er ihn um die Überlassung der Herren Karl von Mansfeld, de la Motte und »de Tilly«. Ernst erwiderte verblüffenderweise, den Namen Tilly nie gehört zu haben. Er schickte dann den Herrn de Tilly nach Prag mit einem Empfehlungsschreiben für den »Kriegsmann von hohem Verdienst und vieler Erfahrung«. Wer von den Brüdern damit gemeint ist, kann nicht festgestellt werden. Denn einmal berichtet Ernst an den Kaiser, der Herr de Tilly habe in Lothringen gedient; das aber taten beide Brüder. Weiter weist der Umstand, daß Ernst erklärte, den Namen noch nicht gehört zu haben, auf keinen von beiden genau, da nämlich zwar Jakob mit dem Erzherzog in den Jahren 1590/91 Korrespondenz unterhielt, dabei aber stets mit »Tserclaes« unterzeichnete, diesem also der Name »Tilly« nicht geläufig sein mußte. Dann ist aus der Unkenntnis des Erzherzogs nicht der Schluß zu ziehen, sie beziehe sich auf Johann.
Jedenfalls war unmittelbar anschließend an die lothringischen Dienste Jakob in Ungarn, denn als Kaiser Ferdinand II. 1623 beide Brüder in den Grafenstand erhob, erwähnte er in der Verleihungsurkunde, daß Jakob 1595 bei der Belagerung von Gran als »General-Major« mitgewirkt habe. 1596 wird »J. de Tilly« in einem Dokument als »Leutnant des Fürsten Mansfeld und General-Major« bezeichnet. Welcher von beiden war das? Etwa doch Jakob? Jedenfalls erwähnt im Jahre 1601 der Oberkommandierende in Ungarn, der Herzog von Mercoeur, Johann von Tilly als »Oberstwachtmeister über das Fußvolk«, was ungefähr dem Rang eines Obristen entspricht – auch das wiederum eine Sprosse höher auf der Karriereleiter zum Oberkommandierenden. Und ebenso steht in diesem historischen Such-

spiel fest, daß Jakob von Tilly im Jahre 1600 im Bistum Lüttich auftaucht, um dort ein Regiment wallonischer Infanterie auszuheben und zur Verschiffung in Ostende zu führen. Im selben Jahr erscheint Johann von Tilly in derselben Gegend, um ebenfalls ein Infanterie- und noch ein Kürassierregiment aufzustellen. Vielleicht hatte er zusammen mit Jakob bis dahin gegen die Türken gedient.
Nun bekam er seitens des neuen Generalgouverneurs, Erzherzog Albrecht, abermals einem deutschen Habsburger, ernsthafte Schwierigkeiten damit; auch der Rat der Stadt Lüttich opponierte. Da die Werbungsmethoden der damaligen Zeit recht rauh waren und unter der Bevölkerung leicht zu polternden Festivitäten oder auch zu wüsten Schlägereien ohne Rücksicht auf Leben und Einrichtungsgegenstände ausarten konnten, wäre die ablehnende Haltung der Bürger und auch der Regierung verständlich. Tilly mußte abziehen mit nur 300 wallonischen Kürassieren und zwei Schwadronen leichter Reiterei.
Am 14. September traf er in Wien ein, zusammen mit dem Herzog von Mercoeur. Dann ging er an die Front, während Mercoeur sich nach Raab ins Hauptquartier zum Erzherzog Matthias begab, dem Bruder des Kaisers, der den nominellen Oberbefehl führte.
Philipp Emanuel de Lorraine Vaudemont, Herzog von Mercoeur, war in Frankreich einer der Kommandeure der Ligue gewesen. Er hatte auch nach dem Einzug Heinrichs IV. in Paris den Widerstand in der Bretagne fortgesetzt, bis er sich schließlich 1598 zum Frieden mit dem König bequemte. Da er nun in Frankreich nichts mehr werden konnte, trat er in habsburgische Dienste über, denn an erprobten Kämpfern der Ligue hatte man in Madrid und in Wien sowohl aus militärischen als auch aus religiös-politischen Gründen immer Interesse. Manchmal gab es eben doch »Dank vom Haus Habsburg«, entgegen Schillers abfälliger Bemerkung.
Erzherzog Matthias war auf seine Art eine buntschillernde Figur, und daß er 1612 Kaiser wurde, ist dabei fast das Uninteressanteste. Ihm war ein heftiger, aber unkonzentrierter Ehrgeiz eigen. 1577 war er von Wien in die Niederlande gegangen, weil ihn die Aufständischen zu ihrem Herrscher haben wollten. Das erinnert etwas an Pläne des jungen Don Carlos bei Schiller, und die Spanier bezeichneten Matthias' Ausrücken denn auch zu Recht als eine Kinderei. Der politische Hintergrund für Matthias stimmte nicht, er konnte seinen

Schritt nur noch mit seinem »deutschen Gemüt« erklären, das also schon damals zur Entschuldigung politischen Unfugs herhalten mußte. Nach einiger Zeit verließ er heimlich und arm wie eine Kirchenmaus die Niederlande.

Nun also schlug er sich mit Tillys Unterstützung gegen die Türken. Die Sultane verachteten die außerislamische Welt nach wie vor ganz ungeheuerlich. Wenn es mittlerweile selbst hinter die Mauern des Serails gedrungen war, daß mit den Kriegen Suleimans des Prächtigen (1520–1566) die osmanische Welteroberung zum Stillstand gekommen war, so kam es doch nur auf die Machtkonstellation bei Hofe an, und die Einnahme von Wien, Österreich, Böhmen usw. rückte wieder auf die Tagesordnung. Der Gegner, den sie dabei zu bestehen hatten, die kaiserliche Armee, war in keinem besonders guten Zustand. Da Wien immer zu wenig Geld hatte, konnte es keine stehenden Heere halten außer den Garnisonen in den Grenzfestungen. Bis für das nächste Jahr wieder Truppen ausgehoben waren, dauerte es unkalkulierbar lange: wir haben schon die Schwierigkeiten Tillys hierbei kennengelernt. Wenn er erst am 14. September in Wien eintraf, dann stand die schlechte Jahreszeit bevor, und für das laufende Kriegsjahr konnte nicht mehr viel ausgerichtet werden.

Die Straßenverhältnisse in Ungarn waren für schnelle Märsche, die Heranführung von Nachschub und den Transport der Artillerie sehr ungeeignet. Dazu kam noch die stets gefährdete Disziplin der Landsknechthaufen und die nur bescheidene militärische Begabung des Erzherzogs Matthias. Da wunderte es nicht, daß sich der Krieg mehr hinschleppte als geführt wurde.

Zugunsten der Christen sprach jedoch zweierlei: daß auch die Türken nicht ihre Macht so wirkungsvoll wie möglich entfalten konnten und daß man ihnen durch Einwirkung über die slowakischen (damals: oberungarischen) Berge hinweg auf die Fürstentümer Siebenbürgen und Walachei in den Rücken ihrer ungarischen Stellung fallen konnte. 1595 schlug Karl von Mansfeld die Türken und belagerte Gran, starb jedoch kurz vor der Einnahme dieser Stadt. Der Kaiser holte als Nachfolger Giorgio Basta, ebenfalls einen Schüler des niederländischen Krieges und sogar des großen Alessandro Farnese, dann den bewährten Herzog von Mercoeur.

Der Herzog hatte Tilly dazu überredet, den Schauplatz seiner Aktivitäten als sein Leutnant nach Ungarn zu verlegen (sofern er nicht

schon dort war – siehe oben), wahrscheinlich nur mit geringer Mühe. Denn der Kampf gegen den gefährlichsten Feind der gesamten Christenheit war das Ruhmvollste, was ein Krieger damals unternehmen konnte. Hier war ein Glaubenskrieg auszufechten, über dessen Notwendigkeit sich die Konfessionen des zerstrittenen Europa allesamt einig waren. Ein Sieg in Ungarn wäre mehr als ein Erfolg: er würde als Rettung der Christenheit in die Geschichte eingehen, die mitwirkenden Offiziere würden auf Schlachtenpanoramen verherrlicht, auf Votivbildern mitgemalt werden, denn sie hätten der Idee des christlichen Abendlandes einen entscheidenden Dienst erwiesen. Ein Kriegsschauplatz auch, der den deutschen Habsburgern die Möglichkeit eröffnete, zur europäischen Macht aufzusteigen.
Aber Tilly sollte seinen Beitrag zu einem solchen Aufstieg später und an anderen Fronten leisten. Im Augenblick waren nur die Zukunftsperspektiven verlockend, aber die Wirklichkeit des Krieges war es ganz und gar nicht. Zunächst fiel keinerlei militärische Entscheidung. 1596 hatten die Türken einen Sieg davongetragen, ihn aber nicht weiter ausgenützt. Sie waren weit davon entfernt, ihre Hilfsquellen konzentriert einzusetzen, sogar an Reiterei mangelte es ihnen, obwohl sie die pannonische Ebene als klassisches Aufmarschgebiet für orientalische Reiterarmeen ansehen mußten. Hunnen, Awaren und Mongolen hatten von Ungarn aus Europa drangsaliert, aber die Osmanen fanden nur insgesamt zweimal die Kraft zum mächtigen Vorstoß von dort aus nach Mitteleuropa: 1529 und 1683. Der »Mann am Bosporus« begann schon um 1600 zu kränkeln. Die Perser wurden an der Ostgrenze schwierig, der Tatarenkhan der Krim, Untergebener der Pforte und wichtiger Lieferant für Kavallerie, verweigerte anfangs seine Dienste, der tributpflichtige Bey von Tunis versuchte, sich selbständig zu machen – unschätzbare, aber unkoordinierte und zufällige Hilfe für die Truppen des Kaisers!
Als Mercoeur, wie üblich, im Jahr 1600 den Feldzug erst in der dritten Septemberwoche eröffnete, ging es um den Entsatz von Groß-Kanizsa, das, zwischen Plattensee und Drau gelegen, das Einfallstor nach Steiermark und Krain war. Die Wegverhältnisse waren für einen Vormarsch so ungünstig, der Nachschub kam so schleppend nach, daß auf dem Marsch von Raab südwärts die Idee aufgegeben werden mußte, die Festung überhaupt noch zu erreichen. Die Besatzung wurde daraufhin mutlos und kapitulierte. An Tilly lag es wie-

der einmal nicht, daß das Ziel des Feldzuges nicht erreicht wurde. Während des Marsches hatte er in einer Kürassierattacke, an der Spitze seiner Reiter, eine türkische Einheit, die den Kaiserlichen den Weg versperren wollte, trotz Artilleriefeuers niedergeritten, die Kanonen auf den daraufhin losbrechenden Gegenangriff gerichtet und bis zur Nacht durchgehalten. Mercoeur kam am nächsten Morgen zu Hilfe und konnte das Schlachtfeld vom Vortag behaupten.

Dann verlegten sich die Feinde nur noch aufs Legen von Hinterhalten. Tatarische Hilfstruppen (inzwischen also doch eingetroffen) überfielen Tilly und seine 300 Kürassiere mitten in einem größeren Waldstück, zunächst durch einen dichten Pfeilhagel. Tilly ließ seine Reiter absitzen und ein Viereck (»Karree«) bilden, das die Tataren trotz Pfeilhagels mit Musketenfeuer auf Distanz hielt. Als diese nunmehr anritten, scheiterten sie an den Piken der Kaiserlichen. Aber da sie zehnfache Übermacht besaßen, stürmten sie immer aufs neue, bis nach einigen Stunden Mercoeur mit der Hauptmacht herankam und allein dadurch schon die Krieger aus der Steppe zum Rückzug zwang. Die Tataren verloren an die 300 Reiter, Tilly nur zehn Mann und wurde selbst durch einen Pfeil leicht am Fuß verwundet.

Es heißt, daß die Kavalleristen Tillys von da an respektvoll »Drachen« genannt wurden, auf französisch »dragons«, und daher wurde die Bezeichnung »Dragoner« für Reiter, die auch zu Fuß kämpfen konnten, in der kaiserlichen Armee heimisch.

Im nächsten Jahr, 1601, das gleiche Bild: später Feldzugsbeginn, keinerlei Entscheidungen fallen, Tilly zeichnet sich erneut aus. Er kommandierte diesmal die Infanterie, führte den Obristentitel. Mercoeur zielte auf Ofen (Buda), die Hauptstadt des Paschalyks (= der türkischen Provinz) Ungarn, und dessen Eroberung hätte die Kaiserlichen bis vor Belgrad bringen können. Als aber die Türken Mercoeurs Absicht erkannt hatten, zogen sie aus der Festung Stuhlweißenburg Verstärkungen nach Ofen. Blitzschnell warf sich Mercoeur auf Stuhlweißenburg, belagerte die Stadt elf Tage lang und ließ am 20. September stürmen. Mit dem Schlachtruf »Jesus und Maria« drang Tillys Infanterie in die Stadt und metzelte die Türken, die nicht an Kapitulation dachten, mit hohem eigenen Verlust nieder. Während der Kämpfe brach Feuer in der Stadt aus, es war wie später 1631 in Magdeburg ...

Der Pascha von Ofen rückte zur Wiedergewinnung von Stuhlwei-

ßenburg aus. Währenddessen traf Erzherzog Matthias mit seiner Garde und einem Regiment deutscher Kavallerie in der Stadt ein. Zusammen hatten die Kaiserlichen ca. 10000 Mann, die Türken das Fünffache. Matthias riß den Herzog zum Verlassen seiner Stellung und zum Angriff auf die Türken in offener Feldschlacht mit. Das war militärisch völlig unverantwortlich – und doch siegten die Christen, der Pascha fiel, die Türken zogen sich nach Ofen zurück.
Da die Kaiserlichen doch zu geschwächt waren, um ihren Erfolg von Stuhlweißenburg in eine Belagerung von Ofen zu verwandeln, blieb für den Rest des Jahres nur noch die Hilfe für die Wiedereroberung von Groß-Kanizsa. Spanische, florentinische und päpstliche Truppen, zusammen mit Erzherzog Ferdinand von der Steiermark, hatten hier sehr unentschlossen manövriert, bis der kühle Herbst kam und die Soldaten nachts massenhaft in den Belagerungsgräben erfroren. Mercoeur sandte den Feldmarschall Rußwurmb und Tilly mit 6000 Mann Fußvolk und 2000 Kürassieren von Stuhlweißenburg nach Groß-Kanizsa, die Truppe legte den Weg – für diesen Krieg eine Sensation – in sechs Tagen zurück. Als Tilly und Rußwurmb die Belagerungsarbeiten besichtigten, waren sie derart entsetzt über deren Mangel an Professionalität, daß sie zur sofortigen Aufhebung der Einschließung rieten, zumal es schon Mitte November war.
Für jeden anderen als einen Berufskrieger muß die Situation mehr als melancholisch gewesen sein: in einer einzigen Schneenacht erfroren 1500 Mann und 300 Pferde. Das schwere Gepäck mußte mangels Bespannung zurückgelassen werden, auch 6000 Verwundete in den Schützengräben überließ man ihrem Schicksal: kaum waren die Kaiserlichen abgezogen, als die Türken aus der Festung hervorkamen und alle 6000 massakrierten. Tilly und Rußwurmb führten ihre Einheiten währenddessen in guter Ordnung nach Stuhlweißenburg zurück. Nun hatte Tilly also auch Erfahrung im Führen eines Rückzuges.
Im Januar 1602 starb der Herzog von Mercoeur an einem plötzlichen Fieber. Die Sümpfe, Hunger und Gewaltmärsche in Ungarn hatten seinem Leben ein vorschnelles Ende gesetzt. Tilly befand sich im Frühjahr beim Kaiser in Prag, um die Befehle zur Aufstellung neuen wallonischen Fußvolks entgegenzunehmen. Währenddessen kommandierte Erzherzog Matthias allein und ließ sich, während er in Raab saß, Stuhlweißenburg wieder von den Türken wegnehmen.

Daraufhin warf er sich auf die Belagerung von Ofen, wie Mercoeur schon im vorigen Jahr geplant hatte. Die Eroberung von Pest direkt auf der gegenüberliegenden Seite der Donau gelang ihm, nicht aber die von Ofen. Matthias ließ stürmen, Tilly, mittlerweile wieder bei der Armee, schritt seinen Truppen mit gezogenem Degen voran und wurde dabei so schwer an der linken Schulter verwundet, daß sein linker Arm auf Lebenszeit nur noch zum Führen des Pferdes taugte. Matthias hatte den Sturm und Tillys Todesverachtung beobachtet. Die Truppen, die von den Wällen zurückgeflutet waren, verfolgte er mit Kriegsgericht, Tilly aber mußte er belobigen und schickte ihn mit den wärmsten Empfehlungen zu Kaiser Rudolf nach Prag. Ofen blieb unerstürmt.
1603 war Tilly wieder an der Front; der Krieg wurde so matt wie immer geführt, denn es war noch nicht Tillys Aufgabe, ihn ganz in die Hand zu nehmen. Er hatte Befehle auf taktischer Ebene auszuführen, das war alles, und im übrigen hätte er Nachschub, Transportwege und Finanzen des Kaisers kaum rasch in einen zufriedenstellenden Zustand versetzen können. Es war ein Krieg, in dem außer partieller Tapferkeit keiner von beiden Parteien etwas einfiel. Schon 1602 hatten daher Friedensverhandlungen begonnen, sowohl Christen als auch Muselmanen wollten den fruchtlosen Schlagabtausch einstellen. Doch auch die Friedensverhandlungen litten unter Trägheit höchster Stellen und an einem Fehler, den sie in laufenden Kriegen sehr oft haben: eine der beiden Parteien versucht doch noch eine günstige Entscheidung auf dem Schlachtfeld herbeizuführen, bevor der Abschluß ins Auge gefaßt wird und riskiert damit bewußt den Abbruch der Verhandlungen.
1604 griff der Pascha von Ofen Gran mit 60000 Mann an. Die kaiserliche Besatzung von Pest räumte panikartig ihre Stellung und rückte nach Westen ab. Matthias schrieb dazu an den Kaiser, er habe Tilly den Befehl erteilt, Munition und Kanonen aus Pest abzutransportieren – eine zweifelhafte Angelegenheit, wie die nachträgliche Rechtfertigung einer Rückzugsbewegung es im Krieg oft ist. Denn nicht alle bedrohten Stellungen müssen wirklich geräumt werden, und nicht alle »Durchhaltebefehle« müssen sinnlos sein. Jedenfalls berührte die Angelegenheit Tilly nicht. Er wirkte mit an der Abwehr der türkischen Belagerer vor Gran. Im Oktober 1604 mußte der Pascha erfolglos abziehen.

Währenddessen war die kaiserliche Stellung in Siebenbürgen zusammengebrochen. Noch Ende Oktober mußte Giorgio Basta, nunmehriger Oberkommandierender unter Matthias, dorthin abrükken. Basta stammte aus Neapel, war aber Kind epirotischer Auswanderer. Er wurde unter Alessandro Farnese spanischer General und hatte sich schon 1600 in Siebenbürgen bei der Bevölkerung den Ruf besonderer Grausamkeit zugezogen, wie ja die Grenze zwischen dem Talent zu militärischer Disziplin und Brutalität überhaupt fließend sein dürfte. Basta hatte 1601 den Woiwoden von Siebenbürgen bekämpft, da dieser mit türkischer Unterstützung König von Ungarn werden wollte (eine immer wiederkehrende Figur der balkanischen Politik, solange die Türken Ungarn besitzen). Basta hatte ihn im Bündnis mit dem Woiwoden der Walachei geschlagen, anschließend den Walachen umbringen lassen. Das sicherte ihn aber nicht, denn sein Auftreten im Lande war so verhaßt, daß er mit dem neuen Woiwoden der Walachei zusammen noch einmal Siebenbürgen erobern mußte. Dann war er zur Verteidigung von Gran abgerückt, während der siebenbürgische Widerstand in dem Magnaten Stephan Bocskai ein neues Haupt fand. Nicht nur die Ablehnung der Deutschen als Herren von Ungarn spielte dabei eine Rolle, sondern auch die Religion: in Siebenbürgen hatten sich Luthertum und Calvinismus ausgebreitet, letzterer besonders unter dem Adel, und es ging daher auch in dieser Weltgegend um die religiöse Freiheit – es sei denn, die selbstherrlichen Magnaten wären nur deswegen von der römischen Kirche abgefallen, weil sie eben die Kirche der deutschen Habsburger war.
Bocskai zog die Ungarn aus der kaiserlichen Armee heraus, schlug den verbliebenen Rest und rückte, natürlich mit Billigung der Türken, in Kaschau ein. Er hätte, nördlich der Donau im Schutz der slowakischen Berge bleibend, nach Mähren und Wien marschieren können, solange Ofen noch in türkischer Hand war, und daher mußte sich Basta beeilen. Er nahm 14000 Mann und Tilly als seinen Stellvertreter mit sich: dessen Zukunft in der kaiserlichen Armee sah also immer verlockender aus!
Zunächst schlug er Bocskai in offener Feldschlacht, doch mußte er wegen Versorgungsschwierigkeiten und des sehr unübersichtlichen Terrains doch zurückweichen und fand sich schließlich in einer Waldschlucht eingeschlossen. Die Haiduken, die ungarischen Rei-

ter, hatten die Höhen besetzt, ein Entrinnen schien für Basta und Tilly unmöglich. Leider wird auch in der Kriegsgeschichte der Ruhm ungerecht verteilt, denn wenn die Kaiserlichen nun Römer gewesen wären, dann hätte das folgende Bravourstück ebenso berühmt werden müssen wie Hannibals Durchbrechung der römischen Umzingelung bei Bovianum oder die Cimbernschlacht von Noreia: alles schwere Material wird unter den Augen der lauernden Feinde verbrannt, denn es könnte nur stören beim Durchbruch über die Höhen, der einzigen Rettung, die bleibt.
Am nächsten Tag beim ersten Morgendämmer ein Gebet der ganzen Armee, dann beginnt Tilly an der Spitze seiner wallonischen Infanterie den Angriff. Die Ungarn brennen ihre Kanonen ab, aber ihre Sicht ist schlecht und ihre Stellungen fallen Tilly schnell in die Hand. Während Tilly die Kanonen bereits auf den Feind umdrehen läßt, stürmen Basta und andere Offiziere zu seiner Rechten und Linken bergan. Bald gewinnen sie erhöhte Positionen, von denen aus sie die Ungarn unter sich erblicken und unter wirkungsvolles Feuer nehmen können. Bocskai flieht, die Ungarn ergreift Panik, die Kaiserlichen metzeln alles nieder, denn sie hatten von Bocskais Befehl erfahren, niemanden von ihnen zu schonen. 12000 Ungarn bleiben auf dem Schlachtfeld gegen nur 200 Kaiserliche.
Das war am 28. November – Basta kann seine Soldaten in dem öden Land nicht ernähren, der Hunger schreibt ihm den Vormarsch auf Kaschau vor. Aber Kaschau öffnet seine Tore nicht! Unmut unter den Soldaten, die Deutschen wollen nichts als nach Hause, ringsum Schnee, Kälte, Hunger. Tilly bietet an, mit seinen Wallonen allein Kaschau stürmen zu wollen. Fünf Jahre Krieg in diesem trostlosen Ungarn scheinen ihn in keiner Weise mitgenommen zu haben! Basta läßt stattdessen zum Überwintern nach Preschau (ungarisch: Eperies) marschieren, keine fünfzig Kilometer nördlich. Dort gibt es zwar Unterkunft, aber da die Soldaten nach wie vor knapp vor der Meuterei stehen, muß Basta sie mitten im Winter beschäftigen, gegen allen Kriegsbrauch: er zieht nach Tokaj an der Theiß, das die Türken belagern, und zwingt diese tatsächlich zum Rückzug.
Unterwegs gerät Tilly wieder einmal in einen Hinterhalt. Kurz vorher war ihm ein schnelleres Pferd angeboten worden, und er hatte es dankend angenommen. Wenn ihm das im anschließenden Scharmützel das Leben gerettet hat, dann gemahnt diese Anekdote merkwür-

dig an das, was man sich über Wallenstein während der Schlacht von Lützen erzählt: Octavio Piccolomini habe ihm sein Pferd angeboten und dadurch verhindert, daß er den schwedischen Kanonenkugeln zum Opfer fiel. Es sind ja auch beide, Wallenstein und Tilly, zu höchstem Kriegsruhm aufgestiegen, beide beständig in dienender Stellung, und beider Ende war unverdient. Früher im Jahr, noch bei den Kämpfen um Gran, mögen sie sich gesehen haben: Wallenstein diente dort als Fähnrich, Tilly als Oberst und Chef der Artillerie. Bei dem Marsch auf Kaschau war der damals einundzwanzigjährige Wallenstein auch dabeigewesen, war verwundet worden, für Tapferkeit zum Hauptmann befördert, und von Eperies aus hatte Basta ihn nach Prag geschickt, um Geld und Nachschub anzufordern.
Tilly war ihm nachgefolgt, als die Soldaten wieder einmal murrten, aber um den Lohn seiner Dienste in Empfang zu nehmen: der Kaiser beförderte ihn zum Feldmarschall. In der Tat, er hatte bereits ein Übersoll an persönlicher Tapferkeit, Entsagung und guter Nerven geleistet, da er in Ungarn weder verzweifelt war noch irgendeiner Seuche oder Lagerkrankheit zum Opfer fiel.
Er kannte nunmehr alle Waffengattungen des Heeres und alle drei Abschnitte des ungarischen Kriegsschauplatzes: die Südflanke um Groß-Kanizsa, den Mittelabschnitt entlang der Donau mit Stoßrichtung Ofen und auch den unübersichtlichen linken Flügel in den slowakischen Waldbergen. Er schien sich der Möglichkeit zu nähern, selbst Strategie planen zu dürfen, doch vorläufig war noch Matthias sein unmittelbarer Vorgesetzter. Der Türkenkrieg war nicht dazu angetan, seine Generäle durch entscheidende Erfolge emporzubringen.
Das folgende Jahr 1605 brachte für die kaiserlichen Waffen eine Kette von Mißerfolgen, ohne daß Tilly etwas dagegen hätte unternehmen können. Basta hatte sich aus Verpflegungs- und Disziplinschwierigkeiten doch aus der Gegend von Kaschau zurückziehen müssen. An der Donau meuterten die Soldaten, da ihre Löhnung ausblieb, und verließen in hellen Scharen die Fahnen. Tilly konnte nicht verhindern, daß sie das Land ringsum mit Mord und Raub erfüllten. Zu allem Überfluß rückte nun noch der türkische Großwesir selbst vor Gran, das unter diesen Umständen nur mühselig verteidigt werden konnte. Die Offiziere der Festung zwangen ihren Oberkommandierenden zur Kapitulation, der Großwesir ließ ihn abzie-

hen. Tilly setzte ein Kriegsgericht ein, um die Kapitulation zu ahnden: neun Offiziere wurden hingerichtet, der Oberkommandierende wurde freigesprochen, da er unter Zwang gehandelt hatte. Im übrigen mußte sich Tilly darauf beschränken, die Linie an der Donau mit den Fixpunkten Komorn, Raab und Preßburg zu halten. Da keine einheitliche Armee mehr aufgestellt werden konnte, kamen nur kleine Scharmützel in Frage, um die türkische Streitmacht abzunutzen und ihr den Vormarsch so verlustreich wie möglich zu machen. Die schlechte Jahreszeit hielt den Feind schließlich wirkungsvoller auf, als Tilly das noch gekonnt hätte.

Seine Wallonen allerdings machten den Türken noch sehr zu schaffen, und ihr Feldmarschall schlug den Feind gerade in der Art von Kriegsführung , die dessen Spezialität war: jähe Kavallerieangriffe aus dem Hinterhalt mit weit überlegener Truppenzahl. Wer sich da nicht im ersten Ansturm verwirren und in Panik versetzen ließ, sondern kühlen Kopf wie die Wallonen bewahrte, gegen den richtete auch eine vielfache türkisch-tatarische Überlegenheit nichts aus. Die »Wunderwaffe« der orientalischen Länder verfing nicht gegen Tillys Kerntruppen. So konnten zumindest Katastrophen im offenen Feld vermieden werden.

Andere kaiserliche Kommandeure waren in Ungarn weitaus erfolgreicher, der berühmteste unter ihnen ist und bleibt Prinz Eugen (1663–1736). Aber wenn dieser den Überraschungsangriff liebte und damit das offensive Gegenmittel zur »Wunderwaffe« der Orientalen gefunden hatte, so war dies Tilly aus verschiedenen Gründen nicht möglich: seine Truppen standen zum überwiegenden Teil kurz vor oder schon hinter der Fahnenflucht, ein entsprechender Schwung war von ihnen nicht zu erwarten. Die Soldaten des Prinzen Eugen hatten ihn; drei Generationen tiefer in der Neuzeit war der Kreuzungsgedanke lebendiger als zu Tillys Zeiten!

Ferner war der Nachschub, wie dargestellt, derart dürftig organisiert, daß schnelle Bewegungen in dem ausgesogenen Lande von vornherein ausschieden; das galt erst recht für den Transport von Artillerie.

Als Konsequenz kam befestigten Plätzen sowohl für den Angreifer als auch für den Verteidiger eine erhöhte Bedeutung zu: der Angreifer konnte durch ihre Bedrohung dem Feind das Kriegstheater vorschreiben, denn der Verteidiger brauchte die Festungen als Haltepunkte für sein schwer disziplinierbares Heer und als Verschanzungen, in denen er die teuren Soldtruppen vor der Vernichtung und sich selbst damit vor der Vergeudung enormen finanziellen Aufwandes schützen konnte. Drittens waren die einheitlichen Schlachthaufen, die »Tercios«, nicht auf schnellen Angriff hin angelegt: an ihren Feuerwaffen fehlten noch die Bajonette für den Nahkampf, und die Flinten selbst hatten eine zu lange Lade- und Wartungszeit, um im Vorpreschen genügend Schaden anrichten zu können. Wenn, viertens, die Truppen so teuer waren, wie das Söldner nun einmal sind, bei denen die wirtschaftlichen Vorteile den entscheidenden Grund für ihre Dienste bilden, dann lieferte das Oberkommando im Zweifel lieber keine Entscheidungsschlacht, was wiederum die Neigung zum Manövrieren rund um die Festungen förderte. Und da die Truppen in den Wintermonaten entlassen werden mußten, um Sold zu sparen, war eine Entscheidungsschlacht wahrscheinlich mit Verlusten verbunden, die in keinem Verhältnis zum Ertrag standen: ein Sieg, im Herbst erfochten, war im Winter dann nicht mehr ausnützbar – eine Schlacht als Höhepunkt des Feldzuges anzusehen, wie es später durch Napoleon zum allgemeinen strategischen Gedankengut wurde, war unter diesen Umständen eine weit hergeholte, ja oft unverantwortliche Idee.

Also hatte die ganze Kriegführung in Ungarn etwas Schwerfälliges, fast Statisches, nicht unbedingt wegen der Phantasielosigkeit der Kommandeure, sondern wegen der technischen Voraussetzungen. Dort wäre auch ein Genie zuschanden geworden, und erfolgreiche Verteidigung war daher schon hinreichendes Kriegsglück.

Das einzige, was ein unerbittlicher Militärhistoriker Tilly also anrechnen (»vorwerfen« wäre eine Übertreibung) könnte, wäre, daß er keine technischen Neuerungen erfand oder forcierte, sondern seine Meisterschaft allein an dem vorhandenen Instrumentarium zeigte. In der Tat zeigt seine Kriegführung zwar durchaus den erforderlichen Überblick über das gesamte Kriegstheater, aber seine Spitzenleistungen bestehen in persönlichen Bravourstücken in einer eng begrenzten Kampfsituation.

Keinesfalls anrechnen kann man ihm jedoch, daß er den kaiserlichen Hofkriegsrat nicht zu mehr Energieentfaltung fortriß (wie denn auch?) und daß er in Kaiser Rudolf II. einen obersten Kriegsherrn hatte, der besonders 1605 derart in Immobilität (oder Melancholie oder fruchtlosen ästhetischen Abscheu vor dem Kriegswesen) versunken war, daß er sich auch vor den allernotwendigsten Entscheidungen drückte. Selten waren Herr und Diener so grundverschiedene Charaktere.

Die Türken hatten den Kaiserlichen schon oft ihre Anerkennung für ihre gleichwertige militärische Tüchtigkeit im Kampf Mann gegen Mann ausgesprochen. Es waren nun die Perser in Türkisch-Armenien eingefallen und hatten die Türken und Moslems dort ausnahmslos niedergemacht, die Christen aber geschont, denn sie standen in geheimem Bündnis mit Kaiser Rudolf. Dieser Krieg wurde fanatischer geführt als der in Ungarn, denn die Perser waren auf die Wiedergewinnung der Gebiete aus, die die Sultane ihren Vorfahren in den vorangegangenen Jahrzehnten persischer Thronwirren entrissen hatten. Nun zogen die Türken die Konsequenz, indem sie mit dem Kaiser ernsthaft über den Frieden verhandelten, der schließlich im November 1606 in Zsitva-Torok an der Zsitva abgeschlossen wurde. Sie verzichteten darauf, Stephan Bocskai weiterhin als König von Ungarn anzusehen, außerdem gegen eine einmalige Summe von 100.000 Talern auf die jährlichen Zahlungen, die der Kaiser bisher in seiner Eigenschaft als König von Ungarn nach Istanbul geleistet hatte und die der Sultan als Tribut eines ihm untergeordneten Fürsten hatte ansehen können.

Das war eine umstürzende Neuigkeit der osmanischen Außenpolitik: der Kaiser wurde damit als gleichwertiger Souverän neben dem Padischah anerkannt. Die Zeiten der osmanischen Expansion waren also endgültig vorbei, noch nie hatten die Türken einen so langen Krieg geführt, ohne mehr in die Hand zu bekommen als die von ihnen eroberten Festungen. Wenn der Kaiser Glück hatte, daß die Türken ihre Engergie verloren hatten, dann hatten auch die Türken Glück, daß Rudolf II. keine Energie hatte; das Gleichgewicht an der ungarischen Front war perfekt und daher der Garant für eine längere Friedenszeit.

War der Krieg den Militärs wegen seiner Entscheidungslosigkeit ein Ärgernis gewesen, so war er es den Mitgliedern des Hauses Habsburg auch, und zwar aus dem trostlosen Grunde, weil er die fällige Auseinandersetzung innerhalb des Erzhauses zwischen dem als Politiker unfähigen Kaiser und seinen Brüdern verzögerte. Hier zog für den Feldmarschall Tilly nach dem Frieden eine Gefahr auf, die ihn

die Früchte seiner Karriere kosten konnte, so mühselig und redlich verdient sie bis jetzt auch sein mochten.
Einst (1400) war König Wenzel aus dem Hause Luxemburg von den Kurfürsten abgesetzt worden, weil er seine Regentenpflichten offensichtlich nicht ordentlich erfüllen konnte. Nun verhielt sich Rudolf II. ähnlich: all seinen Hobbies hingegeben, entwickelte er einen unüberwindlichen, ja sogar cholerischen Abscheu gegen jedwede politische Entscheidung. Dies in Verbindung mit einer misanthropischen und mißtrauischen Gemütsart bedeutete, daß der Kaiser nicht mehr regierte, sich monatelang im Hradschin in Prag einschloß, niemanden sehen wollte – war an solch übertriebener Sensibilität etwa die strenge Erziehung, die er als junger Mann in Spanien genossen hatte, schuld? Alles interessierte ihn: Astronomie, Astrologie, Mineralogie, Poesie, nur nicht sein Herrscheramt. Seine Kammerdiener schirmten ihn von der Umwelt ab und kamen dabei auf ihre Rechnung, ohne natürlich an die möglichen Folgen zu denken: am Ausgang des 16. Jahrhunderts, als Lutheraner und Calvinisten im Reich die Überhand zu bekommen schienen, drohte dem katholischen Haus Habsburg der Verlust der Kaiserkrone, wenn sie in solchen Händen verblieb. Die geistlichen Kurfürsten, die die Habsburger unterstützten, hatten darauf Matthias als den Thronfolger gebeten, bei Rudolf eine Regentschaftsregelung durchzusetzen, um das Reich wieder regierbar zu machen.
Aber Rudolf hing an der Macht, auch wenn er sie nicht ausübte, und verschloß sich jedem Arrangement. Wollte man verhindern, daß er, wie sich selbst, so auch das Reich in eine Sackgasse und Katastrophe hineintreiben ließ, mußte nun gehandelt werden.
Die Erzherzöge des Hauses Habsburg trafen sich in Wien und vereinbarten, daß Matthias der Nachfolger des Kaisers werden sollte. Da auch Erzherzog Albert, der Generalgouverneur der Niederlande, beipflichtete, schien die Einheit des Hauses Habsburg gewahrt und Rudolf in den Augen Europas zu einem wesenlosen Schemen heruntergekommen zu sein, der eben nur noch die Kroninsignien verwaltete. Doch Erzherzog Ferdinand verlangte schon ein Jahr später die Aufhebung des Vertrages, da er peinlicherweise publik geworden war; auch Maximilian zog deshalb seine Unterschrift zurück. War ihnen die Entmachtung des legitimen Herrschers suspekt? Oder rechnete Ferdinand sich Chancen aus, von Rudolf zum

Dank für seine Loyalität seinerseits zum Nachfolger bestimmt zu werden? Denn wenn Matthias als der älteste unter den Brüdern des Kaisers ausfiel, dann kam bei seiner Kinderlosigkeit vielleicht die steirische Linie des Erzhauses zum Zuge, und in dieser war Ferdinand der älteste von insgesamt drei Brüdern. Jedenfalls tat Rudolf so, als wolle er einen neuen Türkenkrieg betreiben, um bei der Gelegenheit auch die konfessionellen Zugeständnisse an die ungarischen »Ketzer« kassieren zu können.

Wollte Matthias damit seine errungene Stellung nicht verloren geben, mußte er sich mit den ungarischen Ständen verbinden. Damit konnte Rudolf erst recht nicht einverstanden sein und befahl die Auflösung der Versammlung von Preßburg, in der Matthias mit den Ungarn zusammengekommen war, letztlich um den gemeinsamen Widerstand gegen den Kaiser zu beraten. Die ungarischen Stände verweigerten aber die Auflösung ihrer Zusammenkunft – dies war zweifellos Hochverrat gegenüber dem Kaiser.

Matthias half sich nun durch eine weitere Verbindung mit den protestantisch-calvinistischen Ständen von Ober- und Niederösterreich sowie Mähren und entschloß sich, mit Heeresmacht gegen Rudolf vorzugehen, um den gordischen Knoten dieses Familienkonfliktes durchzuhauen. Während Matthias und die Ungarn sich miteinander verbanden (Januar 1608), war Tilly, der über die Reste der kaiserlichen Kriegsmacht gebot, ebenfalls in Preßburg. Matthias versuchte vergeblich, Tilly auf seine Seite zu ziehen, doch dieser wurde in seiner Treue zum Kaiser nicht wankend. Also schickte Matthias ihn nach Prag, um, wie er sich ausdrückte, den Kaiser davon zu überzeugen, daß das Vorgehen in Preßburg rechtmäßig war. »Der Herr von Tilly hat die von dieser Versammlung getroffene Maßnahme in keiner Weise mißbilligt«, fügte Matthias in der Depesche bei, die er dem Feldmarschall mitgab. Vielleicht gelang es so, ihn bei dem pathologisch mißtrauischen Rudolf in Mißkredit zu bringen und damit den Kaiser entscheidend zu schwächen, bevor die Kriegshandlungen überhaupt begonnen hatten.

Doch Tilly erlangte in Prag von dem melancholischen Kaiser nach einem zermürbenden Kampf gegen dessen Entschlußlosigkeit eine Proklamation an die Soldaten, daß sie nur von ihm Befehle entgegenzunehmen hätten. Mit dieser eindeutigen Willensäußerung in der Hand begab sich Tilly eilends zurück zu den kaiserlichen Truppen und rettete sie damit knapp vor Matthias' Zugriff. Also beschied ihn der Erzherzog nach Preßburg, um ihn eventuell doch noch ausschalten zu können. Doch Tilly kam nicht, sondern teilte Matthias brieflich mit: »Was belanget das bey Eur. Fuerstl. Durchl. Ich mich unverlangt anmelden solle, will Jr. Khays. May. ich anstaedt berichten was sy mir darauf allergenedigst anbevohlen werden, will ich demselben gehorsambist nachkomen.« Matthias sah, daß der Feldmarschall nicht zu ihm überlaufen wurde, und versuchte, ihm wenigstens durch eine im Reich verbreitete Schmähschrift seine Reputation zu nehmen: »Dass der Obriste Tilly Jr. Kay. May. Veldtmarschalch sambt seinen adaerenten das Kriegsvolck auff den Moehrerischen Groenitzen versamblet unnd daselbst mit Brennen, Rauben und andern den umbligenden Laendern grossen schaden zugefugt. Auch anderer seltzamen Practiken die nobilitet auszurotten sich underständen habe ...«

Die Nobilität ausrotten? Ausgerechnet Tilly? Matthias spielte auf die mährischen Adligen an, die sich ihm aus religiösen Gründen angeschlossen hatten, um Tilly dieses Land als Operationsbasis zu entziehen, indem er die Landstände gegen ihn aufhetzte. Auch Tilly mußte daher zur Feder des Pamphletisten greifen, um diesen Angriff auf seine Ehre in der Öffentlichkeit zu parieren: von Rauben und Brennen sei keine Spur, führte er in seinem eigenen Flugblatt aus, falls aber »das geringste Gebau, mit meinem wissen, verbrunnen oder angezundet worden seye, so will Ich dasselbe mit meinem Kopf, Leib und Leben bezahlen«. Der Vorwurf der Adelsverfolgung sei aus der Luft gegriffen. »Es ist auch solcher Process, Gottlob, bis dahero von dem hochloeblichen Hauss Österreich nimmermehr erhoert oder erfahren werden ... Erbiete mich also ..., auff hoechstgedachter Jr. Kay. May. allergnedigsten Bevelch und Verwilligung, wo es deroselben gefellig, vor dem gantzen Heiligen Roe. Reich ... mich dieser unwarhafften beschuldigung ferner zu verantworten, und klarlichen darzuthun, das nit allein gegen Jr. Kay. May. sodern auch das H. Roe. Reich und das Hochloebliche Hauss Oesterreich ich mit meinen langwirigen treuesten Kriegsdiensten ein anders, alss solches ungutliches Zumessen und diffamation verdienet habe.«

Währenddessen hatten seine Truppen in Mähren kein Geld; angeblich schickte Matthias Mörder nach ihm aus, gegen den Könner, bei dem er

während des ungarischen Feldzuges einst Lektionen in der Kriegskunst genommen hatte. Die Situation war für Tilly denkbar verzweifelt. Da der Sold ausblieb, liefen ihm die Soldaten davon, noch aufgewiegelt durch Geld und gute Worte von Matthias' Emissären. Es half nichts, daß der Feldmarschall nach Prag eilte, den Kaiser aufrüttelte und ihm die Patente zur Aufstellung eines Regimentes Wallonen, 5000 Mann stark, abrang. Die meuternden Soldaten im mährischen Lager wollten ihn gar an den heranrückenden Matthias ausliefern. Dieser kam aus Ungarn mit 12 000 Mann herbei; als er in Znaim an der mährischen Grenze anlangte, folgten schon 20 000 seinen Fahnen. Mähren durchzog er ohne Schwierigkeiten, drang nach Böhmen ein und stand Anfang Mai 1608 drei knappe Tagesmärsche von Prag entfernt.
Der Kaiser raffte sich zum letzten Widerstand auf: Böhmen war das Herz seiner Macht, in Prag hatte er beständig regiert trotz aller Vorwürfe der deutschen Reichsfürsten, die böhmischen Stände hatten von Österreichern, Ungarn und Mährern, den Verbündeten des Matthias, nichts zu erwarten und waren daher bereit, für Rudolf ins Feld zu ziehen, nachdem er ihnen auch im Interesse ihrer freien Religionsausübung versprochen hatte, den Frieden in Ungarn von 1606 zu bestätigen. Matthias rückte über Kolin nach Böhmisch-Brod vor, während die Böhmen 28 000 Mann stellten, die mit Tillys 5000 Wallonen noch eine bedrohliche Streitmacht gebildet hätten (stärker als die von Matthias), wenn die Kommandeure mehr Lust gezeigt hätten, sich dem Feldmarschall unterzuordnen, und – wenn Rudolf nicht schließlich, von allen Seiten gedrängt, sich herabgelassen hätte, Matthias auf der ganzen Linie nachzugeben, nachdem er ihm schon vorher Zugeständnisse angeboten hatte.
Rudolf übergab Matthias das Königreich Ungarn, die Markgrafschaft Mähren und das Erzherzogtum Österreich, bestimmte ihn zu seinem Nachfolger in Böhmen, Schlesien und in der Lausitz (25. Juni 1608). Matthias zog nicht in Prag ein, um das wohl schon damals rachebrütende Gemüt des Kaisers nicht noch mehr zu verwirren, sondern zog nach Wien ab.
Damit wurde Rudolfs stolze Armee überflüssig und aufgelöst. Tilly hörte auf, kaiserlicher Feldmarschall zu sein und zog sich ins Privatleben zurück. Bei seinem Verleumder Matthias Dienste nehmen, wollte er offensichtlich nicht. Seine Karriere schien am Bruderzwist im Hause Habsburg gescheitert.

Er ist nun fast fünfzig Jahre alt, und einer der fähigsten Krieger Europas, ohne Landsknechtsallüren und mit einem tatsächlich sehr seltenen Sinn für unbeirrbare Loyalität begabt, Soldat auch in politischen Verwicklungen. Das war nicht nur seine Grenze, sondern es war auch seine Stärke, ohne die er schließlich den Sprung von einem Ehrenplatz in der Kriegsgeschichte, den er schon 1608 besaß, in die vorderste Linie der Weltgeschichte nicht geschafft hätte.
Was gibt es für die verflossene Zeit an Persönlichem von ihm zu berichten? Auf Freiersfüßen war er nie, und das sollte denn auch so bleiben. Vielleicht, weil er als unentwegter Spartaner den nötigen Charme hierfür nicht aufbrachte, oder weil er einem standesgemäßen Fräulein materiell zu wenig bieten konnte. Jedenfalls ist es nach Quellenlage ganz und gar unmöglich, ihm eine wie auch immer bescheidene Liebesgeschichte nachzuweisen; seine Briefe sind derart knapp und sachlich gehalten, daß sie nur den einzigen Rückschluß auf seinen Charakter zulassen, daß er sich in spanischer Disziplin, spanischer Strenge und exakter Pflichterfüllung bewegte und sein Inneres systematisch nicht nach außen kehrte. Er tritt uns damit als das zeitlose Muster eines Soldaten entgegen; merkwürdig genug, daß es ihn dabei ins Zeitalter der ungebärdigen Söldner verschlagen hatte.
Und da er sein Herz nicht auf die Zunge legte, so legte er es in seine Taten.

3. Kapitel

Die böhmische Rebellion

Der Herr von Tilly liebte es, in altspanischer Tracht einherzugehen: kurzes Wams aus grünem Satin, die Ärmel und das Beinkleid aufgeschlitzt, große Stulpenstiefel, auf dem Kopf ein rundes Hütchen mit langer roter Feder, das Schwert in kurzer Halterung beständig umgebunden, dazu eine einzige Pistole (wir haben gesehen, daß im Ernstfall auch mehrere Pistolen notwendig gewesen wären). Das war schon 1610 nicht mehr Mode. Der französische Marschall Grammont fragte den Herrn von Tilly spitz: »Was ist das denn für eine Mode?«, doch der ließ ihm seines Spottes nicht froh werden, indem er unüberbietbar lakonisch antwortete: »Das ist meine Mode.« So frugal war er in allem, nicht nur im Verzicht auf das weibliche Geschlecht, auf Tafelfreuden und auf mehr Wein, als bei offiziellen Anlässen unbedingt in der Hand gehalten werden mußte, auch im Nachtlager, das durch zwei Bretter und eine darübergelegte Matratze mehr symbolisiert als zugerichtet wurde, in seinem Verhältnis zum Geld und – zur Pflicht, die er so genau und nüchtern zu erfüllen bestrebt war wie diejenigen, die man im deutschen Sprachraum später »Preußen« nannte. Und er folgte der damals aktuellen Soldatenregel:

»Sollst Dich nicht besaufen,
aus dem Gefecht nicht laufen,
Gott den Herrn hoch preisen,
Gut verwahr'n dein Eisen,
auf dein Fähnlein blicken,
dich in Mühsal schicken.«

Er gewann aus dieser Lebensführung die Kraft zur inneren Konzentration, die seine militärische Leistung trug. Seine Worte, entweder in Deutsch oder in Französisch, waren präzise, knapp und bestimmt und duldeten keinen Widerspruch, während er den Vorgesetzten gegenüber untadelige Korrektheit des Tones bewahrte, eines zwar unterwürfigen, aber damals eben durchaus üblichen Tones, wenn es um den Umgang mit gekrönten Häuptern ging.

Er tritt uns auf allen Bildern, die von ihm überliefert sind, insgesamt so entgegen, wie wir es nach dieser Charakteristik erwarten können: mit kurz geschnittenem, sorgfältig gekämmtem Haar, breiter Stirn, großen Augen, die den Betrachter genau erfassen und von Willenskraft, notfalls auch von Härte künden, schmalen, festgeschlossenen Lippen. Das Haar ergraute früh, was die Würde der Erscheinung nur noch steigerte und den Umstand wieder aufhob, daß er nur von gedrungener Gestalt war. Das Gesicht ist das eines Mannes, der kommandieren gelernt hat und den alle Greuel des Krieges nicht von der Verfolgung des einmal mit ruhiger Nüchternheit ins Auge gefaßten Zieles abbringen können. Ein solcher Mann behält den Überblick auch im Chaos des Dreißigjährigen Krieges.

Er steigerte seine innere Sammlung noch durch häufiges Beten, denn selbstverständlich hing er treu dem Kultus seiner Kirche an und besuchte täglich zweimal die Messe: so wie er seine Soldaten kommandierte und unnachgiebig zur strengsten Disziplin anhielt, wo immer es sich machen ließ, kommandierte er anscheinend auch sich selbst, bzw. war diese Anstrengung, zu der man sich üblicherweise erst aufraffen muß, ihm in jahrelanger Übung zur Selbstverständlichkeit und damit zum natürlichen Charaktermerkmal geworden. Wenn jemals das Wort des Demokrit: »Natur und Erziehung haben eine gewisse Ähnlichkeit. Denn auch die Erziehung wandelt den Menschen um; durch diese Umwandlung aber schafft sie eine zweite Natur« für einen Militär gegolten hat, dann für Tilly.

Sein Tugendkatalog wäre nicht sehr bemerkenswert, wenn er infolgedessen humorlos, unzugänglich, pedantisch, skurril, kurz »vertrocknet« geworden wäre. Doch all das war nicht der Fall, denn als ein Kauz hätte er nicht die erste Hälfte des großen Krieges wesentlich mitbestimmen können, und die menschlichen Eigenschaften, die seiner Nüchternheit und Disziplin nicht notwendigerweise widersprachen, hatte er auch, z. B. Familiensinn – den Kindern seines Bruders, die in seine Armee eintraten, war er immer wohl gesonnen,

ohne sie ungerechterweise anderen Offizieren vorzuziehen, Familiensinn hatte er auch seinen Truppen gegenüber.
Jeder große Feldherr versteht es, seinen Soldaten zu suggerieren, er sei ihr »Vater« und sie seine »Kinder«. Tilly gelang dies besonders überzeugend, da er auf leibliche Kinder verzichtet hatte. Das Widersprüchliche im Militärwesen: bei denen Zuneigung zu erwecken, die genau wissen, daß man sie notfalls sehenden Auges in den Tod schikken wird, vereinte Tilly, da auch die wilden Söldner etwas von seiner Redlichkeit, seinem Empfinden für Maß und Gerechtigkeit verspürten. Er führte Kriege, die in allen Fällen auch als Glaubenskriege motiviert wurden, dennoch hat er sich nie dazu verstiegen, Glaubensverfolgung zu fordern und gutzuheißen.
Er beschränkte sich eben auf das Militärische und zwar nicht aus professioneller Borniertheit, sondern aus Pflichtgefühl. Wie jeder Soldat in der Armee seinen genau zugewiesenen Platz hat, so sah Tilly ihn für sich in der Hierarchie der Mächte, denen er diente. Darin war er Typus des Soldaten schlechthin. Daher verweilte er beständig in den Abgründen des Krieges, ohne ihnen innerlich jemals zum Opfer zu fallen: sein strenges Gesicht hat nichts Dämonisch-Unheimliches an sich, es verrät keine fürchterlichen Launen wie das Bildnis seines großen Waffenbruders Wallenstein, es befiehlt und verkündet gleichzeitig Maß und Ordnung. Kein geniales Gesicht also in dem Sinne, daß da etwas Unkontrollierbares vorläge oder: wenn schon Genie, dann das des Gleichgewichtes. Wir haben einen Heros vor uns, der beim Stürmen ruhig bleibt – und anschließend auch.
Nachdem der Kaiser 1608 seine Armee abgedankt hatte, verlieren sich die Spuren von Tillys Leben für fast zwei Jahre. 1610 wird Herzog Maximilian von Bayern auf ihn aufmerksam. Am 1. Mai 1610 schreibt Tilly von Prag aus (Rudolf II. lebt noch) an Erzherzog Albrecht in den Niederlanden: »Demnach die Koenig. Khays. May. mein aller genedigster herr mich auf mein aller anderthenigst begeren wurcklichen dienens in khays. gnade erlassen, und benebens mir allergenedigst erlaubt haben, dass ich mich in Jr. Furtl. Durchl. zue Bayern kriegsdienste auf deroselben genedigst begeren und erfordern begeben moechte, in massen ich mich dann foederlich bei deroselben einzustellen entschlossen und vorhabens bin ...« Er war also bis zu diesem Zeitpunkt noch in Rudolfs Diensten gewesen. Maximilian mußte an diesem neuen Diener sehr gelegen sein, denn er

zahlte auch noch 30.000 Gulden, um ihn in Prag auszulösen: Tilly hatte 1608 in eigenem Namen die überfälligen Soldzahlungen für die kaiserlichen Truppen aufgebracht und mußte nun bei seiner Vermögenslosigkeit durch bayerisches Geld von seinen Gläubigern in Böhmen »losgekauft« werden! Rudolf II. hatte nichts getan, um die Schulden, die sein Feldmarschall für ihn gemacht hatte, auszugleichen!

Dann erst konnte Tilly nach München abreisen. Im Mai 1610 ist er Maximilians Generalleutnant mit einem Friedensgehalt von 4.000 Gulden, und da der bayerische Herzog damals zugleich mit Erzherzog Ferdinand das Oberhaupt des katholischen Fürstenbundes, der »Liga«, war, die die bayerischen Truppen bei sich integrierte, mußte Tilly in seiner neuen Stellung noch bestätigt werden, und zwar auf der Bundestagung am 18. August 1610. Er blieb nun bis an sein Lebensende nach dem Herzog der zweite Mann der ligistischen Armee. Nicht, daß es ihm an Konkurrenz gefehlt hätte, aber er wußte sie zu entwaffnen, nicht durch Intrigen, sondern durch verblüffende Offenheit, gepaart mit ebenso verblüffender Bescheidenheit: der Fürst Vaudemont, aus dem Lothringischen stammend und bereits Generalleutnant des rheinischen Kreises, verfügte über beste Beziehungen zum Münchner Hofe und meldete daher bei Maximilian seinen Anspruch auf Tillys Posten an. Der Herzog zögerte: das Haus Lothringen war eine wichtige Stütze der katholischen Partei, und Vaudemont hatte sich schon im Felde bewährt. Tilly suchte den Fürsten auf und erklärte ihm, es gehe ihm um den Dienst an der gemeinsamen Sache, nicht um den Platz des zweiten Oberkommandierenden. Wenn er dem Hause Wittelsbach nur weiter dienen könne, wolle er sich gerne mit einem niedrigeren Rang in der Armee zufrieden geben. Schließlich verzichtete Vaudemont aus freien Stücken auf seinen Anspruch; und wenn diese Geschichte nicht glaubwürdig überliefert wäre, dann müßte man sie für allzu erbaulich halten!

Tilly trat anschließend an die Spitze einer Kommission, die die militärische Organisation der Liga festlegen, einen General-Verteidigungsplan für das Herzogtum aufstellen und auch die erforderlichen Maßnahmen hierzu ergreifen sollte. Alexander von Haslang, bisheriger Hauptberater Maximilians in militärischen Fragen, der Tilly an den Herzog empfohlen hatte, war ebenfalls Mitglied dieser Kommission. Tilly fand bereits ein stehendes Heer vor, in den damaligen

Söldnerzeiten das erste in Deutschland und das Ergebnis einer ersten Art »allgemeiner Wehrpflicht«.
Seit jeher bestanden Landesgesetze, die eine militärische Dienstpflicht der adeligen Vasallen und ihrer Untergebenen festlegten. 1600 hatte Maximilian eine allgemeine Musterung angeordnet und war mit einem Auswahlverfahren auf 14000 Mann gekommen. Doch hat sich dieser »Landsturm« später im Krieg eigentlich nicht bewährt, und er bleibt damit ein kriegsgeschichtliches Kuriosum, lange vor der »levée en masse« der Französischen Revolution und den preußischen Heeresformen aus der Zeit der Befreiungskriege. Zur Landwehr mußten schon in den ersten Jahren von Tillys Kriegskommissariat außerbayerische Söldner als Ergänzung hinzuberufen werden.
Darüber hinaus mußte das Land mit Festungen gesichert werden, denn das Beispiel der Niederlande, die sich gegen den spanischen Ansturm in ihrem brettebenen Gebiet nur durch forcierten Festungsbau halten konnten, war auch auf die Ebenen Alt-Bayerns anwendbar: außer Lech, Donau und Inn verstellte kein natürliches Hindernis dem Feind den Einmarsch ins Land, daher mußte er an diesen Flüssen aufgehalten werden. Am wahrscheinlichsten würde ein Feind über den Lech oder über die Donau zwischen Donauwörth und Regensburg eindringen. Also waren Landsberg, Donauwörth und Ingolstadt nach den modernsten Prinzipien der Festungsbaukunst umzugestalten. (Der Vorteil von Maximilians Unternehmung gegen Donauwörth – siehe weiter unten – liegt demnach auch auf militärischem Gebiet).
Tilly sorgte sich auch um die Artillerie, die mit einer Abteilung von 800 Mann für seine Zeiten bemerkenswert leistungsfähig war, zumal Tilly Wert auf eine gründliche Ausbildung der Artilleristen legte – damals durchaus keine Selbstverständlichkeit. Und da er schließlich für seinen disziplinarischen Sinn bekannt war, gab er als Chef der Kommission auch ein neues Militärgesetzbuch heraus.
Das Geld für derartige Zurüstungen war erstaunlicherweise ständig vorhanden. Der Herzog hatte zwar von seinem Vater Schulden in Höhe von fünf Millionen Gulden übernommen, aber die Finanzverwaltung gründlich reorganisiert und es damit sogar geschafft, Sparrücklagen in der Staatskasse zu bilden; sein Geiz dabei war auffallend, aber heilsam. Dabei erfand Maximilian eigentlich kein neues

Finanz-Instrumentarium: er sparte nur, gab für Kunstwerke und Künstler weniger Geld aus als sein Vater, überwachte genau die Abrechnungen und nahm sich der schon bestehenden herzoglichen Brauereien und Salzbergwerke an.
Hierin verstand er noch weniger Spaß als sonst: der Erzbischof Wolf Dietrich von Raitenau in Salzburg hatte die Kühnheit gehabt, von seinem Territorium aus die Arbeit der herzoglichen Salinen zu behindern. Tilly und Alexander von Haslang wurden 1611 in diplomatischer Mission an den Salzburger Hof entsandt, erreichten aber keine Abstellung dieser Mißstände, ja, der Erzbischof ließ sogar die Propstei Berchtesgaden besetzen, die dem Erzbischof Ernst von Köln gehörte und für die bayerische Salzgewinnung ungemein wichtig war.
Im Oktober 1611 ließ der Herzog daher durch Tilly dessen Land besetzen, und es gelang diesem, den Erzbischof auf der Flucht aus dem Salzburgischen zu fangen. Raitenau wurde auf der Festung Hohenwerfen im Salzachtal eingesperrt, und dort starb er auch (1617), ohne daß die Fürsprache des Kaisers und des Papstes ihm bei dem starren Herzog irgend etwas genützt hätte.
Was nun war der Hintergrund für das Verhalten dieses harten und tüchtigen Fürsten?
Maximilian I. war am 17. April 1573 in der Münchener Residenz als Sohn des Herzogs Wilhelm V. und der Renate von Lothringen geboren worden. Auch er hatte eine strenge Erziehung genossen, in der nichts dem Zufall überlassen war, am allerwenigsten die Religion. Von früher Jugend an wurde ihm die Maxime des bayerischen Zweiges des Hauses Wittelsbach eingeschärft, unbedingt an der katholischen Religion festzuhalten. Als der Zwanzigjährige über die Alpen ging, um in Italien die übliche Kavaliers-Tour zu absolvieren, schickte ihm der Papst nach Innsbruck einen geweihten Hut und Degen zum Willkommensgeschenk, um den göttlichen Segen auf sein Haupt herabzuflehen und um der Erwartung Ausdruck zu verleihen, er werde das Schwert dereinst zum Wohle der Kirche führen.
Maximilian hatte an der von den Jesuiten begründeten Universität von Ingolstadt studiert und dort Freundschaft geschlossen mit dem fünf Jahre jüngeren Erzherzog Ferdinand von der Steiermark, dessen Mutter seine Tante war. Beide waren durchdrungen von der Überzeugung, den katholischen Glauben schützen zu müssen. Fer-

dinand, der Sohn Erzherzog Karls, war auf Empfehlung des bayerischen Herzogs Wilhelm, des Vaters Maximilians, nach Ingolstadt gezogen. So geht es auf wittelsbachische Initiative zurück, daß der spätere Kaiser sich in Österreich und, im Verlauf des Krieges, fast in ganz Deutschland zum entschiedensten Vorkämpfer des Katholizismus machte. Herzog Wilhelm V. hatte es von den Jesuiten gut gelernt, daß derjenige die Zukunft bestimmt, der die Jugend in die Hand bekommt. Die Wahrheit dieses Satzes ist anläßlich des Lebensweges Ferdinands mit Händen zu greifen.

Auch Maximilian hat, wie Tilly und Ferdinand, seine Erziehung und Ausbildung nicht nur nie verleugnet, sondern auch in der Praxis gelebt. Ein Bruch zwischen den Lehren seines Vaters und der Jesuiten und seiner späteren Politik ist nicht feststellbar. Er sah sich als Fürst von Gottes Gnaden, wie alle seine Zeitgenossen und sein Vater auch. Nicht nur die Kaiser und Könige, auch die Territorialherren sind von Gott eingesetzt, die Formel »Kaiser und Reich«, die Kaiser und Reichsfürsten einerseits vereint, andererseits aber auch gegenüberstellt, meint die religiös gegründete Obrigkeit überhaupt, und sie erklärt das spätere Selbstbewußtsein des Reichsfürsten Maximilian vor seinem Kaiser damit hinreichend.

Der Augsburger Religionsfrieden hatte den Landesherren – und nicht einseitig dem Kaiser – die Religionshoheit und folglich eine große Gelegenheit verliehen, ihre Herrschaft kräftig im Innern auszubauen, denn nun waren sie auch für die metaphysischen Bedürfnisse ihrer Untertanen zuständig. Insofern bestand kein Unterschied zwischen katholischen und evangelischen Fürsten. Beide Gruppen standen auch durch ihre Religionspolitik in der allgemeinen Tendenz des Jahrhunderts, den Zugriff des Fürsten auf sein Territorium zu verstärken und ihn rechtlich und organisatorisch auszubauen. Es wird dem Absolutismus, der im Frankreich Ludwigs XIV. zur höchsten Blüte reifen sollte, durch Reformation und Gegenreformation also kräftig Vorschub geleistet.

Die Entschlossenheit der katholischen Herrscher zur Glaubenswahrung wird gegen Ende des 16. Jahrhunderts immer schärfer. Hatte Kaiser Ferdinand I. (1556–1564) sich noch damit begnügt, den Status quo zu halten, da er einen weiteren Vormarsch des evangelischen Glaubens fürchtete, so wies Herzog Wilhelm V. den jungen Ferdinand aus der Steiermark an: »... auch Ihren vhon gott vertrauten underthanen, sovil Imer menschlich und muglich dahin trachten, und sy Auffs Eisseriste bearbeiten, damit Auch diesselben, wo nit Alle samendtlich zugleich, doch die maisten Mitt ehisten wider In den rechten schafstall gebracht werden.«

Das galt, streng genommen, natürlich nur für die Tätigkeit innerhalb der Landesgrenzen, es zeigt aber das Klima wachsender Streitbereitschaft an, das schließlich zum großen Krieg führte. »Gerechte Kriege« waren ja schließlich nach katholischer Lehre nichts Verbotenes, wenn sie drei Voraussetzungen erfüllten: Anordnung durch den dazu berechtigten Fürsten, gerechte Ursache und gerechte Absicht. Gerechte Ursache: um ein Unrecht zu sühnen, gerechte Absicht: um durch Krieg dem Frieden Vorschub zu leisten, die Schlechten zu zügeln und die Guten zu erheben. Die »Schlechten«, das waren eben die Ketzer, und das war der syllogistische Funken, der solche theoretischen Überlegungen in offenen Krieg umwandelte ...

Aus der konfessionellen Spaltung ergab sich auch, daß der Staat des späten 16./frühen 17. Jahrhunderts weltanschaulich nicht neutral bleiben durfte, denn die Duldung von religiöser Vielfalt war damals gleichbedeutend mit der Duldung von religiöser Zwietracht bis hin zum offenen Bürgerkrieg. Da die Gemüter religiös erregt waren, vollzogen die aktuelle Staatsauffassung und der Augsburger Religionsfriede also das allgemeine politische Klima nach. Wenn es die Aufgabe des Fürsten war, den Frieden und die Gerechtigkeit seines Staates zu fördern, dann konnte er das damals nur dadurch, daß er sich auf die Seite einer der konkurrierenden Glaubensrichtungen schlug.

Auch für das persönliche Leben blieb Maximilian der strenge und genau reglementierte Alltag seiner Kindheit Verpflichtung. An Arbeitseifer – er verstand Arbeit anscheinend als Form von Askese für sein Seelenheil –, Übung im katholischen Ritus, Disziplin und Nüchternheit tat es ihm keiner seiner fürstlichen Zeitgenossen von derselben Konfession zuvor. Allerdings bedingte dies eine gewisse Unpersönlichkeit im Umgang mit seiner Umgebung, die vor seiner Strenge zitterte und ihm deshalb um so beflissener diente; auch Tilly hielt er trotz nachweisbarer großer Hochachtung eher auf Distanz. Er redete wenig, auch aus Kalkül, und bei seinem mit Arbeit ausgefüllten Alltag mußte er fast immer aus Kalkül und durfte nicht spontan handeln. Die Spanier sagten ihm gar nach, er sei nicht so offenherzig wie die anderen Deutschen.

Ab 1593 beteiligte ihn sein Vater unmittelbar an den Staatsgeschäften; 1595 heiratete Maximilian in Nancy Prinzessin Elisabeth von Lothringen und wurde von Wilhelm V. förmlich zum Mitregenten erhoben; am 15. Oktober 1597 dankte der Herzog zugunsten seines Sohnes ab, und dieser trat, wie nicht anders zu erwarten gewesen war, außenpolitisch in die Fußstapfen seines Vaters. Es ist nicht zuletzt die generationenlange Kontinuität der bayerischen Politik, die diesem Herzogtum im Laufe des 16. Jahrhunderts eine wesentliche Bedeutung in den Angelegenheiten des Reiches verschafft und es im Dreißigjährigen Krieg sogar zum Zünglein an der Waage der europäischen Machtverhältnisse gemacht hat.
Kein bayerischer Herzog aber hatte den Nachteil je vergessen, den das Haus Luxemburg unter Kaiser Karl IV. im 14. Jahrhundert dem Hause Wittelsbach (bayerischer Zweig) zugefügt hatte, als dieser die Häupter der Kurfürsten in der »Goldenen Bulle« definitiv festlegte und dabei den pfälzischen Wittelsbacher bevorzugte. Vielleicht hatte Maximilian auch deshalb in seiner frühen Jugend Tschechisch lernen müssen, weil die »Goldene Bulle« dies für Kinder von Kurfürsten vorschrieb!
Aber trotz des Egoismus der Bayern und auch anderer Staaten des Reichs: bei genauerem Hinsehen bestanden doch noch Bande zwischen dem Kaiser und den Reichsfürsten, die ihm Loyalität sicherten, solange er den Religionsfrieden nicht brach, und die auch aus dem Reich von 1600 mehr machten als einen zusammengewürfelten Haufen von Machtträgern. Dieses Bewußtsein war auch in Maximilian von Bayern lebendig, trotz allem fürstlichen Partikular-Egoismus, den er entfaltete.
Es spricht auch aus den Worten Tillys, als er sich im zitierten Brief an Erzherzog Albrecht aus dem kaiserlichen Dienst gleichsam verabschiedet, wenn er dabei beteuert: »Wie ich denn nit allein die zeit meines Lebens hochloebl. Hauses OEsterreich underthenigisten treuesten devotion verharren, sondern auch wann es die gelegenhait geben wierdt, jederzeit mit darsetzung guets und bluet zue dienen bereith erfunden werden will.«
Die Zeichen der Zeit standen wieder einmal auf Sturm, als der territoriale Besitzstand der Protestanten verkleinert wurde: Ausgehend von der nahen Universität Dillingen, die von den Jesuiten begründet worden war, hatten die katholischen Mönche in der über-

wiegend protestantischen Reichsstadt Donauwörth neues Selbstvertrauen gefaßt und ihre Prozessionen mit aufgerollten Fahnen abgehalten, obwohl sie es nur mit zusammengewickelten hätten tun dürfen. Der Rat der Stadt hatte die Mehrheit der Bevölkerung nicht mehr in der Hand, und die störte tumultuarisch katholische Prozessionen. Der Kaiser verhängte über Donauwörth die Reichsacht, da sie der geistlichen Obrigkeit, nämlich dem Bischof von Augsburg, unter dessen Schirmherrschaft das Kloster von Donauwörth stand, zuwidergehandelt hatten. Da der Kaiser selber keine Mittel zur Exekution der Reichsacht hatte, beauftragte er damit den Herzog. Der ließ bayerische Truppen einrücken, setzte den katholischen Glauben in der Stadt durch und ließ sie sich auch noch verpfänden, zum Ausgleich für die ihm entstandenen Kosten der Exekution (1607).

Der anschließende Regensburger Reichstag brachte bittere Kontroversen zwischen beiden Konfessionen um die leidige Frage der Einziehung von Klostergut, und die Protestanten schritten daher endlich zur Tat: am 14. Mai 1608 schlossen unter der Leitung von Christian von Anhalt, des kurpfälzischen Statthalters der Oberpfalz, der Herzog Johann Friedrich von Württemberg, der Markgraf Georg Friedrich von Baden, Herzog Philipp von Pfalz-Neuburg und die beiden hohenzollernschen Markgrafen von Ansbach und Bayreuth zu Auhausen im ansbachischen Gebiet ein Bündnis, das als die »Union« bekannt wurde: auf zehn Jahre verband man sich, der Beitritt weiterer Fürsten war willkommen. Noch 1608 kamen der Kurfürst von Brandenburg, die beiden Fürsten von Anhalt, der Graf von Öttingen, der Pfalzgraf von Zweibrücken sowie die Reichsstädte Nürnberg, Ulm, Straßburg, Rothenburg, Windsheim, Schweinfurt, Weißenburg, Schwäbisch-Hall, Heilbronn, Memmingen und Nördlingen hinzu.

Ohne Christian von Anhalt wäre dieses Bündnis nicht zustande gekommen. Wir werden ihn 1620 als Oberkommandierenden in Böhmen wiederfinden, daher rundet ein Blick auf seine Persönlichkeit das Zeitbild ab: er war durchdrungen von der Idee, daß Spanien und der Kaiser zur Vernichtung des Protestantismus ausholten, und in der Tat war das die logische Konsequenz nicht nur der habsburgischen, sondern auch der bayerischen Politik, wenn auch als (realistisch betrachtet) eher fernes Ziel, das nur die allgemeine Richtung angab. Christian sah im Calvinismus die edlere Form des Protestantismus und schloß sich daher der kurpfälzischen Regierung an. Er spann über ganz Europa politische Fäden, um dem katholischen Lager ein wirkungsvolles Gegengewicht zu schaffen. 1591 hatte er das deutsche Hilfsheer für Heinrich IV. nach Frankreich geführt; er war politisch wie militärisch tätig, ruhelos intrigierend, freundlich im Umgang und kultiviert im Benehmen, selbstverständlich religiös überzeugt sowie im Sinne der Zeit solide gebildet. Die calvinistische Sache in Europa hatte keinen fähigeren Vertreter.

Also bemühten sich die Katholiken um eine Gegenorganisation. Da die geistlichen Fürsten sehr schleppend verhandelten und der Kaiser wegen seiner vielen außerdeutschen Verpflichtungen ausgeschlossen wurde (da klingt tatsächlich die »kleindeutsche Lösung« im konfessionellen Gewande an!), bedurfte es noch eines besonderen Antriebes für die katholische Seite:

Am 25. März 1609 war Herzog Johann Wilhelm, der Herr von Jülich, Kleve, Mark, Berg und Ravensberg ohne Erben gestorben. Ein großer Teil Nordwestdeutschlands stand damit zur politischen und konfessionellen Neuverteilung an, die Augen Frankreichs, Englands und der Generalstaaten waren selbstverständlich ebenfalls auf den Niederrhein und die untere Weser gerichtet. Daher trafen sich im Juni 1609 Köln, Trier, Mainz, Würzburg, Augsburg, Konstanz, Regensburg, Passau, Ellwangen und Kempten als geistliche Reichsstände unter dem Vorsitz Maximilians in München. Eindeutig bestimmte die Bundesakte vom 10. Juli den Schutz der katholischen Religion zum Zwecke dieser »Liga« (wohl in Anlehnung an die niedergekämpfte »Ligue« in Frankreich). Bundesoberster wurde Maximilian (mit drei Beigeordneten aus dem bayerischen, fränkischen und schwäbischen Reichskreis), dessen Feindseligkeit gegenüber den Protestanten über jeden Zweifel erhaben war. Dauer des Bundes: neun Jahre.

1610 fand in Würzburg die erste Bundesversammlung statt, um das Bündnis zu präzisieren und damit handlungsfähig zu machen. Erzherzog Ferdinand wurde in das Bündnis aufgenommen und zum Oberfeldherrn neben Maximilian bestimmt – einen anderen hätte der wahrscheinlich auch nicht geduldet.

Der Verlauf der Auseinandersetzung um die Erbschaft des Herzogs Johann Wilhelm von Jülich etc. rüttelte die katholische Welt schließlich noch mehr auf. Erzherzog Leopold, der einzige Vertraute des umdüsterten Rudolf II., war von diesem zum Reichskommissar für die Angelegenheit ernannt worden und hatte in kühnem Zugriff die Festung Jülich besetzt. Die »Union« schlug zurück: Brandenburg und Pfalz-Neuburg, die beide Erbansprüche auf die Gebiete am Niederrhein hatten, einigten sich auf deren gemeinsame Besetzung, verstärkten sich durch englische und holländische Einheiten und vertrieben den Erzherzog aus Jülich. Dieses und das Herzogtum Berg fielen an Neuburg; Kleve, Mark und Ravensberg an Brandenburg.

Die Liga hatte einen politischen Denkzettel erhalten: Kaiser Rudolf hatte fast einen europäischen Krieg heraufbeschworen, und sie hätte dabei nichts in ihrem Sinne steuern können, denn sie bestand nur auf dem Papier, ganz anders als die am Niederrhein als Garant der brandenburgisch-neuburgischen Besetzung auftretende Union.

Im Januar 1612 starb der Kaiser, sein Nachfolger Matthias (1612–1619) war für Krieg ebenfalls nicht zu haben. Indessen war auch die Liga selbst in Gefahr: da der Erzbischof von Mainz darauf drängte, den Kaiser oder doch zumindest den Erzherzog Maximilian, der Tirol und die habsburgischen Vorlande in Schwaben und im südlichen Baden regierte, an der Liga zu beteiligen und sie auch für wohlmeinende Protestanten offen zu halten, verlor der Herzog das Interesse an diesem Bund. Er schloß sich vielmehr mit den Bischöfen von Würzburg, Bamberg und Eichstätt sowie mit dem Bischof von Augsburg und dem Propst von Ellwangen zusammen. Es kam zu Streitigkeiten mit den alten Bundesmitgliedern, wobei Mainz und Trier für den Erzherzog Partei ergriffen. Das war für den Herzog der Anlaß, sein Oberstenamt niederzulegen und sich von der Liga loszusagen.

Deutlicher konnte es nicht werden, daß Bayern den Vorsitz in der Liga als eine Steigerung seiner bisherigen Reichspolitik ansah und sich in ihr daher nicht zum Werkzeug des Kaisers würde machen lassen, ganz unabhängig vom gemeinsamen Interesse an der Verteidigung der katholischen Religion. Eine Vergrößerung, die allein diese Liga über die Macht Bayerns wesentlich hätte hinausbringen können, kam erst unter dem Druck der böhmischen Rebellion von 1618 zustande (siehe weiter unten!).

Währenddessen hatte sich die Union in Heilbronn neu konstituiert

(April/Mai 1617). Kaiser Matthias sah diese Blockbildungen mit Argwohn, entsprechend seiner konstanten Politik des konfessionellen Ausgleichs und forderte die Union auf, sich aufzulösen, um einen Kurfürstentag abzuhalten, der die Streitpunkte der Reichspolitik beilegen sollte. Dasselbe Ansinnen stellte er den in der Liga verbundenen Reichsständen. Die Unionsfürsten erwiderten, ihr Bündnis sei rein defensiver Natur, durch katholische Schuld ins Leben gerufen worden und würde daher auch bei einer Selbstauflösung der Liga bestehen bleiben müssen.

Aber während die Liga zur militärischen Grundlage für den böhmisch-pfälzischen Krieg wurde, nahm die Union trotz ihrer harten Antwort an den Kaiser am Krieg nicht teil, und sein Funke wurde auch nicht auf ihre Veranlassung und in ihren Territorien entfacht, sondern aus ganz anderen Ursachen in Böhmen.

Dieses Königreich war in den Augsburger Religionsfrieden nicht einbezogen. Die böhmischen Magnaten ließen sich die Hilfe, die sie Kaiser Rudolf in seinem Kampf gegen Matthias 1608 gewährt hatten, durch religiöse Konzessionen bezahlen, niedergelegt im sogenannten Majestätsbrief vom 9. Juli 1609. Allen Untertanen, auch Bürgern und Bauern, wurde darin das Recht auf freie Religionsausübung zugestanden. Ritter, Herren und Städte des Königs durften »frei an allen Orten« die Kirche ihrer Konfession errichten. Sowohl Katholiken als auch Protestanten unter den böhmischen Ständen hatten dies gemeinsam durchgesetzt – wobei anstatt »Protestanten« genauer gesagt werden muß: die Anhänger der »böhmischen Konfession« von 1575, die auch die hussitischen Überbleibsel der »böhmischen Brüder« umfaßte.

Damit war aber Böhmen den Habsburgern keinesfalls gesichert, obwohl Matthias nach seinem Regierungsantritt keinerlei Anstalten machte, den Majestätsbrief zu kassieren. Dies hätte seiner schon erwähnten Ausgleichs- oder »Kompositions«-Politik geschadet. Die »Komposition« aber sollte der »Sukzession« dienen: es war abzusehen, daß Matthias kinderlos bleiben würde, und um die Kaiserkrone und alle Erblande dann beim Haus Habsburg zu halten, bedurfte es einer allgemeinen Beruhigung der Gemüter. Aber die Böhmen wollten los von Habsburg und faßten die Verleihung des Majestätsbriefes zu Recht als ein Zeichen der Schwäche auf, dem man nachstoßen mußte.

Angelpunkt der Opposition gegen das Haus Habsburg war das Recht Böhmens, seinen König durch Wahl zu bestimmen. Hier mußte der Nachfolger rechtzeitig präsentiert werden, denn nach Matthias' Tod würde es dazu wahrscheinlich zu spät sein. Philipp III. von Spanien verzichtete auf seinen Erbanspruch (als Neffe Rudolfs II. war er der Erbfolge näher als Ferdinand, der nur ein Cousin Rudolfs war) zugunsten von Ferdinand. Im Juni 1617 schließlich wurden die böhmischen Stände zusammengerufen, Ferdinand als König »angenommen« und am 19. Juni gekrönt.

Solange Matthias lebte, mußte er sich zwar jeder Regierungstätigkeit enthalten, aber es war dennoch verblüffend, daß die Stände ihn nur mit sehr geringem Widerstand (Graf Thurn verweigerte seine Zustimmung) akzeptierten.

Ferdinand hatte nie ein Hehl daraus gemacht, daß er einer eher militanten Art von Gegenreform anhing. Als eifrigen Zögling der Jesuiten zusammen mit Maximilian haben wir ihn schon kennengelernt. Als Erbe der drei Herzogtümer Steiermark, Kärnten und Krain übernahm er ab 1598 die Austilgung des Protestantismus dort.

Nachdem er 1598 von einer Wallfahrt nach Loreto zurückgekehrt war, schlug er zu: erst wies er die lutherischen Prediger und Lehrer unter Androhung von Leibesstrafe aus Graz aus. Dann wurden im Land Fähnlein von Landsknechten herumgeschickt, die alle Einwohner auch zum geistlichen Gehorsamseid gegenüber dem Herzog zwangen. Ernsthafter Widerstand kam dabei nicht auf, die Protestanten hatten keinen einzigen Märtyrer. Die Verluste an Intelligenz und Gewerbefleiß, die sein Land dadurch erlitt (2500 Menschen wanderten aus), kümmerten Ferdinand keinen Deut.

Das war überhaupt typisch für seinen Charakter: seinen kämpferisch-katholischen Standpunkt hielt er starr aufrecht, unanfechtbar in dem schon in beeinflußbarer Jugendzeit gewonnenen Entschluß verharrend. Er bildete sich gar ein, vom Kruzifix hätte es ihm einmal (auf lateinisch) entgegengetönt: »Ferdinand, ich werde dich nicht verlassen!« In Glaubensdingen hatte er Willen, Energie und Festigkeit, während er in allen anderen Staatsgeschäften leicht den Überblick verlor und sich auf seine Räte verlassen mußte. Daneben war er jedoch kein düsterer Fanatiker, vielmehr sanguinisch, verschwendete sein Geld, fühlte sich in Gesellschaft wohl, konnte keine mürrischen Gesichter um sich herum leiden und war auch ein großer Jäger

vor dem Herrn. Seine Geistesgaben waren nicht viel mehr als durchschnittlich, aber bei einem Fürsten in schwieriger Lage sind die Charaktereigenschaften mindestens ebensowichtig: und es ist unbezweifelbar, daß eben das Talent Ferdinands zur passiven Resistenz, die Unerbittlichkeit, sobald es um den einen Punkt, die Verteidigung der katholischen Religion, ging, daß dieses feste Korsett des Willens, das die Schwächen in seiner Persönlichkeit zuverlässig auffing, den Habsburgern in den Jahren 1619/1620 die böhmische Königskrone und wohl auch die Kaiserkrone für drei ganze weitere Jahrhunderte bewahrt hat.
Das also war der dritte im Bunde mit Maximilian und Tilly, den Persönlichkeiten, deren historisches Werk der Aufstieg des Katholizismus und der Häuser Wittelsbach und Habsburg in der ersten knappen Hälfte des Dreißigjährigen Krieges werden sollte.
Da kamen die Untertanen des Abtes von Braunau an der Grenze zu Schlesien und des Erzbischofs von Prag in Klostergrab auf die unglückselige Idee, protestantische Kirchen auf den jeweiligen Territorien zu bauen. Ferdinand erklärte, dies stehe im Widerspruch zum Majestätsbrief, ließ die Bürger von Braunau verhaften und die in Klostergrab errichtete Kirche zerstören.
Das setzte einen Automatismus in Gang: die »Defensoren«, die Schützer des evangelischen Glaubens, nämlich die höchsten protestantischen Beamten Böhmens sowie je sechs Vertreter aus den einzelnen Kreisen des Königreiches, traten, wie im Majestätsbrief für solche Fälle vorgesehen, am 5. März 1618 in Prag zusammen und richteten an den Kaiser eine Beschwerdeschrift. Die Böhmen fühlten sich im Recht, da ihnen auf königlichem Gebiet der Kirchenbau gestattet war und sie das Land des Abtes und des Erzbischofs hierzu zählten. Nicht so die Katholiken, die dies als geistliches Gebiet ansahen. Selbstverständlich war diese juristische Definitionsfrage ein Politikum und zeugte von Ferdinands grundsätzlichem Unwillen, den Protestanten irgendwie entgegenzukommen. Matthias war ein friedfertiger Mann, wies aber die böhmischen Beschwerden unter Ferdinands Einfluß trotzdem zurück. Die Böhmen empfingen schon Ende März die kaiserliche Antwort, die noch dazu das Verbot einer weiteren Tagung der »Defensoren« aussprach, da die Sache erledigt sei. Aus den im Majestätsbrief erlaubten Versammlungen sollten keine Zusammenrottungen werden. Trotzdem traten die Böhmen

am 21. Mai erneut zusammen. Graf Thurn, einer der protestantischen Wortführer, ließ das Gerücht ausstreuen, daß die Regierung einen Anschlag vorhabe und steigerte damit die aggressive Stimmung beträchtlich. Der auf dem Hradschin weilende königliche Statthalter Martinitz wurde aufgefordert, den Zutritt der Protestanten in Waffen zu dulden, um auf diese bedrohliche Weise die Stellungnahme der Stände zu dem kaiserlichen Verbot entgegenzunehmen, und Martinitz erklärte sich einverstanden. Thurn trug sich mit der Absicht, den Statthalter bei dieser Gelegenheit zu ermorden und damit ein Fanal zur Losreißung Böhmens vom Hause Habsburg zu setzen – es durfte kein Zurück mehr geben.

Das erreichte er auch, nur schaffte er nicht die Inszenierung einer Tragödie und mußte sich mit einer Tragikomödie begnügen: am 23. Mai 1618 polterten die Protestanten in Waffen auf den Hradschin und drangen in die Ratsstube ein, wo neben anderen hohen Beamten und dem Schreiber Fabricius sich auch Martinitz und der Oberstlandrichter Slawata aufhielten. Sie brachten ihre Antwort auf die kaiserliche Botschaft in recht geräuschvollem Ton vor und fragten spitz, wer sie denn verfaßt hätte. Die beiden kaiserlichen Beamten beteuerten, sie seien es nicht gewesen, aber das glaubte ihnen niemand. Colonna von Fels, mit Thurn der einzige Magnat, der im Vorjahr gegen die Anerkennung Ferdinands als böhmischen Königs gestimmt hatte, schrie in die Szene, die sich zum Tumult steigerte, ob Martinitz und Slawata als Feinde des gemeinen Wohles und Schädiger des Majestätsbriefes zu bestrafen seien. Die Böhmen gingen nämlich davon aus, daß die beiden die harte kaiserliche Antwort auf dem Gewissen hatten.

Die Böhmen, die sich bis auf die Treppe vor dem Ratszimmer drängten, pflichteten Colonna von Fels brüllend bei, eine Schrift wurde verlesen, die darlegte, daß Martinitz und Slawata gegen den Majestätsbrief schon seit dessen Ausstellung konspiriert hätten, dann sagte Wenzel Ruppa: »Es ist Zeit, daß wir ein Ende mit ihnen machen!« Fünf Mann packten Martinitz an den Händen und zerrten ihn zum offenen Fenster. »Nun wollen wir uns wider unsere Religionsfeinde rechtschaffen verhalten«, sollen sie dazu gerufen haben. Martinitz bat verzweifelt um einen Beichtvater, aber erntete damit nur Hohn, stammelte ein kurzes Gebet und wurde kopfüber aus dem Fenster geworfen.

Dann kam Slawata an die Reihe: Thurn wies auf ihn, auch er bekam keinen Priester mehr, und die Böhmen drängten ihn durch dasselbe Fenster: er klammerte sich am Sims fest, ein Schlag mit dem Griff eines Dolches lockerte seine Hand, und er stürzte Martinitz in den Burggraben nach. Der Schreiber Fabricius flog hintennach. Die Böhmen schossen hinter den dreien her, ohne jedoch jemanden zu treffen. Es kam auch niemand zu Schaden: Fabricius eilte unverletzt von dannen, Martinitz und der am Kopf verletzte Slawata landeten auf einem Kehrichthaufen, und sie retteten sich in das Palais Lobkowitz, wo sie sicher waren.

Die aufständischen Böhmen konstituierten nach diesem halbwegs mißglückten Fanal eine von Wien unabhängige Regierung aus ihrer Mitte: ein »Direktorium« von dreißig Mann, je zehn Mitglieder aus dem Herren- und aus dem Ritterstand sowie Vertreter der Landstädte. Wenzel Ruppa leitete das Direktorium, Thurn trat nicht ein, sondern übernahm die Aufstellung einer Armee. Damit verband sich die Sache der protestantischen Freiheit aufs engste mit der Idee der Ständeregierung, denn nur auf diese Weise konnte der Protestantismus in den kaiserlichen Erblanden überhaupt zu einer gesicherten Stellung kommen. Daß er dies nun offen manifestierte, wobei die Böhmen an der Spitze standen, gefolgt von den ober- und niederösterreichischen und den ungarischen Ständen, lief auf nichts weniger als auf die Auflösung der kaiserlichen Herrschaft in den Stammlanden hinaus.

Das bedeutete also Krieg, besonders nach Thurns Auffassung auf der einen und Ferdinands und Oñates, des spanischen Gesandten, Auffassung auf der anderen Seite.

Es waren kaiserliche Truppen aufzustellen, um spornstreichs in Böhmen einzufallen und um das einem Einfall von dort wehrlos ausgesetzte Wien zu schützen. Für einen modernen Militär würde sich in der Tat die Situation auf die Frage zuspitzen, wer von beiden Feinden als erster über die Thaya marschieren würde, um die Hauptstadt des Gegners zu erreichen, aber die kriegerische Rationalität des Dreißigjährigen Krieges ist oft nicht so einfach, falls überhaupt vorhanden.

Zunächst waren die Böhmen nicht stark genug. Thurn mußte erst Truppen anwerben; die Stadt Pilsen war noch kaiserlich gesinnt und eine beständige Bedrohung in der Flanke. In Wien riet Oñate dazu,

Tilly zu verpflichten und nahm die Kriegsrüstung selbst in die Hand. 12000 Mann aus dem Krieg Österreichs gegen Venedig standen in Krain bereit. Sie wurden auf Wien geführt und zunächst aus Oñates Privatkasse gezahlt. Der Spanier setzte sich mit Erzherzog Albert in den Niederlanden in Verbindung. Albert schickte ihm als Oberkommandierenden den Grafen Karl von Bouquoy, einen ehemaligen Schützling Alessandro Farneses, der nicht erheblich weniger Kriegserfahrung als Tilly besaß.

Bouquoy schlug sofort vor, spornstreichs auf Prag zu marschieren, aber das war dem Kaiser noch zu gefährlich. Da etwas getan werden mußte, rückte Bouquoy im August 1618 in Südböhmen ein. Aber als der Graf von Jägerndorf aus Schlesien den Böhmen Verstärkung zuführte, wich Bouquoy nach Süden zurück, wurde bei Lomnitz vom Feind in der Stärke von 14000 Mann angefallen und mußte das Feld unter hohen Verlusten räumen (9. November 1618). Die schlesischen Protestanten schlossen sich daraufhin den Böhmen an. Bouquoys Plan, wenigstens von Südböhmen aus Prag zu erreichen, war für dieses Jahr gescheitert, wenn er auch in Budweis einen starken Stützpunkt behielt und daher nicht mehr aus dem Land vertrieben werden konnte.

Die Böhmen hatten sich unterdessen durch Vermittlung von Kurpfalz den Grafen Ernst von Mansfeld dienstverpflichtet, einen der wichtigsten condottieri dieses langen Krieges. Er war unehelich geboren. Sein neues Dienstverhältnis wirft bereits ein Licht darauf, daß er seine militärische Aktivität nicht als beständigen Glaubenskrieg auffaßte, wenn er auch ab 1618 mit Konsequenz der antikaiserlichen Partei diente, denn er war katholisch getauft. Er war ein Könner des Kriegshandwerks, nicht unbedingt der Strategie, sondern der Taktik, hat aber eher durch seine Niederlagen von sich reden gemacht. Daß Bouquoy nicht auf Prag marschierte, war nicht Mansfelds Verdienst, die kaiserlichen Truppen waren hierfür zu schwach. Seine besondere Findigkeit entfaltete sich im Aufstellen immer neuer Truppen, denn er war trotz ständiger Mißerfolge nicht zu brechen, tapfer, notfalls brutal, listenreich, kein Mönch in der Lebensführung, »klein, blond, sonst nicht unansehnlicher Figur, jedoch durch ein wüstes Leben frühzeitig zusammengeschrumpft, dabei häßlich und durch eine Hasenscharte entstellt ...« schildert ihn ein altes Offiziershandbuch, um dann wohl das Entscheidende hinzuzufügen:

»... es fehlte ihm vielleicht nur ein ehrenwertes Verhältnis, um mit einem eigentümlichen Glanze darin zu leuchten.« So aber blieb sein Glanz eher undeutlich und zweifelhaft. Er wird uns als wackerer Gegner Tillys noch beschäftigen.

Mansfeld hatte nach langwieriger und verlustreicher Belagerung im November Pilsen eingenommen, was dem Herzog von Bayern als nahem Nachbarn nicht gleichgültig sein konnte, ihn aber trotzdem nicht dazu bewog, dem Kaiser seine Armee zur Verfügung zu stellen. Ende Juni des Jahres hatte ihm der mittlerweile katholisch gewordene Wittelsbacher von Neuburg bedeutet, die Liga könne angesichts der schwierigen Zeitläufte eine Vergrößerung vertragen. Maximilian hatte beim Abwarten dieselben guten politischen Nerven, wie Wallenstein sie im Frühjahr 1632 haben würde, als Ferdinand angesichts des schwedischen Ansturms und nach Tillys Tod ihn wieder als Generalissimus brauchte. Thurn schien auch nicht der Mann, um den Kaiser an den Rand des Abgrunds zu bringen: zwar benutzte er im November 1618 den Rückzug Bouquoys nach Budweis, um einen Einfall nach Österreich zu machen, aber die schlechte Witterung und Seuchen im Heer trieben ihn wieder nach Böhmen zurück.

Am 20. März 1619 starb Matthias; die Kriegspartei in Wien, geschart um Ferdinand, den zukünftigen Kaiser, hatte damit endgültig die Oberhand. Die spanischen Hilfstruppen für den Kaiser verstärkten sich. In Madrid erwog man, die Kurpfalz von Nordwesten her anzugreifen, um die Landverbindung zwischen Burgund und den Niederlanden zu sichern, solange der Waffenstillstand mit den Generalstaaten, abgeschlossen 1609 auf zwölf Jahre, noch nicht abgelaufen war. Kurpfalz stand mit den böhmischen Rebellen in vielfältiger Beziehung; Kurfürst Friedrich V. war in diesem Frühjahr als Kandidat für die von den Rebellen neu zu vergebende böhmische Königskrone im Gespräch. Erzherzog Albert hielt seinen Generalissimus Ambrogio Spinola zum Angriff auf die Pfalz bereit, aber Philipp III. zögerte: Friedrich V. war mit Elisabeth Stuart verheiratet und damit der Schwiegersohn des englischen Königs Jakob I. (1603–1625). Spanien aber baute auf gute Beziehungen zu England, um die Generalstaaten zu isolieren.

Dazu kamen noch erneute Schwierigkeiten des Kaisers in Ungarn, hinter denen wiederum die Türken steckten: der Woiwode Bethlen

Gabor von Siebenbürgen nahm das Spiel Stephan Bocskais auf, rückte gegen Wien vor und ließ sich zum ungarischen König wählen. Eine militärische Zusammenarbeit mit den Böhmen, die inzwischen Mähren zu sich herübergezogen hatten, brachte jedoch keine Ergebnisse, obwohl es ihm im November 1619 gelungen war, vor Wien zu marschieren, sich dort mit den Böhmen zu vereinigen und auf diese Weise Bouquoy von einem Vormarsch von Budweis auf Prag abzuhalten.

Fazit: da die Spanier weder nach Böhmen noch nach Ungarn Truppen schicken konnten, mußte der Kaiser seinen Krieg schwerpunktmäßig alleine führen, und dazu brauchte er mehr Truppen als bisher, um nicht immer wieder in der Hofburg selbst bedroht zu sein: im Juni 1619 waren Thurns Scharen bis vor Wien geschweift, während Bouquoy in Südböhmen weiter zauderte! Also konnte Ferdinand nicht anders: er mußte sich um Unterstützung an Maximilians Liga wenden, um das Übergewicht im Feld zu bekommen. Als Voraussetzung hierfür mußte endlich eine Liga zustande kommen, die des Herzogs Vorstellungen entsprach.

Ende Mai trat in der Tat ein neues Bündnis ins Leben: als Bundesschatz wurde der 35-fache monatliche Beitrag eines Fürsten für einen Reichskrieg festgelegt. Die gleiche Summe mußte noch einmal gezahlt werden, sobald der Herzog es für nötig erachten würde. Dabei trug Bayern als größter Mitgliedsstaat immer nur einen bescheidenen Anteil an den Gesamtkosten: für das Jahr 1631 etwa nur ein Zehntel, was der Leistungskraft des Staates zu wenig entsprach. Denn das Erzbistum Köln hatte dreimal soviel beizusteuern wie Bayern!

Maximilian vergaß auch nicht, sein Land als Herzstück der Liga besonders zu schützen: die Festungen Amberg, Forchheim, Rothenberg in der fränkischen Schweiz und Wülzburg in der Nähe der Freien Reichsstadt Weißenburg wurden als vorgeschobene Bastionen ausgebaut. Maximilian sicherte sich beständigen Einfluß auf die Operationen durch Entsendung von Generalkommissaren zur Armee, die nicht nur das Zahlungs- und Nachschubwesen überwachten, sondern auch die Zuverlässigkeit und Tüchtigkeit der Offiziere. Die Kommissare waren aus dem heimischen Beamtenapparat ausgewählt, der Herzog konnte also ihrer schon geprüften Loyalität auch fern von München sicher sein, sie waren daher die besten Aufpasser.

So gute Aufpasser, daß später Wallenstein über seinen Kriegskameraden Tilly süffisant bemerken konnte, er werde sich in ständigem Gerangel mit ihnen noch »coronam martyrii« erwerben.
Nun mußte Ferdinand den eigenwilligen Herzog noch dahin bringen, für ihn diese Armee ins Feld zu führen, und das mußte ihm auf die Dauer auch gelingen, nicht zuletzt wegen der gemeinsamen Jugenderinnerungen, die die beiden Fürsten miteinander verbanden. Ferdinand reiste nach Frankfurt, um sich dort zum Kaiser wählen zu lassen und nahm seinen Weg über München. Maximilian bewegte sich immerhin auf ihn zu, indem er ihm die Hilfe der Liga für den Fall versprach, daß die protestantische Union auf die Seite der Böhmen treten werde.
Am 28. August 1619 wurde Ferdinand tatsächlich gewählt, und zwar einstimmig – das bedeutet, auch mit der Stimme des kurpfälzischen Vertreters. Das war um so erstaunlicher, als erst am Tage zuvor Friedrich V. von den Böhmen zum König bestimmt worden war, und es keinen Zweifel gab, daß er die Wahl annehmen würde. Ferdinand machte nach Gesprächen mit den rheinischen Kurfürsten in Frankfurt auf seinem Rückweg nach Wien wiederum Station in München und schloß dort am 8. Oktober endgültig den Bundesvertrag mit Maximilian: der Herzog war der alleinige Oberbefehlshaber der Liga, dem Habsburger verblieb nicht einmal ein Mitspracherecht im Kommando. Maximilian verpflichtete sich, 24000 Mann ins Feld zu stellen, sobald das Geld hierfür beisammen sei und sobald die Verteidigung der ligistischen Staaten sichergestellt sei. Sämtliche Kosten im Kampf für des Kaisers Sache hatten zurückerstattet zu werden, sofern sie die vertragsmäßigen Aufwendungen der Liga übersteigen sollten. Da die kaiserliche Finanzverwaltung bei weitem nicht so effizient war wie die bayerische, bedeutete das nichts anderes, als daß Ferdinand seine Länder zum Pfand würde hergeben müssen. Und falls er das Pfand nicht mehr einlösen könnte, zeichnete sich die Möglichkeit einer legalen Erweiterung bayerischen Territoriums auf Österreichs Kosten ab!
Dann die Krönung der Abmachungen, eine Art Geheimvertrag: mündlich verpflichtete sich Ferdinand, dem Bayern die Oberpfalz zu geben und die pfälzische Kurwürde zu übertragen, sobald Friedrich V. in Böhmen erledigt sei. Oñate saß in München mit am Verhandlungstisch und versprach Spaniens Mithilfe. Der Papst lieferte Subsidien.

Nach heutigem Sprachgebrauch: besser konnte Maximilian in die Weltpolitik der katholischen Sache gar nicht »eingebettet« sein. Als Konsequenz zeichnete sich ab, daß Erzherzog Albert nun Ambrogio Spinola auf die Kurpfalz loslassen konnte, da der Kurfürst als König der böhmischen Rebellen Hochverrat an Kaiser und Reich verübte und damit der Reichsacht verfiel, die von spanischen Truppen zu vollstrecken war. Spinola bot sogar an, nach der Eroberung der Pfalz weiter auf Nürnberg vorzurücken, denn diese Reichsstadt war der Bankplatz der Böhmen und Calvinisten.
Die Situation hatte für Maximilian jedoch noch eine Schwierigkeit: er mußte gewärtig sein, daß sich die protestantische Union auf die Seite der Böhmen stellte. Seine Siegesaussichten waren gut, wenn es gegen Böhmen allein ging, aber unsicher, wenn es auch noch gegen die Union gehen sollte. Der Krieg mußte politisch gewonnen werden, bevor er auf dem Schlachtfeld gewonnen wurde, und das bedeutete: Ausschaltung der Union mit friedlichen Mitteln. Es ist unglaublich, daß die Protestanten die Sache der böhmischen Rebellion nicht auch als die ihre erkannten und sich tatsächlich ausschalten ließen, mehr noch, daß die protestantische Vormacht Sachsen sogar mit dem Kaiser ein Kriegsbündnis einging. Wie kam es zu dieser kriegsentscheidenden Entwicklung?
Im März 1620 hatte sich der Kaiser Sachsen gegenüber bereit erklärt, die Lausitz zu verpfänden, um dem Kurfürsten die Kriegskosten zu ersetzen, die ihm entstehen würden, wenn er auf kaiserlicher Seite eingriffe. Johann Georg schloß daraufhin mit Ferdinand ab, nicht nur weil ihn die Lausitz lockte, sondern weil er die Calvinisten mehr haßte als die Katholiken und weil er dem Kaiser als legitimem Reichsoberhaupt gehorsam sein wollte (für ihn war er eben »Gottes Stockmeister«, dem man Gehorsam schuldete, was die Lutheraner nicht glaubten umgehen zu dürfen, da es dem Römerbrief des Apostels Paulus entnommen werden konnte). Erstaunlich, wie die Reformation, die doch hauptsächlich die Bande zum katholischen Reichsoberhaupt lockerte, sie in diesem Falle sogar noch befestigte! Johann Georg übernahm daraufhin den schlesischen Kriegsschauplatz.
Der spanische Einfall in die Pfalz ließ indessen auf sich warten. Maximilian hielt sich im Rücken für nicht hinreichend gesichert, um schon nach Böhmen einfallen zu können und beschränkte sich zu-

nächst darauf, die Union in Schach zu halten. Im Juni 1620 lagen sich die Armeen der Liga und der Union in der Nähe von Ulm gegenüber, der Stadt, deren Besitz immer wieder in der Kriegsgeschichte der militärische Schlüssel zur Beherrschung von Süddeutschland war. Tillys Hauptquartier befand sich in Dillingen, Maximilian hatte um Donauwörth 30000 Mann zusammengezogen. Um Ulm lagerte der Markgraf von Ansbach, Oberfeldherr der Union, mit 13000 Mann. Der Markgraf von Baden sperrte mit 8000 Mann die Rheinübergänge, damit die Spanier den Ligisten aus dem Elsaß keine Hilfe zuführen konnten.
Nichtsdestoweniger – man verhandelte. Der Herzog verlangte von der Union Neutralität im Krieg gegen Böhmen, weil dieses Land nicht Mitglied der Union war, und die lutherischen Fürsten zögerten aus richtigem Instinkt heraus, dies zu versprechen. Den Ausschlag gab schließlich die französische Vermittlung. Frankreich dachte nicht daran, den Kaiser durch Unterstützung der böhmischen Rebellion zu schwächen, obwohl gerade diese Schwächung langfristig in seinem Interesse sein mußte. Im Augenblick hatte es keine Mittel, aktiv in den Krieg einzugreifen. Ferner hatte Ludwig XIII. damals verstärkte innenpolitische Schwierigkeiten mit den Hugenotten im Lande, und die böhmischen Protestanten kamen ihm wie die gleiche Sorte widerborstiger Untertanen vor.
Am 3. Juli hatte der Herzog von Angoulême, Ludwigs Emissär, Liga und Union soweit: beide Bündnisblöcke versprachen sich gegenseitige Neutralität. Nicht einbegriffen waren alle der Liga und Union nicht angehörenden Länder, und das hieß, daß Böhmen weiterhin angegriffen werden durfte und daß auch die Spanier in die Pfalz einfallen durften.
Damit haben wir den Bündnishorizont abgeschritten, wie er sich um die Jahreswende 1619/20 darstellte: als potentielle Feinde des Kaisers und Spaniens kamen England, Frankreich, Kurpfalz, Böhmen, die Union, Bethlen Gabor und die hinter diesem stehenden Türken in Betracht. Die Verbindung zwischen diesen Mächten war hinreichend geschwächt, um die Niederringung Böhmens höchstwahrscheinlich zu machen: König Jakob von England tat kaum etwas für seinen Schwiegersohn und Bethlen Gabor zog sich zurück.
Demnach konnten Maximilian und Tilly gemeinsam an die Arbeit

gehen, als sich nun auch Spinolas Truppen gegen die Pfalz in Bewegung zu setzen begannen. Der Herzog marschierte donauabwärts mit dem Zielpunkt Linz: bevor er in Böhmen einfiel, mußten die protestantischen Stände Oberösterreichs zum Gehorsam zurückgebracht werden. Bethlen Gabor hatte Maximilian mitgeteilt, als dieser schon in Oberösterreich stand, daß er einen Angriff auf die dortigen Stände als einen Angriff auf sich selbst ansehen werde. Genauso dürfte es der Herzog selbst auch gemeint haben!
Die militärische Logik erforderte für den vom Süden kommenden Angreifer Böhmens, zunächst das Donautal zu sichern. Wie der Blitz fuhren die ligistischen Truppen ins Land: einem Verhandlungsangebot der Stände des Landes antwortete der Herzog mit der Forderung nach sofortiger Unterwerfung und setzte eine Annahmefrist von fünf Tagen, doch noch vor Ablauf der Frist überschritt er die bayerische Grenze am 28. Juli bei Waidhofen. Die vorderste Abteilung führte Alexander von Haslang: 6000 Mann Infanterie und 2000 Mann Kavallerie, dahinter folgte Tilly mit zwei Infanterieregimentern und 1000 Kürassieren.
Es wurde kaum Widerstand geleistet, nur einige Soldaten wurden aus dem Hinterhalt umgebracht; da begannen die Landsknechte, die darin einen willkommenen Anlaß zur Rache sahen, auf dem Vormarschweg Dörfer anzuzünden und auszuplündern, und Tilly hatte wiederum alle Hände voll zu tun, um die Disziplin aufrechtzuerhalten. Er wußte der Soldateska gebieterisch entgegenzutreten: als die Wallonen einmal zwei Kameraden, die wegen Plünderei zum Galgen geführt wurden, befreit hatten, trat Tilly mit gezogenem Degen unter sie, und als die Soldaten ihn mit vorgehaltenen Piken bedrohten, sprengte er davon, ließ seine deutschen Regimenter unter die Waffen treten und forderte die Offiziere der Wallonen auf, die Schuldigen sofort auszuliefern, sonst würde er pro Kompanie zehn Mann hängen lassen. Da wurden neun Anführer ausgeliefert und an Ort und Stelle aufgehängt, im Hintergrund immer die deutschen Regimenter. Weitere Delinquenten warteten auf ihre Hinrichtung am anderen Tag, und um den Wallonen den Mut zu nehmen, diese etwa in der Nacht befreien zu wollen, ließ Tilly auf deren Lager Kanonen richten. Das wirkte. Der Soldat muß nach einem bekannten Wort seine Vorgesetzten mehr fürchten als den Feind. Besonders nötig war das in diesem Zeitalter disziplinloser Söldner. Die Mischung der

Nationen im Heer erleichterte dem Feldherrn dabei die Anwendung des Grundsatzes »teile und herrsche«.
Am 3. August 1620, erst einen Monat nach Unterzeichnung des Vertrages mit der Liga in Ulm, rückte Tilly in Linz ein, Maximilian folgte am nächsten Tag. Dieser ließ sich von den Ständen in Stellvertretung für Ferdinand huldigen und verleibte die zwei Regimenter ständischer Truppen, die aufgestellt waren, aber keinen Widerstand geleistet hatten, seiner Armee ein. Am 23. August marschierte er nach Norden ab und vereinigte sich in Freistadt mit zwei Regimentern unter dem Spanier Marradas, die aus dem Mailändischen über das mittlerweile spanisch besetzte Veltlin heraufgekommen waren.
Im Nordosten stand Mansfeld mit 30000 Mann, gegenüber Bouquoy im Raum Zwettl, die Liga also in Mansfelds rechter Flanke. Maximilian führte die Vereinigung mit Bouquoy am 8. September durch, indem er zunächst nach Norden auf die böhmische Grenze zumarschierte, und, nachdem Mansfeld sich deshalb von Bouquoy gelöst hatte, auf teilweise sehr schwierigen Wegen nach Niederösterreich abschwenkte. Während dieser Manöver überschritt Marradas, der nach Furth im Wald abgerückt war, dort die Grenze und zwang Mansfeld damit, zur Sicherung von Pilsen sich aus Südböhmen zurückzuziehen.
Christian von Anhalt, der Oberkommandierende der Böhmen, vermutete aus diesen energischen Maßnahmen richtig, daß die Liga auf Prag marschieren und ihn zur Schlacht zwingen wollte, nachdem diese Möglichkeit während mittlerweile zweier Kriegsjahre noch nicht ernsthaft in Angriff genommen worden war. Der Krieg trieb unaufhaltsam seiner Entscheidung zu. Christian blieb als Gegenmittel noch, den Feind nach Mähren zu locken, von wo die Reiterei Bethlen Gabors soeben langsam heranrückte. Maximilian und Tilly überstimmten im Kriegsrat Bouquoy, der tatsächlich lieber nach Mähren gezogen wäre.
Am 11. September marschierten die Ligisten in Budweis ein (das schwierige Gelände im Böhmerwald zwischen dieser Stadt und Freistadt hatten sie also glücklich vermieden) und zogen dort noch ein Regiment Wallonen an sich und 3000 Mann des Bischofs von Würzburg. Damit betrug ihre konzentrierte Streitmacht ca. 55000 Mann. Die Böhmen hatten dem wenig entgegenzusetzen: schlecht bezahlte Soldaten (angeblich mit einem Soldrückstand von mittlerweile 45

Tonnen Gold!), deren Kampfmoral dementsprechend war, Uneinigkeit in der Führung, da Mansfeld sich durch den Grafen von Hohenlohe zurückgesetzt fühlte, dem man den Titel »Feldmarschall« zuerkannt hatte, nicht aber ihm. Deshalb bestand Mansfeld darauf, unabhängig zu operieren, und zwar rund um Pilsen. Er scheint sich als Privatkrieger überhaupt am wohlsten gefühlt zu haben. Maximilian sollte durch einen Einfall in Bayern aus Böhmen hinausgelockt werden, aber dieser Versuch Mansfelds scheiterte: als er von Taus aus über den Bayerischen Wald vorbrechen wollte, fielen ihm die Bayern, die von dort aus Pilsen bedrohten, bei Furth in die linke Flanke, knapp 12000 Mann hoch, und zwangen ihn zum Rückzug. Währenddessen brachen die Ligisten und Kaiserlichen in zwei Kolonnen von Budweis in Richtung Pilsen auf: Tilly marschierte auf Wodnan (Vodňany), Bouquoy auf Prachatitz. Bei dieser Marschrichtung konnten sie nicht vom Nachschub aus Bayern abgeschnitten werden. Vodňany fiel fast ohne Kampf, Prachatitz mußte blutig erstürmt werden. Dann vereinigten sich beide Heere zur Belagerung von Pisek. Während der Kapitulationsverhandlungen begannen die Soldaten zu plündern und waren weder von Tilly noch von Maximilian und Bouquoy aufzuhalten. Man mußte die Truppen aus der Stadt herausführen, um den Greueln Einhalt zu gebieten. Die nächsten Zentren des Widerstandes waren Taus und Klattau, in die Mansfeld kleinere Einheiten geworfen hatte, und die den Vormarsch nicht wesentlich aufhalten konnten.
Damit war der Marsch auf Pilsen offen, zu dessen Schutz sich Mansfeld nun sammeln mußte. Unterwegs griff Christian von Anhalt die Nachhut Bouquoys an, Tilly mußte mit der Kavallerie eingreifen, um die Böhmen in die Flucht zu schlagen. Am 10. Oktober 1620 rückte Maximilian vor Pilsen. Sollte man die Stadt belagern und damit den Marsch auf Prag noch in diesem Jahr gefährden? Bouquoy riet dazu und hatte dabei als besonderes Argument, daß Mansfeld des böhmischen Dienstes schon länger überdrüssig sei und es daher der Mühe wert sei, ihn bei längerem Verweilen vor Pilsen auf die katholische Seite zu ziehen. Geheime Verhandlungen wurden geführt; Mansfeld ließ ungehindert Lebensmitteltransporte ins feindliche Lager gelangen, und Bouquoy schickte ihm dafür 36 Mann seiner Leibwache ohne Lösegeld zurück. Jedenfalls aber machte Mansfeld keine Anstalten, Pilsen zu übergeben.

Nun bestand der enttäuschte Bouquoy auf der Belagerung; ungeduldig fiel ihm Tilly ins Wort und erklärte, dafür würde man den ganzen Winter brauchen; Bouquoy blieb auf seinem Standpunkt, wütend ergriff Tilly auf dem Beratungstisch liegendes Papier, zerriß es, warf Tintenfässer zu Boden und schrie: »Prag, Prag!« Maximilian mußte beschwichtigend eingreifen.
Ob Mansfeld nun noch abgeworben werden konnte oder nicht: der Herzog war wie Tilly der Meinung, daß der Feldzug nur durch Schnelligkeit gewonnen werden könne, und daß der Vorstoß auf Prag fortgesetzt werden müßte, trotz des mansfeldischen Lagers bei Pilsen – eine kühne und unmethodische Entscheidung, denn wenn sich vor Prag ein Stillstand der Operationen ergeben sollte, dann war die katholische Armee auch noch im Rücken bedroht und zwischen zwei Feuern: vor sich Christian von Anhalt mit etwas über 20000 Mann, der Prag decken mußte, und hinter sich den Mansfelder. In der Tat: der Erfolg hätte Maximilian dabei nicht unbedingt recht geben müssen, der Herzog forderte einfach das Glück heraus. Für die Fortsetzung des Angriffes sprach jedoch der marode Zustand der Armee. Infolge von Versorgungsschwierigkeiten und Krankheiten (z. B. Cholera, damals »ungarisches Fieber« genannt) hatten die Katholischen bis jetzt 14000 Mann verloren; ein Stilleliegen mußte die Moral der Armee empfindlich herabmindern. Schon im Oktober war reichlich Schnee gefallen, der für viele der Soldaten über Nacht zum Leichentuch wurde. Wenn Tilly am Morgen durch das Lager ritt, sah er um die erloschenen Feuer erfrorene und erstarrte Knechte liegen, und sein Roß scheute vor zusammengefallenen Zeltbahnen, die den Soldaten keinen Schutz gegen die rauhe Witterung geboten hatten und nun ihre Leichen unter sich begruben.
Noch waren allerdings die Katholischen den Böhmen numerisch überlegen, und außerdem litten auch die böhmischen Truppen an Hunger und, was den Katholischen einen großen Vorteil verschaffte, an Lustlosigkeit und Uneinigkeit in den höheren Rängen. Die dauernden Streitereien mit Bouquoy fielen dagegen nicht ins Gewicht, da sich der Herzog und Tilly ihm gegenüber stets durchsetzen konnten. Beide bewährten sich hier als Strategen, die zwar rücksichtslos ihrem Plan folgten, aber doch nichts Unzumutbares auferlegten. Hätte man ihnen Vorhaltungen darüber zu machen gewagt, daß sie ihre Truppen so leiden ließen, sie hätten knurrend das Sprich-

wort zitiert: »Ein Landsknecht muß Spitzen und Radnägel verdauen können«, oder, sofern das nicht unter ihrer Würde gewesen wäre: »Ein Landsknecht, allzu kurz verhauen, hüpft wie 'ne Elster in den Auen.«

Die Lebensmittel waren unterdessen knapp geworden – kein Wunder bei der Jahreszeit und dem Hang der Soldaten zum bedenkenlosen Plündern. Die Kaiserlichen beschwerten sich darüber, wie eilfertig die Ligisten beim Aussaugen des Landes seien. Tausend Stuck Vieh hätten sie über den Böhmerwald nach Bayern getrieben. Wenn man ihnen in den Arm fallen wollte, dann meinten sie nur, sie müßten sich nichts sagen lassen, da ihr Herr selbständig sei.

Maximilian hatte schon Mühe zu begreifen, daß Bouquoy nicht seinem Oberbefehl unterstellt worden war, und hörte trotz seiner eifrigen eigenen Marienverehrung die Ausflucht Ferdinands, seine Armeen stünden eigentlich alle unter dem Kommando der Jungfrau Maria, nur mit gemischten Gefühlen.

Aus diesem unsinnigen Raffen und Verschwenden mußte sich bald ein großer Mangel ergeben, zumal das Land schon mehr als zwei Jahre unter dem Krieg litt. Maximilian selber mußte »Mahlzeiten« einnehmen, die nur aus trockenem Schwarzbrot bestanden, und Tilly riß einem Dominikanerpater, der mit der Armee zog, einen Apfel aus der Hand: »Mein Vater, ich sterbe vor Hunger!« Wie mußte der Geist des fliegenden »Blitzkrieges« in den frommen Mann gefahren sein, daß er einen Priester seiner Religion so behandelte!

Für die nächsten knappen drei Wochen, die der Feldzug noch dauern sollte, war der Anhalt der Hauptfeind. Er hatte sein Lager bei Rokitzan aufgeschlagen und sperrte damit die direkte Straße über Beraun nach Prag. Tilly meinte, hier könne man nun die Schlacht erzwingen, aber Bouquoy widersprach abermals. Maximilian fand den kaiserlichen Feldherrn allmählich übervorsichtig und drohte, er werde die Armee verlassen, wenn Bouquoy weiterhin eine Entscheidung hinauszögere. Dauernder Landregen und beginnende Kälte zeigten deutlich den Beginn der schlechten Jahreszeit an, der Kriegsplan der Katholiken kam allmählich in Gefahr. Also mußte Anhalt ausmanövriert werden, um den Krieg in Bewegung zu halten.

Die Truppen des Herzogs und des Kaisers schwenkten nach Norden ab, um im Bogen nach Prag zu marschieren, und Anhalt hatte keine andere Wahl, als sein Lager bei Rokitzan aufzuheben und ihnen den

Weg zu verlegen. Am 27. Oktober stieß die Vorhut des Herzogs bei Rakonitz auf die Böhmen, damit war der Vormarsch auf Prag fürs erste gestoppt. Halbherzig eingeleitete Verhandlungen zwischen dem Herzog und Friedrich V., der sich zur Armee begeben hatte, konnten zu keinem Erfolg führen. Maximilian, Bouquoy und Tilly gerieten bei einem Erkundungsritt mit schwacher Bedeckung in einen Hinterhalt der Böhmen und konnten nur durch eine Kavallerieattacke Tillys gerettet werden, der persönlich mit blankem Schwert in den Feind hineinritt und ihn durch die unerwartete Wucht seines Angriffes trotz vielfacher Unterlegenheit an Zahl auf der Stelle in die Flucht schlug. Er wiederholte seine Bravourstücke aus den Türkenfeldzügen fünfzehn Jahre zuvor. Friedrich V. betrachtete den Feldzug, der ihn sein Königreich kosten sollte, währenddessen von der blasiert-ästhetischen Seite, wenn er an seine Frau schrieb: »Ich habe heute ein sehr schönes und heftiges Scharmützel gesehen. Die einbrechende Nacht schnitt diesen Zeitvertreib ab.« Mit anderen Worten: er war unfähig, seiner Verantwortung als Herrscher gerecht zu werden.
Am 3. November wurde Bouquoy schwer verwundet, am 4. November erlitt die ungarische Kavallerie der Böhmen in einem Gefecht schwere Verluste – alles keine entscheidenden Schläge, zumal die Versuche Maximilians scheiterten, Anhalt zur Feldschlacht aus dem Lager herauszulocken. Denn Anhalt wußte, daß die Zeit für ihn arbeitete. Da mußte das Mittel von Freistadt und Rokitzan wiederum helfen, den eingerosteten Krieg durch Überflügelungsmanöver flott zu machen. Am 5. November brach die Armee der Katholiken nach Norden auf, um dann nach Südosten einzuschwenken und nach Prag vorzustoßen. Mittags erfuhr Anhalt vom Abmarsch des Feindes, zweifelte jedoch daran, ob dieser wirklich auf die Hauptstadt marschierte. Thurn hielt das Manöver für eine Finte, die böhmische Armee blieb bis zum Abend im Lager von Rakonitz stehen. Dann wurde der Schwenk der Feinde bekannt, und es war nun keine halbe Stunde mehr zu verlieren.
Noch in der Nacht zum 6. November brach der Vater des Grafen Thurn mit einem Regiment Infanterie und einiger Kavallerie auf, um den Hradschin zu sichern, am nächsten Morgen folgte das Gros der Armee nach. Der König verließ die Armee und begab sich nach Prag, um Vorkehrungen für die Verteidigung zu treffen. Man mußte sich

den Weg über schlechte Straßen nördlich von Křivoklat bahnen und schaffte in zwei Tagen nur die Strecke bis Unhost, 25 km von der Hauptstadt auf passabler Straße entfernt. Damit war Maximilian überholt, denn er traf dort am 7. November auf die Böhmen – abermals eine Gelegenheit zur Entscheidungsschlacht! Und wiederum scheiterte alles an Bouquoy, der dem Herzog hinterherzog: er kam nicht rechtzeitig heran! Anhalt verharrte den Tag über gegen Maximilian, was den positiven Nebeneffekt hatte, daß er seinen von den Gewaltmärschen des letzten Tages erschöpften Truppen eine Ruhepause geben konnte. Am Abend rückte er nach Prag ab und kam zu Mitternacht am Weißen Berg an, Maximilian fluchte auf Bouquoy und folgte Anhalt im Schutze der Nacht.
Die ungarischen Reiter der Böhmen, etwa 5000 Mann stark, wurden von ihm gestellt und zusammengeschlagen, sie waren daher am nächsten Tag sehr unlustig im Kampf. Am Morgen des 8. November war das Ziel des Feldzuges erreicht: die Katholischen standen vor Prag, ihr Manöverkrieg war ein voller Erfolg gewesen. Wieder einmal eine Gelegenheit zur Entscheidungsschlacht! Anhalt hatte vor den Mauern der Stadt auf der linken Seite der Moldau eine starke Verteidigungsstellung bezogen. Rechts war er gedeckt durch die Stadt und den königlichen Park, den er mit Musketieren besetzte, links durch den Weißen Berg und dessen Höhen, in der Front, die nach Norden schaute, durch Verschanzungen, (die allerdings erst im Entstehen waren) und den Šárka-Bach in sumpfiger Niederung, der nur auf einer einzigen Brücke überwunden werden konnte. Seine Truppen betrugen rund 20000 Mann. Die Stellung war gleichmäßig mit zwei hintereinander verlaufenden Schlachtreihen in ziemlichem Abstand besetzt; Infanterie und Kavallerie abwechselnd mit großen seitlichen Abständen der einzelnen Waffengattungen voneinander. Das gab insgesamt eine recht dünne Aufstellung (die Darstellungen schwanken zwischen knapp 2 km und etwa 4 km, Anhalt selbst berichtet von höchstens 3750 Schritt). Die Ungarn, die wegen der Artillerie des Feindes nicht auf dem linken Flügel stehen wollten, bildeten im Hintergrund als drittes Treffen die Reserve.
Im Morgennebel um 8 Uhr ließ Tilly erste Einheiten über die Šárka setzen und besetzte das Dorf Rep, um das herum die Truppen weiter entwickelt werden konnten. Sobald man klarer sehen konnte, begann ein Artillerieduell, das aber auf beiden Seiten wenig Schaden

anrichtete, da die Böhmen nur sechs größere und wenige kleinere Kanonen hatten und die Katholischen gar nicht erkennen konnten, wie der Feind auf dem Berg aufgestellt war. Sie nannten ihre Kanonen in ihrer Frömmigkeit nach den Aposteln, woraus zu schließen ist, daß sie insgesamt nur zwölf hatten.

Ihre Armee umfaßte 28000 Mann, hatte eine kürzere Front als die Christians von Anhalt und war daher tiefer gegliedert. Im ganzen war die Infanterie in zehn Tercios aufgeteilt in zwei und drei Linien, in den Zwischenräumen zwischen den Schlachthaufen stand die Kavallerie, bei den Kaiserlichen in kleinen Schwadronen, bei den Ligisten massierter. Die Kaiserlichen bildeten den rechten Flügel.

Im Kriegsrat drängte Tilly wiederum zur Schlacht. Warum hatte er sich schließlich schon über die Šárka vorgewagt? Er witterte die historische Entscheidung, die sein Schwert hier herbeiführen sollte. Bouquoy konterte: man wisse nicht, wie stark der Feind verschanzt sei und habe keine Information über seine Aufstellung, zudem müsse man bergauf stürmen. Wenn man im Angriff stocke oder gar über die sumpfigen Wiesen entlang der Šárka zurückgehen müsse, dann könnte das zur Katastrophe ausarten. Das war vernünftig, nur vergaß Bouquoy, daß man unbedingt angreifen mußte, wollte man nicht den ganzen Feldzug verloren geben. Und zwar sofort, denn während die Kommandierenden noch berieten, ließ Anhalt in fieberhafter Eile an seinen Verschanzungen arbeiten. Er kam nicht weit damit, denn die Armee hatte ihr eigenes Schanzzeug in den Wochen zuvor zugrundegerichtet, mußte daher neues bestellen um 600 Taler, doch dieses Geld mußte die Regierung in Prag erst einmal bewilligen. Friedrich V. war leider ein ständisch-konstitutioneller König.

Zum weiteren Glück für Tilly konnte Anhalt sich auch nicht entschließen, die um Rep herum stehenden Truppen anzugreifen, denn damit hätte er sich aus seiner festen Stellung herausbegeben, und außerdem rechnete er damit, daß die Ligisten sich in Rep solange halten konnten, bis sie Verstärkung erhielten. Während Bouquoy noch argumentierte, soll der Pater Domenico a Gesú (derselbe, dem Tilly den Apfel geraubt hatte) ungebeten in den Kriegsrat eingedrungen sein, ein von den Calvinisten verstümmeltes Marienbild hervorgezogen und Gottes und Marias Hilfe für die Schlacht verheißen haben. Das ist, wenn nicht wahr, so doch gut erfunden. Maximilian und Tilly waren ohnehin zum Angriff entschlossen, um Mittag begannen

die Kaiserlichen mit dem Schlachtruf »Santa Maria« den Angriff auf den linken Flügel der Böhmen.
Bouquoy bestand darauf, dies als »großes Scharmützel« und nicht als »Schlacht« zu bezeichnen, doch brachte sein Scharmützel in der Tat bereits die Entscheidung. Die Kaiserlichen marschierten hügelaufwärts, die feindliche Reiterei sprengte ihnen entgegen und wurde von der Übermacht zurückgedrängt. Als die Kavallerie wich, rückte das erste Treffen des Regimentes Thurn vor, schoß seine Musketen aus 100 m Entfernung ab und zog sich zurück. Das waren zu wenig Mann, nicht koordiniert mit der Reiterei, auch hatten sie zu weit gezielt, um Schaden anzurichten und beeindruckten die Kaiserlichen daher nicht besonders, die mit allen ihren fünf Schlachthaufen anrückten und ihre Kavallerie mitführten. Hier rächte es sich, daß in der Aufstellung Anhalts zwischen erstem und zweitem Treffen so viel Zwischenraum gelassen worden war. Hätten die Böhmen nicht nur mit einem Treffen angegriffen, sicherer noch: wären sie in beiden Linien zusammengerückt und hätten sie so mit ihrer kompakten Masse den kaiserlichen Angriff abgewartet, dann hätten sie vielleicht mehr Aussicht auf einen Abwehrerfolg gehabt.
Christian, der einundzwanzigjährige Sohn des Oberkommandierenden der Böhmen, führte aus dem zweiten Treffen heraus, das bis jetzt noch nicht ins Gefecht gekommen war, Kavallerie zur Attacke vor, um die leichte Unordnung, in die die vorangegangenen Angriffe die Kaiserlichen immerhin versetzt hatten, auszunützen, und stürzte sich auf ein Tercio, das größere Verluste erlitt. Dessen Kommandant, Oberst Brenner, wurde gefangengenommen. Das dritte Treffen der Böhmen und die Ungarn begannen sich zögernd in Bewegung zu setzen, der Angriff Christians schien entscheidendes Gewicht zu bekommen, da bewährte sich die von Tilly herübergeschickte Kavallerie wieder einmal als Helferin – Retterin wäre zuviel gesagt, denn am wallonischen Schlachthaufen Verdugos brach sich mittlerweise der Angriff des jungen Christian ohnehin.
Im Zentrum waren unterdessen Tillys Truppen vorgestürmt und hatten die noch allzu schwachen Verschanzungen des Feindes mit Elan überwunden, dadurch wurde das Regiment des Obersten Kratz frei und fiel Christian in die rechte Flanke. Dessen Kürassiere begannen auf ihre Infanterie zurückzufluten, Christian wurde verwundet und gefangengenommen. Die Böhmen gerieten in Unordnung, Ma-

ximilian befahl den Vormarsch der gesamten ligistischen Armee, die beim Sturm auf die Verschanzungen wegen ihrer tiefen Gliederung noch nicht vollständig zum Einsatz gekommen war.
Da brach bei den Böhmen der Kampfgeist vollständig zusammen, sie flohen zum königlichen Park und weiter nach Prag hinein. Die Ungarn, die noch gar nicht im Kampf gestanden hatten, stürmten ihnen hinterher und konnten nicht mehr zum Stehen gebracht werden. Friedrich eilte mit 500 Reitern aus Prag herbei, aber auch sie wurden in den Strudel der Niederlage rettungslos hineingerissen. Der König mußte darauf achten, sein Leben zu retten und floh nach Prag hinein. Am nächsten Morgen verließ er die Stadt überstürzt in Richtung Schlesien.
Nach nicht viel mehr als eineinhalb Stunden war die Schlacht für die Böhmen verloren. 4000 Tote blieben auf dem Schlachtfeld, im Chaos der kopflosen Flucht ertranken viele in der Moldau, zehn Kanonen und hundert Fahnen fielen den Katholischen in die Hände, die selber insgesamt nur 400 Mann verloren hatten und die fliehenden Böhmen nun gnadenlos hetzten. Der Reiterführer Pappenheim auf katholischer Seite war schwer verwundet worden, passenderweise phantasierte er, als er im Toben der Schlacht zunächst unter den Verwundeten lag, er sei im Fegefeuer. Man mußte ihn schließlich mit knapper Not vor kroatischen Plünderern retten.
Am Abend des 9. November zog Maximilian als Sieger in Prag ein. Der schnellste, energischste und am vernünftigsten angelegte Feldzug des bisherigen 17. Jahrhunderts, mit einer Entscheidungsschlacht klassisch gekrönt, hatte dem Kaiser Böhmen erneut zu Füßen gelegt.

4. Kapitel

An Neckar und Rhein

Durch die Eroberung Böhmens waren die Feinde des Kaisers und der Liga nach Westen und nach Osten auseinandergesprengt und hatten ihre Verbindung verloren. 3000 Reiter Bethlen Gabors kamen zu spät, um am Weißen Berg noch eingreifen zu können. Der Woiwode hatte Christian von Anhalt gebeten, die Vereinigung ihrer Truppen abzuwarten, was der Koalition zweifelsohne großen Vorteil gebracht hätte; auch deswegen war Tillys Drängen zur Schlacht, bevor die Ungarn eintrafen, auf katholischer Seite das Vernünftigste gewesen. Nun aber mußten sich Bethlens Truppen eilends durch Mähren nach Osten zurückziehen, denn die mährischen Landstände schlossen sich um die Jahreswende 1620/21 wieder an den Kaiser an.
Es war zweifelhaft, ob der noch verbleibende Widerstand sich um Bethlen Gabor herum kristallisieren konnte, denn dessen Ungarn wurden schwierig, seine Magnaten fielen ungeachtet ihrer heiligen Eide zu Ferdinand ab, Bouquoy rückte heran, eroberte Preßburg zurück und zwang Bethlen, die slowakischen Berge nicht zu verlassen. Der Woiwode mußte sich im Dezember 1620 zu Verhandlungen bequemen.
Bethlen glaubte noch einen Trumpf in der Hand zu haben: die Unterstützung des Sultans, der befürchten mußte, bei einem Ausscheiden der Ungarn aus dem Krieg das ganze kaiserliche Heer gegen sich im Feld zu finden. Die beständig gegen Habsburg rebellierenden Ungarn waren der Puffer zwischen der osmanischen Macht und Mitteleuropa; deshalb stärkte der Sultan den Woiwoden, indem er ihm seine Unterstützung zumindest versprach. Daraus folgte, daß das kaiserliche Heer, wie im Vorjahr unter Bouquoys Kommando, im

Frühjahr und Sommer 1621 auf dem ungarischen Kriegsschauplatz gefesselt war und im Reich nicht eingreifen konnte.
Friedrich V. hatte am Tag nach der Schlacht am Weißen Berg Prag eilig verlassen. Die Niederlage hatte seine Persönlichkeit in keiner Weise reifer gemacht. Immer noch zeichnete er sich durch notorische Harmlosigkeit und Lustigkeit aus, blieb aber als monarchischer Sammelpunkt der Gegner von Ferdinand und Maximilian und als beständiger Bittsteller an hierfür geeignet erscheinenden Fürstenhöfen eine Gefahr auch für die Zukunft.
Am 23. Januar 1621 hatte der Kaiser die Reichsacht über ihn ausgesprochen. Friedrich hatte nicht unrecht, wenn er glaubte, es seien schon noch genug Geld und Militär in Europa gegen den Kaiser mobil zu machen, wenn er nur seinen Anspruch auf die böhmische Königskrone nicht aufgebe. Und daher floh er in die Generalstaaten, deren Waffenstillstand mit Spanien in diesem Jahr 1621 auslief.
Das mußte Konsequenzen für die Operationen Spinolas gegen die Pfalz haben, außerdem waren die Truppen Mansfelds in Böhmen am Weißen Berg nicht mitbesiegt worden; die Union existierte noch, die eventuell wegen der Besetzung der Pfalz mit dem Kaiser, dessen Krieg sie 1620 so geduldig zugeschaut hatte, doch noch in Krieg geraten würde. Ferner Bethlen Gabor in Ungarn, in dessen Hintergrund Türken und Tataren, Jakob von England, der König von Dänemark und die Lutheraner des niedersächsischen Kreises, dessen Mitglied der Däne in seiner Eigenschaft als Herzog von Holstein war, dazu der Gegensatz zwischen Frankreich und Habsburg, – mit anderen Worten: überblickt man diese potentiellen antikaiserlichen Faktoren, die über ganz Europa verstreut waren und zu deren Aktivierung schon die Verbindung nur von einigen unter ihnen genügte, dann ergab sich daraus zwar, daß Friedrich nur über die Entfesselung eines europaweiten Krieges wieder nach Prag zurückkehren konnte, daß aber seine diesbezüglichen Hoffnungen nicht unsinnig waren. Es dauerte immerhin einige Jahre, bis sie gründlich enttäuscht wurden.
Und es wird dem Betrachter zu Beginn des neuen Kriegsjahres klar, wie alle politischen Konflikte des damaligen Europa miteinander verknüpfbar waren, und wie der Krieg, nachdem er einmal angefangen hatte und keiner der Beteiligten sich seiner Fortführung entziehen wollte, geradezu mit logischer Notwendigkeit lang und äußerst

blutig werden mußte, um so blutiger, je siegreicher die katholische Seite zunächst war, da damit um so mehr Spannungsfelder berührt wurden. Daß der Krieg dann für Spanien, Bayern und den Kaiser allmählich auch unkalkulierbar werden und sich schließlich eigengesetzlich zu dem Monstrum auswachsen mußte, als das er sprichwörtlich geworden ist, ahnen wir jetzt schon. Das politische Kalkül verlor die Kontrolle über den Krieg, sein Werkzeug, und das Ergebnis war Raserei.

Schon 300 Jahre vor den Katastrophen unseres Jahrhunderts wurde also vorexerziert, zu welch hilflosen Zauberlehrlingen die Politiker werden können.

Spinola war als Feldherr des burgundischen Reichskreises mit 16 000 Mann zu Fuß und 3000 Reitern in die Pfalz eingefallen, als Maximilian und Tilly nach Oberösterreich marschierten. Die Union erkannte, daß Frankreich sie auch deshalb in Ulm vom böhmischen Kriegsschauplatz abgelenkt hatte, um sie zum Einschreiten gegen Spinola freizustellen, aber die lutherischen Fürsten trauten weiterhin dem Kaiser und dessen Versicherung, daß er zwar die Calvinisten der Kurpfalz strafen, aber sonst keinen Unfrieden im Reich stiften wolle. Es war nicht einmal eine politische Instinktlosigkeit, daß sie das glaubten, denn ein solches Vorgehen hätte dem vorsichtigen kaiserlichen Vorgehen in den Generationen seit dem Augsburger Religionsfrieden durchaus entsprochen. Vor Spinolas Quartier in Alzey lagen als gegnerische Macht noch 5000 Mann Infanterie und 700 Reiter aus dem pfälzischen Landesaufgebot sowie die festen Plätze Heidelberg, Mannheim und Frankental. Die Holländer sandten der Union Truppen nach Worms, darunter ein englisches Regiment. König Jakob hatte nämlich in Brüssel noch vor Beginn des Feldzuges klargestellt, daß er eine spanische Besetzung der Pfalz nicht hinnehmen würde. Während aber die Holländer wieder abzogen, entgeistert über die entschlußlose Kriegsführung der Union, blieb das englische Regiment am Oberrhein.

Die Spanier ließen es sich in den Winterlagern der reichen Pfalz gutgehen. Spinola führte ein Kontributionssystem aus dem Lande ein, das seine Kriegskasse wesentlich entlastete und für spätere Feldzüge des Krieges zum gefährlichen Präzedenzfall wurde.

Am 12. April 1621 schlossen die Bevollmächtigten des Kaisers, Spinolas und des in Brüssel residierenden Erzherzogs Albert mit der

Union einen Vertrag, der die Pfalz wehrlos machte: keine Hilfe mehr für den Winterkönig, Abzug der Unionstruppen aus der Pfalz und Auflösung der Union (die ja 1617 nur auf vier Jahre verlängert worden war) gegen Waffenstillstand in der Pfalz bis zum 31. Juli. Am 14. Mai traten die Fürsten der Union noch einmal in Heilbronn zusammen und verkündeten offiziell deren Auflösung.
Dies beleuchtete überdeutlich, daß die potentiellen Gegner der katholischen Sache im Augenblick zu gemeinsamem Widerstand nicht fähig waren. Die Ächtung des Kurfürsten durch den Kaiser hatte unter den lutherischen Fürsten gewaltige Wirkung gezeigt. Es hätte auch anders sein können: denn die Beseitigung eines wichtigen Reichsfürsten, also eines Standesgenossen, durch den Kaiser, selbst wenn sie reichsrechtlich zulässig war, war ein entscheidender Schritt, der die Balance zwischen hie »Kaiser« und hie »Reich« deutlich zugunsten des Kaisers verschob, zumal es sich um einen Kurfürsten handelte. Und da das Reich schon lange ein »offenes System« von Staaten war, dessen interne Bewegungen auf vielfältige Art mit den Interessen der Staaten außerhalb seiner Grenzen verbunden waren, würde dabei ganz Europa aufhorchen.
Maximilian von Bayern wurde beauftragt, die Pfalz zu besetzen, als Reichsexekutor neben Erzherzog Albert und dessen General Spinola. Das lenkte ihn gleichzeitig von der Besetzung von Oberösterreich ab, das Ferdinand natürlich für sein Haus behalten wollte, so viele Schulden er inzwischen auch für die ligistische Kriegführung zu bezahlen haben mochte. Maximilian wiederum war der Abmarsch an den Rhein willkommen, da er der spanischen Besetzung dort mißtraute: der Kaiser sollte nach des Herzogs Willen keine Möglichkeit haben, den Spaniern wittelsbachisches Land zuzuschanzen!
Ferdinand stützte seinen Vorstoß zur Auflösung der Union ferner dadurch ab, daß er den niedersächsischen Kreis und damit Christian IV. von Dänemark durch kluges Entgegenkommen neutralisierte: er versprach dem Dänen den ungestörten Besitz der niederdeutschen Bistümer Schwerin und Verden in der Hand von dessen Bruder und Sohn. Dänemark wiederum blickte nicht nur auf die Union, sondern auch auf England. Wenn auch König Jakob sich bereiterklärt hatte, die Verteidigung der Pfalz zu unterstützen, so wollte er sich doch immer noch mit dem spanischen Königshaus verschwägern (der

Prince of Wales sollte die Infantin Anna Maria heiraten) und deshalb zwischen Friedrich V. und dem Kaiser weiterhin vermitteln.
Die Situation des Sommers 1620 wiederholte sich mit ähnlichen Vorteilen für die Katholiken: die Besetzung der Pfalz war wegen des Abseitsstehens Englands, Frankreichs, der Generalstaaten und Dänemarks nur noch eine Frage der Zeit; und mit der Selbstauflösung der Union hatte der Kaiser eine weitere Schlacht gewonnen, ohne einen Schuß abfeuern zu müssen. Fügen wir noch hinzu, daß im Gegensatz zur Union die Liga sich nach dem Sieg in Böhmen nicht aufgelöst hatte (was ja denkbar gewesen wäre), da Maximilian ihr die Wiederherstellung der seiner Auffassung nach rechtmäßigen katholischen Position im Reich weiterhin als einigenden Zweck plausibel zu machen wußte, dann stand zwischen Böhmen und dem Rhein nur noch ein Hindernis: Mansfeld, verstärkt durch die Landsknechte des Unionsheeres, die nun plötzlich beschäftigungslos geworden waren. Am 1. Januar 1621 verfügte der Söldnerführer über höchstens 12 000 Mann, die in vielen festen Plätzen in Böhmen verstreut lagen: Pilsen, Tabor, Falkenau, Schloß Hartenberg, Elbogen, Eger, Tepl, Schlaggenwald, Joachimsthal.
Tilly war am 17. November 1620 zum militärischen Gouverneur von Böhmen ernannt worden, als Maximilian Prag wieder verließ. Die Truppen waren durch den vorangegangenen Feldzug bereits übel mitgenommen. Das war der Preis des erzwungenen Sieges am Weißen Berg, daß im Winter 1620/21 das ligistische Heer weithin nicht einsatzfähig war. Die Seuchen wüteten weiter, klirrende Kälte legte sich über das Land und Europa – sogar der Bosporus soll damals zugefroren sein.
Während die militärischen Aktivitäten ruhten, bereitete der Kaiser gegen die im Lande verbliebenen Rebellen Verfolgungsmaßnahmen vor. Tilly muß von der rachsüchtigen Stimmung bei Hofe erfahren haben. Es wird nämlich berichtet, er habe protestantischen Offizieren, die in Prag seit November 1620 unter Hausarrest standen, unmißverständliche Hinweise zukommen lassen, daß sie sich lieber in Sicherheit bringen sollten. Aber die Offiziere blieben, vielleicht in Sorglosigkeit gewiegt durch den Umstand, daß die Bewachung von ihren Häusern abgezogen worden war.
Um so grausamer war das Erwachen. Im Februar 1621 erfolgte die erste große Verhaftungswelle, angeordnet vom Fürsten Liechtenstein, dem Zivilgouverneur. Am 21. Juni wurden nach der Verurtei-

lung in einer Serie von Hochverratsprozessen vierundzwanzig böhmische Adlige auf dem Altstädter Ring geköpft, drei weitere gehenkt. Die Güter der Hingerichteten wurden konfisziert und von Liechtenstein zu Schleuderpreisen an kaisertreue Adelige weiterverkauft, unter anderem an Wallenstein, der durch rücksichtsloses Zugreifen hierbei zum reichsten Magnaten Böhmens aufstieg. Ferdinand hätte aus vorübergehender Verwaltung der Güter unter eigener Regie seine Finanzen sanieren können, und natürlich hat ihm der in Gelddingen sehr erfolgreiche Maximilian auch dazu geraten; aber der Kaiser verschleuderte die ihm zugefallenen Vermögenswerte, indem er Liechtenstein und dessen böhmischem Beziehungs- und Bereicherungsklüngel vollständig freie Hand ließ. Wenn es nicht um die Religion ging, konnte Ferdinand bis zur Sinnlosigkeit großzügig sein – sonst hätte er sich auch nicht zum Versprechen des pfälzischen Kurhutes an Maximilian hinreißen lassen.
Die Rekatholisierung des Königreiches, die hier nicht näher darzustellen ist, wurde gründlich betrieben, mit eigener Hand zerschnitt Ferdinand den Majestätsbrief. Das Ergebnis war von entscheidender Bedeutung für die böhmische Geschichte: von nun an waren die ständischen Freiheiten des Landes ausgelöscht und es blieb sicher in habsburgischer Hand bis 1918. Die ständische Staatsidee aus dem Mittelalter war damit in Böhmen verschwunden, eine wesentliche Voraussetzung für die administrative und politische Einheit des Habsburgerstaates durch den Sieg am Weißen Berg geschaffen. Tillys rechtliches Empfinden mochte sich gegen viele der verhängten Maßnahmen sträuben, aber es überstieg seine Möglichkeiten, da etwas ändern zu wollen. Er wußte, daß er für die Rekatholisierung Böhmens gekämpft hatte, aber nicht für die Art und Weise, in der sie nun vorangetrieben wurde. So fiel er der Tragik des Soldaten zum Opfer: einen Sieg erkämpft zu haben, gegen dessen verderbliche Folgen er machtlos ist, ein General, dessen Erfolg von den Politikern mißbraucht wird.
Er hatte mittlerweile nicht mehr als 10000 Mann unter seinem Kommando. Es waren eine Menge Truppen als Begleitmannschaft mit Maximilian abgezogen, außerdem mußte die umfangreiche Kriegsbeute von Böhmen nach Bayern eskortiert werden. Die verbleibende kleine Zahl machte es auch aus militärischen Gründen plausibel, an den Verhandlungen mit Mansfeld teilzunehmen. Im Februar 1621

hatte Mansfeld ihm einen Waffenstillstand von sechs Wochen abgehandelt, aber die Plünderung des Landes durch die kurpfälzischen Truppen dadurch natürlich nicht unterbinden können. Das wollte er auch gar nicht, da auf diese Weise wenigstens etwas Geld in seine knappe Kriegskasse kam. Außerdem benützte er den Waffenstillstand, um ins Reich zu reisen und dort die Fürsten der Union um Unterstützung anzugehen, denn er glaubte nicht, mit seinen zerstreuten böhmischen Festungen Tilly lange Widerpart bieten zu können.
Im Laufe der Wochen kam Tilly auf die Idee, der Waffenstillstand nütze dem Feind mehr als der Liga, und marschierte im März auf Pilsen. Während Mansfeld abwesend war, bot Tilly den sieben Kompanien Landsknechten in der Stadt ihre überfällige Löhnung an, 20.000 Gulden pro Kompanie. Das öffnete ihm die Tore von Mansfelds wichtigster Festung. Am 3. April zog er in Pilsen ein und übernahm vier Kompanien, während die restlichen drei nach Westen abzogen. Marradas wurde nach Tabor geschickt, Tilly selbst rückte auf Eger und Falkenau, vor denen bis jetzt andere bayerische Einheiten gelegen hatten, die vom Norden her auch von sächsischen Truppen unterstützt wurden. Maximilian sah das Festliegen seiner Truppen dort mit Unwillen, ohne es direkt zu verbieten, denn er war der Meinung, daß die Kaiserlichen allmählich selbst für die Sicherung der Erblande sorgen müßten. Solange Bouquoy aber in Ungarn gegen Bethlen Gabor festlag, mußte der Herzog auch in Böhmen Sicherungsaufgaben übernehmen.
Die Mauern von Falkenau wurden von sächsischen Bergleuten unterminiert, und ein Sturm auf die Feste mit gleichzeitiger Sprengung der Mauern lieferte sie den Ligisten und Sachsen in die Hände, auch Eger öffnete seine Tore. Mansfeld war unterdessen finanziell fündig geworden und konnte mit englischen und niederländischen Subsidien darangehen, eine neue Armee aufzustellen. Die niederländischen Truppen, die im Heer der Union gestanden hatten, traten auf Anordnung der Emissäre der Generalstaaten im Unionslager unter Mansfelds Fahnen. Ein von Tilly gefangener Offizier der Kurpfälzischen sprach gar von 24000 Mann; jedenfalls aber hatte Mansfeld mehr Truppen als gegenwärtig Tilly zur Verfügung, dem jetzt auch noch die Sachsen den Rücken kehrten.
Mansfeld unternahm einen Versuch, wieder in Böhmen einzufallen

und die von Tilly eroberten Festungen zurückzugewinnen. Er rückte nach Tirschenreuth, bedrohte von dort aus Eger und erweckte den Verdacht, er wolle das von Tilly belagerte Elbogen (zwischen Falkenau und Karlsbad am Egerfluß) entsetzen, das noch nicht gefallen war, da die Ligisten keine schwere Artillerie hatten: die war im November des Vorjahres wieder nach Bayern abtransportiert worden. Während Tilly Elbogen beschießen ließ, zog Mansfeld an Eger vorbei und über Königswart (bei Marienbad) heran, mußte aber unterwegs erfahren, daß die Festung gefallen war (7. Mai).
Das brachte den Ligistischen willkommene Entlastung, denn angesichts der Tatsache, daß Tilly damals im Rücken beständig damit rechnen mußte, von dem Markgrafen von Jägerndorf angefallen zu werden, der sich noch mit einem fliegenden Korps von 7000 Mann in Schlesien rund um Neiße hielt, ist seine Lagebeschreibung in einem Brief an den Kurfürsten von Sachsen verständlich: »Wenn Mansfeld sich stark genug befunden hätte, Elbogen nach seinem gefaßten Anschlag zu sukkurieren, wäre kein Zweifel gewesen, es hätten auch die heimliche Verständnis, so zwischen ihm, dem Fürsten von Jägerndorf und etlichen vornehmen böhmischen Herren getroffen, und dazu allbereit ihre mögliche Hilf versprochen, zu wirklichem Effekt gezogen werden können, dergestalt daß auch ohne einiges Geschütz und Petard sogar in die Stadt Prag ihre Armada gebracht wäre worden ...« Dazu kamen noch die Verstärkungen für Mansfelds Armee, die in ihrem Ausmaß nicht genau abzuschätzen waren, und das Gesetz des Handelns war nicht mehr auf der Seite der Liga.
Mansfeld beherrschte die Situation durch seine Unberechenbarkeit. Während er an den verschiedensten Punkten, insgesamt acht geeigneten Übergängen, über die Grenze dringen konnte, mußte berücksichtigt werden, daß er noch die Festung Tabor zur Verfügung hatte (Marradas kam nicht weiter in der Belagerung), um auf diese Weise wieder festen Fuß in Böhmen zu fassen. Deshalb mußte Marradas vor Tabor bleiben und konnte von Tilly nicht herangezogen werden. Mansfeld marschierte entlang der Grenze nach Süden und bezog am 19. Juni ein Lager bei Waidhaus an der Straße von Amberg nach Pilsen, von wo aus er sowohl angreifen als auch Tilly, der sein Hauptquartier nördlich der Durchgangsstraße in Tachau hatte, den Weg nach Westen verlegen konnte. Daß er trotz der Truppen, die ihm aus protestantischen Ländern nun zuströmten, keinen Einbruch in Böh-

men unternahm, was vermutlich zu einer Entscheidungsschlacht mit Tilly hätte führen können, mutet dabei merkwürdig an. Oder wollte er etwa seine frischen Truppen nicht sofort und ungeübt aufs Spiel setzen? Oder hatte er Kontakte zu den Katholischen, war er in Verhandlung mit Maximilian oder dem Kaiser?
Tilly forderte inzwischen von den in und um Eger stehenden Sachsen Verstärkungen an Reiterei an, um das Gelände besser beherrschen zu können, doch die Sachsen schickten nur drei Kompanien Reiter. Auch Maximilians Stellung wurde nun wieder sehr wichtig, denn wenn Mansfeld sich in der Oberpfalz behaupten wollte, dann konnte ihm der Herzog nun von Regensburg aus in die Flanke fallen, ein Kampf um die Böhmerwaldpässe würde sich damit erübrigen. Aber zunächst war Maximilian nicht vormarschiert, weil er die kaiserliche Erlaubnis zu diesem Akt der Reichsexekution gegen den zusammen mit Friedrich V. ebenfalls Geächteten noch nicht erhalten hatte, und weil ihm das Sammeln mansfeldischer Hilfsvölker nördlich von Donau, Altmühl und Regen ein Vordringen mit seinen bescheidenen Kräften nicht ratsam erscheinen ließ. Der Herzog war daher im Juli noch damit beschäftigt, um Straubing herum ein Heer auszuheben, während Mansfeld sich daranmachte, sich bei Waidhaus auf Dauer zu verschanzen.
Die Truppen der Liga marschierten ihm gegenüber auf, durch einen sumpfigen Bach gedeckt, zwei km östlich von Roßhaupt (Rozvadov), an der Straße von St. Katharina nach Haid. Graf von Anholt, mittlerweile aus Nordostböhmen herangezogen, hielt mit einem Korps Kroaten und 150 Musketieren die erste Linie. Mansfeld ließ am 14. Juli überraschend angreifen und warf Anholt aus seiner Stellung, so daß die Ligisten sich in einen Hohlweg hinter St. Katharina zurückzogen. Diesen Hohlweg umging Mansfeld und trieb Anholt bis auf dessen schon vorbereitete Rückzugsstellung bei Pfraumberg (Přimda) zurück. Ein weiterer Vormarsch, sofern möglich, der Mansfeld wieder nach Böhmen hineingeführt hätte, scheiterte daran, daß nunmehr Tilly von Tachau aus aufbrach und die Kurpfälzischen in der linken Flanke bedrohte. Um Roßhaupt besetzte er drei geländebeherrschende Berge, von denen aus er Einblick ins feindliche Lager hatte. Um die Situation wiederherzustellen, mußte er nun seinerseits angreifen, wobei das weitere Ziel war, Mansfeld keine Muße zur Verschanzung bei Waidhaus zu gönnen und damit die Bedrohung der böhmischen Grenze zu beseitigen.

Tilly verlegte sein Hauptquartier unmittelbar an die Front und griff am 16. Juli über den erwähnten Bach hinweg an, ohne allerdings in einem elf Stunden dauernden Gefecht eine Entscheidung erzwingen zu können. Er wählte den Nordosten von Mansfelds Lager als Punkt der Attacke, denn von hier aus war die Hauptstraße am meisten gefährdet.

Tillys Geschütze zielten zu hoch oder zu niedrig und machten keine Wirkung. Im frontalen Angriff fiel der Obrist der Würzburger Liga-Truppe, die Mansfeldischen fingen sein führerlos herumirrendes Pferd ein, angeblich das in Prag erbeutete Leibroß des »Winterkönigs«. Es entspann sich ein blutiger Einzelkampf Mann gegen Mann, da die Ligisten den Einbruch ins Lager auch unter hohen Verlusten erzwingen wollten. Um sieben Uhr abends ließ Tilly zum Rückzug blasen, 400 Tote auf dem Schlachtfeld zurücklassend, die Mansfeldischen verloren ca. 300 Mann. So redlich war unser General-Lieutenant nun auch wieder nicht, daß er in seinen Berichten an Maximilian nicht versucht hätte, seine Verluste herunterzuspielen; doch der Herzog erfuhr in diesem Falle wie auch in anderen durch seine Kommissare später doch die Wahrheit.

Am 18. Juli schlug Mansfeld zurück, um die Verluste und die Erschöpfung der Ligisten auszunützen. Diese waren noch schlecht verschanzt und daher der Kanonade der Mansfeldischen hilflos ausgeliefert; Mansfeld konzentrierte vierzehn Kanonen, damals eine beachtliche Zusammenballung von Feuer, denen Tilly nur Ungenügendes entgegensetzen konnte. Die so zugefügten Verluste genügten Mansfeld als Erfolg. Er benützte den Tag nicht, um einen Generalangriff vorzutragen, und gab Tilly damit genügend Atempause, um die noch vorhandenen Schwächen seiner Stellung auszugleichen. Wenn kein anderes Geschütz aufzutreiben war, dann mußte man die vorhandenen Stücke besser postieren, außerdem die eigenen Soldaten besser gegen die Einwirkungen von feindlicher Seite schützen. Tilly verbesserte also sein Befestigungssystem und beschoß nun seinerseits die Mansfeldischen, worunter sie sehr litten. Es war für damalige Zeiten eine gewaltige Kanonade: vom 17. bis zum 22. August steigerte sich die Beschießung auf 20 Kugeln pro Geschütz und Tag, bis in den September hinein wurden insgesamt 641 Schuß abgefeuert.

Die Mansfeldischen waren zwar mittlerweile unangreifbar verschanzt, konnten aber nicht das umliegende Land beherrschen, waren daher beständig in ihrem Lager zusammengepfercht und zogen sich bald Seuchen zu. Die Luft soll vom Gestank der Pferdekadaver derart gesättigt gewesen sein, daß sich nur der Wind zu drehen brauchte, und auch im Lager Tillys brachen Krankheiten aus. Der Stellungskrieg zog sich in den September hinein. Maximilian warf Tilly fernschriftlich vor, daß er nichts zuwege bringe, dieser aber verlor auch dadurch nicht die Nerven.

Das Stillestehen ließ Skandalgeschichten aufkommen: am 1. August wurde ein Neapolitaner vor Mansfeld geschleppt, der behauptete, er sei von Tilly und den Jesuiten gedungen worden, um den Söldnerführer zu töten. Tilly schickte einen Trompeter ins Mansfeldsche Lager und ließ auf seine Ritterehre versichern, daß diese Behauptung falsch sei. Der Neapolitaner wurde gehängt. Tilly scheint im übrigen, wenn es nicht um seine Ehre ging, den Gegner verachtet zu haben, denn als wenige Tage nach dem Gefecht vom 16. Juli der Graf von Solms aus Mansfelds Lager zusammen mit anderen Offizieren einen Ort zur Verhandlung zwischen beiden Fronten vorgeschlagen hatte und sich dort mit Tilly traf, kam Mansfeld herangesprengt – und sofort verließ der Feldherr der Liga den Platz. Man einigte sich aber doch auf ein Stillehalten von sechs Tagen.

Allmählich wurde das Lager von Waidhaus unerträglich für die Mannen des Winterkönigs; Mansfeld wollte seine Armee nicht an der böhmischen Grenze verderben lassen, solange er sie auch noch in der Pfalz oder in deren Nähe sinnvoll einsetzen konnte und verfiel daher auf Kriegslisten: in einer Nacht wollte er mit 3400 Musketieren, die ihre Schußwaffen unter dem Mantel verborgen hielten, überraschend in Tillys Lager eindringen. Doch da ging eine der Musketen, die vorsorglich schon zum Schuß fertig gemacht worden war, zu früh los, die Ligistischen schlugen Alarm, und Mansfeld konnte froh sein, daß er seine Leute im Schutze der Nacht wieder ins Lager zurückbrachte. Am nächsten Tage bemühte er sich, den Wald rund um Roßhaupt anzuzünden, doch ausgerechnet an diesem Tag begann es stark zu regnen.

Die Situation kam erst durch Maximilians Anmarsch von Straubing her wieder in Fluß. Inzwischen hatte er nämlich vom Kaiser die Vollmacht erhalten, durch Besetzung der Oberpfalz die Reichsexekution an Friedrich V. zu vollstrecken.

Am 8. September brach der Herzog auf und verkündete den Einwohnern der Oberpfalz in einer Proklamation, er sei vom Kaiser beauftragt worden, den Rebellen zu überwältigen, wo er ihn zu fassen bekomme. Sie sollten sich ihm, dem Herzog, ohne Widerstand unterwerfen. Er selber wußte, daß er so zu seinen zukünftigen Untertanen sprach, denn der Kaiser hatte ihm gestattet, die Oberpfalz auch nach siegreicher Beendigung des Feldzuges zu behalten. Am 16. September stand Maximilian vor Cham, in das Mansfeld eine Garnison geworfen hatte, um an dieser Stelle den Übergang über den Bayerischen Wald auf der Straße von Straubing nach Furth im Walde zu sichern. Acht Tage lang mußte Maximilian das Städtchen beschießen, dann erst kapitulierte es. Die Artillerie scheint damals zur Brechung von Festungen nicht besonders geeignet gewesen zu sein. Die Stände der Oberpfalz erklärten sich schnell und einmütig für den Herzog.

Maximilian nutzte diese Erfolge nicht, um direkt auf Waidhaus zu marschieren, sondern zielte auf Amberg, das Herz der Oberpfalz. Als er dort am 8. Oktober eingezogen war, konnte die Lage für Mansfeld als hoffnungslos angesehen werden! Nur fällt auf, daß Tilly während Maximilians Vormarsch nicht nur nichts unternahm, um Mansfeld entscheidend zu schwächen (es wäre die letzte Gelegenheit dazu gewesen, sofern des Herzogs Operationen ihn bald zum Abmarsch hätten nötigen müssen), sondern sogar einen Waffenstillstand mit ihm abgeschlossen hatte! Er schonte ihn also genau zu dem Zeitpunkt, als er ihm zusammen mit Maximilian den Fangstoß hätte geben müssen. Das ist nicht anders verständlich als auf herzoglichen Befehl: auch Maximilian wollte Mansfeld schonen, und dies setzt voraus, daß er ihn als seinen Verbündeten ansah – der verschlagene Condottiere hatte tatsächlich die Katholischen davon überzeugen können, daß er auf ihre Seite treten würde!

Daß sie ihm das zutrauten, hätte sie eigentlich bereits stutzig machen müssen. Aber Mansfeld war ein fähiger Heuchler: im Juni 1621 hatte er einen Verwandten, der in spanischen Diensten stand, gebeten, bei Erzherzog Albert, dem Gouverneur der Niederlande, vorzusprechen, um seine Versöhnung mit dem Kaiser und Spanien zu erwirken. Im selben Sinne wandte er sich an Herzog Maximilian und an Oñate in Wien. Der Kaiser überließ dem Herzog die weiteren Ver-

handlungen und war, zusammen mit allen anderen Beteiligten, froh, auf diese Weise dem Frieden näher zu kommen: denn wenn Mansfeld die Seite wechselte, dann hatte Friedrich V. keine Waffen mehr.
Als Amberg fiel, waren Maximilian und Mansfeld bereits handelseinig geworden. Beide Seiten gaben sich Geiseln, der Condottiere bekam 600.000 Gulden für sich persönlich und 700.000 für seine Truppen sowie die Garantie, in spanischen Diensten 4000 Mann Infanterie und 2000 Reiter übertragen zu bekommen. Dafür sollte er alle Stellungen in seiner Hand den Katholischen ausliefern und auch diejenigen kleinen Festungen in Böhmen, die seine Truppen immer noch besetzt hielten. In Prag wurden die Glocken geläutet, und die spanischen Truppen in der Pfalz erhielten Befehl, nicht mehr gegen die Kurpfälzischen vorzugehen. Mansfeld räumte Waidhaus.
Eine Oktobernacht war sehr stürmisch, die Truppen Tillys und Maximilians strengten sich nicht besonders an, durch Kundschafter auf dem laufenden zu bleiben – und am nächsten Tag war Mansfeld samt seinen Truppen verschwunden. Er warf sich in Eilmärschen an den Rhein, heraus aus der geplünderten und von ihm weidlich terrorisierten Oberpfalz. Die Schwachen und Marschunfähigen ließ er unterwegs am Straßenrand zurück, aber sein gesamtes schweres Material nahm er mit. Bei Nürnberg, an dem er vorbeihastete, zählte ein Beobachter u. a. zwölf Geschütze, sechs Mörser und 500 Bagagewagen. Am 23. Oktober 1621 tauchte Mansfeld in der pfälzischen Hauptfestung Mannheim auf, 10000 Mann hinter sich, und vereinigte sich mit den dortigen Truppen des »Winterkönigs«. Den Kommissaren Maximilians, die bei seinem Heer zugegen waren und die noch gehofft haben mochten, der Gewaltmarsch diene den katholischen Interessen in der Pfalz, erklärte er, er sei nach wie vor ihr Feind. Das war eine Verhöhnung des Gegners, die ihm dieser nie verzieh (Mansfeld hatte seine 600.000 Gulden bereits erhalten!), auch wenn nun Böhmen endgültig sicher und die Oberpfalz fest in den Händen Maximilians war.
Am unteren Neckar und am Oberrhein würde der Feldzug nun aber weitergehen müssen, mit gänzlich ungewissen Aussichten. Tilly durfte dem Mansfelder nicht schnell genug folgen, um ihn auf dem Marsch aufhalten zu können, denn noch glaubten die Katholischen an seine Redlichkeit, die Maske ließ er ja erst fallen, als er sicher am Neckar angekommen war. Erst als Mansfeld schon westlich der

Rednitz stand, stieß Tilly nach. Bis auf ein Regiment (unter Oberst Lintelo) blieben alle bayerischen Truppen des Heeres zur Besetzung der Oberpfalz zurück, und Tilly mußte von nun an hauptsächlich mit den ligistischen Einheiten der anderen Bundesmitglieder operieren.
Maximilian erteilte ihm am 13. Oktober den Befehl, mit 12000 Mann hinterherzumarschieren. Am 28.10. war Tilly in Neustadt an der Aisch, über Königshofen an der Tauber und Dieburg langte er am 8.11. in Pfungstadt südlich von Darmstadt an. Dabei überschritt er die Grenze des kurrheinischen Reichskreises, in dem nach den Statuten der Liga nicht mehr Maximilian, sondern der Erzbischof von Mainz den Oberbefehl hatte. Doch der alte Erzbischof legte dieses Amt vertrauensvoll in die Hände des bewährten Herzogs, und da dieser in Bayern blieb, um seinen diplomatischen Kampf um Oberpfalz und Kurwürde unbeeinträchtigt von militärischen Belastungen führen zu können, war Tilly so auf sich gestellt wie noch nie – abgesehen natürlich von den unvermeidlichen Kommissaren in seinem Nacken.
Mansfeld hatte nach seiner Ankunft in der Pfalz sofort die Operationen wieder aufgenommen. Er ging auf die Festung Frankenthal los und veranlaßte dadurch Gonsalvo de Córdoba, Oberbefehlshaber der dortigen spanischen Truppen nach Spinolas Rückkehr in die Niederlande (näheres hierzu weiter unten), die Belagerung dieser Stadt aufzuheben. Córdoba, der Mansfeld an Truppenstärke unterlegen war, beschloß die Ankunft Tillys abzuwarten, und bezog ein festes Lager bei Stein am Rhein.
Aber der Knoten sollte in diesem Jahr 1621 noch nicht durchgehauen werden. Denn Tilly und Córdoba einigten sich nicht auf ein gemeinsames Vorgehen, möglicherweise weil der Spanier auf den alten General eifersüchtig war. Dann gab es auch noch einen handfesten politischen Grund: da die Spanier nicht daran interessiert waren, daß Tilly die Pfalz womöglich für seinen Herzog Maximilian eroberte, vielmehr die ganze pfälzische Angelegenheit auch dadurch glaubten bereinigen zu können, daß Friedrich V. unter ihrem Schutz wieder in sein Kurfürstentum eingesetzt wurde, hatten sie kein Interesse daran, ihre Truppen gemeinsam mit Tilly zu verschleißen. Das wirft ein grelles Schlaglicht auf die politischen Schwierigkeiten, die Maximilian auch im eigenen Lager hatte, um sein spezielles Kriegsziel zu erreichen.

Allein konnte Tilly jedoch nichts Entscheidendes unternehmen, da er in den ihm bisher zugefallenen Gebieten Besatzungen stehen lassen mußte, und da sich ihm die Festungen Heidelberg und Mannheim an der Neckarlinie entgegenstellten, Heidelberg auch schon seine Aufforderung zur Kapitulation abgewiesen hatte. Mansfeld war hierdurch und außerdem noch durch den Rhein hinreichend gedeckt, um sein Heer gründlich plündern zu lassen, bevor er es in die Winterquartiere führte. Erst legte er die Länder des Bischofs von Speyer kahl, dann zog er sich in Richtung Straßburg zurück, um dort den Bischof zu schädigen, besetzte einige Städte und erpreßte von Zabern eine erkleckliche Summe als »Abstandszahlung« von einem Angriff auf die Stadt. Seine Soldaten würzten ihre Mordbrennerei mit Blasphemie, indem sie aus Kirchen und Klöstern die Kruzifixe wegschleppten, die Christus-Plastiken herausbrachen und reihenweise an den Bäumen aufhängten.

Ein zeitgenössischer Bericht von katholischer Seite schildert das grauenhafte Wirken seiner Soldateska plastisch: »Die Mansfelder haben die armen, unbewehrten Bauern haufenweise in die brennenden Häuser mitten in die Flammen geworfen, und diejenigen, die sich retten wollten, wie die Hunde niedergeschossen. Sie haben die Kirchen aufgebrochen, beraubt, die Altäre abgerissen, das heilig hochwürdige Sakrament mit Füßen getreten, einander ihre blutrünstigen Schuh mit dem heiligen Öle und Chrysam angestrichen und beschmiert. Sie haben die Taufsteine ausgeschüttet und beschmiert und sie auf unehrliche Weise zuschanden gemacht. Sie haben alle Weibspersonen öffentlich geschändet und nach verübtem Mutwillen dieselben ins Feuer geworfen. Sie haben junge Kinder von neun, zehn Jahren mit unaussprechlicher teuflischer Unzucht verderbt, so lange unmenschlich rottenweise geschändet, bis sie unter ihnen gestorben. Wie dann junger und alter Weibsbilder eine gute Anzahl drei Tage danach in offenen Wegen, in den alten verbrannten Scheuern noch unehrlich, unbedeckt tot gefunden worden, andere aber dermaßen verderbt, daß sie kaum atmen können und nach wenigen Tagen ebenfalls weggestorben ...«

Mansfeld hatte sich unter solchen Begleitumständen die südliche Flanke der Pfalz gesichert. Man sagte ihm nach, er wolle aus dem Elsaß ein Fürstentum für sich machen, da er als Condottiere doch auch eine Altersversorgung haben mußte. Solange aber war eine Aussöhnung zwischen ihm und den Spaniern vollständig unmöglich.

Am Ende des Jahres 1621 hatte sich die politische und dadurch auch die militärische Situation in Europa geändert. Nach dem Tode Philipps III. im März regierte Philipp IV. in Madrid, sein allmächtiger Minister war der »conde-duque« (also »Graf-Herzog«) Olivarez. Auf seine Initiative hin hatte Spanien beschlossen, den zwölfjährigen Waffenstillstand mit den Niederlanden nicht zu erneuern. König Jakob zog aus dem Scheitern seiner Verhandlungen in Wien nicht etwa die Folgerung, dem Kaiser und Spanien den Krieg zu erklären. Das bedeutete, daß auch Olivarez, so wie seine Vorgänger, nicht fürchten mußte, durch Weiterverfolgung des kurpfälzischen Krieges sich die Feindschaft von England zuzuziehen, und damit war der Seeweg in die Niederlande gesichert. Die Niederländer waren insgesamt auch zum Kampf entschlossen, denn nur im Krieg konnten sie weiter die spanischen Kolonien ausplündern und reiche Gewinne machen.

Inzwischen hatten die Kaiserlichen auf dem ungarischen Kriegsschauplatz einen großen Verlust erlitten: im Juli war dort Bouquoy gefallen. Bethlen Gabor zog den Markgrafen von Jägerndorf an sich, dessen Stellung in Schlesien Tilly beim Belauern Mansfelds an der oberpfälzisch-böhmischen Grenze so beunruhigt hatte, und fiel bei der Verfolgung der zurückweichenden Kaiserlichen in Mähren ein. Das sah bedrohlich aus, war aber nicht entscheidend, da er die ungarische Hauptstadt Preßburg nicht einnehmen konnte.

Bethlens Magnaten begannen daraufhin eigenmächtig nach Hause zu ziehen, und so mußte er mit dem Kaiser nun doch Frieden schließen. Im Januar 1622 wurde die Urkunde ratifiziert; Bethlen verzichtete auf den Titel des Königs von Ungarn. Doch da an dieser Front alles in beständigem Fließen war, Bethlen nicht der Mann war, seinen Ehrgeiz aufzugeben, der Kaiser dies wußte und ihm daher nach wie vor nicht über den Weg traute, war ein erneuter Ausbruch der Kämpfe durchaus nicht auszuschließen.

Maximilian hatte den Kaiser ausdrücklich gebeten, mit Bethlen Frieden zu machen, denn es waren seiner Sache inzwischen neue militärische Gegner erwachsen, die in Norddeutschland Truppen zusammengezogen hatten und deren Absicht es offenkundig war, in die Pfalz einzumarschieren und das spanisch-ligistische Heer dort zu überwältigen. Tilly hatte bereits auf seinem Marsch nördlich um den Odenwald herum Abteilungen nach Gelnhausen und Hanau ab-

zweigen müssen, um die Mainübergänge in seinem Rücken zu schützen. Sein zusätzlicher Feind war Herzog Christian von Braunschweig-Wolfenbüttel, seit 1616 Administrator des Bistums Halberstadt, um die Jahreswende, als Tilly an Rhein und Neckar in den Winterquartieren lag, zweiundzwanzig Jahre alt. Sein Temperament war überschäumend und wies ihm die Laufbahn des Kriegers als die beste Möglichkeit, sich im Chaos hemmungslos auszuleben und seine Persönlichkeit auf Kosten der getretenen Bevölkerung zu steigern. Es ist keine Humorlosigkeit, wenn man ihn insgesamt als völlig amoralische Kriegsgurgel bezeichnet, um ihn als verächtliche Gegenfigur zu Tilly in Szene zu setzen. Daher ging er als der »tolle Halberstädter« in die Geschichte ein, und sein Wahlspruch »Gottes Freund – der Pfaffen Feind« bedeutete in der damaligen Situation, daß er seinen Kriegsruhm auf Kosten der Katholischen zu erwerben gedachte, zumal er über seine Mutter der Neffe des regierenden dänischen Königs war und in chevaleresker Art für die schöne Elisabeth Stuart schwärmte. Auf seinen Fahnen stand daher als sein zweiter, unpolitischer Wahlspruch: »Alles für Gott und für sie« – damit ließ sich auch Tilly gut verhöhnen, der die Jungfrau Maria auf seinen Fahnen führte.
Im September 1621 war Christian in die Dienste des Winterkönigs getreten, und in Westfalen und Niedersachsen, fern vom pfälzischen Kriegsschauplatz, hob er zunächst achtzehn Kompanien Reiter aus. Er drang im Dezember nach Süden vor, und Tilly schickte ihm den Grafen von Anholt zur Abwehr entgegen. Nach einer schweren Niederlage mußte er sich nach Norden zurückziehen, während Anholt in der Wetterau in die Winterquartiere ging. »Gottes Freund – der Pfaffen Feind« – also fiel Christian in die Bistümer Paderborn und Münster ein, die dem Erzbischof Ferdinand von Köln gehörten, dem Bruder Maximilians von Bayern, und heerte gnadenlos im Lande; die Kirchenschätze von Soest und Paderborn waren seine willkommene Beute. Er werde den Pfaffen ihre Dörfer anzünden, damit sie auch in der Nacht genügend Licht hätten; er wolle ihnen schon seine Pferde an den Zaun binden, und seine Truppen werde er derart hausen lassen im Lande, daß noch Kinder und Kindeskinder weinen und wehklagen sollten, wenn sie davon hörten! Der Halberstädter berauschte sich offenbar an seiner eigenen Brutalität – dabei stand er nicht mit dem wehrlosen Landvolk um Paderborn und Münster im

Krieg, sondern mit Tilly. An dem erst würde er beweisen müssen, daß er ein Feldherr war und nicht nur ein halbverrückter Mordbrenner. Ja, er rodomontierte mit seinen und seines Militärs Untaten, damit noch ein gutes Stück grausamer als Mansfeld. Im Dom von Paderborn fand er die Statuen der zwölf Apostel, alle in Silber gearbeitet. »Was steht ihr da herum?« fuhr er sie an. »Es steht doch geschrieben: Gehet hin in alle Welt. So will ich euch hinausschicken!« Sprach's und ließ sie einschmelzen, um Münzen aus ihnen zu schlagen. Im Mai 1622 hatte er von den Kontributionen des Landes wieder 11000 Mann angeworben und rückte abermals gegen den unteren Main vor.

Wenn man Christian von Braunschweig eine positive Bemerkung zukommen lassen will, dann die, daß er ein Repräsentant der Protestanten war, die sich aus politischem Weitblick mit der Auflösung der Union nicht abfinden wollten und daher mit ihren eigenen Mitteln die kurpfälzische Partei unterstützten. Ebenso der calvinistische Markgraf Georg Friedrich von Baden-Durlach, der hierfür auch noch seine eigenen Motive hatte. Am Kaiserhof schwebte ein Erbfolgeprozeß gegen ihn, den die Söhne eines seiner Vorgänger, des Markgrafen Eduard Fortunat, gegen ihn anstrengten. Um ihrer Sache Nachdruck zu verleihen, dienten sie in der Armee Spinolas; sobald die Pfalz erobert war, würde der Kaiser wahrscheinlich einen für den Markgrafen ungünstigen Urteilsspruch fällen. Da Georg Friedrich sich von einer Unterwerfung nichts versprach, griff er zu den Waffen in dem Augenblick, als sich der Krieg an den Rhein und den Neckar zog. Umfangreiche Werbungen erbrachten bis zum April 1622 eine Armee von 11500 Mann. Dem Kaiser gegenüber begründete er seine Rüstungen durchaus plausibel mit der Notwendigkeit, sein Land gegen die mansfeldischen Plünderer verteidigen zu müssen. Während dieser Ausflüchte verhandelte Georg Friedrich bereits mit Mansfeld und Friedrich V. Am 22. April 1622 kam zwischen ihnen in Germersheim ein Bündnis zustande (Friedrich war hierzu in Verkleidung aus Den Haag herbeigeeilt).

Der Markgraf trat seinem ältesten Sohn Friedrich die Herrschaft in Baden ab und zog in den Krieg, immerhin schon sechzig Jahre alt. Er war moralisch und theoretisch gut gerüstet, soll er doch in seinem Leben die Bibel insgesamt achtundfünfzig (!) Mal durchgelesen haben, und seine Beschäftigung mit der Kriegskunst hatte in einer dikken Sammlung von Exzerpten aus einschlägigen historischen Werken bereits ihren Niederschlag gefunden. Da er aber zu wenig Geld hatte, um seine Truppen lange im Feld halten zu können, drang er auf eine schnelle Entscheidung.

Der nun folgende Feldzug wurde Tillys bis jetzt brillantester und brachte ihn, inzwischen einen rüstigen Mittsechziger, in Europa in aller Mund. Seine Kriegskunst zeigt sich um so überragender, als er anfangs eine Niederlage erlitt, die er in möglichst kurzer Zeit wiedergutmachte, anscheinend von unerschütterlicher Standfestigkeit beseelt.

Die Ausgangslage war folgende: Tilly hatte seine Winterquartiere um Erbach, Córdoba um Oppenheim. Die ligistischen Truppen waren den Winter über reorganisiert und verstärkt worden, so daß sie sich im März 1622 auf 20 000 Mann unter Tillys und 12 000 Mann unter Anholts Kommando beliefen, letztere weiterhin nördlich des Mains stehend. Zunächst sicherte Tilly die Neckarlinie oberhalb des kurpfälzisch besetzten Heidelberg, indem er die Freie Reichsstadt Wimpfen besetzte, und trennte Mannheim und Heidelberg durch die Besetzung und Befestigung von Ladenburg. Am 3. April nahm er Neckargemünd ein, dessen Mannschaft dabei gänzlich massakriert wurde. Am 14. erfuhr er, daß starke feindliche Reiterei um Bruchsal herum stehe, Einheiten, die Mansfeld zugeführt werden sollten, der noch links des Rheins verharrte. Sofort brach Tilly auf, um sie noch vor Überschreitung des Flusses abzufangen. Graf Pappenheim, der seine Vorhut befehligte, erfuhr am nächsten Tag durch gefangene Mansfelder, daß die feindliche Kavallerie schon nach Weingarten unterwegs sei, auf halbem Wege zwischen Bruchsal und Karlsruhe. Tilly befahl Pappenheim, die Verfolgung fortzusetzen, und noch in der folgenden Nacht überfiel dieser die Mansfeldischen bei Weingarten, zersprengte sie vollständig und nahm ihnen alle Kriegsbeute weg, die sie mit sich führten.

Am 16. April ließ Tilly von Neckargemünd aus das Land südlich des Neckar besetzen, um Heidelberg allmählich einzuschließen, selber zog er neckaraufwärts und belagerte die dortige kleine Festung Dilsberg. Ein sechsstündiger Sturm blieb jedoch erfolglos, auch ein nochmaliger Angriff, der eine Bresche ins Mauerwerk der Burg legte, führte nur dazu, daß Tilly dem Kommandanten einen Waffenstillstand von einigen Tagen gewährte. Dieser nützte die Zeit, um zu

Mansfeld um Hilfe zu schicken. Der Condottiere fühlte sich ohnehin durch die unerwartete Anwesenheit seines Dienstherrn unliebsam zum Handeln gedrängt, brach seine heimlichen Gespräche mit dem Hof der Infantin Isabella in Brüssel ab (er muß eine Art Haßliebe gegenüber dem Kaiserhaus empfunden haben) und rückte am 23. April über den Rhein. Am nächsten Tag erfuhr Tilly davon und mußte sich entschließen, die Belagerung von Dilsberg aufzugeben.
Am 25. April erklärte sich Markgraf Georg Friedrich offen für die kurpfälzische Sache. Er vereinigte sich jedoch nicht mit den Truppen von Mansfeld, sondern ging in Richtung Heidelberg vor. Tilly hatte sein Hauptquartier in Wiesloch, um die Feinde von Heidelberg abzublocken. Die Mansfelder rückten am 26. April bis auf Mingolsheim vor, 10 km südlich von Wiesloch. Um nicht von dem Markgrafen in der linken Flanke angefallen und vom Neckar abgedrängt zu werden, entschloß sich Tilly zum Angriff auf Mansfeld.
Am 27. sah es so aus, als wollte Mansfeld ihm zuvorkommen, denn dessen Reiterei schwärmte aus in Richtung von Tillys Lager. Deshalb befahl dieser seinen Kroaten, aus dem Lager auszubrechen und in überlegener Anzahl den Feind zurückzuschlagen und machte auch vier Feldgeschütze zur Verfolgung bereit. Die Mansfelder wichen sofort zurück, die Ligistischen stürmten ihnen nach. Ihre Spitzen verfolgten sie bis über Mingolsheim hinaus. Doch Mansfeld hatte um die Straße herum Truppen versteckt, die hinter den durchjagenden Kroaten Mingolsheim anzündeten und von der Flanke her ein verheerendes Geschützfeuer eröffneten. Die Ligisten wankten und waren in größter Gefahr, aufgerieben zu werden. Tilly ordnete Verstärkung nach vorne an, doch bildeten Flammen und Rauch ein solches Chaos vor Mingolsheim, daß die Ligisten vom Wege abkamen, in Hinterhalte gerieten, in einem Hohlweg zusammengeschossen wurden und, zusammen mit den Geschützen, unrettbar verloren waren. Tilly hatte unterdessen alle seine Truppen aus den Verschanzungen herausgeführt, um die Schlacht doch noch für sich zu entscheiden, aber die Mansfelder trieben ihn im Schwung des Erfolges über sein Lager zurück. Mehr als 2000 Ligistische blieben auf dem Schlachtfeld, vier Kanonen gingen verloren; Mansfeld büßte nur 100 Mann ein.
Diese Niederlage, entstanden aus Tillys Ungestüm, eine Schlacht anzubieten, das von Mansfeld für seinen Hinterhalt richtig ausge-

nützt worden war, war ein klassisches Beispiel für übereilte Verfolgung und ihre Bestrafung nach Täuschung durch scheinbares Zurückweichen. Das berühmteste Beispiel hierfür ist Hannibals Sieg über die Römer bei Cannä; aber der Dreißigjährige Krieg war von planmäßigen Vernichtungsschlachten, die der täuschenden Kriegslist erst die Krone aufsetzten, so weit entfernt, daß Mansfeld nicht verfolgte: er ließ Tilly an die nunmehr akut bedrohte Neckar-Linie zurückziehen, nach Wimpfen.

Der Feldzug Tillys mußte gewissermaßen ganz neu begonnen werden. Aus Gefangenenaussagen entnahm Mansfeld, daß sein großer Gegenspieler gefallen sei, und Friedrich V., der bei den Truppen weilte, fabelte in seiner sanguinischen Art davon, daß man nun nach München marschieren könne. Dennoch kann man den Kriegsplan Tillys im Grundsatz nicht als falsch bezeichnen: wenn es richtig war, daß er zur Eröffnung des Feldzuges die Initiative ergriffen hatte, dann mußte dies zunächst zu einer Zernierung von Heidelberg führen, um diese Festung zumindest zu neutralisieren. Damit fielen Tilly die Schlüsselstellungen in die Hand, die die Stadt umgaben, und außerdem wurde der Feind zur Schlacht genötigt, da er zum Entsatz herbeieilen mußte. Es ist in diesem Zeitalter bereits bemerkenswert, daß ein Feldherr nicht nur manövriert, sondern bewußt auf eine Entscheidung zusteuert, indem er die Situation in schneller Initiative so gestaltet, daß ihm die Annahme der Entscheidung vom Feind nicht verweigert werden kann.

Nun erhob sich der Alte aus den Niederlanden förmlich wie ein Phönix aus der Asche, und dabei kam ihm wesentlich zu Hilfe, daß Mansfeld und Georg Friedrich ihre Truppen nunmehr nicht vereinigten. Allerdings war der Markgraf in angriffsfreudiger Stimmung. Gerade weil Mansfeld gesiegt hatte, wollte auch er nun Lorbeeren erringen, und es zeigte sich überdeutlich, wie lästig dieser Condottiere auch denen war, die seine Dienste nicht entbehren konnten. Gerade jetzt wollte Georg Friedrich nichts mehr von einer Verheiratung seiner Tochter mit dem abenteuernden Grafen wissen. Mansfeld grollte und zog sich nach Bruchsal zurück. Erst am 29. April brach er wieder auf, um Heilbronn zu besetzen, das als befestigtes Lager gegenüber Tilly dienen sollte.

Tilly konnte sich ab 29. April zunächst ungestört in Wimpfen festsetzen, einer Festung, die in ihrer Lage über dem Neckar deutlich sicherer war als die Schanzen bei Wiesloch. Dies war sein äußerster Posten im umkämpften Rhein-Neckar-Gebiet, von dem aus er es notfalls noch erreichen konnte und von wo aus er den schwäbischen und fränkischen Reichskreis weiterhin in Respekt und dadurch den Herzog von Württemberg bei seiner Neutralität hielt. Nun mußte Córdoba helfen, der bis jetzt noch nicht aus Oppenheim abgerückt war. »Das Wohl des Heiligen Römischen Reiches steht auf dem Spiel«, schrieb ihm Tilly besorgt. Maximilian war in Brüssel mit den Worten vorstellig geworden, daß die Gefahr der katholischen Sache es nicht zulasse, wegen Dissenses über die Zukunft der Kurpfalz die militärische Zusammenarbeit zu blockieren. Angesichts der neuen Gegner empfing Córdoba Befehl, Tilly zu unterstützen. Er rückte mit 4000 Mann Fußvolk und 1300 Reitern aus Oppenheim ab und traf am 4. Mai in Wimpfen ein.

Die Feinde hätten sich nun im Raum Heilbronn vereinigen können, aber die leidigen persönlichen Animositäten führten zu einer anderen Entscheidung: am 4. Mai schwenkte Mansfeld in nordwestliche Richtung ab, um Ladenburg anzugreifen. Das war vielleicht in der gegebenen Situation die zweitbeste Lösung: wenn nicht mit vereinter Kraft gegen Tilly, der seine Schwächung durch den Zuzug Córdobas schon wieder ausgeglichen hatte, dann Gewinnen einer Stellung, von der aus Christian von Braunschweig herangezogen werden konnte, um im Feld die numerische Überlegenheit zu gewinnen und um die Beute, die der Braunschweiger mit sich schleppte, zur Bezahlung der beständig unterbezahlten Söldner zu verwenden.

Und da die Feinde nur diese Lösung wählten, waren sich Tilly und Córdoba einig, als der Markgraf am 5. Mai von Süden gegen sie heranrückte, daß er isoliert geschlagen werden mußte und eine zweite Schlacht unvermeidlich war. Georg Friedrich hatte etwa 13000 Mann zur Verfügung, und die ligistisch-spanischen Truppen umfaßten ca. 20000 Mann. Die markgräfliche Artillerie war 40 Geschütze stark, darunter ein großer 70-Pfund-Mörser. Der zweite Trumpf war vielleicht den kriegswissenschaftlichen Lesefrüchten des Markgrafen zu verdanken, etwa aus Beschreibungen der Hussitenkriege: seine Aufstellung von fünf im Karree geordneten Regimentern war gedeckt durch 70 Wagen, die mit einer drehbaren Kanone ausgestattet und gegen den Feind mit einer eisenbeschlagenen Spitze bestückt waren, acht schwere Feldgeschütze unterbrachen die Wagenreihe in ihrer Mitte. Das war das Zentrum, dadurch zur Unbeweglichkeit verurteilt. Am rechten Flügel stand die Kavallerie, hinter ihr der schwer passierbare Bölligerbach. Die ganze Armee war in freiem Feld aufgestellt, vor ihr einige nicht besetzte Anhöhen, hinter denen die Truppen der Katholischen im Wald von Ober-Eisesheim postiert waren.

Am 6. Mai morgens stellte Tilly die Armee zusammen mit Córdoba in Schlachtordnung auf, ließ sie nach dem Fassen von anfeuerndem Wein in zwei Kolonnen vormarschieren und besetzte als erstes die Höhen, auf denen sofort Geschütze aufgestellt wurden. Von dort eröffnete er das Feuer, das die feindliche Kavallerie zwang, sich hinter die Infanterie zurückzuziehen. Auch die Streitwagen boten da keinen Schutz, und Tilly stieg nicht von den Höhen herunter, zufrieden mit der Wirkung seiner Artillerie und eingedenk seiner Übereilung bei Mingolsheim. Er schickte nur eine starke Kavallerieabteilung voraus, die von den markgräflichen Kürassieren zusammengeschlagen wurde und in voller Auflösung vom Schlachtfeld floh.

Georg Friedrich ließ nicht nachstoßen, denn der gegnerische Verlust kam ihm noch zu unbedeutend vor, um sich aus dem Schutz seiner Kampfwagen herauszubegeben; er erwartete wohl, daß bei Tilly verderbliche Angriffslust erwachen würde, doch dieser zügelte sich diesmal. Ein guter Feldherr macht nicht zweimal hintereinander den gleichen Fehler, hätte sich der Markgraf sagen müssen.

Um zwölf Uhr trat Waffenruhe von beiden Seiten ein – die Gemütlichkeit hielt in die Kriegführung Einzug und ließ warten, bis um zwei Uhr die Mittagshitze vorbei war, wie in der guten alten Ritterzeit, da das Morden noch eine Kunst und ein Ritual war. Dieser Krieg war nicht grausam durch seine Schlachten, sondern durch deren Begleitumstände.

Der Markgraf sah hinter der Front der Katholischen Staub aufsteigen und dachte, das sei Mansfeld, der ihnen in den Rücken falle, es waren aber nur Umstellungsmanöver der Spanier, von deren Anwesenheit in der Schlachtreihe Georg Friedrich noch gar nicht wußte. Also schickte er in Hoffnung auf eine Einkesselung seine Kavallerie zum Angriff gegen den rechten feindlichen Flügel vor. Dazu setzte er seine Artillerie ein. Die Ligistischen antworteten mit einer dreifa-

chen Musketen- und Kanonensalve, ohne den Ansturm damit auffangen zu können. Herzog Magnus von Württemberg ritt an der Spitze der Markgräflichen und focht mit wahrer Wut, bis er niedergeschossen und -geritten wurde. Georg Friedrich mußte laufend neue Kavallerieeinheiten in den Kampf werfen, schließlich auch Infanterie nachschicken. Das brachte die Linien der Ligistischen ins Wanken; während der Markgraf sich persönlich in die Schlacht warf, wichen Tillys Tercios an den Flügeln allmählich zurück. Die Markgräflichen stießen nach und begannen sich als Sieger zu fühlen. Dadurch lockerte sich die Disziplin in ihren Reihen, die Soldaten Tillys faßten festen Fuß und rückten nun wieder vor, so daß die Bedrohung der Flügel bereinigt wurde.
Córdoba startete unterdessen einen Angriff auf die linke Flanke des Feindes – das war der Sinn seines Umstellungsmanövers zu Mittag gewesen. Er und Tilly schritten ihren Soldaten mit gezogenem Schlachtschwert und geschlossenem Helm durch Pulverdampf und Getümmel voran, Tilly entschlossen, an diesem Tag die Scharte von Mingolsheim auszuwetzen und die Soldaten durch seine Unerschrockenheit mitzureißen.
Doch die Schlacht war noch nicht entschieden, denn nun bewährte sich die gute Artillerie des Markgrafen, indem sie den zähe vorrükkenden Ligisten tiefe Lücken in ihre Reihen riß. Kolonnenweise wurden die Soldaten niedergemäht, da sie direkt auf die Münder der feindlichen Kanonen zumarschierten. Ein Tercio war ein lohnendes Ziel für richtig plaziertes Geschützfeuer! Aber die Ligistischen drangen unerschütterlich weiter vor und überwältigten im Nahkampf die feindlichen Geschützmannschaften. Die Markgräflichen zogen sich programmgemäß hinter ihre dicken Geschützwagen zurück. Da fingen mitten in ihrem Heer fünf Pulverwagen Feuer und flogen mit infernalischem Getöse in die Luft, wirbelten Menschen, Pferde und Material hoch und versetzten die Protestanten in Panik: sie glaubten sich im Rücken angegriffen.
Diese Verwirrung benützten die Katholischen, um die Kette der Wagen an mehreren Stellen zu durchbrechen, die feindliche Reiterei wandte sich zur Flucht, wurde behindert beim hastigen Übergang über den Bölligerbach, und das bedeutete das endgültige Umkippen der Schlacht zugunsten Tillys und Córdobas. Ein Regiment des Markgrafen hielt noch aus auf dem Schlachtfeld bis acht Uhr, bis Ge-

org Friedrich geflohen war, und dann war auch diese Einheit in Stücke gehauen. Angeblich sollen 400 Bürger der getreuen markgräflichen Stadt Pforzheim zusammen mit ihrem Bürgermeister Deimling an Ort und Stelle in aufopferndem Kampf für Georg Friedrich gefallen sein; ein Denkmal zur Ehrung dieses bürgerlichen Heldenmutes existiert auch. Doch der Historiker muß hier Wasser in den Wein lokalpatriotischer Begeisterung gießen: die Zahl 400 ist vollständig unkontrollierbar, das aushaltende Regiment, das wir erwähnt haben, bestand zu einem nicht angebbaren Teil allerdings – vielleicht – aus Pforzheimern. Und Herr Deimling war erstens 1622 nicht Bürgermeister und zweitens lebte er bis zur großen Pest 1634/35. Im übrigen ist es natürlich verständlich, daß diese Schlacht als herausragendes Ereignis der badischen Geschichte eine derartige Verklärung erfuhr.

Jede von beiden Parteien hatte ungefähr 2000 Mann verloren, und die Sieger, die bis Sonnenuntergang das Schlachtfeld behaupteten, waren viel zu erschöpft, um eine Verfolgung aufnehmen zu können. Aber der Markgraf, der sich noch in derselben Nacht nach Heilbronn wandte, war zunächst gebrochen. Er hätte tatsächlich in der Verteidigung bleiben sollen, da er an Truppenzahl unterlegen war und da er seine Stellung so stark mit Artillerie und Kanonenwagen gepanzert hatte. Das zeigte sich auch daran, wie langsam Tilly im Angriff vorwärts kam und wie hilfreich für ihn, vielleicht sogar schlachtentscheidend, der Zufall der explodierenden Munitionswagen war. Und das bestätigt den biederen Landsknechtsspruch: »Das Treffen ist nicht allweg Kunst,/Denn meistens liegt's an Gottes Gunst.«

Georg Friedrich wollte von Stuttgart aus in seiner Niedergeschlagenheit Verhandlungen mit Tilly aufnehmen, doch führte dies zu nichts. Er eilte zurück nach Durlach, wo er im Laufe des Mai 6000 Mann der Geschlagenen in fünf Infanterieregimentern erneut aufstellen konnte.

Am 8. Mai eroberte Mansfeld das stark verschanzte Ladenburg und öffnete sich damit den Weg nach Norden, um Christian von Braunschweig die Hand reichen zu können. War demnach keine Entscheidung des ganzen Feldzuges gefallen, so konnten die Sieger den Krieg doch wieder an den Rhein und den Unteren Main tragen. Vor allem galt es jetzt, wenn man schon nicht die Aufnahme des Restes der badischen Armee durch Mansfeld verhindern konnte, dessen Vereinigung mit dem »tollen Halberstädter« zu verhindern. Doch gerade jetzt befahl Maximilian, den Feind zu schonen, Tilly wich daher für den Rest des Monats Mai nicht aus Wimpfen, auch, um seine durch die Schlacht erschöpften Truppen wiederherzustellen, besonders die Kavallerie, die in dem ausgeplünderten kleinen Ländchen schon länger Versorgungsschwierigkeiten hatte.

Ein Nachteil entstand der katholischen Sache dadurch noch nicht, denn der Administrator von Halberstadt brach erst am 9. Mai aus seinen Winterquartieren auf und mußte sich gegen Anholt aus Westfalen an den Rhein manövrieren. Und Mansfeld benutzte die Eroberung von Ladenburg nicht, um nach Norden vorzustoßen, sondern ging zunächst ins Elsaß zurück. Dort hatte Erzherzog Leopold zum Schutz seines Straßburger Bistums Truppen ausgehoben und hatte mit der Belagerung des von den Mansfeldischen besetzten Hagenau begonnen, dem Stapelplatz von Beute und der Sperrfestung an der südlichen Flanke der Kurpfalz. So mußte der Condottiere damit, daß er militärischen Unsinn anordnete, seinem Wunsch Rechnung tragen, das Elsaß als sein zukünftiges Fürstentum in der Hand zu halten. Was er vor Hagenau leistete, war für die Sache des Winterkönigs, die allein die Opposition gegen die Katholischen im Reich bündeln konnte, nutzloses Heldentum. Zwar zwang er den Erzherzog durch schneidigen Anmarsch, die Belagerung aufzuheben und zerstreute in der Verfolgung dessen Truppen; aber er konnte so erst, nachdem er die restlichen Einheiten des Markgrafen an sich gezogen hatte, am 2. Juni wieder von Mannheim nach Norden aufbrechen.

Zum selben Zeitpunkt befand sich Christian, der vor Anholt über die Weser ausgewichen war und über das Eichsfeld und Eisenach im Bogen nach Süden marschierte, erst im Raum östlich von Alsfeld. Córdoba hatte nach der Schlacht von Wimpfen sich wieder von Tilly getrennt und war nach Oppenheim zurückgezogen; auf sein Zusammenwirken mit diesem kam es nun auch wieder an, um die beiden Heere der Protestanten voneinander getrennt zu halten. Er hinderte in seiner Position den Anmarsch Mansfelds auf Darmstadt und die Gefangennahme des dortigen Landgrafen Ludwig, der mit den Ligisten in geheime Verhandlungen getreten war, und daher von Mansfeld ausgeschaltet werden mußte, nicht.

Mit der Festung Rüsselsheim besaß der Landgraf einen Mainüber-

gang, der zur Kontaktaufnahme mit dem heranrückenden Halberstädter wesentlich war. Doch hätte nun alles schnell gehen müssen, um Mansfeld diesen Platz in die Hände zu liefern, denn schon kamen dessen Scharen mit Vorausabteilungen Córdobas in Fühlung, und von Wimpfen rückte nun auch Tilly an Mannheim heran. Dort war Mansfelds Kriegsbeute gestapelt, die durfte er den Katholischen unmöglich in die Hände fallen lassen! Der Condottiere verließ also am 9. Juni seine vorgeschobene Position bei Dieburg in Richtung Süden, um der Bedrohung der Neckarlinie zuvorzukommen. Seine Truppen marschierten nachts, in fliegender Hast, Tilly hatte ihn ausmanövriert und gezwungen, die Deckung der Übergänge über den Main aufzugeben. Mehr wollte er nicht.
Daher mußte er nur erfahren, daß Mansfeld nach Süden umgedreht hatte, und konnte daraufhin seine Marschrichtung ändern: in Richtung des unteren Main, gegen Christian. Ein Korps Kavallerie, Bayern und Spanier, sandte er auf die linke Seite der Bergstraße, Mansfelds Rückzugslinie. Dieses fiel die Nachhut der Mansfelder an und brachte sie sehr durcheinander, denn in den nächsten Tagen war Mansfeld damit beschäftigt, seine Streitmacht im Schutze des glücklich erreichten Mannheim wieder zu sammeln, und verlor damit völlig den Einfluß auf das nun folgende Geschehen, das den Feldzug zugunsten Tillys entschied.
Zunächst kam die Vereinigung zwischen ihm und Córdoba zustande; am 17. Juni überschritten beide bei Aschaffenburg den Main. Sie wollten Christian angreifen, da sie richtig kalkulierten, dieser würde sich weitaus eher als Mansfeld zu einer Schlacht hinreißen lassen, denn er wollte auch endlich einmal unter den Siegern sein. Damit trieb dieser Feldzug innerhalb von drei Monaten zum dritten Male zu einem Kulminationspunkt – für die damaligen Zeiten, deren bedächtiges Manövrieren rund um Festungen und Rückzugslinien wir nun schon kennengelernt haben, ein erstaunlich dramatisches Geschehen und noch umfangreicher als Maximilians und Tillys beherzter Vorstoß nach Prag im Herbst 1620. Tilly zog bei Aschaffenburg die Truppen Anholts an sich, der zu schwach gewesen war, um Christian den Weg an den Main zu verlegen. Die Bewohner der Freien Reichsstadt Frankfurt hatten die Ebenen rund um ihre Wälle geflutet, um sich vor beiden Parteien in Sicherheit zu bringen und den Ausgang des Kampfes abzuwarten.

Am 16. Juni hatte der Halberstädter bereits Höchst eingenommen, damals ein kleines umwalltes Städtchen zwischen Frankfurt und der Mündung des Mains in den Rhein, am nördlichen Flußufer gelegen. Fieberhaft ließ Christian an einer Schiffsbrücke bauen, um noch vor dem Anmarsch der Katholischen nach Süden entkommen zu können. Ringsum brannten die Dörfer am Main, daß es am Abendhimmel blutrot leuchtete. Tilly mußte nur auf den Feuerschein der plündernden, brandschatzenden und zerstörenden Feinde zuhalten, um zu wissen, wo er mit ihnen die Klinge kreuzen konnte. Am Morgen des 20. Juni war Christian mit dem Brückenbau fertig und begann bereits, seinen Troß mit den hochwichtigen Beutewagen über die Brücke zu dirigieren, als er vom Heranrücken Tillys erfuhr: dieser hatte mit 26000 Mann und achtzehn Geschützen Frankfurt umgangen sowie das Flüßchen Nidda überschritten und das Schloß Rödelheim an dessen rechtem Ufer besetzt. Christian würde nun doch kämpfen müssen: er bezog eine feste Stellung mit Front nach Osten so schnell er konnte, indem er sich mit der Hauptmacht hinter dem Sulzbach postierte und das Dorf Sossenheim auf dessen linkem Ufer besetzte, um dem von Rödelheim anrückenden Feind den Übergang zu sperren. Der rechte Flügel stützte sich auf Höchst.
Sollte Tilly sofort gegen diese Position anrennen? Die Größe der Armeen war etwa gleich. An Kavallerie war ihm der Feind überlegen, an Artillerie er ihm. Wäre es umgekehrt gewesen, hätte Tilly versuchen müssen, ihn in den Main zu werfen, so aber war es sicherer, ihm durch Beschießung ein Maximum an Verlusten zuzufügen und ihn auf diese Weise so wenig wie möglich zum Angriff zu provozieren. Damit war auch klar, daß Tilly den Feind nicht vollständig an der Überschreitung des Flusses hindern konnte, sofern dieser keinen entscheidenden Fehler machte. Christian, der im Augenblick an sich kein Interesse an einer Schlacht haben durfte, vielmehr den Übergang über den Main mit Vorrang betreiben mußte, hielt sich deshalb in seiner Stellung; eine große Bewegungsschlacht konnte so nicht zustandekommen. Vielleicht hatte Tilly Glück, daß er den Feind überhaupt noch auf dem rechten Mainufer antraf, denn Christian hätte eventuell schon bei Niederrad südwestlich von Frankfurt über den Strom gehen können, durch das Areal der Stadt vor einer breiten Angriffsfront geschützt; oder er hätte in der Nacht vor Tillys Anmarsch schon die Höchster Brücke überschreiten können. Dann wä-

re es von Tilly sträflicher Leichtsinn gewesen, bei Aschaffenburg überhaupt die Flußseite zu wechseln, denn wenn die Verhinderung der Vereinigung von Christian und Mansfeld im Darmstädtischen schon schwierig war, wie dann erst, wenn der Main zwischen ihm und den Protestanten lag!

Aber der Grundgedanke war doch richtig: nördlich des Mains war Mansfeld ausgeschaltet und die Wahrscheinlichkeit, Christian isoliert zu treffen, größer als südlich des Flusses, da der Halberstädter im Widerstreit zwischen militärischer Einsicht und dem Willen, sich kriegerischen Ruhm zu erwerben, sich für letzteres entscheiden würde. Und wenn auch seine Offiziere die kühle Einsicht vertraten, so rang er ihnen immerhin den Kompromiß ab, der sich darin manifestierte, daß er gegenüber den Katholischen seine starke Stellung am Sulzbach bezog: kein Angriff, aber Bereitschaft zur Schlacht.

Christian erwies sich als nicht so vorsichtig wie Tilly: er ließ im Bewußtsein seiner Überlegenheit in dieser Waffengattung die Kavallerie antreten, um das Zentrum der Ligistischen anzugreifen, mit dem Erfolg, daß sie zwar etwas über Sossenheim vordrang, aber durch konzentrisches Artilleriefeuer schwere Verluste erlitt. Tilly hatte nämlich seine Kanonen im Halbkreis um sein Zentrum herum aufgestellt, um deren Feuerüberlegenheit noch zu steigern. Dazu kam, daß von den insgesamt nur drei Geschützen des Halberstädters eines durch direkten Treffer außer Gefecht gesetzt wurde und das andere fast gleichzeitig wegen Überladung auseinanderbarst. Unterdessen war Christians Infanterie bereits zur Unterstützung der Reiterei vorgerückt. Als aber Tilly im Anschluß an das Ausschalten der feindlichen Artillerie zum Gegenangriff vorgehen ließ, verdrängte sein Fußvolk bald den Feind aus seiner vorgerückten Stellung. Möglichkeit zum schnellen Gegenangriff bestand für diesen nicht mehr, da die Kavallerie in der vorangegangenen Kanonade zu sehr gelitten hatte.

In stundenlangem Ringen fiel Sossenheim in die Hände Tillys; eine Niederlage Christians war nun noch eine Frage der Zeit, denn die Situation war ähnlich wie am Nachmittag des Tages von Wimpfen: der protestantische Einleitungsangriff gescheitert, die Artillerie außer Gefecht gesetzt, die Katholischen, die bisher von der Schlacht weniger mitgenommen waren, zum systematisch-zähen Gegenangriff ausholend.

Da Christian sich von seiner hoffnungslosen Lage überzeugen lassen mußte, befahl er den Rückzug auf Höchst und die Einleitung des Überganges der gesamten Armee über den Fluß im Schutze dieses befestigten Fleckens. Der Rückzugsbefehl war für die Disziplin seiner Truppen verheerend, denn alles begann sich nun auf die Brücke zu stürzen, und, da sie natürlich zur raschen Aufnahme von Tausenden von Menschen zu klein war, stürzte sie in den Main. Die Katholischen stießen nur langsam nach, und das dürfte der Grund dafür gewesen sein, warum der Halberstädter im Endergebnis wenigstens ein Drittel seiner Armee aus dem nun einbrechenden Desaster retten konnte. In den engen Gassen von Höchst drängten sich Soldaten und Bagagewagen, im Main ertranken viele, die Bauern der Umgebung ergriffen Sensen und Dreschflegel und benützten das Chaos, um an den Plünderern Rache zu nehmen (»Gottes Freund – der Pfaffen Feind« – Höchst war erzbischöflich-mainzisches Gebiet und war daher schon aus Überzeugung von den Halberstädtischen verwüstet worden). 1000 Ligistische rückten über den Sulzbach nach und berannten das feste Schloß von Höchst, konnten es zwar zunächst nicht einnehmen, aber trieben die Panik unter dem Feind damit bis zum Wahnsinn. Eine Abteilung Kroaten fand oberhalb des Städtchens eine Furt über den Main und hieb auf die Flüchtenden am linken Mainufer ein, Bagagewagen wurden gekapert, eine Masse von Landsknechten kam in den Strudeln des Mains um, alles brach zusammen, Christian selbst mußte in fliegender Hast eine Furt auskundschaften und sich den Weg durch die Trümmer seiner Armee bahnen.

Während bei untergehender Sonne die Bauern bereits die Erschlagenen und an Land getriebene Wasserleichen ausplünderten, befahl Tilly der Schloßbesatzung die Kapitulation. Sie erklärte sich nur unter der Bedingung bereit, daß ihr ehrenvoller Abzug zugesichert würde, sonst würde sie sich zusammen mit dem Schloß in die Luft sprengen. Tilly gab sein Ehrenwort, die Besatzung zog waffenlos aus dem Bau heraus – da soll, nach protestantischen Quellen, Tilly sie haben niederreiten lassen. Nach Villermont, einer katholischen Quelle, soll der Oberst von Eynatten unter den Abziehenden Plünderer erkannt haben, die sich an der Bevölkerung von Höchst vergangen und einen katholischen Priester kastriert hatten, und diese hatten aufknüpfen lassen, während die anderen in die Armee

Córdobas zwangsweise eingereiht wurden – sofern damalige Landsknechte das Weiterdienen unter anderer Fahne als Zwang empfanden. Beide Möglichkeiten ließen sich nicht mit dem von Tilly gegebenen Ehrenwort vereinbaren, aber speziell dies wird nur von protestantischer Seite erwähnt, und möglicherweise hat Eynatten gehandelt, ohne Tilly rechtzeitig zu informieren.

Der Halberstädter tauchte mittlerweile mit dem Rest seiner kampfunfähig geschlagenen und verstümmelten Armee in den nächtlichen Kiefernwäldern am Südufer unter. Die Katholischen setzten nicht nach, da sie zu erschöpft von der langstündigen Schlacht waren und da eine nächtliche Verfolgung in unübersichtlichem Gelände sich nicht empfahl.

Währenddessen war der Markgraf von Baden immer kriegsunlustiger geworden. Wenn die Schlacht von Wimpfen ihn auch nicht vollständig vom Kriegstheater gefegt hatte, ging ihm nun jedenfalls das Geld aus. Am Morgen des Treffens von Höchst, als Tilly seine Artillerie vor Sossenheim aufbaute, hatte er das Lager verlassen, ohne sich von irgend jemandem zu verabschieden, anschließend den Befehl zur Auflösung seiner Truppen gegeben. Ein neuer Sieg für Tilly ohne Schwertstreich.

Der Sohn des Markgrafen schrieb an Tilly, informierte ihn über den Rückzug seines Vaters aus dem protestantischen Kriegslager. Der Kaiser war dem Geschlagenen gegenüber gnädiger als zu Friedrich V.: Georg Friedrich verfiel nicht der Reichsacht und durfte seinen Lebensabend ruhig zu Hause verbringen (was er jedoch nicht wollte – siehe nächstes Kapitel). Sein Sohn hatte allerdings die den Kindern des katholischen Markgrafen Eduard Fortunat entrissenen Gebiete wieder zurückzugeben.

Mansfeld aber mußte Christian nun entgegenrücken und zog ihn bei Bensheim an sich. Am 22. Juni wurde ein trister Kriegsrat gehalten. Die Stimmung der Mansfeldischen Truppen war so gedrückt, das trotz allem hochfahrende Wesen Christians so wenig konstruktiv, daß sich der Condottiere trotz noch starker Kriegsmacht, nämlich 21000 Mann zu Fuß, 5000 Reitern und sechzehn Geschützen, in Übereinstimmung mit Friedrich V. entschloß, die rechtsrheinische Pfalz aufzugeben und auf die linke Seite des Stromes zu wechseln. Erzherzog Leopold hatte nämlich erneut Truppen aufgestellt, da er unter allen Umständen verhindern mußte, daß Mansfeld durch Eroberungen dort seinem Anspruch auf ein Fürstentum im Elsaß eine erste reale Grundlage verschaffte. Dem mußte Mansfeld, wiederum zwischen zwei Feuer genommen, nun also entgegenziehen.

Tilly hatte unterdessen den Main überschritten und erreichte die Neckar-Linie, der kriegsentscheidenden Einnahme von Mannheim und Heidelberg so nahe wie nie zuvor. Ladenburg fiel ihm in die Hände, und er eröffnete die Beschießung von Heidelberg. Mansfeld hatte sich inzwischen in der Belagerung von Zabern festgebissen, im Rücken bedrängt durch Anholt, den Tilly mit 12000 Mann dem Erzherzog zu Hilfe geschickt hatte. Das steigerte weder die Kampfmoral Mansfelds, noch die Christians, Friedrichs V. und der Truppen, solange sie noch beisammen waren.

Mansfeld hatte den Krieg niemals nur militärisch geführt, total nur dort, wo es um Plündern und Brennen ging, und daher war er bereit, seine recht unsichere Anwartschaft auf ein Fürstentum im Elsaß gegen ganz neue Zukunftsperspektiven einzutauschen. Die Franzosen wandten sich an ihn, und zwar sowohl der König als auch die oppositionellen Hugenotten, die Republik Venedig trat in Verbindung mit ihm, sogar die Infantin in Brüssel schloß seinen Übertritt in habsburgische Dienste nicht aus, denn Mansfeld war derart prinzipienlos und unvoreingenommen geschäftstüchtig, daß auch auf seinen Treubruch von 1621 vielleicht nichts zu geben war, ein Betrüger, der sich selbst desavouieren konnte gegenüber dem Betrogenen! Sein Marktwert litt nur ein bißchen darunter, daß seine Situation am Oberrhein recht verfahren war und er daher den Dienstherrn unbedingt wechseln mußte.

Am 13. Juli gab Friedrich V. ihm und Christian vor Zabern den ehrenvollen Abschied, da er sowieso kein Geld mehr hatte. Am nächsten Tag schon wandte sich Mansfeld brieflich an Tilly und bot seine Dienste den Katholischen an; zumindest aber sollte die Reichsacht gegen ihn aufgehoben werden, und er wollte sich dafür verpflichten, den Boden des Reiches zu verlassen und nach Frankreich zu marschieren. Das allerdings war nicht die Art, bei Tilly Gehör zu finden. Insgesamt ist bei allen Aktivitäten Mansfelds ein Unterton von Geltungssucht unverkennbar; in seinem verkrampften Selbstgefühl wollte er sich den verschiedensten Dienstherren aufzwingen, ohne es innerlich ertragen zu können, seine Selbstherrlichkeit in ihrer Sa-

che aufgehen zu lassen – das genaue charakterliche Gegenstück zu Tilly.
Mansfeld marschierte schließlich an die Maas ab. Am Ende trat der Condottiere – eine Überraschung des Publikums, wie er sie sich mittlerweile schuldig war – zusammen mit Christian in die Dienste der calvinistischen Niederländer. Ende August begann er, sich den Weg nach Norden zu bahnen, mitten durch spanisches Gebiet, um Spinola zu zwingen, die Belagerung von Bergen op Zoom aufzuheben. Am 28. August traf er bei dem Ort Fleurus auf die Truppen Córdobas, der Spinolas Rücken zu sichern hatte, und brach durch dessen Front, mit mörderischen Verlusten, die ihm weniger als ein Drittel seiner Truppen beließen. Den Rest führte er dem Prinzen Moritz von Oranien zu, und tatsächlich gelang es der Anstrengung beider Feldherren, Spinola im Oktober zur Aufhebung der Belagerung von Bergen op Zoom zu zwingen.
Die Pfalz aber war verloren, Tilly erntete die Früchte seiner Siege vom Frühjahr. Hier waren die schweifende Kriegsführung Mansfelds, der einer militärischen Entscheidung gern auswich, indem er sich technisch und moralisch beweglich genug hielt, um notfalls anderswo einen ganz neuen Kriegsschauplatz eröffnen zu können, und die systematische Niederringung, praktiziert durch Tilly, zusammengetroffen. Der Kanzler Friedrichs V. hatte schon recht, wenn er die Sache der protestantischen Freiheit in den Händen der beiden Galgenvögel Mansfeld und Christian von vornherein für verloren ansah. Es bedurfte nur der unbeirrbaren Verfolgung eines Nahzieles nach dem anderen durch Tilly, und er behielt schließlich das Kriegstheater in seiner Hand, auch wenn er den agilen Gegner nicht vernichtete.
Zunächst war Heidelberg zu erobern, das von englischen Truppen besetzt war. Ab 8. Juli wurde die Belagerung energisch vorangetrieben; Córdoba rückte in die Niederlande ab (und dem Schlachtfeld von Fleurus entgegen), dafür zog Tilly die Truppen des Erzherzogs Leopold an sich. Am 15. August war die Stadt vollständig eingeschlossen. Die englische Besatzung unter dem Niederländer van der Merven hatte sich am linken Neckarufer stark verschanzt und dachte nicht an Kapitulation. Erste Angriffe wurden zurückgeschlagen. Am 26. forderte Tilly den Niederländer auf, sich zu ergeben, doch dieser erwiderte, sein Vorgesetzter sei Horace Vere in Mannheim, an den müsse er sich wenden. Und da Tilly dies zu Recht als eine Ver-

höhnung auffaßte, antwortete er, daß von nun an nur noch die Kanonen das Wort hätten.

Weitere Sturmangriffe brachten allerdings nur geringe Vorteile, die Artillerie richtete zu wenig Schaden an, die Schanzarbeiten der Belagerer schritten aber Stück um Stück voran. Ein Angriff auf das alte Schloß scheiterte an einem Ausfall unter persönlicher Leitung des Kommandanten, der nur durch von Tilly herangeführte Verstärkungen wieder in die Stadt zurückgetrieben werden konnte. Das alles waren jedoch keine entscheidenden Mißerfolge, deshalb konnte Tilly den Generalangriff auf den 15. September befehlen. Die Artillerie hatte er inzwischen im Kaliber wesentlich verstärkt. Es waren ihm auch Nachrichten darüber zugekommen, daß zwischen den Bürgern der Stadt und der Besatzung ernsthafte Spannungen bestünden; er würde also wahrscheinlich keinen von der ganzen Bevölkerung unterstützten Straßenkampf zu erwarten haben, wenn er die Stadt stürmte. Nach gründlicher Beschießung und erbittertem Kampf fielen die beiden Außenwerke der Stadt am Südufer des Neckar, »Trutz-Bayern« und »Trutz-Kaiser«. Von da aus nahm eilig herbeigeschafftes Geschütz das Speyerer Tor unter Feuer, und unter diesen Schlägen brach die feindliche Verteidigung zusammen, Tillys Truppen ergossen sich in die Stadt.

Die Kroaten von den Truppen Leopolds hatten inzwischen einen Weg gefunden, um von Norden in den Neckar zu schwimmen und den in den Gassen zurückweichenden Verteidigern in den Rücken zu fallen. Van der Merven trommelte einige Bürger zusammen, um Tilly um Gnade für die Zivilbevölkerung anzuflehen, aber die Herren vertaten eine kostbare Stunde, bis sie einen sicheren Weg durch unterirdische Gänge hinter die Front der Ligistischen gefunden hatten, und da konnte der General ihnen nicht mehr helfen: »das Volk ist jetzt in der Fury und unmöglich zurückzuhalten.« Van der Merven hätte kapitulieren sollen, als die Landsknechte der Liga noch nicht in die Stadt eingedrungen waren. Nun stand ihnen ein Plünderungsrecht zu, das sie sich auch genommen hätten, wenn Tilly versucht hätte, ihnen in den Arm zu fallen. Während van der Merven sich mit 500 Mann auf das Schloß als letzte Bastion zurückzog, erlebte die eroberte Stadt eine Orgie von Mord, Schändung und Plünderung.

Es ist sinnlos und psychologisch unstimmig, Tilly damit zu belasten,

daß er dies befohlen hätte: es war Kriegsbrauch, wenn auch abscheulicher, und der Generallieutenant der Liga hätte wirklich ein Heiliger sein müssen, als der er von Eiferern manchmal besungen wurde, nämlich mit der Kraft zum Wirken übernatürlicher Dinge ausgestattet, wenn er da nicht machtlos gewesen wäre. Die militärische Disziplin ist eben deswegen so eisern, um das chaotische Tier im Soldaten zu bändigen, das zum Vorschein kommt, wenn ihn der Rausch der Eroberung von Sinnen macht. Es ist nicht verwunderlich, wenn diese Disziplin zu manchen Zeitpunkten trotzdem zusammenbricht.
Am nächsten Tag ließ Tilly van der Merven zur Kapitulation auffordern. Dieser stritt sich zunächst reichlich mit den Bürgern, die ihm auf das Schloß gefolgt waren, und ließ mit Tillys Erlaubnis einen Kurier nach Mannheim reiten, um Sir Horace Vere zu fragen, wie er sich zu verhalten habe. Sir Horace erwiderte, er solle sich den Umständen entsprechend verhalten, und da dies bedeutete, daß Hilfe nicht in Aussicht stand, kapitulierte van der Merven. Am 20. September zogen seine Truppen mit Waffen und Troß in Richtung Frankfurt ab. Große Teile der ligistischen Soldaten zeigten die Absicht, die Geschlagenen entgegen der Abrede unterwegs zu massakrieren. Tilly eilte über den Neckar, ritt mit gezogenem Degen unter seine Soldaten und bedrohte jeden, der seine Anordnungen so mißachten würde, mit Aufhängen auf der Stelle. Das imponierte dem rohen Kriegsvolk. Tillys Mut hatte einen Sieg über seine eigenen Truppen errungen. Der Feldherr begleitete van der Merven noch eine Strecke lang persönlich und sprach ihm seine Anerkennung für die geschickt geführte Verteidigung von Heidelberg aus. Er ließ darüber hinaus seine Truppen durch ligistische Kürassiere noch bis Frankfurt eskortieren.
Die Bürgerschaft, die zur überwiegenden Zahl nicht gegen ihn gekämpft hatte, mußte nur geringe Kriegskontribution (»Ranzion«) beisteuern; auch hier zeigte sich Tilly ganz als das Gegenteil eines Wüterichs. Am 21. September feierte er seinen Sieg durch eine Messe in der Heilig-Geist-Kirche und schrieb an Maximilian: »Mit Unterstützung der göttlichen Güte habe ich die Stadt und das Schloß von Heidelberg in den Gehorsam zurückgeführt, den sie Ihrer kaiserlichen Majestät schulden.«
An diesem selben Tag brach die Armee bereits nach Mannheim auf. Tilly war in seiner Schnelligkeit unermüdlich. Mit der anschließen-

den Ausplünderung von Heidelberg zugunsten Maximilians hatte er nichts mehr zu tun, auch nicht mit dem Transport der dortigen Bibliothek auf fünfzig Planwagen nach Rom, einem Siegesgeschenk des Herzogs, wie es auch Päpste selten erhalten.
Mannheim fiel schneller als Heidelberg: Sir Horace Vere hielt sich für zu schwach, um einem Angriff Tillys standhalten zu können, und setzte die Stadt daher in Flammen. Die Katholischen drangen durch Rauch und Feuer ein, ohne nennenswerten Widerstand zu finden. Vere zog sich in die Zitadelle zurück und erhielt schließlich am 2. November ehrenvollen Abzug zugebilligt. Es wurde den Abrükkenden abermals eine Eskorte bis Frankfurt angeboten sowie den protestantischen Geistlichen der Stadt ihr weiterer ungestörter Aufenthalt garantiert, bis sie anderswo ein Unterkommen gefunden hätten.
Weitere tolerante, aber natürlich nur vorläufige Verwaltungsmaßnahmen Tillys in der Pfalz wurden von der sich schnell etablierenden katholischen Verwaltung sogar kassiert, so die Konzession auch an die Heidelberger protestantischen Prediger, vorläufig in der Stadt verbleiben zu dürfen. Ein bemerkenswert nüchterner Glaubenskrieger war dieser Tilly, der seine Feinde anscheinend zwar bekämpfte und teilweise auch verachtete, aber nicht haßte! Vielleicht war er in diesem Fall sogar zu gutmütig gewesen, denn die Calvinisten predigten in Heidelberg munter weiter gegen den Kaiser und waren so nicht ganz ungefährliche Gegner geblieben. Den Bürgern Mannheims widerfuhr keine Plünderung wie denen Heidelbergs. Nur noch Frankenthal hielt sich. Tilly konnte es wegen des nun einbrechenden Winters nicht mehr erobern, dafür wurde es im nächsten Jahr von den Engländern durch Verhandlung an Spanien übergeben. Im November 1622 bezog er in der Wetterau die Winterquartiere Anholts vom Vorjahr. Der Krieg um die Kurpfalz war siegreich beendet.
Endlich ließen sich Kaiser Ferdinand und Herzog Maximilian herab, ihrem erfolgreichsten Feldherrn eine besondere Belohnung zukommen zu lassen. Ab 21. Juli 1622 schon unterzeichnete der bisherige schlichte Feldherr als Graf. Das war ein Titel, den nur der Kaiser verleihen konnte, der nach wie vor die Spitze der Adelspyramide des Heiligen Römischen Reiches war und aus dessen Machtvollkommenheit allein die Rangerhöhungen flossen. Von Maximilian erhielt

Tilly die Herrschaft Breitenegg (zwischen Dietfurt und Parsberg in der Oberpfalz), später noch Helfenberg (bei Velburg) und Hohenfels (zwischen Velburg und Burglengenfeld) sowie die Einkünfte von Freystadt. Das mußte ihn noch mehr daran interessieren, die Oberpfalz seinem Dienstherren durch weitere Siege zu erhalten. Die fraglichen Gebiete wurden reichsunmittelbar erklärt, d. h. sie unterstanden nicht dem Herzog, sondern einzig dem Kaiser, und das bedeutete für die Praxis, daß Tilly mit ihnen anfangen konnte, was er wollte. Der Graf hatte nun als Reichsfürst Sitz und Stimme seines bayerischen Reichskreises. Eine andere Belohnung, etwa eine solche, die man gar als Bestechung hätte ansehen können, hätte der Stolze auch nicht angenommen: als er im Winter 1622/23 im Nassauischen weilte, wollte einer der dortigen regierenden Grafen seinen Untertanen die drückende Einquartierung etwas erleichtern und begab sich daher in Tillys Hauptquartier, unter dem Mantel eine goldene Kette im Werte von 2400 Gulden, die er zum besseren Nachdruck seiner Bitte dem Feldherren in die Hand drücken wollte. Die Offiziere, die den Grafen zu Tilly geleiteten, wehrten entsetzt ab: das würde er als große Beleidigung betrachten, wenn er so »beschenkt« werden sollte, und er würde dem Grafen daraufhin empört die Tür weisen! Damit hatten sie ihren Chef richtig erkannt, und seine Unbestechlichkeit fiel ja unter den damaligen hohen Militärs und Würdenträgern wirklich ganz unübersehbar ins Auge.

Maximilian sah nun die Zeit gekommen, die Früchte seines Sieges zu ernten, nämlich den Besitz der Oberpfalz und der Kurwürde. Unterstützt wurde er darin vom Papst und vom König von Frankreich. Papst Gregor XV. (1621–1623) folgte darin der Linie seiner Vorgänger, da er von der Nützlichkeit Bayerns für die katholische Sache überzeugt war und sah, daß durch die Kurwürde in Maximilians Hand die Anzahl der Kurhüte auf protestantischer Seite auf zwei begrenzt wurde, Sachsen und Brandenburg. Das mußte für alle Zukunft den sicheren Besitz der Kaiserkrone in habsburgischer Hand bedeuten. Auch Ludwig XIII. von Frankreich gönnte Maximilian die Kur. Denn da man in Paris inzwischen mit großer Bestürzung erkannt hatte, daß die französische Vermittlungsaktion von 1620 und der damalige Vertrag von Ulm zwischen Liga und Union zu nichts anderem als der Entlastung des Kaisers für seine Unterwerfung Böhmens geführt hatten, galt es, ein Gegengewicht gegen die erstarkende kaiserliche Macht zu finden, und das konnte im Augenblick nur Bayern sein. Wie wir noch genauer sehen werden, wußte der Herzog sehr wohl um seine interessante Position zwischen den Häusern Bourbon und Habsburg und nützte sie teilweise zu einer eigenwilligen Schaukelpolitik.

Der Kaiser wiederum hatte zwar Maximilian die Erfüllung seiner Wünsche versprochen und mußte dies um so ehrlicher meinen, als er ihn als Pfandherrn aus Oberösterreich hinauskomplimentieren wollte und ihm als Ersatz also die Oberpfalz anbot, aber dann begannen schon die Schwierigkeiten: Pfalzgraf Wolfgang Wilhelm von Neuburg, auch er ein Wittelsbacher, hatte erbrechtlich nähere Ansprüche auf das rheinisch-oberpfälzische Gebiet. Nach dem in der »Goldenen Bulle« niedergelegten Reichsrecht war der Besitz der Kur untrennbar mit dem Besitz des entsprechenden Territoriums verbunden. Maximilian konnte also nur dann Kurfürst werden, wenn er auch Pfalzgraf bei Rhein wurde. Das mißfiel den anderen Kurfürsten; die Ergebenheit Johann Georgs von Sachsen gegenüber dem Kaiser hörte auf, wenn es um die Veränderung des Kurkollegs ging.

Aber trotzdem: Am 7. Januar 1623 trat in Regensburg ein Fürstenkonvent zusammen, dessen wichtigster Tagesordnungspunkt die Kurfrage war. Am 23. Februar gab Ferdinand öffentlich die Belehnung Maximilians mit der pfälzischen Kur bekannt, allerdings mit gewissen Modifikationen: nur für seine Person erhielt sie der Herzog.

Interessanterweise blieben Oñate, immer noch spanischer Gesandter in Wien, sowie die Kurfürsten von Brandenburg und Sachsen diesem Termin fern. Eine nicht wegzuleugnende Verstimmung zwischen ihnen und dem Kaiser trat ein. Sogar der Kurfürst von Mainz »hat sich etlich Mal im Kopf gekratzt und gar unlustig erzeiget«, wird berichtet. Allzu laut hatte sich in dieser Angelegenheit die Gegenreformation auf den Marsch begeben.

Die wiederholten Äußerungen des derart erhöhten Maximilian, im Reich bestehe noch kein Zustand, wie er dem Augsburger Religionsfrieden angemessen sei (womit er die seit 1555 in protestantische Hand geratenen Kirchenstifte meinte), wiesen zusätzlich darauf hin, daß die katholische Seite ihrer seit 1618 neu erwachten Dynamik treu bleiben würde. Die Liga blieb weiterhin gerüstet im Felde, da die

Kriegsgefahr noch andauere, hieß es im April 1623 in Regensburg auf einem katholischen Bundestag; insofern blieb die 1621 getroffene Feststellung Maximilians aufrecht. Der Kaiser versprach, zu ihrem Normal-Truppenbestand von 12000 Mann zu Fuß und 3000 Reitern seinerseits 6000 Mann Infanterie und 2000 Mann Kavallerie hinzuzufügen.

Das Aufrechterhalten des ligistischen Heeres war ein Punkt, über den sich auf katholischer Seite nicht diskutieren ließ, denn auch im Frühjahr 1623 standen Mansfeld und Christian noch im Felde. Die beiden Heerführer mußten nur in das vom Krieg kaum (außer Christians Räubereien in den westfälischen Stiften) berührte Norddeutschland einfallen, dann bekam die Frage der dortigen, von den Protestanten säkularisierten Kirchenstifte eine ungute Brisanz, und Dänemark kam ins Spiel, und Olivarez, der die Bekämpfung der Niederlande durch einen Krieg gegen die Quellen von deren Handelsreichtum an Nord- und Ostsee vervollständigen wollte, und mit ihm der junge König Gustav II. Adolf von Schweden und dessen gesamtes Verhältnis zu Polen und Rußland und damit wiederum deren Beziehungen zum Kaiser – der Brand also würde sicherlich weiterschwären, und Tilly, immer in seinem Zentrum, würde weitermarschieren, bis die Flammen über ihm und ganz Mitteleuropa zusammenschlugen …

Wir haben den niederländischen Kriegsschauplatz mit dem Rückzug Spinolas vor Bergen op Zoom verlassen. Graf Anholt war ihm zu Hilfe geschickt worden und hatte seinen Rückzug gedeckt, war dann in der Gegend von Maastricht in die Winterquartiere gegangen. Da Mansfeld mit seinem brutalen Landsknechtshaufen nicht in den Generalstaaten überwintern durfte, verließ er ihr Gebiet und marschierte durch die Grenzlande des Bistums Münster nach Ostfriesland, um auf diese Weise einen vorgeschobenen Posten der Niederländer auf dem Gebiet des Reiches zu bilden. Er hauste fleißig im Lande des kaisertreuen Grafen Enno von Ostfriesland. Seine Streitmacht betrug etwa 3000 Mann zu Fuß und dieselbe Anzahl Reiter. Durch Kontributionen, Diebstahl und Erpressung verbesserte er seine finanzielle Grundlage, um neue Truppen anwerben zu können – das Geschäft, auf das er sich, neben dem Überleben, am besten verstand.

Im Januar 1623 traf Christian, der bei Fleurus seinen linken Unterarm verloren hatte, nun aber zu neuen Taten alter Art wiederum bereit war in Ostfriesland ein. Mansfeld gab ihm einen Teil seiner Armee, und Christian rückte an die Weser, wo er Rinteln in der Grafschaft Schaumburg besetzte und sich damit der »Porta Westfalica« versicherte, des Durchbruchs des Wesertales in die Norddeutsche Tiefebene. Anholt mußte beiden Söldnerführern nacheilen und lagerte im Herzogtum Westfalen, dem kurkölnischen Gebiet im Sauerland, und im anschließenden Bistum Paderborn. Córdoba eilte ebenfalls herbei und besetzte westlich anschließend das Herzogtum Berg und die Grafschaft Mark.

Es war klar, daß Tilly von der Wetterau aus – er hatte sein Standquartier in Assenheim bei Friedberg – hier eingreifen mußte. Im Februar 1623 erwirkte Maximilian vom Kaiser den Befehl an den Grafen, nach Norden vorzustoßen und damit war auch dieses Unternehmen, das die Liga über den Zweck der Verteidigung von Bundesterritorium hinausführte, durch Ferdinands Autorität gedeckt. Insofern war Tilly wieder zum »Kaiserlichen« geworden. Er besuchte den erwähnten katholischen Bundestag im April, dann ging er wieder zur Armee nach Assenheim. Mit 13000 Mann zu Fuß und 4000 Reitern brach er auf. Vor sich hatte er auf dem Weg nach Norden den Landgrafen Moritz von Hessen-Kassel, einen Feind des Kaisers, der den Zerfall der Union ebenso bedauerte wie die Sachsen aus der ernestinischen Linie und der Markgraf von Baden; zum offenen Bruch aber hatte er es bis jetzt nicht kommen lassen. Da er auf des Generals Aufforderung, ihm den Durchzug zu gestatten, nur unbefriedigend reagierte – er sagte, er fürchte in einem solchen Falle die Rache des tollen Halberstädters – marschierte Tilly am 27. Mai in sein Gebiet ein und besetzte Hersfeld. Zur Verstärkung hierfür hatte er unter dem kaiserlichen General Collalto drei Regimenter Infanterie und zwei Regimenter Kavallerie erhalten.

Die Emissäre des Landgrafen, die mit ihm verhandelten, waren beeindruckt von seiner schlichten Lebensführung, seiner Aufrichtigkeit ihnen gegenüber und seiner festen Autorität über die Truppen: »Er ist ein Herr von sehr großer Erfahrung, geliebt und gefürchtet von seinen Soldaten; er hält auf ganz genaue Gerechtigkeit, ohne sich um Rang und Titel zu kümmern; er hat um sich sechs Kommissare, die durch Erfahrung und Ehrlichkeit gleichermaßen ausgezeichnet sind und deren er sich bedient, um sich über alle Einzelhei-

ten zu informieren. Einer von diesen soll in wenigen Tagen gehängt werden, da er von einem Obersten bestochen worden war, obwohl er ein sehr vornehmer Edelmann ist und das ganze Lager sich für seine Freilassung verwendet hat ...«
Tilly war angewiesen, weiter nördlich auf die Animositäten der niederdeutschen Fürsten peinlich genau zu achten, um dem Kaiser und der Liga dort nicht unnötig viele Feinde zu erwecken, und damit Mansfeld und Christian mit ihren hin- und herfliegenden Truppen, die zum Kristallisationspunkt einer wirklich starken Armee werden konnten, nicht zwischen Ems und Elbe festeren Fuß fassen konnten. Ende April waren unter dem Kommando des Herzogs Friedrich Ulrich von Braunschweig-Wolfenbüttel im niedersächsischen Reichskreis 2800 Mann Infanterie und ca. 1400 Reiter aufgestellt, nach amtlicher Begründung nur zur Selbstverteidigung. Tilly durfte durch militärischen Druck diese Truppen dem Halberstädter nicht in die Arme treiben. Die Situation war damit für ihn recht delikat und erforderte auch diplomatisches Fingerspitzengefühl.
Doch der tolle Halberstädter sorgte schon für Klarstellung: er drang unter hilfloser Duldung durch seinen Bruder Friedrich Ulrich über die Weser und damit in das Territorium des niedersächsischen Kreises ein, er wurde nun sogar zu dessen Feldhauptmann. So konnte er seinen armen Bruder in Braunschweig und auch sein eigenes Stift Halberstadt schützen, auch wenn Tilly ihm auf Anfragen schriftlich versichert hatte, er habe keinen Befehl, dort einzurücken. Im Mai erfuhr Christian, daß Bethlen Gabor wieder in Ungarn loszuschlagen gedenke, diesmal wirklich mit osmanischer Truppenhilfe. Also wußte der Halberstädter, daß er in diesem Jahr keine kaiserlichen Truppen zu fürchten haben würde. Er konnte sich sogar mit Bethlen vereinigen, indem er über die mittlere Elbe hinweg nach Schlesien und Mähren vorstieß. Das setzte allerdings voraus, daß Bethlen seine Truppen schnell im Felde hatte, denn Christian war bereits weitgehend gerüstet. Und daran scheiterte das ganz Mitteleuropa umfassende Manöver am Ende auch.
Tilly besetzte inzwischen die Werra-Linie, die den Durchgang aus dem Braunschweigischen nach Böhmen und in die Oberpfalz versperrte. Christian rührte sich mittlerweile nicht aus der Gegend von Halberstadt, um seine Rüstungen zu vervollständigen und um seine Hoffnungen auf Bethlen nicht zu gefährden. Ende Juni rückte Tilly

von Hersfeld nach Eschwege, näher an die Grenze des niedersächsischen Kreises und auch der Lösung der Frage näher, wie dieser sich denn nun definitiv gegenüber dem Kaiser und der Liga zu verhalten gedachte.
Maximilian hatte bei Ferdinand angeregt, den dortigen Fürsten ein Ultimatum zu stellen, und das trug der kaiserliche Gesandte auf dem Kreistag am 8. Juli in Lüneburg auch vor: Entfernung Christians vom Boden des Kreises oder Vereinigung der Kreistruppen mit der kaiserlich-ligistischen Armee. Christian sah allmählich, daß er auf Bethlen nicht mehr bauen konnte, denn Tilly war zu schnell gewesen. Das heißt: relativ schnell, denn sein Anmarsch war doch recht zögernd. Das konnte bei Maximilians entschlossener Politik gegenüber dem niedersächsischen Kreis nicht nur auf diplomatische Rücksichtnahme zurückzuführen sein, sondern hing auch von den unbefriedigenden Finanzen der Liga ab, die das Heer erst im Sommer des Jahres wieder schlagfertig werden ließen. Der Kaiser hatte, um den Kreis waffenlos zu machen, mittlerweile dem Halberstädter volle Amnestie unter der Bedingung versprochen, daß er die Waffen niederlege. Da Christian angesichts des bedrohlich heranrückenden Tilly nunmehr den Fürsten des Kreises nicht mehr imponieren konnte – auch den Landgrafen von Hessen-Kassel hatte er trotz prahlerischer Schutzgarantien nicht vor der Besetzung retten können – griffen die Fürsten dieses kaiserliche Angebot auf, und beschlossen am 13. Juli, der Halberstädter solle die Amnestie annehmen oder den Boden des Reiches verlassen.
Das zog diesem den politischen Boden unter den Füßen weg; Mansfeld unterstützte ihn aus dem entlegenen Ostfriesland heraus zwar überhaupt nicht, aber näher an ihn mußte Christian jetzt doch rükken, um nicht von den Niederlanden abgeschnitten zu werden. Er stellte die Ausplünderung des kurmainzischen Eichsfeldes ein und zog sich auf Northeim südlich des Harzes zurück, näher an den heranrückenden Tilly, der Göttingen besetzte und vor der Nase Christians das befestigte Schloß von Friedland einnahm. Es war nicht die Absicht Christians, hier eine Schlacht anzunehmen, zumal ihm bei längerem Zuwarten noch die kleine Armee des Reichskreises im Rücken gefährlich werden konnte, und daher marschierte er von Northeim ab, wo er schon mit dem Ausbau von Verschanzungen begonnen hatte, um die Weser zwischen sich und den Feind zu brin-

gen. Bei Bodenwerder überschritt er sie am 28. Juli, am selben Tag verzichtete er auf die Administration des Stiftes Halberstadt und auf seine Verbindung zum väterlichen Fürstenhaus, das ihm der Kaiser wehrlos ausgeliefert hatte. Der selbstlose Verzicht, der den niedersächsischen Kreis zunächst zu entlasten schien, hatte bei näherem Hinsehen einen Pferdefuß: Christian gab Halberstadt nur unter der Bedingung auf, daß es dem König von Dänemark übertragen wurde, und das sollte diesen zum nachmaligen Eingreifen in die Angelegenheiten des Reiches bewegen.

Tilly folgte dem anscheinend Verzweifelten im Abstand von zwei Tagesmärschen, um bei Höxter über die Weser zu gehen und am 30. Juli sich bei Horn nordöstlich von Paderborn mit den Truppen von Anholt zu vereinigen. Mit dem niedersächsischen Kreis war er politisch einig geworden, indem er sich verpflichtete, den territorialen Besitzstand seiner Fürsten (also besonders die protestantisch-säkularisierten Stifte) nicht anzutasten, eine Vereinbarung, zu der er bevollmächtigt worden war und die der Kaiser später auch ratifizierte. Dann quälte er seine Armee auf schlechten Hohlwegen durch den Teutoburger Wald nach Halle hinter Bielefeld und zeigte durch die Marschrichtung nach Osnabrück an, daß er Christian überholen wollte, um ihn von Mansfeld abzuschneiden. Doch Christian eilte nach Osnabrück, in das von ihm vielgeplünderte Bistum. Bei Iburg verharrte er drei Tage lang, um mit Mansfeld zu verhandeln, eine unwiederbringliche Zeit, die Tilly nicht ungenützt verstreichen ließ.

Der Condottiere sah aus Ostfriesland zu, wie Tilly seinen Waffenbruder hetzte, ohne sich zu seiner Unterstützung zu erheben. Er steckte wieder einmal in weitverzweigten Verhandlungen, diesmal mit Frankreich, und das desinteressierte ihn anscheinend an Christians Schicksal.

Dieser eilte in mühsamem Marsch an die obere Ems im Bistum Münster. Besser gesagt: er hetzte wie gejagt. Bei Todesstrafe war seinen Soldaten das Zurückbleiben beim Aufbruch untersagt, jede Minute war nun kostbar. Die Frau eines Landsknechts, die im Lager mit dabei war, versäumte sich etwas: sofort knüpfte man sie auf. Sie war hochschwanger, in Todesangst gebar sie: das Kind kam lebensfähig zur Welt.

Am 4. August überschritt Christian die Ems bei Greven. Er hatte Mansfeld also aufgegeben und wollte sich ins Niederländische da-

vonstehlen. Die Niederländer hatten auf Reichsboden u. a. Rees (zwischen Emmerich und Wesel) besetzt, dort konnte die Vereinigung beider Truppenmassen erfolgen.
Aber die in Iburg vertane Zeit sollte sich als fatal erweisen. Tilly verfolgte Christian im Abstand von nur noch wenigen Marschstunden; am Abend des 4. August kam er in Greven an und begann unverzüglich mit der Überschreitung der Ems.
Christian wurde im Lager bei Steinfurt entdeckt; einer kaiserlichen Rekognoszierungsabteilung, mit der er etwas scharmützelte, entzog er sich durch sofortigen Weitermarsch, während Tilly seinen Truppen einige Rast gönnte. Am Morgen des 6. August stießen die beiderseitigen Reitertruppen bei Nienborg, südöstlich von der Grenzstadt Gronau, zusammen und verbissen sich in ein hitziges Gefecht. Erst wollte Christian seine ganze Armee in den Kampf werfen, aber als er vom Heranrücken der Hauptmacht Tillys erfuhr, machte er kehrt und überließ die Deckung seines Weitermarsches weiterhin seiner Reiterei, die Tillys Truppen teils zurückwarf, teils deren ganzes Gewicht im Gegenangriff tragen mußte und ziemliche Verluste erlitt. Um zwei Uhr nachmittags kam Christian vor dem Städtchen Stadtlohn an.
Das Gelände wies eine Hügelkuppe auf, wie geschaffen für hinhaltenden Widerstand, die nur über einen unübersichtlichen Hohlweg überwunden werden konnte. Christian befahl dem Obersten Knyphausen, hier Stellung zu beziehen und Tilly einige Stunden lang aufzuhalten, koste es, was es wolle. Währenddessen wollte er auf der anderen Seite des nahen Flüßchens Berkel, das an Stadtlohn vorbeifloß und in weniger als einer Tagesmarsch-Entfernung die Grenze ins gelobte Land, in die Generalstaaten, überquerte, eine Verteidigungsstellung aufbauen.
Auf diesen Augenblick des Haltens beim Feind hatte Tilly nur gewartet; das war die Chance, um ihm aus dem Marsch heraus die Schlacht aufzuzwingen. Er wußte, was Clausewitz später in den Satz formulierte, daß eine unentschiedene Verteidigungsschlacht mit Sonnenuntergang gewöhnlich eine gewonnene für den Verteidiger ist, und befahl Anholt daher sofortigen Angriff auf die Hügelkuppe. Knyphausen wurde von dort geworfen, kaum daß er sie bezogen hatte. Christian mußte nun in aller Hast seine ganzen Truppen auf ungünstigem Gelände zur Schlacht aufstellen, eingezwängt rechts

von Wald und links von Sumpf, der ein Entkommen in die Niederlande unmöglich machte. Zum Entwickeln der Artillerie fehlte bereits die Zeit. Anholt stürmte weiter voran, und in zweistündigem Gefecht siegte der Schwung seiner Truppen über die Unsicherheit und Nervosität der Protestantischen. Es nützte diesen auch nichts, daß der Wind den Kaiserlich-Ligistischen den Pulverdampf ins Gesicht trieb, das Ende der Schlacht war nur noch eine einseitige Metzelei. Ganze Einheiten warfen die Waffen weg und flehten die Soldaten Tillys auf den Knien um Gnade an, ohne Erfolg, denn die Kroaten gerieten da in einen wahren Blutrausch. In ihrer Raserei verwandelten sie das friedliche Sumpf- und Heideland in eine Schlachtbank, noch aufgestachelt durch das Gebrüll der wehrlosen Opfer. Tilly ließ Trompeter ausrücken, um dem Grauen ein Ende zu machen, und das gelang ihm schließlich auch. Um neun Uhr abends war alles zu Ende. Das Schlachtfeld sah entsetzlich aus. Die umwohnenden Bauern wagten lange nicht, ihren Fuß dorthin zu setzen: sie zitterten in abergläubischer Angst vor den dort umgehenden Geistern, den wider allen Kriegsbrauch gemordeten Landsknechten. Noch jahrhundertelang herrschte der Glaube, im »Lohner Bruch« gehe es um. Christian rettete ganze 2500 Mann Fußvolk und 3000 Reiter in die Niederlande. Nach zeitgenössischen Quellen wurden mindestens 73 Fahnen erbeutet, mindestens sechzehn Geschütze und drei Mörser. Tilly selbst gab 6000 feindliche Gefallene an, darunter einen der Herzöge von Sachsen-Weimar, neben dem Herzog von Sachsen-Altenburg viele Aristokraten als Gefangene, mehr als 4000 weitere Offiziere und Soldaten. »Von denen unseren sind geblieben vier Hauptleute der Kavallerie und einer der Infanterie sowie wenige Soldaten.« Andere Quellen nennen genauere Zahlen, aber nie mehr als 600 Mann. Zu den Verwundeten von der kaiserlich-ligistischen Seite gehörte Werner von Tilly, der Neffe des Feldherrn, der zwei Kugeln in den Arm und in die Hand geschossen bekommen hatte. Er soll so hitzig gefochten haben, daß ihm mehrere Pferde unter dem Leib erschossen wurden. Unter den Beutefahnen war auch diejenige mit dem Bild der Elisabeth Stuart und Christians Devise »Alles für Gott und für sie!« Das schockierte die frommen Katholiken in der Armee nachhaltig, da sie nicht verstanden, wie man für eine sterbliche Dame ins Feld ziehen konnte, solange man sich weigerte, der Heiligen Maria zu folgen.

Tillys Lob war in aller Munde. Die Liga versprach ihm ein Ehrengeschenk von 20.000 Talern, das er allerdings so bald nicht ausbezahlt bekam und deswegen am nächsten Liga-Tag (April 1624 in Augsburg) einmahnen mußte. Man vertröstete ihn schließlich auf den Johannistag als Zahlungstermin. Diese Kleinlichkeit war um so abstoßender, als die Ligaführer etwa gleichzeitig sehr besorgt auf das Gerücht reagierten, der Kaiser wolle Tilly für den noch schwärenden Krieg gegen Bethlen Gabor in Ungarn anwerben. Einen so bewährten Feldherrn durfte man nicht ziehen lassen. Wir halten in der Tat die Feststellung nicht für übertrieben, daß Tilly der Liga ebensoviel wert sein mußte wie sein Dienstherr Maximilian. Er gab im August 1623, dem Monat seines Triumphes, einer allgemeinen Stimmung Ausdruck, wenn er Maximilian gegenüber resümierte »... dadurch hoffentlich der katholischen Kirche Feinde in etwas eingedämmt, daß sie sich mit ihren Forzen so bald nit mehr erholen und widersetzen können.« Die Infantin Isabella schrieb ihm huldvoll: »Da Gottes Güte uns diesen Sieg unter Eurem Kommando beschert hat, können wir nicht umhin, uns zusammen mit Euch darüber zu freuen und Euch deshalb zu gratulieren. Wir schätzen Euren Verdienst und Wert hoch ein, ebenso die Beflissenheit, Sorgfalt und Schnelligkeit, die ihr in seiner Verfolgung gezeigt habt ...« König Philipp IV. von Spanien schrieb mit eigener Hand einen Dankesbrief, in dem er den Feldherrn sogar als »Cousin« titulierte, was eine bemerkenswerte Durchbrechung des spanischen Hofzeremoniells darstellte.

Machiavelli in »Principe« hätte ihn ebenfalls gelobt, wenn auch mit unhöfischen Worten: »Es ist besser anzugreifen, als zu zögern; denn das Glück ist ein Weib, und wenn man es unter Kontrolle halten will, muß man es kräftig schlagen. Und man sieht, daß es sich eher besiegen läßt von solchen als von denen, die kühl vorwärtsschreiten ...« Dann folgt allerdings eine Wendung, zu der der gut sechzigjährige Tilly eine in der Kriegsgeschichte seltene Ausnahme ist, die die Regel bestätigt: »Und da das Glück ein Weib ist, ist es der Freund der Jungen, weil sie nicht so respektvoll, vielmehr feuriger sind und es mit mehr Kühnheit kommandieren.« Kurz und gut, wäre Tilly nicht so katholisch gewesen, er hätte sich jetzt wie ein Kriegsgott fühlen dürfen.

Doch der Sieg hätte noch größer sein können, wenn es Tilly vergönnt gewesen wäre, ihn weiter zu verfolgen. Zunächst war es so gegangen wie nach Wimpfen und Höchst: der Sieger war zu erschöpft, um Christian in die Niederlande nachzumarschieren, aber nach einigen Tagen wäre das doch schon möglich gewesen und auch erfolgversprechend angesichts der totalen Niederlage des Feindes. Tilly sagte es Maximilian offen: »... da doch das Heilige Römische Reich, bis diese Widerspenstigen auch exstirpiert sind, des festen Friedens sicherlich sich nit zu vertrösten hat.« Wenn die Liga Moritz von Oranien angegriffen hätte, dann wäre gar der Zusammenbruch der Generalstaaten möglich gewesen, und Spanien hätte dadurch ein Übergewicht an der Nordsee, in Norddeutschland und am Rhein erreicht, das den König von Dänemark, der zwei Jahre später gegen den Kaiser ins Feld zog, mit ziemlicher Wahrscheinlichkeit von Abenteuern abgehalten hätte.

Aber eben wegen dieses befürchteten spanischen Übergewichtes erlaubte Maximilian seinem Feldherrn nicht, die niederländische Grenze zu überschreiten. Tilly selbst fragte in seiner Korrespondenz, ob der Kurfürst auch nach Stadtlohn noch die finanzielle Last des Krieges mit monatlich immerhin 265.000 Gulden tragen wollte. Maximilian wollte nicht, und seine auf Sparsamkeit und Nüchternheit eingestimmten Räte nickten dazu mit dem Kopf. Erstens: wegen der Kosten, zweitens: man hatte es den Spaniern in München nicht vergessen, daß Oñate bei der öffentlichen Belehnung Maximilians mit der pfälzischen Kur in Regensburg durch Abwesenheit aufgefallen war. Der Krieg in den Generalstaaten selbst war überwiegend in spanischem Interesse und hätte im Erfolgsfall nur zu deren größerem Einfluß auch in pfälzischen Angelegenheiten geführt. Dazu war Maximilian sein Geld allemal zu schade, auch wenn er in seiner Beschaffung ein Genie war (sonst wäre der Feldzug Tillys gegen Christian in diesem Jahre gar nicht möglich gewesen).

Tilly erlaubte sich schriftliche Opposition gegen diese Politik: »Wenn man mir volle Freiheit gelassen hätte, den Feind bis zur Vernichtung zu verfolgen, so wie ich es zuletzt in Regensburg verlangt habe, hätte ich mit Gottes Hilfe bei dieser Gelegenheit einen solchen Sieg davongetragen, daß das Reich vollständig befriedet gewesen wäre und auf seine alten Grundlagen hätte zurückgestellt werden können. Ich habe noch nicht die Hoffnung verloren, zu einem solchen Ergebnis zu kommen, allerdings nur unter der Bedingung, daß man mir nicht mehr die Hände bindet, denn solange das geschieht, wird der Krieg noch Jahre dauern, da man diesen Leuten hier kein Vertrauen entgegenbringen kann. Wenn man es für unmöglich hält, die Vollmachten zu übertragen, die ich brauche, dann bitte ich, daß man mich ehrenhaft meines Kommandos entsetzen und mir erlauben möge, an den Hof zurückzukehren.« Das war mehr Zorn als Resignation, das Greisenalter hatte noch keine Macht über Tilly. Aber er fügte sich Maximilians Befehlen trotzdem, so wie er es immer und allen Dienstherren gegenüber gehalten hatte, und ließ die reelle militärische Chance verstreichen.

Hätte er seine Drohung besser wahrmachen und das Kommando niederlegen sollen? Dann hätte er seine Individualität über das Einordnen in die Hierarchie gestellt, der er diente. Unsere Zeit mag das verständlicher finden, als die seine es gefunden hätte. Aber letztlich liegt in Tillys Leben ja gar kein Gegensatz zwischen Selbstentfaltung und Dienst an der katholischen Sache vor, denn die Persönlichkeit des Feldherrn ist gerade auf der Grundlage ihrer lebenslangen Treue zu den Häusern Habsburg und Wittelsbach in ihrer Unverwechselbarkeit in die Geschichte eingegangen, ihr Kriegsruhm konnte sich nur an der Spitze der kaiserlich-ligistischen Armee entfalten.

Also blieb für Tilly nur noch die Aufräumungsarbeit übrig, Mansfeld aus Ostfriesland hinauszuwerfen, wo der noch immer hockte. Da ersterer der Feldherr der Liga war und da es einen militärisch passenden Zugang auf Ostfriesland darstellte, marschierte er emsabwärts, um die Banden des Condottiere aus dem nördlichen Teil des Bistums Münster zu vertreiben. Tilly schrieb an den Grafen Enno von Ostfriesland, da er heranrücke, um die Reichsacht gegen Mansfeld zu vollstrecken, solle ihm der Graf mit Proviant und Wegeführern helfen sowie die Durchgänge in dem sumpf- und moorreichen Lande eröffnen helfen. Das konnte Enno gar nicht, denn er war in den Händen des Condottiere schon längst zur machtlosen Repräsentationsfigur herabgesunken. Zudem standen Einheiten der Niederlande in Emden. Insofern war es verständlich, daß Tilly Spinola um Hilfe bat, wohl nicht nur aus militärischen Gründen, sondern auch mit dem Hintergedanken, sich auf diese Weise eventuell doch in den niederländischen Krieg verwickeln zu lassen. Und gerade deswegen unternahm Spinola auch nichts zugunsten der Kaiserlich-Ligistischen.

Mansfeld hatte im Lande schon hinreichend gewütet. Nun mußte er auch noch Dörfer niederlegen, Mühlen zerstören, Deiche durchstoßen, um das Land zu fluten und für Tilly unpassierbar zu machen. Das wurde es denn auch von der Seite der Ems her; Tilly sah sich vor der unlösbaren Aufgabe, mit Landstreitkräften eine Insel angreifen zu müssen. Also schwenkte er ab nach Oldenburg, von wo nach Nordwesten festes Land begehbar war, wenn man das Nordufer der Jümme erreichte.

Mansfeld verschanzte sich bei Stickhausen, die Niederländer blokkierten die Wesermündung, um ihm den Rücken freizuhalten. Da die Bevölkerung auf Tillys Aufforderung sich nicht gegen ihre mansfeldischen Plagegeister erhob (sie hielt die kaiserlichen Kroaten für nicht besser nach den Greuelnachrichten von der Schlächterei bei Stadtlohn), blieb dieser zunächst um Oldenburg herum stehen, den kaisertreuen Grafen von Oldenburg in seinem Rücken. Die Versorgungslage wurde mit zunehmender Jahreszeit immer schwieriger, endlose Regengüsse setzten ein.

Aber wenn Mansfeld so auch Zeit gewann und die Kaiserlich-Ligistischen durch mangelnde Seeherrschaft offensichtlich beeinträchtigt waren, so war die Stellung doch für ihn so prekär, daß er auf Verhandlungen einging, die der dänische König zur Vermittlung anbot. Tilly wollte, daß er alle festen Plätze des Landes an den Grafen von Emden auslieferte und in die Niederlande abzog, aber das gefiel weder Mansfeld noch den Spaniern. Die Zeit verstrich, nun mußten auch noch die Kaiserlichen unter Collalto abziehen, denn Bethlen Gabor war mit türkischer Unterstützung in Südmähren eingefallen, so daß die Kaiserlichen dort vor Mangel nicht aus noch ein wußten. So rettete der Woiwode wenn nicht Christian, doch wenigstens Mansfeld, denn Tilly fand sich nicht mehr imstande, nun noch in Ostfriesland auszuhalten, und rückte heimlich nach Westfalen ab. Die Aufräumungsarbeit war mißlungen.

Er hinterließ verschiedene Abteilungen, die die festen Plätze des Landes besetzt hielten. Mansfeld ließ gegen diese schwachen Einheiten Vorstöße unternehmen, aber der ligistische Oberst Erwitte trieb ihn in seine nassen Schlupflöcher an der Küste zurück. Damit war Mansfeld so gerupft, daß er das arme Ostfriesland von nun an mit seiner Anwesenheit in Ruhe zu lassen beschloß. Nach nervenaufreibenden Verhandlungen mit den Ständen des Landes und unter Ver-

mittlung der Niederländer in Emden bekam der Condottiere von ihnen genügend Geld, um den Teil der Truppen zu entlöhnen, den er überhaupt noch unter Waffen hatte, und machte sich in die Niederlande davon.
Christian, der sich auch nach Ostfriesland begeben hatte, ließ sich vom Grafen von Oldenburg mit Tillys Erlaubnis die Summe auszahlen, die er zur Ablöhnung seiner Soldaten brauchte und kehrte ebenfalls in die Niederlande zurück.
Um die Jahreswende 1623/24 lag Tillys Armee in Westfalen im Winterquartier. Da dort spanische Truppen einrückten, mußte er sich nach anderen Weidegründen umsehen und fand sie in der Landgrafschaft Hessen. Der Landgraf mußte zwar nachgeben, fühlte sich aber seitdem von den Katholischen ständig umlauert und verließ daher das Land in Richtung Norden. Kein Wunder, daß Tilly nun die Ausführung des Urteils des Reichshofgerichtes durchsetzte, das dem kaiserlich gesinnten Landgrafen von Hessen-Darmstadt auf Kosten seines Vetters in Kassel den Besitz von Marburg zugestand. Die Abtei Hersfeld wurde der Kirche zurückgegeben, um auch hier dem Augsburger Religionsfrieden in katholischer Auslegung zum Siege zu verhelfen.
Währenddessen schien der Krieg im Reich wieder einmal zu erlöschen. Bethlen Gabor war seines Feldzuges in Südmähren nicht froh geworden, da seine Reitertruppen zu disziplinlos waren und die türkische Hilfe angesichts des Sturzes des Sultans im fernen Konstantinopel zurückgezogen wurde. Also schloß er wiederum Frieden mit dem Kaiser.
Was tat der Kriegsmann Tilly in dieser (zunächst) friedlichen Zeit? Er nahm sich der Einwohner Westfalens an und verwendete sich bei der Infantin Isabella für die Klagen wegen des Wütens der einquartierten spanischen Truppen, was ihm alle Ehre machte und in Brüssel nicht nur Freunde schuf. Er übernahm als Vertreter Maximilians eine diplomatische Sendung, indem er den alten Kurfürsten von Mainz zum Kurfürsten von Sachsen begleitete. Es ging um dessen Zustimmung zur Übertragung der Kurwürde an Bayern. Johann Georg konnte gewonnen werden, da auch noch der durch das kaiserliche Hofgericht so gut bediente Landgraf von Hessen-Darmstadt den Mainzer unterstützte, und da der Kaiser dem Sachsen als Belohnung für seine Teilnahme an den Feldzügen von 1620/21 die Lausitz

übertragen hatte. Beim Schlußbankett, bei dem die Rückkehr Johann Georgs ins kaiserlich-katholische Lager gefeiert werden mußte, warf der Herzog von Sachsen-Coburg Tilly die Plündereien seiner Truppen in evangelischem Gebiet vor, aber der Kurfürst griff zugunsten des Grafen ein, indem er seinen Verwandten aufforderte, sich an die eigene Brust zu schlagen, da er seine Truppen ja selber oft genug habe plündern lassen.

Diese diplomatische Mission zeigt allein schon durch ihre Existenz, daß Tilly außerhalb der militärischen Kommandosphäre gewinnende Umgangsformen gehabt haben muß. Gar manche Berichte bezeichnen ihn als freundlich, ruhig, zuvorkommend und bescheiden; er wußte sich also auch im Frieden zu präsentieren. Nun hatte er eine Ruhepause verdient, und er füllte sie in der Art aus, die seiner Erziehung entsprach: er begab sich dorthin, wo er auf Empfehlung des Herzogs von Mercoeur schon im Jahre 1600 geweilt hatte, in den Marien-Wallfahrtsort Altötting.

Dieses Städtchen konnte geradezu als der religiöse Mittelpunkt des katholischen Bayern bezeichnet werden, und der war mindestens so alt wie die Siedlung der Bayern im Lande zwischen Donau, Lech und Alpen, denn der hl. Rupert soll nach der Legende im Jahre 572 hier die erste christliche Kirche eingeweiht haben. Es fehlte nicht an Herrschern aus dem Geschlecht der Karolinger, Salier und Welfen, die sich des Stiftes am Ort mit Schenkungen annahmen, ebenfalls nicht an Ablässen, die auf die Wallfahrt gewährt wurden, die sich um das Gnadenbild konzentriert hatte, eine »Schwarze Madonna«, sitzend mit Jesuskind dargestellt. 1489 werden die ersten »Wunder« berichtet, die der Fürbitte der Madonna zu verdanken seien – die Kirche ist angesichts des nicht genau nachprüfbaren Materials vorsichtiger und spricht lieber von »auffälligen Gebetserhörungen«. Natürlich verbanden sich auch die Wittelsbacher mit der Volksfrömmigkeit, die Altötting nun als Brennpunkt bekam: Margaretha, Tochter Herzog Georgs des Reichen von Landshut und Ingolstadt (1479–1503; für ihn wurde 1475 die »Landshuter Fürstenhochzeit« gefeiert) soll durch das Gelübde einer Pilgerfahrt hierher Heilung von einem schweren Leiden erlangt haben. Sie zog sich in ein Kloster zurück und wurde nach ihrem Tode als Selige verehrt, zumindest in Bayern.

Als die Reformation auch in Bayern Auswirkungen zu zeigen begann, und Herzog Wilhelm IV. (1508–1550) seine Entschlossenheit kundtat, am alten Glauben festzuhalten (und dafür den Beinamen »der Standhafte« erhielt), da gab ihm der Papst auf sein Verlangen u. a. den Stiftsdekan von Altötting als apostolischen Delegaten bei. Ab 1541 wirkten die Jesuiten in Ingolstadt, was angesichts der Hinneigung mancher Teile des Landadels zur evangelischen Religion nicht überflüssig war.

Die Jesuiten wußten aus recht verstandener katholischer Tradition heraus, daß der Glaube des Volkes ständig eingeübt werden muß und dazu der äußeren Manifestation bedarf, sei es in den sichtbaren Zeichen der göttlichen Gnade, den sieben Sakramenten, sei es in der Übung der »guten Werke«. Damit verband sich die Pflege der Wallfahrt nach Altötting als eines dieser »guten Werke« mit einem Grundanliegen des katholischen Widerstandes gegen Luther, nämlich der Zurückweisung von dessen Lehre über die Rechtfertigung vor Gott allein durch den Glauben. Es illustriert das Zusammengehen staatlicher Gewalt und kirchlicher Neubelebung im Bayern der Gegenreformationszeit recht plastisch, wenn erzählt wird, ein Amberger Bäcker habe entgegen obrigkeitlicher Anordnung beim Glockenläuten seine Arbeit nicht kurz unterbrochen und sei deshalb schwer erkrankt. Nur das Gelöbnis und die Durchführung einer Wallfahrt nach Altötting stellten ihn wieder her! Herzog Wilhelm V. weihte München der Madonna von Altötting, und 1591 übernahmen die Jesuiten auf Vermittlung des Salzburger Erzbischofs Wolfgang Dietrich von Raitenau (desselben, den Maximilian durch Tilly so hart anfassen ließ!) auch das Stift am Orte. Der Jesuit Canisius sei gestorben mit einer Vision des Gnadenbildes, hieß es, und in seinem Todesjahr (1597) trat Maximilian die Regierung Bayerns an.

Der sonst so nüchterne und trockene Mann, dessen Religion in weitem Maße in rastloser Arbeit zu bestehen schien, und dessen Sparsamkeit von Geiz nicht weit entfernt war, wurde anderen Sinnes, wenn er mit Altötting zu tun hatte: tagelang betete er hier, ohne die Staatsgeschäfte wahrzunehmen, ließ den kostbaren Ornat des Gnadenbildes erneuern, stiftete kirchliche Prunkgewänder und einen großen Diamanten. Im Feld und auf Reisen führte er eine Miniaturausgabe des Gnadenaltares mit sich. Kam er nach München zurück, lüftete er jedesmal den Hut vor der Mariensäule auf dem damals so benannten Marktplatz. Seit Maximilian wurde die Madonna als »Patrona Bavariae« bezeichnet.

Wie ernst es ihm mit der Marienverehrung war, erkannte man auch noch nach seinem Tode: unter dem Tabernakel des Altars wurde ein Kästchen gefunden, das ein Pergament barg, auf dem mit Blut in lateinischer Sprache geschrieben stand: »Ich übergebe mich dir und weihe mich zu deinem Knecht, Jungfrau Maria, mit diesem Zeugnis des Blutes und der Handschrift, Maximilian, der Sünder Koryphäe.«

Tilly weilte 1624 für drei Tage als marianischer Sodale in Altötting. Er äußerte den Wunsch, dereinst unter den Fliesen der Gnadenkapelle bestattet zu werden, aber das schlug ihm Maximilian ab, denn es hätte die himmlisch-wittelsbachische Hierarchie denn doch durchbrochen.

Was auch immer man, etwa als Nicht-Bayer und als Nicht-Gläubiger (diese beiden Voraussetzungen müssen wahrscheinlich gemeinsam vorliegen) von diesem zeitspezifischen Marienkult denken mag: jedenfalls versinnbildlicht er die äußerste Anspannung der moralischen Kräfte in der damaligen katholischen Welt, ohne die der Kaiser nicht Böhmen zurückgewonnen hätte und Tilly auf seinen Märschen nicht bis zur Nordsee vorgedrungen wäre. So viele Gründe der Machtpolitik und des dynastischen Interesses im Dreißigjährigen Krieg auch eine Rolle gespielt haben, die religiösen Motive sind von ihm untrennbar. Der große Krieg wurde früher gern in Schwarz-Weiß-Manier gezeichnet, wobei die Wahl der Farben von der Konfession des Berichterstatters abhing; ihn im Gegenzug ganz zu »entkonfessionalisieren« ist aber ebenso Einseitigkeit.

Man betrachte nur, in welch inbrünstigen Tönen der Sieg von Stadtlohn bejubelt wurde: »Freue dich, Jungfrau Maria, du allein hast alle Ketzer überwunden! Der Herr der Heerscharen kommt unserem geringen Glauben zu Hilfe!« frohlockte wie ein Engel an der Harfe der Pater Hyazinth, Beauftragter des Papstes für spanische und deutsche Angelegenheiten, und wollte sich in abschließende Friedens-Verhandlungen mit Jakob I. und dem geächteten Pfalzgrafen stürzen, indem er mit flüssigem Pathos verkündete: »Im Namen Gottes und unserer großen Generalissima habe ich beschlossen, ein Mittel zu versuchen, das menschlichen Augen vielleicht als Torheit erscheint, anders aber denen, die mit dem Lichte Gottes und des lebendigen Glaubens die heiligen Geschichten studiert und gesehen haben, wie

auch sonst Gott mit ähnlichen Mitteln Außerordentliches bewirkt hat.«
Für die Katholiken bestand kein Zweifel, daß Gott selbst der Armee Tillys voranschritt; nur allzu bereitwillig glaubte man den aus dieser Atmosphäre heraus beschworenen Legenden, daß die Gottesmutter den Angreifern auf den Weißen Berg vorangeschwebt sei. In der Schlacht von Wimpfen verwechselten die Katholiken gar die Explosionswolken der Munitionswagen des geschlagenen Markgrafen mit himmlischen Erscheinungen. Damals also wurden die Legenden auch aus Pulverdampf gewoben.
Daß der katholischen Seite genug Feinde blieben, haben wir schon gesehen. Und das gleichbleibend harte Geschäft von Politik und Krieg befahl auch Tilly bald wieder ins Feldlager zurück.

5. Kapitel

Gegen Dänemark

Die Ähnlichkeit mit der Situation nach Bismarcks Reichsgründung ist frappant: damals war die Kleinstaaterei in der deutschen Mitte Europas durch das Auftreten der preußischen Großmacht ersetzt worden, und die politische Welt sah darin eine gründliche Veränderung des bisherigen Systems, das man sich »europäisches Gleichgewicht« zu nennen gewöhnt hatte. Zu der von uns beschriebenen Zeit, im Jahre 1624, gingen der Kaiser und Spanien daran, die deutsche Kleinstaaterei ihres politischen Gewichtes zu berauben. Wer ihnen dabei zu Hause im Weg stand, war nicht etwa der deutsche Protestantismus, denn der machte alle Anstalten, politisch abzudanken und war dem katholischen Kriegsdruck, wie die vergangenen Jahre gezeigt hatten, sicherlich nicht gewachsen. Es war ihr eigener Verbündeter, Maximilian von Bayern. Wir haben ihn schon in Verbindung mit Frankreich gesehen, und das vervollständigt die Parallele zur Zeit Bismarcks: das Interesse Frankreichs an Bayerns starker Stellung im Reich zeigt, daß die anderen europäischen Mächte dieser Konsolidierung der Mitte Europas nicht tatenlos zusehen würden. Der Kaiser und Spanien hatten einen zu großen Machtzuwachs erlebt und fanden im Reich genügend Problempunkte vor, aus denen sich eine weitere dynamische Politik entwickeln ließ, als daß sie für ihre Konkurrenten noch erträglich gewesen wären.

Und wenn Ferdinand II. und Philipp IV. in ihren Interessen auch nicht vollständig harmonierten, wenn auch Philipp mehr ans Veltlin und an die Niederlande und Ferdinand mehr an Niedersachsen dachte: notwendigerweise mußten beide habsburgischen Mächte sich im Reich gegenseitig stärken und die Reichsfürsten mit ihrem vereinten Gewicht erdrücken. Eine Chance für das Haus Habsburg tat sich auf, die durch den Augsburger Religionsfrieden nur notdürftig versperrt worden war; nun kamen die dynamischen Elemente der Situation aus der Mitte des 16. Jahrhunderts endlich zum Tragen. Die Ausdehnung der kaiserlichen Machtsphäre mußte nach dem Vertreiben Christians von Halberstadt und Mansfelds durch Tillys Siege während des Jahres 1623 Niederdeutschland erfassen, solange die Liga weiterhin im Felde blieb und sich der dortigen Verhältnisse anzunehmen beschloß.

Es ist dabei gar nicht vereinfachend zu unterstellen, der Kurfürst und der Kaiser hätten in übermütiger Siegeslaune die Niederdeutschen unterwerfen wollen, denn dazu waren Tillys Truppen zu schwach: seine zehn Regimenter waren um die Jahreswende stark heruntergekommen, bedurften dringend der Auffrischung und konnten in ihren Winterquartiern als gleichsam stehendes Heer nur auf Kosten der besetzten Gebiete gehalten werden. Ein entwickeltes Kontributionswesen war die Folge, und wenn Tilly in seiner unbeirrbaren rechtlichen Denkungsart kein Interesse daran hatte, die Bürger seiner Winterquartiere willkürlich zu behandeln und sich dabei auch noch selber zu bereichern, so brachte es doch schon die Roheit seiner Soldaten, unter denen die Kroaten sich bereits einen düsteren Namen gemacht hatten, zu einer ungeheuren Aussaugung des Landes. Der Unterschied zum Auftreten der Armeen Mansfelds, später Wallensteins und anderer Heere war da wohl nur ein gradueller.

Sowohl Auswahl der Quartiere als auch Aufbringen der Unterhaltsleistungen für die Truppe waren zwar in von Tilly entworfenen »Ordinanzen« bis ins einzelne geregelt, aber bereits die Möglichkeit, die Naturalleistungen durch Geldsummen abzulösen, brachte die ersten Ungerechtigkeiten mit sich, trotz aller »Ordinanzen« auch zu diesem Punkt. Khevenhüller, einer der Annalisten des großen Krieges, Verwandter des kaiserlichen Gesandten in Madrid und daher eine halbwegs vertrauenswürdige Quelle, sofern er das Wüten verbündeter Soldateska beschreibt, berichtet aus den Winterquartieren Tillys im Hessischen um Kassel und Hersfeld und weserabwärts um Paderborn, in den Grafschaften Lippe und Hoya auf dem linken Weserufer: »Tillys Leute fingen an, sehr wild und tyrannisch zu hausen, denn sie nicht allein mit Plündern und Brennen sehr großen Schaden

taten, sondern auch den evangelischen Predigern Hände und Füße abhackten, anderen Nasen und Ohren, wie auch etlichen Weibern die Brüste abschnitten und sonst viele barbarische Taten verübten, also daß es kaum Türken und Tataren ärger machen könnten.« Derlei Greueltaten tauchen in den zeitgenössischen Berichten über Truppenbewegungen und -einquartierungen mit Regelmäßigkeit auf; hier wurde die Ausplünderung des Landes noch drückender dadurch, daß Tilly Anweisung hatte, sich nicht zu bewegen, auch als der Frühling 1624 Operationen wieder möglich machte.
Ferner dadurch, daß das »mansfeldsche Prinzip« sich aus Geldnot der Kriegführenden immer weiter durchsetzte: hatte man kein Geld (Ferdinand hatte nie welches, und Maximilian trotz seiner Findigkeit nur mit großer Mühe), mußte man die Truppen aus dem Lande leben lassen, und mußte man dies tun, dann waren Bedrückungen aller Art unvermeidlich, zumindest bei den bunt zusammengewürfelten Söldnerheeren der damaligen Zeit. Denn es galt die Spruchweisheit:

»Ein Landsknecht und ein Bäckerschwein
woll'n allzeit gut gemästet sein,
dieweil sie niemals wissen nicht,
wann man sie würgt und niedersticht.«

Tilly mußte den Landgrafen von Hessen-Kassel weiterhin niederhalten, an dessen antikaiserlicher Einstellung sich nichts geändert hatte, und den niedersächsischen Kreis (der sich, abweichend vom heutigen Verständnis der Bezeichnung »Niedersachsen«, nur rechts der Weser erstreckte) beobachten, ohne überstürzte Aktionen einzuleiten: Maximilian und Ferdinand wußten, daß an dessen Schicksal die Haltung König Christians von Dänemark hing und über diesen alle der katholischen Sache feindlich gesinnten Fürsten Europas ins Spiel kamen. Die Katholiken hatten noch zu wenig Siege errungen, um ihre Truppen abdanken zu können; hätten sie Hessen und die mittlere Weser geräumt, dann wären alle ihre bisherigen Erfolge umsonst gewesen. Auch 1624 galt die Regel, daß derjenige, der einmal zu erobern angefangen hat, nur solange sicher bleibt, wie er mit seinen Eroberungen fortfährt, sofern er nämlich mit seinen Feinden nicht zum Frieden kommen kann.
Wir haben gesehen, daß Christian von Halberstadt auf die Administration dieses von den Evangelischen eingezogenen Bistums zugun-

sten seines Onkels, des Königs Christian von Dänemark, verzichtet hatte. Der ließ sich das nicht zweimal sagen: schon 1623 sprach er am Kaiserhof vor, um sich das Versprechen des tollen Halberstädters rechtlich einlösen zu lassen.

Der Kaiser wie die katholische Kirche zögerten, Halberstadt endgültig aus der Hand zu geben; seit 1623 regierte Urban VIII. in Rom, der zwar im Herzen zur antihabsburgischen Partei hielt (denn er wollte – ewig wiederkehrendes Thema päpstlicher Politik – seinen Kirchenstaat nicht durch die Übermacht des Hauses Habsburg rundherum in seiner Handlungsfähigkeit neutralisiert sehen), aber die protestantischen Säkularisationen im Reich unter keinen Umständen duldete. Noch hatte Ferdinand es nicht als geradezu amtliche Politik verkündet, die norddeutschen Stifte allesamt einzuziehen, sofern sie nach seinem Rechtsstandpunkt den Katholiken zustanden; aber alle seine einzelnen Willensäußerungen zielten in diese Richtung. Der Besitz von Halberstadt war eine Prinzipienfrage, und die Entscheidung darüber wurde daher vom Kaiser nicht zugunsten der Dänen getroffen.

Prinz Friedrich von Dänemark war ab 1623 im Bistum Verden Koadjutor (die Vorstufe zum Administrator), Osnabrück beanspruchte er ebenfalls. Da wählte das Osnabrücker Domkapitel einen Parteigänger Maximilians, während der Prinz in Halberstadt und Magdeburg wenigstens Koadjutor wurde. Wäre Tilly nicht an der Weser gestanden, dann hätten die Dänen sich in Osnabrück und Halberstadt wahrscheinlich festsetzen können.

Maximilian dachte nicht daran, seinen Generalissimus nach Hause zu schicken, da Mansfeld und Christian jederzeit wieder über die Westgrenzen des Reiches oder über die Niederlande in Niedersachsen einfallen konnten; das würde auch Auswirkungen auf die Haltung des dänischen Königs haben müssen. Im April 1624 verlangte der Kurfürst daher auf dem Tag der Liga in Augsburg, daß Tilly die Musterungsplätze Mansfelds auf Reichsboden, die ohne kaiserliche Genehmigung eingerichtet worden seien, beseitigen sollte.

Der Condottiere hatte in England Truppen anwerben dürfen, denn England machte Miene, sich den Feinden des Kaisers anzuschließen und die Wiederherstellung der Pfalz zum Kriegsziel zu proklamieren, nachdem das von König Jakob so lange gepflegte Heiratsprojekt

seines Sohnes mit einer spanischen Infantin endgültig ins Wasser gefallen war. Das ganze Jahr 1624 über zitterte die Regentin Isabella in Brüssel, daß Mansfeld in Calais landen könnte und sich, wie schon 1622, den Weg nach Niederdeutschland mit Feuer und Schwert (hauptsächlich wohl mit Feuer) durch die spanischen Niederlande bahnen würde. In diesem Falle hätte Tilly den Spaniern zum Schutze auch seiner eigenen linken Flanke Truppen abgeben müssen, vielleicht wäre es so doch zur Konfrontation mit den Niederlanden gekommen, wie er es seit dem Sieg von Stadtlohn gewünscht hatte.
Aber als der Emissär der Infantin sich bereits in Tillys Hauptquartier befand, um die Truppen zu übernehmen, kam vom kaiserlichen Hof im Dezember 1624 der Gegenbefehl: man hatte erfahren, daß Mansfelds Drohung mit einer Landung bei Calais nur ein Bluff gewesen war, und daß er stattdessen in die protestantischen Niederlande übersetzen wollte, um dort den Spaniern Widerpart zu bieten: Spinola hatte sich an die Belagerung von Breda gemacht, der wichtigen Festung südlich der Rheinmündung, und der Condottiere wollte erst nach Vertreibung Spinolas von dort nach Deutschland ziehen.
Das wiederum hätte die gesamte Armee Tillys auf den Plan rufen müssen, und die Infantin bat ihn auch brieflich, unverzüglich an Rhein und Maas abzurücken, aber Mansfeld hatte wieder einmal geblufft: zwar überschritt er den Kanal, aber er lagerte sich um Bergen op Zoom, um Christian an sich zu ziehen, der mittlerweile in Frankreich neue Truppen aushob.
Denn Frankreich hatte begonnen, eine entschieden antihabsburgische Politik zu treiben, seit dort im Sommer 1624 der Kardinal Richelieu zum Leiter des Staatsrates geworden war. Richelieu hatte es verstanden, die englische Verstimmung über die fehlgeschlagene spanische Heirat in eine Verbindung des Prince of Wales mit einer französischen Prinzessin umzumünzen, mit den Niederländern hatte er im Juni 1624 einen Subsidienvertrag geschlossen, dem auch England beitrat, und im selben Jahr griffen französische Truppen das von den Spaniern besetzte Veltlin erfolgreich an. Ein Jahr nach Stadtlohn schien eine allumfassende Koalition gegen Habsburg und Maximilian Gestalt anzunehmen, zumal auch König Christian eifrig bearbeitet wurde, ihr beizutreten.
Die Fürsten des niedersächsischen Kreises jedoch fürchteten den Kaiser und wollten sich daher nicht als Zündfunken eines neuen

Krieges mißbrauchen lassen, der ihre Gebiete als erste treffen mußte. Denn sie waren es, die den Dänen kraft seiner Reichsstandschaft als Herzog von Holstein zum Oberkommandierenden der Kreistruppen zu bestimmen hatten, sonst hatte er keine Handhabe, im Reich einzugreifen.
Christian war doppelt gefragt, nachdem ein anderer Potentat als antikaiserlicher Feldherr ausgeschieden war: Gustav Adolf von Schweden. Dieser hatte den Niederländern angeboten, von seinen baltischen Besitzungen aus durch Polen auf Schlesien und die anderen Erblande zu marschieren, denn mit Polen lag er ohnehin schon seit 1621 im Krieg. Die Niederländer aber lehnten ab, da sie ihn verdächtigten, es ginge ihm in Wirklichkeit dabei nur um die Gewinnung Polens: derart weiträumige Operationen waren vom Rhein aus unkontrollierbar; wer wußte, wie bald sich Gustav Adolf mit dem Kaiser arrangieren und die Protestanten Norddeutschlands im Stich lassen würde! Also schied der Schwedenkönig aus dem Spiel aus, zumal er nach dieser Ablehnung erneut alle seine Kräfte auf den Krieg mit Polen konzentrierte.
Das eröffnete für Christian die berückende Möglichkeit, seine Macht in Konkurrenz zu Schweden in Norddeutschland auszubreiten, wozu ihm die erwähnten Stifter als Rückhalt zu dienen hatten. England drängte den Dänen, der König Jakobs Schwager war; der Umschwung der bisher zaudernden Politik Englands beeindruckte Christian sehr, und er begann mit Truppenaufstellungen zu Hause. Der König war mit größtem Eifer bei der Sache, und sein sanguinisches Temperament trieb das Anzetteln eines neuen Krieges nunmehr entscheidend voran.
Im März 1625 wurde in Lüneburg ein niedersächsischer Kreistag eröffnet, der dem König allerdings nicht den Gefallen tat, ihn zum Kreisobersten gemäß der Reichskriegsverfassung zu wählen, denn allzu stark war die Furcht vor Tillys Waffen, wenn diese auch die Gegenreformation im Gefolge haben sollten.
Da nämlich Christian auf dem Gebiet des Kreises Werbeplätze angelegt hatte, hatte Tilly den Grafen Anholt über die Weser geschickt, um sich im Bistum Bremen zu postieren. Das wirkte einschüchternd, da es eine aggressive Note über den Einmarsch hinaus enthielt: der Kaiser war nicht berechtigt, Musterungen auf Reichsterritorien zu verbieten; er nahm sich dieses Recht jedoch auf Maximi-

lians dringenden Rat hin, um nicht beständig vor seinen Augen das Neuentstehen eines protestantischen Heeres hinnehmen zu müssen. Wäre es ihm wirklich gelungen, auf diese Weise bereits die Entstehung gegnerischer Macht zu unterdrücken, dann hätte er in der Tat zum unumschränkten Herrn ganz Deutschlands werden können.
Gewissermaßen als Ersatz für den Lüneburger Tag trat in Lauenburg ein konkurrierender Kreistag zusammen, beschickt von den Fürsten, auf die der Däne zählen konnte, und der wählte ihn doch zum Obersten. Zwar war seine Zuständigkeit damit erst auf den niedersächsischen Kreis beschränkt, und seine Armee war nur insofern als Kreisarmee anzusehen, als sie die nach Reichskriegsverfassung beschlossenen Kontingente der Kreisfürsten umfaßte, also keine spezifisch dänischen Truppen; zwar hielten die Herzöge Christian und Georg von Lüneburg weiterhin zum Kaiser, und alle Rüstungen wurden als strikt defensiv bezeichnet; aber der Schwung des Königs bewirkte, daß die Operationen in die gewünschte Richtung liefen: im Laufe des Juni 1625 marschierte er an der Weser auf und besetzte Verden und Nienburg. Verden und Nienburg aber gehörten bereits zum Nachbar-Kreis, dem niederrheinisch-westfälischen.
An Tilly schrieb der König in durchsichtiger Manier: »Meine Absicht und die des niedersächsischen Kreises war immer und wird es auch bleiben, in der rechten und vertrauensvollen Devotion und Unterwürfigkeit zu verbleiben, die wir seiner kaiserlichen Majestät schulden und versprochen haben.«
Am 12. Juni zog Tilly 9000 Mann Infanterie und sechs Regimenter Kavallerie zusammen und marschierte von seinem Hauptquartier Hersfeld, nachdem die Verhältnisse in Hessen-Kassel im Sinne des Kaisers und der Liga geordnet worden waren, an die Weser. Er besetzte die wichtigen Flußübergänge Höxter und Holzminden. In Bielefeld schlug er sein Hauptquartier auf und ließ dem König eine Botschaft zugehen, um ihn zur offenen Verkündung seiner über Niedersachsen hinausgehenden Pläne zu veranlassen: der König solle es ihm nicht übel nehmen, wenn Tilly ihn im Namen des Kaisers um eine präzise und gänzlich unzweideutige Erklärung darüber bitte, ob er zugunsten des Pfalzgrafen und dessen Verbündeten in den Krieg eingreifen wolle. Die Antwort fiel sehr unverbindlich aus, denn Christian brauchte noch etwas Zeit, um seine Truppen zusammenzuziehen.

Tilly ging hier mit kaiserlicher Rückendeckung vor, denn wie schon bei der Eroberung der Oberpfalz sowie der Rheinlande hatte sich Maximilian von Ferdinand die Vollmacht erteilen lassen, die Gegner des Kaisers und die rebellischen Stände »überall« abzuwehren. Abermals trat die ligistische Armee als Vollstreckerin des kaiserlichen Willens im Reiche auf. Tilly hatte ferner von Maximilian Anweisung, seine Armee nicht rasch aufs Spiel zu setzen, denn insgesamt war seine Lage im Norden recht prekar: es war noch mit Mansfeld und dem unentwegten Christian von Braunschweig zu rechnen; zwei Armeen würde Tilly unmöglich gewachsen sein.
Am 5. Juni 1625 war Breda gefallen, ohne daß Mansfeld diesen bedeutenden Sieg der spanischen Waffen behindert hätte. Die Truppen des Condottiere, die durch ihr untätiges Herumliegen bei Bergen op Zoom gewaltig zusammengeschmolzen waren, wurden nicht abgedankt, sondern ins Reich geführt. Es war klar, daß sie durch Mansfelds Energie zum Kern eines neuen Heeres anwachsen würden, das nicht nur dem Dänen zur Seite stehen, sondern eine eigene Gefahr bilden würde. Das hatte der Condottiere immerhin erreicht, daß der Kaiser und Maximilian nun besondere Angst vor ihm hatten. Der Dänenkönig verfügte über 17000 Mann und wollte sich noch verstärken. Es war nicht abzusehen, wie das gegenwärtig verhindert werden konnte, ohne Tillys Truppen voreilig aufs Spiel zu setzen. Der Generalleutnant war ihm leicht unterlegen. Wie denn, wenn nun Mansfeld auch etwa 20000 Mann auf die Beine stellte?
Es war nicht möglich, den Dänen im Augenblick zu schlagen, denn dieser hatte im Niedersächsischen genug Festungen, um einen Angriff parieren zu können und in deren Schutz den Krieg ergebnislos bis in den Winter hineinzuziehen. Im nächsten Frühjahr aber würde Mansfeld seine neugewonnene Stärke mit vollem Gewicht einsetzen können.
Es half alles nichts: die Katholischen brauchten eine zweite Armee, und zwar unter kaiserlichem Oberbefehl, um ihre Vorrangstellung im Reich auch nur bewahren zu können. Maximilian stellte seinen eigenen Ehrgeiz und seinen Stolz auf Tillys Armee hintan, da es nun um die Früchte seiner Anstrengungen ging, und bestürmte Ferdinand seit dem Frühjahr 1625: der Kaiser solle »nach größerer Verfassung an Kriegsvolk unverzüglich trachten«, und das offizielle Wien rang die Hände, denn es sah die Notwendigkeit dazu ohne weiteres

ein, gleichzeitig aber auch, daß kein Geld in den Kassen war. Den Ausweg wies Albrecht von Wallenstein aus Nordböhmen, der Kriegsgewinner von 1620, indem er dem Kaiser die Aufstellung eines Heeres aus eigener Tasche anbot, d. h. die Werbungskosten und den ersten Monatssold wollte er selbst aufbringen. Der Kaiser stimmte zu, da ihm nichts anderes übrigblieb, und im Laufe des Sommers 1625 hatte Wallenstein um Eger bereits über 13 000 Mann Fußvolk und 4200 Mann Reiterei gesammelt, die er sofort nach der Musterung nach Nordwesten abrücken ließ. Am 3. September verließ Wallenstein Eger.

Der Krieg an der Weser war inzwischen, wie zu erwarten, noch zu keiner Entscheidung gediehen. Am 24. Juli hatte sich Christian der Stadt Hameln im welfischen Herzogtum Calenberg genähert, ebenfalls einem wichtigen Weserübergang. Tilly hatte den Bürgern verboten, dem Feind die Tore zu öffnen. Auf das Gerücht von einer Rückzugsbewegung Tillys hin kapitulierte die Stadt jedoch, da sie keine katholische Garnison in ihren Mauern hatte, und König Christian ritt in die Stadt ein. Seine Truppen sicherten beide Seiten des Flusses; damit war ein Brückenkopf gewonnen. Die Dänen streiften bis nach Höxter, das sie durch Überraschung einnahmen, aber bald darauf wieder räumen mußten. Es war schon zu Vorpostenscharmützeln gekommen, aber Tilly unternahm immer noch nichts Entscheidendes, weil er Nachschub abwartete: aus den Niederlanden und aus Böhmen, denn er setzte die erst in der Aufstellung begriffene Armee Wallensteins bereits in seine Berechnungen ein.

Der Krieg der Waffen wurde also vorläufig noch mit der Feder geführt; von beiden Seiten nur deswegen, wie wir argwöhnen dürfen, um Zeit zu gewinnen.

Am 30. Juli ereignete sich ein Unglücksfall, an den die Katholischen zunächst die größten Hoffnungen knüpfen mußten: Am Abend dieses Tages war König Christian in Hameln zu einer Inspektionsrunde um die Stadtbefestigungen, die verstärkt werden sollten, aufgebrochen. Dabei mußte er über eine mit Planken notdürftig abgedeckte Baugrube reiten, sein Pferd verlor den Tritt und stürzte mitsamt dem gewichtigen König 22 Fuß in die Tiefe. Christian verlor das Bewußtsein und mußte in ärztlicher Behandlung tagelang gepflegt werden, bis er auch nur halbwegs wieder Worte formulieren konnte.

Die Verwirrung im Lager der Protestanten war groß, denn der Feldzug stützte sich so sehr auf die Pläne des kriegslustigen Königs allein, daß niemand genau wußte, wie es nun weitergehen sollte: Angriff, Rückzug oder weiterer Federkrieg mit Tilly? Am 1. August erschienen in Tillys Quartier in Holzminden zwei Herren des dänischen Hofes und erklärten ihm, warum der König seinen letzten Brief nicht mehr hatte beantworten können. Jedenfalls konnten sie versichern, daß nichts Feindliches gegen den Kaiser geplant sei und baten den Generalleutnant, bis zum Eintreffen eines kompetenten Unterhändlers sich kriegerischer Aktivität zu enthalten. Tilly drückte sein Bedauern über den tragischen Vorfall aus und erklärte, seine Pflicht gegenüber dem Kaiser gebiete ihm weiteren Vormarsch. Daher mußte auch der anschließende Notenwechsel die Protestanten davon überzeugen, daß nunmehr der Rückzug geboten sei, und sie gaben Hameln sofort auf und rückten eilig weserabwärts nach Verden ab.

Am 8. August besetzte Tilly Hameln und eilte ihnen nach bis Nienburg, das die Weser einen Tagesmarsch oberhalb Verdens sperrte. Die Stadt trug eine dänische Besatzung, und Tillys Kräfte waren zu schwach, um sie von allen Seiten her einzuschließen. Herzog Johann Ernst von Weimar führte gegen die Belagerer Verstärkung heran und zwang sie an demselben Tag, an dem Wallenstein von Eger aufbrach, sich vom linken Weserufer zurückzuziehen.

Währenddessen erholte sich Christian in Verden zusehends und gewann nach anfänglicher Depression im Laufe des August seinen alten Kriegseifer zurück. Tilly biß sich vor Nienburg fest, denn wenn er um diese Stadt herum eine Flankenstellung einnahm, dann konnte er den Feind zwingen, seine Operationen in die Gegend von Lüneburg zu verlegen und durch Druck auf seine Rückzugslinien über die Elbe davon abhalten, an der östlichen Seite des Harz vorbei über Magdeburg und Halberstadt die kaiserlichen Erblande zu bedrohen. Aber die ligistische Artillerie reichte nicht aus, um Nienburg sturmreif zu schießen, und die Ausplünderung des Landes in der vorangegangenen Zeit der langen Standquartiere rächte sich nunmehr: die Landbevölkerung erhob sich, um sich gegen die ligistischen Truppen zu verteidigen. Schon beim Vormarsch auf Nienburg, bei dem Städtchen Hessisch-Oldendorf, hatten sich die Einwohner unerwartet verteidigt, und die Soldaten hatten in ihrer Wut darüber die Stadt angezündet. Obwohl Tilly noch rechtzeitig kam, um Löschungsarbeiten einleiten zu können, saß er jetzt insgesamt im Lande, wie man nach der Erfindung des Bajonettes sagen wird, auf der Spitze seiner Bajonette.

Es nützte ihm nichts, daß er an Herzog Friedrich-Ulrich schrieb: »... und zwar durchaus nicht durch mein verhengknus, wissen und willen, dessen ich gleichfalls in meinem gewissen Gottlob genugsamb versichert bin, verübet, sondern mit scharffem ernst inhibiret und verbotten sind, auch tägliches verbotten werden ...« und die Diziplinlosigkeit dem Herzog Christian von Celle gegenüber zwar nicht entschuldigte, aber erklärte: ».. und daneben mitleidentlich erwägen, daß der arme Soldat bey anstehender Ermangelung deß Unterhalts zur conservirung, als welcher von Lufft nicht leben khan, und ohnedeß tegliches und stündliches mit vielfeltigem Cummer und Elend umgeben ist, zur Suchung seiner Leibesnahrung nothwendig auß natuerlicher lieb seiner selbst bewegt und getrungen werden muess.«

Und nun bereiteten die Bauern seinen Soldaten die Hölle: sie warfen sie »allenthalben im Vortrab nieder«, die »rumorische, wüttige Pauren«, die »an etlichen Orten die Soldaten und Marketender, auch die Weiber und Kinder unversehens anfielen, niederschossen und niedermetzelten«. Also hatten die Bauern die grausame Rache der Soldaten, die sich daraufhin gegen sie entlud, vollständig verdient, bemerkte Tilly, und hätte er menschenfreundlicher gedacht, dann hätte er das Heer der Liga keinen einzigen Tag länger mehr führen können. Im Lager sang man:

»Sobald ein Soldat wird geboren,
sind ihm drei Bauern auserkoren:
der erste, der ihn ernährt,
der andre, der ihm ein schönes Weib beschert,
der dritte, der für ihn zur Hölle fährt.«

Oder, die herzliche Freundschaft zwischen Soldaten und Landvolk auf eine kurze Formel gebracht: »Der Wehrstand soll leben – der Nährstand soll geben!«

Wenn das rauhe Handwerk im Moment wenigstens erfolgreich gewesen wäre! Aber mit ungenügender Artillerie und hungernden Soldaten war Nienburg nicht beizukommen. Maximilian hielt es für opportuner, die Eroberung von festen Plätzen auf das Nötigste zu beschränken und die Ankunft Wallensteins abzuwarten. Am 21.

September brach der König von Dänemark erneut aus Verden auf; am 23. September zwang eine Kavallerieattacke der Protestanten, bei der Tillys Belagerungsarmee 2000 Mann Verluste gehabt haben soll, zum Rückzug auf Minden und von dort nach Hessisch-Oldendorf. Weserabwärts von Hameln aus hatte er 4 Tage gebraucht, den Rückzug ließ er sich zwölf Tage kosten, um den König in der Verfolgung zum Treffen zu reizen. Aber die nachrückenden Protestanten ließen sich nur auf unbedeutende Scharmützel ein. Das Heer der Liga war von Hunger, Nässe und Kälte recht mitgenommen. 7000–8000 Kranke mußten mitgeführt werden.
Wallenstein hatte Tilly noch nicht unterstützen können, denn nach dem Abmarsch des ligistischen Heeres in den Norden war Landgraf Moritz von Hessen-Kassel abermals schwierig geworden: dänische Offiziere warben im Lande, und Moritz ging seine Landstände um eine Summe an, die er dem Dänenkönig zukommen lassen wollte. Der Einmarsch Wallensteins machte dem Spuk ein Ende, sein Vormarsch entlang der Weser mußte den Waffen der Katholischen für den Oktober ein drückendes Übergewicht dort geben.
Am 13. Oktober 1625 trafen sich Tilly und Wallenstein in Hemmendorf, zwischen Weser und Leine an der Straße von Hameln nach Hildesheim gelegen. Man kann, wenn man will, diese Begegnung der beiden größten Feldherren der katholischen Sache durchaus ins Idealtypische stilisieren: auf der einen Seite der Inbegriff spanischer Strenge und unbedingten Diensteifers, dem die Bekämpfung der Protestanten trotz vielfach bewiesener Ritterlichkeit ein Herzensanliegen war, auf der anderen Seite der Kriegsunternehmer modernen Stils, der Machtmensch, dem die religiösen Fronten nichts bedeuteten. Und will man mit Wallenstein keinen Geniekult treiben, von dem nur die Schriftsteller nachfolgender Generationen profitierten, die der Realität, die er um sich schuf, nicht mehr ausgesetzt waren, dann schneidet bei einem anzustellenden Vergleich Tilly nicht eben schlecht ab: denn wenn auch beide mit ihren Waffen der Sache, der sie dienten, letztlich nicht zum Sieg verhelfen konnten, so hat Wallenstein doch eines nicht begriffen, was für Tilly selbstverständlich war: daß er seine Macht niemals von der katholischen Partei trennen durfte, um Erfolg zu haben. Hätte Wallenstein nach Gustav Adolfs Tod all seine Kraft dazu verwendet, die Schweden aus Deutschland hinauszuwerfen, sein Ruhm wäre mindestens ebenso groß gewesen

wie nach seinem jämmerlichen Ende in Eger, das nicht nur den Kaiserlichen wie eine verdiente Höllenfahrt vorkam. Er verlor den Boden unter den Füßen, und Tilly nicht: was half dem großen General, Ökonomen und Politiker all seine Dämonie, wenn sie ihn nicht zum Erfolg führte, dem unverzichtbaren Kriterium für geschichtliche Größe, dem er sich doch auch bedingungslos unterworfen hatte, sobald er dem Kaiser seine erste Armee aufgestellt hatte?

Einen frommen Biedermann nennt Golo Mann den Tilly im Vergleich zum Friedländer abwertend: nach Lützen war es vielleicht klüger, ein solcher zu sein, und das von bengalischem Feuer umgebene Ende Wallensteins liefert eher Stoff zur poetisch-tragischen Erbauung, mit dem geheimnisvollen Zitieren der in Deutschland sehr beliebten Unerforschlichkeit des Schicksals gleichsam einen schöngeistig befriedigenden Höhepunkt des wildesten aller früheren Kriege. Doch führt dies nicht zu der einfachen Erkenntnis, daß jeder Handelnde wissen muß, wo seine Grenzen sind, und daß die Maßlosigkeit der Feind jeglichen Handelns ist. Vernunft ist eben weniger poetisch als Größenwahn.

Nach Napoleons Wort ist ein guter General niemals ein gewöhnlicher Mensch, daher kann Tilly für die rückblickende Betrachtung nicht im Schatten Wallensteins stehen.

Zurück nach Hemmendorf: es sah fast so aus, als würden sich nun kaiserliches und ligistisches Heer gemeinsam in Bewegung setzen, und da Wallenstein laufend neue Werbungen vornahm und Tilly ebenfalls auf Verstärkungen wartete, hätten die Dänen erdrückt werden können. Aber selbst wenn das persönliche Verhältnis zwischen dem bescheidenen Niederländer und dem unberechenbaren Böhmen halbwegs leidlich war (herzlich konnte es wohl nicht werden, da Wallenstein wußte, daß Tilly sich noch 1624 seiner Bitte, in das Heer der Liga einzutreten, widersetzt hatte), Wallenstein machte seine eigene Politik. Er hatte schon während des Anmarsches erklärt, er wolle mit Tilly nichts zu tun haben und damit wohl gemeint, er würde sich dem Kommando des Älteren und mit Abstand im Kriegswesen Erfahreneren nicht unterwerfen.

Das war ein Punkt von äußerster Delikatesse, weil Wallenstein der Feldherr des Kaisers war, der im Rang über dem bayerischen Kurfürsten stand. Tilly fragte bei Maximilian nach: wenn der Herzog von Friedland auf seiner »Präeminenz« bestehe, wolle er persönlich deswegen keine Schwierigkeiten machen und sein Privatinteresse der gemeinsamen Sache unterordnen. Maximilian erwiderte: das sei im Grundsatz richtig, da Wallenstein sich stets mit Tilly beraten und dessen guten Vorschlägen zustimmen werde. Natürlich aber müsse der Friedländer geschickt behandelt werden. Im übrigen war heranzuziehen, daß der Kaiser ja auch dem ligistischen Heer Befehle erteilen konnte, und daher durfte Wallenstein sich nicht als Oberkommandierender fühlen. Also hatte der Friedländer die Ehre des höheren Ranges, aber in der Führung der Operationen war ihm Tilly gleichgeordnet.

Solche Subtilität wurde von der Praxis nicht auf die Probe gestellt, denn ein gemeinsames Vorgehen war zunächst nicht abzustimmen. Wallenstein zog seine Truppen nicht mit denen Tillys zusammen, sondern dirigierte sie sofort ins Halberstädtische und Magdeburgische. Dort würden sie auch die Winterquartiere beziehen. Es sieht so aus, als habe der Friedländer Tilly in dieser Frage übertölpelt, denn nun mußte die ligistische Armee mit den ausgesogenen Ländern längs der Weser vorlieb nehmen. Es ist jedoch möglich, daß Tilly sich auf höheren Wink hin mit dieser Lösung ohne Widerrede einverstanden erklärte, denn dem Papst lag daran, die Stifte Magdeburg und Halberstadt in die Hand zu bekommen, und Wallenstein hatte daher mit dem Wiener Hof seine Stationierung dort noch vor dem Abmarsch nach Norddeutschland vereinbart. Warum hätte Maximilian dem dahinterstehenden päpstlichen Wunsch nicht willfahren sollen?

Im übrigen konnte Tilly nunmehr das Korps des Grafen Anholt an sich ziehen, das den Anmarsch Mansfelds beobachtet hatte und nicht mehr zu Extra-Unternehmungen gebraucht wurde, seit Mansfeld sich Anfang Oktober nördlich der Elbe mit wenigen tausend Mann im Herzogtum Lauenburg etabliert hatte. Also begann Tilly noch im Laufe des Oktober die Belagerung von Calenberg an der Leine. Der Herzog von Sachsen-Altenburg wurde vom König beauftragt, den festen Platz zu retten, und lagerte sich mit 700 Reitern in Seelze unweit Hannover an der Leine.

Er plante, zusammen mit Einheiten des abseits von Seelze stehenden Obersten Obentraut in der Nacht vom 3. zum 4. November Tilly vor Calenberg anzugreifen. Doch der hatte die Feste am selben Tag eingenommen und marschierte noch am Abend nach Seelze, ohne

daß der Herzog etwas ahnte, und überfiel dessen kleine Einheit. Obentraut eilte zur Unterstützung herbei, fiel aber selbst im Zwielicht in einen Hinterhalt Tillys, und das Gefecht endete für die Protestanten mit erheblichen Verlusten. Der Herzog wurde von einem bayerischen Offizier unter gehässigen Flüchen als Rebell und Verräter an Kaiser und Reich erschossen, Obentraut fiel schwer verwundet in Gefangenschaft. Tilly eilte herbei und bot ihm seine eigene Kutsche an, Obentraut lehnte müde ab: »In solchen Gärten pflückt man solche Rosen«, soll er sterbend gesagt haben.
Dieser Erfolg wäre fast noch durch die Einnahme Hannovers gekrönt worden. Tilly befahl den Bürgern die Übergabe und schnitt ihnen die Wasserversorgung ab. Doch in der Stadt weilte Johann Ernst von Sachsen-Weimar und forderte die Ratsherren zum Ausharren auf. Als diese zögerten und den Gehorsam gegen den Kaiser vorschützten, warf sich Johann Ernst ans offene Fenster des Rathauses und peitschte die harrende Volksmenge mit seinen Worten so auf, daß die Ratsherren unter dem Druck der Straße Tillys Aufforderung zurückwiesen und zusätzlich eine dänische Besetzung in die Stadt aufnahmen.
Mit diesen Aktivitäten war endgültig die Zeit für die winterliche Kampfpause gekommen. Nun erwies es sich als bitter für Tillys Soldaten, den Wallensteinern die fruchtbare Magdeburger Börde überlassen zu haben: in ihren Quartieren zwischen Leine und Weser rund um die Höhenzüge von Deister, Saupark und Ith herrschte bittere Not. Die Stadt Hildesheim weigerte sich, zu ihrer Versorgung beizutragen; das Stift Paderborn war als Nahrungsmittellieferant erschöpft. Desertion und Massensterben waren die Folgen. Viele Soldaten liefen in die fetteren Weidegründe der Wallensteinischen in der Magdeburger Börde davon. Zeitweilig dachte Tilly, er müßte den Rückzug nach Süden antreten, um Hessen zu sichern, dessen Landgraf weiterhin gegen den Kaiser intrigierte. Mit seinen schwachen Kräften mußte er ein zu großes Gebiet im Auge behalten.
Dazu beunruhigten ihn die Protestanten den ganzen Winter hindurch. Im Dezember 1625 und im Januar des folgenden Jahres überfielen sie mit Erfolg zwei isolierte Regimenter, und in einem Scharmützel fiel Anton Tserclaes, der Neffe des Generalleutnants. Das war der Sohn von Tillys Bruder, der auf seinen Gütern in den Niederlanden weilte.

Immer noch wurde hin- und herverhandelt, denn beide Parteien wollten bei dem nun durchzufechtenden Krieg im Recht sein. Eine brandenburgisch-sächsische Vermittlungsaktion schleppte sich über den Winter hin. War der König von Dänemark nicht als Herzog von Holstein der Lehensmann des Kaisers und durfte daher nicht die Waffen gegen ihn erheben? Als der Herzog Georg von Lüneburg, dem sich die Dänen ungefragt ins Land legten, zu den Kaiserlichen davongegangen war, bezeichnete ihn die Gegenpartei als Verrater, und Tilly mußte ihn verteidigen: »Wir halten es für unumgänglich, daß der Herzog Georg seine Treue und seinen Gehorsam gegen seine Kaiserliche Majestät rechtfertige, indem wir darauf hinweisen, daß Seine Königliche Hoheit (gemeint ist die von Dänemark) nichts Falsches daran finden kann, daß bestimmte Staaten die Mitglieder des Heiligen Römischen Reiches sind, Seiner Kaiserlichen Majestät den Gehorsam erweisen, der ihr geschuldet wird, und daß diejenigen, die sich diesem Gehorsam entziehen, als Feinde des Kaisers betrachtet werden. Seine Königliche Hoheit selbst ist in ihrer Eigenschaft als Herzog von Holstein und General des Kreises durch Eid und Pflicht dem Kaiser, seinem Souverän, verpflichtet, muß ihm treu gehorchen und ihm bis zu seinem letzten Atemzug dienen. Und was der König vorbringt in bezug auf die Religion, so weiß er ganz genau, daß Seine Kaiserliche Majestät große Versicherungen abgegeben hat, niemanden diesbezüglich beunruhigen zu wollen. Es ist klar, daß diese Frage für Seine Königliche Hoheit lediglich ein Vorwand ist, unter dem sie gefährliche Absichten verbirgt, die mit ihren Pflichten wenig zu vereinbaren sind ...«

Das scheint uns rechtlich einwandfrei, doch Christian von Dänemark dachte eben nicht so. Ein wie großer politischer Fehler das 1629 vom Kaiser erlassene »Restitutionsedikt« bezüglich der protestantischen Kirchengüter war, wird hier bereits deutlich: damit bekam Gustav Adolf den Vorwand des Religionsschützers viel glaubwürdiger in die Hand gespielt, als ihn der Däne jemals vorbringen konnte.

Schließlich noch ein Flugblatt aus Tillys Hauptquartier Alfeld vom 24. April 1626: Zuerst das Argument der Gegner »daß jetzige vor Augen schwebende Kriegsverfassung allein zur defension und versicherung der Teutschen Freiheit, Übung der Augspurgischen Confession, und was von diesen beyden Puncten dependirt ... gemeint.«

Dann der Vorwurf: »Wie kann doch denen die Erhaltung der Teutschen libertet Ernst und sorgfältiglich angelegen seyn, welche sich mit des Reichs Verdampten (d. h. Mansfeld und Christian von Halberstadt), Erklärten und publicierten Feinden und Aechtern ... dann auch mit außwendigen Potentaten und Respubl. benandtlichen Enggeländern und Holländern, welche mit solchen proscribirten Rebellen und Aechtern, zum härtisten verknüpfften, ... sich mit deß Röm. Adelers kostbahren Schwingfedern zu der Teutschen ewigen Beschimpffung, Schand und Spott zu erhöhen und groß zu machen? Dadurch dann auch die gerühmte Pietet zu der Augspurgischen Confession bey allen Verständigen und unpassionirten Nider und zuboden sinkt ...« Und am Schluß die Ermahnung » ... geleben Seine Excellenz der festen zuversichtlichen Hoffnung, es werde niemand ... sich von seiner verpflichten Schuldigkeit, Trew und devotion zu der Kays. Mayst. wider die außgetruckte Göttliche und in seinem heyligen Wort offenbahrte Verordnung abwendig machen lassen, sondern als ein redlicher, uffrichtiger Patriot, nach wie vor dabey beständiglich und unaußgesetzt, bis in die Grube und letzten Atem perseverirn, und verharren, inmaßen solches Christlich, rühmlich, den Göttlichen Gebotten gemeß ... dann je kein ander Mittel bey Ruhe, Frieden und Sicherheit, gleich und Rechten vor deß mächtigern Untertruck ... als wann die Glieder dem Oberhaupt, von Gott verordnet, den gebührenden schuldigen Respekt und gehorsamb erweisen, demselben in aller fürfallenheit getrewlich assistirn ... Darinnen, und sonsten niergents bestehet die unverfälschte Wahre Teutsche libertet, und ist alles widerwertiges einbilden, und fürmahlen nur ein unformbliche Chymoera und vergebentliche mißwürdige, und ins eusserist Verderben stürzende bethör, verblend und Verführung.«
Eine derart gut kaiserliche Sprache konnte man in welfischen Landen allerdings nur mit den Waffen in der Hand führen. Bemerkenswert ist, daß Tilly sich auch mit solchen frühbarocken Texten zu befassen hatte, und daß der Krieg Geschmack am Flugblattwesen entwickelte. Maximilians Kommentar hierzu: »wer bringt nur immer die neuen undeutschen Wörter auf!«
Die Feinde wußten von Tillys prekärer Stellung entlang der Weser und beschlossen sie auszunützen. Osnabrück lag im Rücken dieser Operationslinie und war daher ein geeignetes Angriffsziel, zumal

der dortige Bischof im September 1625 gestorben war und der umgehend neu erwählte Bischof zögerte, die Kür anzunehmen: Graf Franz Wilhelm von Wartenberg, der aus der morganatischen Ehe von Ferdinand, dem Bruder Wilhelms V. von Bayern stammte und daher ein Vetter von Kurfürst Maximilian war. Christian IV. wollte dieses Bistum jedoch für seinen Sohn besitzen und sandte daher Anfang März 1626 den Herzog Johann Ernst überraschend über die Weser. Der Herzog rückte so plötzlich vor die Stadt, daß nur sechs Domherren in ihr zurückblieben und, wehrlos wie sie waren, Prinz Friedrich von Dänemark zum Koadjutor des Stiftes wählten.

Tilly mußte etwas zur Hilfe unternehmen, denn es war zu befürchten, daß der Feind über Osnabrück mit den Niederländern Fühlung aufnahm, und dann wäre die gesamte Position des kaiserlich-ligistischen Heeres nördlich von Hessen unhaltbar geworden. Zur Abwehr eines solchen Effektes hatte er im Vorjahr Minden besetzt, nun bat er auch die Infantin, ihm Truppen zuzuschicken. Angesichts des Vorrückens des Grafen Anholt von Osten und des Grafen von Isenburg (letzterer in spanischen Diensten) aus dem Westen räumte Johann Ernst Osnabrück, ließ aber Besatzungen im Lande zurück: Isenburg mußte im Stift bleiben, um diese Besatzungen auszuheben. Anschließend hätten Tilly und Maximilian gewünscht, daß Isenburg zu den Truppen der Liga gestoßen wäre, aber die Infantin verweigerte das, da sie auch keine bayerischen Truppen für ihren eigenen Krieg in den Niederlanden zu erwarten hatte.

Das wurde dadurch halbwegs neutralisiert, daß auch die Generalstaaten dem Dänenkönig keine Hilfe zukommen ließen, sondern sich auf die Leistung von Subsidien beschränkten. Überhaupt konnte Tillys mangelnde Stärke den Dänenkönig nicht darüber hinwegtäuschen, daß er in diesem Frühjahr 1626 abgesehen von der zweifelhaften Hilfe durch Mansfeld und den tollen Christian recht isoliert dastand: die Franzosen selbst waren zu Hause durch einen Hugenottenaufstand vollauf beschäftigt und mußten sich dabei auch noch Englands erwehren, das unter dem Einfluß des neuerdings bei Hofe allmächtigen Lord Buckingham beschlossen hatte, den französischen Glaubensbrüdern mit einer Flotte zu Hilfe zu kommen.

Im fernen Ungarn hätte Bethlen Gabor wiederum losschlagen sollen. Mansfeld plante, vom Lauenburgischen aus entlang der Erblande nach Schlesien zu ziehen, um sich dort mit dessen Scharen zu ver-

einigen. Eine ähnliche Idee hatte 1623 Christian von Wolfenbüttel gehabt, als er noch Administrator von Halberstadt war, und auch damals war eine Kooperation nicht zustande gekommen.
Bethlen Gabor forderte von England, Frankreich, den Niederlanden und Dänemark je 10.000 Gulden monatliche Subsidien, und da er diese nicht erhielt, zog er auch nicht ins Feld. Der Weltkrieg kam also wieder einmal nicht zustande. Friedrich der Große hat sein unerwartetes Überstehen des siebenjährigen Krieges mit dem »Mirakel des Hauses Brandenburg« erklärt. Es scheint, als ob im Jahre 1626 auch die Häuser Habsburg und Wittelsbach ihr »Mirakel« bezw. ihren politischen Schutzengel hatten, und wiederum waren ihre Siege in den folgenden Monaten und Jahren nur möglich, weil ihre Feinde sich nicht ernsthaft zusammenfinden konnten.
Auch so war indessen die Angelegenheit mühsam genug. Nördlich der Elbe hatte Mansfeld im Laufe des Winters wieder eine Streitmacht zusammengebracht, die zählen würde. Dabei ist zu berücksichtigen, daß nicht alle Soldaten, die angeworben wurden, auch zum Marschieren kamen, denn durch Seuchen, ungenügende Versorgung und die ewigen Raufereien mit dem Landvolk kamen eine Menge Menschen um, kaum daß sie unter die Fahnen getreten waren. Aber da sich Mansfeld aufs Anwerben besser verstand als aufs Kriegführen, hatte er im Februar 1626 wiederum 12000 Menschen beisammen, dazu noch 3000 Schotten und einiges an niederländischer Reiterei.
Von Lauenburg aus brach er durchs Mecklenburgische ins Kurfürstentum Brandenburg ein, immer dem rechten Ufer der Elbe folgend. Er rückte bis Zerbst vor, kurz vor dem Elbübergang von Dessau, der von Wallenstein stark befestigt worden war. Ein Korps unter General Fuchs von Bimbach folgte ihm auf dem linken Elbufer; es wurde bei Wolmirstedt von Wallenstein geschlagen. Am 25. April versuchte Mansfeld einen Sturm auf die Schanzen des Friedländers und mußte mit blutigen Verlusten zurückweichen.
Wallenstein bedeckte sich bei diesen Operationen nicht mit allzuviel Ruhm, da er seinem General Aldringen zunächst befohlen hatte, den Brückenkopf bei Dessau zu räumen, was dieser ignorieren mußte, um Mansfeld weiter erfolgreich die Stirn bieten zu können. Und als sich der geschlagene Condottiere nach Havelberg zurückzog und dort rastete, machte Wallenstein keine Anstalten, ihn über die Elbe hinweg zu verfolgen.

Seine Strategie war bis jetzt derart statisch gewesen, daß man in Wien den Kopf über den neuen Generalissimus zu schütteln begann. Sogar Graf Harrach, dessen Schwiegervater, ließ sich vernehmen, daß der Schwiegersohn vielleicht nicht auf der Höhe seiner Aufgabe stehe, und daß es vielleicht besser wäre, beide katholischen Armeen dem Grafen von Tilly zu unterstellen, der von den Soldaten allgemein geliebt werde und dessen Kriegserfahrung unvergleichbar sei.

Währenddessen hatte dieser Mühe, seine Stellung an der Weser dadurch zu verteidigen, daß er seine rückwärtigen Verbindungen durch das Landgrafentum Hessen schützte. Denn die Feinde hatten die Hoffnung noch nicht aufgegeben, diese Gegend sowie Thüringen und eventuell auch das Kurfürstentum Sachsen gegen den Kaiser aufzubringen und den Krieg dadurch um vier Jahre zurückzudrehen, daß sie ihn wieder nach Süddeutschland verlegten. Auf diese Weise wären auch Tilly und Wallenstein voneinander getrennt worden, und der große strategische Nachteil der protestantischen Partei hätte behoben werden können, der darin bestand, daß sie ihre Truppen von der Weser bis über die Elbe verteilt hatte und damit gar nicht anders konnte, als getrennt zu schlagen, während die Kräfte der Katholischen südlich des Harzes jederzeit in Verbindung standen und damit von einer Vereinigung nördlich des Harzes nur dadurch abgehalten wurden, daß die Dänen die starke Festung Wolfenbüttel besetzt hielten.

Nachdem nun in Hessen, dem Angelpunkt der folgenden Operationen, der in Wallensteins Diensten stehende Graf Merode nach Norden abgezogen war, begann Landgraf Moritz seine Minen gegen den Kaiser zu legen, während er Tilly gegenüber weiterhin die Fassade des loyalen Reichsfürsten aufrechthielt. Auf die Ritterschaft konnte er dabei nicht zählen, dafür auf die Bürger seiner Städte, da sowohl Tillys als auch Wallensteins durchziehende Truppen bei ihnen ein übles Andenken hinterlassen hatten. Nun trat Moritz in Verhandlungen mit dem tollen Christian ein, der im April mit Reiterei über die Weser ins Bistum Paderborn einbrach, dort herzhaft plündern ließ und das Landgrafentum selbst teils bedrohte, teils zum Aufruhr gegen Tilly bringen wollte. Das war auch für Moritz bedenklich, da er die Greuel des Krieges nun noch mehr ins Land ziehen würde, wenn es zum Kampffeld würde. Während er noch zögerte, sich den Feinden offen in die Arme zu werfen, eilte Tilly vom Norden heran.

Da Christian seine Forderungen nach Lieferung von Geld und Geschütz sowie nach Eröffnung der Festungen Kassel und Ziegenhain nicht erfüllt sah, konnte er gegen diesen im Land keinen festen Stützpunkt gewinnen, zumal es ihm an Fußvolk mangelte. Außerdem war zwar der Dänenkönig, von dessen Mitwirkung die Erreichung des oben beschriebenen strategischen Zieles abhing, inzwischen auf Wolfenbüttel vorgerückt, aber südlich des Harzes ließ er sich nicht sehen. Seine Entschlußfreude vom vorigen Jahr, in den Krieg hineinzuspringen, entsprach nicht seiner Ausdauer, ihn auch sachgerecht zu führen. Man sagte, er habe übermäßigen Trost im Alkohol gesucht, da er sich zu einer Koordinierung der protestantischen Kriegsanstrengungen nicht imstande sah.
Immerhin, 4000 Mann, die der Däne nach Süden schickte, und 3000 Mann, die der Landgraf aufgestellt hatte, machten für Tilly die Situation bedrohlich genug. Christian rückte auf Hersfeld vor, das Tor des Landes zum Süden, und Tillys Kavallerie unter dem Obersten Kronberg bedrohte ihn in der linken Flanke. Dazu konnte der General-Lieutenant nun denselben Vorteil ausspielen, den Christian ihm gegenüber hatte, wenn er sich Hessens bemächtigte: das Abschneiden der rückwärtigen Verbindungen.
Wie der Blitz war Tilly im Land. Am 8. Mai besetzte er Hersfeld, Christian wich schon Tage vor seinem Abmarsch über die Werra nach Norden aus, warf Besatzungen nach Hannoversch-Münden (am Zusammenfluß von Fulda und Werra) und stand am 9. Mai in Göttingen. Damit war für Tilly die Gefahr, von Süddeutschland abgeschnitten zu sein, bereinigt. Hatte Christian durch die Schnelligkeit seiner Reiter-Truppen Aussicht gehabt, den Landgrafen zu sich herüberzuziehen, so scheiterte sein gefährliches Unternehmen am Zaudern eben dieses Landgrafen sowie des untätigen Dänenkönigs und daran, daß Tilly von Harz und oberer Weser aus mit genügender Schnelligkeit im Lande sein konnte, um es zu sichern, denn seine kurzen Anmarschwege glichen Christians Eile aus, und der Däne zählte nicht. Tillys Strategie ist hierbei das Lob der Behendigkeit, des flexiblen Reagierens auf alle Situationen nicht abzusprechen; auch Christian ahnte, daß die schließliche Niederlage seiner Partei auf diese Weise unausweichlich sein mußte.
Kein Wunder, daß die gesamte politisch-katholische Welt mit Anteilnahme nicht geizte, als Tilly Ende April einige Tage in Clausthal

mit Fieber krank lag. Sogar der hochfahrende Wallenstein drückte seine besondere Sorge um die Gesundheit des großen Feldherrn aus und schrieb an den Grafen Harrach, daß er den Grafen Tilly wie einen Vater werthalte und als ein kriegerisches Genie schätze, dessen Unterweisung zu folgen er sich bemühen wolle. Das waren jedoch nur schöne Worte und nichts weiter, denn wenn Wallenstein schon dem kaiserlichen Hof gegenüber selbstherrlich auftrat, dann ließ er sich von Tilly erst recht nichts sagen. Er hatte sich ja sogar geweigert, ihm zur Zeit des Einfalls des Weimarer Herzogs ins Osnabrückische zu Hilfe zu kommen. Weder der Kaiser noch Maximilian noch die Spanier konnten dagegen etwas unternehmen, da Wallenstein letztlich nur zu bändigen war, wenn man ihn Tillys Kommando unterstellte. Das aber ging nicht an, da der Friedländer mit seiner großen Armee schon zu mächtig war, als daß man ihn zum Nachgeben hätte zwingen können, und da der kaiserliche Generalissimus nicht dem bayerischen Generalissimus unterstellt werden konnte, ohne daß damit der Kaiser unverantwortlich gedemütigt worden wäre. Es nützte angesichts dessen den Spaniern und ihrem General Spinola nichts, daß sie Tilly als Oberkommandierenden favorisierten.

Da sein Hauptaugenmerk im Mai 1626 wiederum auf der »Nordfront« ruhte, umging er Kassel mit seiner Festung und mußte sich den Durchgang zum Harz erkämpfen, denn immerhin hatte Christians Streifzug ihm mit der Besetzung von Münden den Weserlauf versperrt. Solange Münden nicht gefallen war, blieb dem Feind die Möglichkeit offen, das alte Nord-Süd-Karrussel auf diesem Kriegsschauplatz wieder zu eröffnen. Am Abend des 5. Juni 1626 kam Tilly mit Vorausabteilungen vor Münden an. Die Stadt wurde verteidigt von 800 Mann unter dem Kommando des Obersten Lawis, einem Deserteur aus dem ligistischen Heer, dem der Strang drohte, wenn sie fiel. Nach der üblichen dreifachen Kapitulationsaufforderung schossen die Ligistisch-Kaiserlichen bis zum 7. Juni eine Bresche. Von Tillys Lager am Galgenberg aus, am linken Ufer der Fulda, konnte man erkennen, daß das Städtchen sich nicht würde halten können, und daß es wohl nur von dem verzweifelten Mut des Deserteurs bei der Stange gehalten wurde. Viele Bewohner waren schon vor dem Anrücken Tillys geflohen.

Der Generalleutnant wartete den 8. Juni ab; immer noch hielten die Feinde sich ruhig. Am Abend dieses Tages war die Bresche derart

breit geschossen, daß ein ganzes Regiment sie durchstürmen konnte. Lawis mochte meinen, die Ligistischen würden durch die Werra aufgehalten werden, doch Oberst Fürstenberg fand wider Erwarten eine Furt und drang mit zwei Regimentern durch die Bresche vor. Nach einer Gegenwehr von wenigen Minuten wurden die Dänen zurückgeworfen, sie verschanzten sich im Friedhof, konnten auch den nicht halten und zogen sich ins Schloß zurück, wo sie samt und sonders niedergehauen wurden. Oberst Lawis entging dem Militärgericht, indem er sich von seinem Diener erstechen ließ.
Währenddessen waren auch von Süden her Soldaten in die Stadt gedrungen. Der Widerstand war zwecklos und nur noch durch hysterische Verzweiflung zu erklären, wie sie mitten im Toben des Gefechtes aufkommt, sobald einem die Ausweglosigkeit seiner Lage bewußt wird. Ein Bürger hatte eine Kanone mit Splittern und Nägeln aller Art geladen, die feuerte er aus nächster Nähe auf die Ligistischen und richtete damit bei ihnen doppelt greuliche, weil unerwartete Verluste an. Da gerieten auch die Soldaten Tillys in Raserei, ein Pulverturm flog in die Luft, und da sich die Ligistischen in ihrer Wut nun auch noch erinnerten, wie einer ihrer Kapitulationsherolde vor wenigen Tagen beleidigt worden war, stürzten sie sich in ein sinnloses Massaker. Der Graf Fürstenberg, der nach der Explosion zusammen mit Tilly einritt, schrie: »Haut die rebellischen Hunde alle nieder!« Keinem der Bürger wurde Pardon gegeben, über 1000 Einwohner der Stadt wurden unterschiedslos niedergemetzelt, von der Besatzung sollen nur sieben Mann entkommen sein. Daß Tilly dem Morden gewehrt hätte, ist nicht überliefert.
Nunmehr war die Rolle des Landgrafen Moritz endgültig ausgespielt. Tilly forderte ihn auf, kaiserliche Garnisonen im Land aufzunehmen, und bezeichnenderweise verfiel der calvinistische Landgraf in seiner langatmigen Erwiderung auf den Vorwurf, der General wolle sein Land dem Luthertum ausliefern, das ebenso verächtlich sei wie der »Papismus«. Daraus kann nur gefolgert werden, daß Tilly tatsächlich nirgendwo im Reich, wo er mit seinen Truppen durchzog, die nicht-katholischen Religionen in ihrer Ausübung drangsaliert hat, denn sonst hätte ihn Moritz in dieser jammervollen Stunde sicherlich der Einführung des Katholizismus bezichtigt, nicht aber vollständig sinnlos – der Begünstigung der Lutheraner, deren Feldherr Tilly niemals war.

Nach einigem Hin und Her begnügte sich Tilly mit der Zusage des Fürsten, seine Festungen niemandem zu eröffnen und sein Land wieder in das Verfassungsgefüge des Reiches zu integrieren. Moritz wollte erst aus Gram abdanken, verschob es aber dann bis zum Jahre 1627.
Der nächste Sieg der Katholischen war der Tod Christians, ehemals von Halberstadt, am 16. Juni, des dynamischsten unter den protestantischen Heerführern. Er selber meinte, er sei verzaubert, was entschieden zu ritter-romantisch war, denn der dänische König, der ihn inzwischen nur zu gut kannte, erklärte es wahrheitsgetreuer: »Die Krankheit und der Tod haben ihren Ursprung von dem unordentlichen Leben, das seine fürstliche Gnaden jederzeit geführt.«
Während noch die Verhandlungen mit dem Landgrafen schwebten, schickte Tilly den Grafen Anholt nach Osnabrück, um dieses Gebiet zu säubern, und rückte selbst zur Belagerung Göttingens heran, des anderen Stolpersteines, den ihm der tolle Christian in den Weg gelegt hatte. In Duderstadt traf er sich Ende Juni mit Wallenstein, der sich auf einmal konziliant zeigte. Es ging um die Vereinbarung des Feldzugsplanes für den Sommer. Zusätzlich versprach die Infantin, 6000 Mann Fußvolk, achtzehn Schwadronen Reiter und sechs Kanonen von spanischer Seite zu seiner Unterstützung zu stellen, und Wallenstein wollte ihm zwei Infanterieregimenter und ein Kavallerieregiment schicken. Damit wären seine Truppenforderungen, die er nun schon seit ungefähr einem Jahr immer wieder erhoben hatte, befriedigt worden.
Bemerkenswerterweise konnte er gerade von der Liga keine Unterstützung erwarten, denn die katholischen Reichsfürsten hatten erstens kein Geld und waren zweitens durch die Werber Wallensteins in ihren Landen vom Kriegsgeschehen bereits hinreichend belästigt. Denn auch das Werbegeschäft und der Durchmarsch von Truppen auf den Kriegsschauplatz hatte Unordnung, Raub und Plünderung und sogar das Erheben fetter Kontributionen in seinem Gefolge.
Derart gestärkt, würde Tilly zusammen mit Wallenstein eine Offensivoperation größten Stiles unternehmen können: entlang der Elbe nach Norden, um Mecklenburg und Holstein zu besetzen und den Dänenkönig damit von seinen Rückzugswegen abzuschneiden. Das war eigentlich schon seit April fällig gewesen, seit Mansfelds vergeblichem Anrennen gegen die Dessauer Verschanzungen.

Schließlich scheiterte die Ausführung des großen Planes unter anderem an Mansfeld. Dieser hatte im Brandenburgischen seine Truppenstärke in aller Ruhe wieder auf 8000 Mann gebracht und rückte Mitte Juli nach Schlesien und Mähren ab, um sich doch noch mit Bethlen Gabor zu vereinigen. Dessen Wille, erneut das Schwert gegen den Kaiser zu ziehen, war gewachsen, seit der Dänenkönig eine großzügigere Zahlung von Subsidien aus seiner Tasche in Aussicht gestellt und auch der osmanische Pascha von Ofen einen Entlastungsangriff versprochen hatte.
Mansfelds Aussichten, zusammen mit Bethlen die kaiserlichen Erblande im Rücken anzufallen, waren trotzdem noch ungewiß, denn solange er über das wehrlose Brandenburg und die Oder entlang nach Südosten marschierte, schlug der Siebenbürger immer noch nicht los. Aber immerhin, Wallenstein würde ihn verfolgen müssen, auf diese Art die Früchte seiner Untätigkeit nach der Dessauer Schlacht erntend. Damit war sein Vorgehen mit Tilly entlang der unteren Elbe unmöglich geworden.
Erfolge der Niederländer gegen die spanischen Truppen ließen auch Unterstützung von der Seite der Infantin in weite Ferne rücken; und dann kam auch aus Süddeutschland kein Nachschub mehr, denn Maximilian brauchte alle dortigen Einheiten, auch diejenigen, die neu aufgestellt wurden und für Tilly bestimmt waren, um einen Bauernkrieg vor seiner Haustür auszufechten. In dem Pfandland Oberösterreich hatte sich das Landvolk gegen die religiös und finanziell gar nicht zartfühlende bayerische Herrschaft erhoben und zwang den Kurfürsten zum militärisch massiven Eingreifen.
Das Ergebnis dieser drei Ablenkungen vom Plan von Duderstadt (Mansfeld, Niederlande, Oberösterreich) mußte sein, daß Tilly den Feldzug ganz einfach dort weiterführte, wo er gerade stand, nämlich mit der Belagerung von Göttingen. Immerhin überließ Wallenstein ihm, als er Anfang August zur Verfolgung Mansfelds aufbrach, 12 000 Mann Infanterie und 5000 Reiter.
Göttingen erwies sich als eine harte Nuß, obwohl der Dänenkönig nicht zum Entsatz heranrückte, sondern nur Verstärkungen in die Stadt geworfen hatte. Andauernder Regen erschwerte die Belagerungsarbeiten, die Bevölkerung stand geschlossen auf dänischer Seite und half dem Militär wirkungsvoll bei der Verteidigung. Oberst Fürstenberg ließ 300 Bergleute aus dem Harz kommen, die unterir-

dische Stollen legen mußten, um den Gräben der Stadtmauer das Wasser zu entziehen. Doch die Dänen bemerkten diese Arbeiten, die nur unter Geheimhaltung sicher durchzuführen waren, bohrten Gegenstollen, ohne von den Belagerern im Dauerregen bemerkt zu werden, und vereitelten das Unternehmen der Ligistischen, wobei die Hälfte der zwangsverpflichteten Bergleute umkam. Nichtsdestoweniger sank den Einwohnern im Laufe des Juli der Mut, da Christian IV. keine Anstalten machte, selbst zur Rettung heranzueilen, und da die Vorräte allmählich zur Neige gingen.
Christian IV. hatte allerdings dem General Fuchs von Bimbach, der sich seit seiner Niederlage bei Wolmirstedt um Tangermünde in der Altmark hielt, den Entsatz befohlen, aber durch eine Abteilung Wallensteiner unter Herzog Georg von Lüneburg, der sich hier im Dienste Tillys zum ersten Mal bewährte, wurde dieser festgenagelt und konnte nichts unternehmen.
Dann noch die Belagerung des festen Platzes Calenberg durch die Protestanten, die die Ligistischen ablenken sollte: der Graf Fürstenberg rückte gegen die Belagerer aus und warf sie am 27. Juli durch eine wuchtige Kavallerieattacke aus dem Felde. Darauf forderte Tilly die Göttinger zur Kapitulation auf, ließ zur Bekräftigung Bresche schießen und zum Sturm antreten. Schließlich begannen die Verteidiger zu verhandeln. Die Besatzung durfte am 11. August frei abziehen, und der Stadt blieb mit dieser friedlichen Lösung ein Blutbad wie in Hannoversch-Münden erspart.
Dann kam Northeim an die Reihe, das dritte Hindernis des tollen Christian südlich des Harzes, und der Stapelplatz der Beute von dessen schnellen Raubzügen. Tilly glaubte, auf Einverständnis in der Bürgerschaft des Ortes zählen zu können, die die Schrecken einer Belagerung nicht aushalten wollte.
Da endlich setzte sich Christian IV. in Bewegung.
Am 16. August traf er mit seiner Armee vor der Stadt ein, Tilly konnte ihm nicht zuvorkommen, da er vorher zwei Tage in Göttingen hatte krank liegen müssen. Christian warf Nachschub und Verstärkungen in die Stadt und lagerte sich knapp nördlich der Stadt am Zusammenfluß von Leine und Ruhm. Noch am selben Tag kam es zwischen der ligistischen Kavallerie und der dänischen Vorhut zu einem Gefecht, in dem die Reiter standhielten. Tilly nahm Lager südlich der Stadt und zog sich am nächsten Tag in südlicher Rich-

tung zurück. Christian faßte das als ein Zurückweichen auf und rühmte sich dessen. Aber der Generalleutnant wartete nur, bis er Verstärkungen erhielt, so daß er dem König auch in offener Feldschlacht gewachsen wäre. Am 21. August zog er den Wallensteinischen Obersten Desfours und den Herzog Georg von Lüneburg heran.

Christian glaubte nun wirklich, er hätte den Alten bereits aus dem Felde geschlagen, was seinem strategischen Denken ein beschämendes Zeugnis ausstellt, verweilte noch einen Tag in Northeim und rückte am 20. August ins Eichsfeld ab, um über Duderstadt nach Thüringen einzubrechen und die fränkischen Staaten der Liga heimzusuchen. Sofort schickte Tilly den Obersten Desfours mit vier Regimentern Infanterie und zwei Regimentern Kavallerie auf den Weg nach Göttingen, um von dort aus den Dänen auf ihrem Marsch nach Duderstadt in die Flanke zu fallen. Am 22. August traf Desfours mit Tilly vor Göttingen zusammen, nachdem er östlich der Stadt bereits dänische Abteilungen ausgemacht hatte.

Ein schwerer Sturm mit Blitz und Donner begann zu toben, als die Ligistischen auf kürzester Strecke sich an Duderstadt heranschoben, in das die Dänen mittlerweile eingezogen waren. Tilly nahm sein Hauptquartier, wie üblich, direkt am Feind. Am nächsten Tag mußte Christian bemerken, daß ihm hier wieder mitgespielt werden sollte wie seinen Vorgängern bei Prag, Mingolsheim, Wimpfen, Höchst und Stadtlohn: er sollte gezwungen werden, die Entscheidungsschlacht anzunehmen. Also stellte er, anstatt die vom Marsch mitgenommenen Regimenter Tillys unverzüglich anzugreifen, sein Heer zunächst einmal in Schlachtordnung auf.

Am nächsten Morgen, dem 24. August, stieg Tilly zu Pferd, um seine Truppen ebenfalls zu ordnen, doch da war von den Dänen keine Spur zu entdecken: Christian hatte Angst vor seiner eigenen Courage bekommen und in der Nacht das noch nicht eröffnete Schlachtfeld verlassen, um nach Norden zurückzuziehen. Bei einem derart unentschlossenen Gegner konnte es nicht schwerfallen, zum Schlagen zu kommen, wenn man ihm nur dicht auf den Fersen blieb und, wie bei Stadtlohn, das Gesetz des Handelns damit an sich riß.

Ligistische Vorhut und dänische Nachhut blieben in beständiger Fühlung, während der König in Richtung Seesen am Harz davoneilte, um das rettende Wolfenbüttel wieder zu erreichen. Unterwegs ließ er alle Dörfer anzünden, um die Verfolgung zu erschweren. Hinter Seesen traf Desfours mit seiner Kavallerie auf 400 Musketiere, 200 Dragoner und zwei Kanonen des Feindes, postiert in unwegsamem Gelände, durch das nur in langer Kolonne marschiert werden konnte, und sprengte die Abteilung auseinander, kaum daß sich dahinter die Hauptmacht des Königs in Sicherheit bringen konnte. Der Weg nach Wolfenbüttel führte zwischen dem Harz und dem kleinen Ort Lutter durch ebenes Gelände; hier mußten die Dänen durch. Durch Desfours' Sieg war die ligistische Hauptmacht so nahe herangerückt, daß Christian sich entschließen mußte, gegen den Feind Front zu machen. Seinen Troß schickte er nach Lutter voraus, die Artillerie postierte er vor seinen Truppen und begann am Nachmittag des 26. sich mit Tilly, der seine Artillerie bereits auf einem Höhenrücken hatte plazieren können, zunächst ein Artillerieduell. Um Mitternacht zog der König in Richtung Lutter weiter, wobei er in unübersichtliches Gelände eintauchte, in dem nur zwei Straßen gangbar waren. Das führte zu Kollisionen der Soldaten mit dem langsam ziehenden Troß. Sollte die Armee nicht in vollständige Unordnung geraten, mußte der König haltmachen, also wiederum dem Feind die Stirne bieten.

Zwischen den Dörfern Nauen und Rahden nahm die Nachhut Stellung: die Artillerie wurde über dem einzigen Übergang des Baches aufgestellt, der die Dörfer verband, dahinter kampierte das Gros der Armee. Desfours erkannte, daß die Hauptarmee vor ihm stand, und blieb stehen, bis mehr Infanterie heran war und die Artillerie nachkam. In der Nacht ließ Tilly das Gelände erkunden und besetzte es ringsum bis zu dem erwähnten Bach, der nun die Heere trennte.

Am Morgen des nächsten Tages, bevor Christian weitermarschieren wollte, wurde ihm gemeldet, daß das Gelände südlich des Baches vom Feind schwierig zu durchschreiten sei; offensichtlich war den Kundschaftern die Anwesenheit Tillys dort verborgen geblieben. Also machte sich der König seelenruhig daran, seinen Rückzug auf der einzig gangbaren Straße fortzusetzen, die nach Neu-Wallmoden führte, und geriet dabei wiederum mit seinem Troß in Verwirrung. Oberst Fuchs, der Führer der Nachhut, stellte sich in Schlachtordnung auf, während auf Tillys Seite im Laufe des Vormittags die Regimenter eintrafen, die bei der Verfolgungsjagd zurückgeblieben waren und nun ihren Platz zugewiesen bekamen.

Tilly konnte seine numerisch überlegenen Truppen so aufstellen, daß sie Fuchs auf beiden Seiten umfassen sollten. Aber der Angriff auf dessen linken Flügel blieb stecken, obwohl zunächst das vor der Front liegende Dorf Dolgen genommen werden konnte. Tiefe Sümpfe machten ein Fortkommen hinter dem Dorf unmöglich, und als die Dänen Dolgen in Brand schossen, zog sich der rechte Flügel auf die Hauptmacht zurück.
Daher ließ Tilly nun den Grafen Gronsfeld mit vier Regimentern im Zentrum zur Überschreitung des Baches vorgehen. In der Tat konnte das dänische Geschützfeuer die Ligistischen nicht hindern, jenseits des Baches Fuß zu fassen und 200 Musketiere dort zu postieren. Dadurch wurde Fuchs veranlaßt, die Kanonen zum Schweigen zu bringen und mit einer Kavallerieattacke zu versuchen, den gegnerischen Geländevorteil zu beseitigen. Das brachte Gronsfeld zunächst starke Verluste, aber er konnte das sumpfige Gelände nun auch zum Schutz gegen die feindliche Reiterei ausnützen und schaffte es, den Angriff schließlich zurückzuschlagen.
Gleichzeitig mit diesem Kampf gingen drei Regimenter dänische Infanterie vor, um Tillys Kanonen auszuschalten, die von Baumverhau und dem Würzburger Regiment geschützt waren. Die Verluste im Ansturm glichen sich aus mit den Opfern unter den Würzburgern, als die Dänen heranwaren, um sich der Kanonen zu bemächtigen. Dann aber blieb der Angriff verlustreich stecken. Tilly selbst warf sich ins Gefecht (inzwischen war er immerhin schon siebenundsechzig Jahre alt!) und feuerte die Soldaten mit gezogenem Schwert an.
Nun trat Desfours zur Attacke an: er stürmte am rechten Flügel von Fuchs, umging dessen Stellung und trieb die dänische Kavallerie, die sehr wenig Kampfesmut an den Tag legte, auseinander. Zu fliehen war in dem sumpfigen Gelände ebenso gefährlich wie zu stürmen, denn von den dänischen Reitern gingen Dutzende im Morast unter. Fuchs eilte herbei, um die Demoralisierten wieder zu sammeln, fand dabei aber selbst den Tod, zusammen mit dem Landgrafen Philipp von Hessen, dem Sohn von Moritz.
Damit waren auch die angreifenden dänischen Regimenter in hoffnungsloser Lage und wurden vernichtet; Tillys Kavallerie nahm den Rest der feindlichen Armee zwischen zwei Feuer. Da hatte das Aushalten des linken dänischen Flügels auch keinen Sinn mehr, die Soldaten liefen einfach davon und zerstreuten sich.

Das war allerdings erst das Heer unter Fuchs' Befehl gewesen. Dahinter stand noch König Christian selbst, aber seine Einheiten waren im entscheidenden Augenblick zu weit entfernt, um in die Schlacht noch eingreifen zu können. Das Gerücht, daß Wallenstein im Anmarsch sei und daß die Truppen Desfours' bereits dessen Vorhut seien, gab dem dänischen Heer den Rest. Es stob in Panik auseinander, verfolgt von den nun Schritt um Schritt das Schlachtfeld säubernden Siegern, die, da sie nun einmal im Schuß waren, auch die herbeieilende dänische Vorhut zurückschlugen.
Seit der Flucht der Kavallerie auf der rechten Flanke hatte der König entweder kein Gehör mehr unter seinen Truppen gefunden, oder alle intakten Einheiten waren in dem ausbrechenden Chaos sinnlos untergegangen, ohne es bewältigen zu können. Christian mußte sich mit dem Schwert in der Hand nach Norden durchschlagen. Er soll dabei späte Wunder an Tapferkeit vollbracht haben, von einem ligistischen Offizier tätlich angegriffen worden sein, wobei ihn ein Däne heraushauen mußte, das Pferd unter dem Leib verloren haben, nur einem Offizier, der ihm das seine zur Verfügung stellte und dann zu Fuß durchkam, sein Davonkommen zu verdanken haben.
Als er am Abend hinter den schützenden Mauern von Wolfenbüttel verschwand, hatte er 10000 Mann an Toten und Gefangenen zu beklagen, und noch am selben Tag hatten 2000 Soldaten seines Heeres im Schloß von Lutter, das ihnen als Zuflucht gedient hatte, die Waffen gestreckt und waren ausnahmslos in die ligistische Armee eingetreten. Damit waren Tillys Verluste mehr als wettgemacht, der König aber hatte nach damaligen Maßstäben eine ganze Armee verloren (zum Zahlenvergleich: Mansfeld war mit weniger als 10000 Mann nach Schlesien gezogen!).
Vom noch rauchenden Schlachtfeld wurde der Leichnam Philipps von Hessen geborgen. Tilly ließ ihn dem schwierigen Landgrafen, seinem Vater, mit einem bedauernden Brief zurückschicken. An die Infantin, die ihm keine Verstärkungen hatte zukommen lassen, schrieb er am Tag nach seinem Triumph: »Es ist ein offensichtlicher Beweis der göttlichen Gerechtigkeit, daß die guten Erfolge die gerechte Sache und die Waffen Seiner Kaiserlichen Majestät und der katholischen Union in so glücklicher Folge begleiten ...« Aus seiner Feder klang das nicht wie eine der üblichen Phrasen. Dann stellt er in gewohnter Sachlichkeit den Verlauf des Feldzuges von der Beset-

zung Göttingens bis zu seinem Sieg dar und schließt: »... bei dieser Gelegenheit hat sich Feldmarschall Graf von Anholt würdig der Pflicht seines Amtes erwiesen, der Ruhm dieses Sieges aber gebührt jenem großen Gott der Armeen, der uns die Gnade seiner Erringung erwiesen hat.« Auch dem Gegner läßt er Gerechtigkeit widerfahren: »Ich habe niemals einen General gesehen, der seine Anordnungen besser zu treffen verstand, die Truppen tapferer in den Kampf führte, mehr Geistesgegenwart zeigte, besser in die Unordnung Disziplin brachte und die verschreckten Soldaten lebhafter mit neuem Kampfgeist erfüllte, als den König Christian von Dänemark.«
Letzterer schien in der Tat zu den Naturen zu gehören, die in Leichtlebigkeit und Trägheit dahindämmern, bis der Anblick der Katastrophe sie über sich hinauswachsen läßt; kein großer Staatsmann und Feldherr also, aber sympathisch und achtbar. Über ihn hatte Tilly seinen größten Sieg errungen.
Von allen Seiten prasselten die Gratulationen gekrönter Häupter auf ihn hernieder. In Wien ließ der Kaiser ein Tedeum zu Ehren des Sieges bei Lutter singen, in Brüssel wurden Freudenfeuer abgebrannt, Papst Urban VIII. übersandte dem Feldherrn zusammen mit einem höchst huldvollen Schreiben einen geweihten Hut. Die Familie Tilly wurde derart hoffähig, daß des Feldherrn Neffe Werner eine Tochter des beim Kaiser einflußreichen Fürsten Karl von Liechtenstein heiraten durfte.
Maximilian sonnte sich seinerseits im Erfolg seines Generals, da die Spanier ihre Ansprüche auf die Rheinpfalz nun endgültig zurückzogen und sich mit der bayerischen Übernahme der Oberpfalz abschließend einverstanden erklärten. Und auf dem Kriegsschauplatz machten die Fürsten des niedersächsischen Kreises ihren Frieden mit dem Kaiser, der nicht anders konnte, als sie wieder in Gnaden aufzunehmen.
Aber jenseits der Elbe schreckten die ligistischen Waffen offensichtlich noch nicht genügend, denn die Herzöge von Mecklenburg blieben König Christian weiterhin verbunden – und sie sollten es im Jahre 1628 schwer bereuen, als sie vom Kaiser ihres Landes verwiesen wurden und es an Wallenstein überlassen mußten. Diese vorläufig fortbestehende Renitenz ließ es klar werden: der Krieg war bei weitem noch nicht beendet.
Ob Tilly an die pünktlich zur Schlacht entstehende Legende ge-

glaubt hat, ein Schwert mit dem Griff auf katholischer Seite und mit der Spitze das dänische Heer anfunkelnd sei am Himmel erschienen, bleibt sein Geheimnis, darf aber trotz seiner Frömmigkeit bezweifelt werden. Berauschung war nie seine Sache gewesen.

Nun würde es zunächst wieder, wie nach der Schlacht von Höchst, neben der unmittelbaren Verfolgung der Geschlagenen, an das Aufknacken von Festungen gehen, allen voran des starken Wolfenbüttel. Eine unter Anholt losgeschickte Abteilung von 1500 Dragonern stieß allerdings ins Leere: der Feind war nirgends, bis zur Elbe nicht. Aber verblüffenderweise war Christian noch nicht aus dem Feld geschlagen. Er ließ am Tag nach der Schlacht eine Proklamation des Inhalts ergehen, daß jeder Deserteur, der sich wieder unter seinen Fahnen einfinden würde, mit Waffen sechs Taler ausgezahlt bekäme, ohne Waffen vier Taler. Da liefen die in die ligistische Armee zwangsinkorporierten Landsknechte Tilly wieder in Scharen davon, und so bekam der König erneut gut 20000 Mann in die Hand. Aber da ihm eine deutliche Niederlage genug war, verteilte er die Truppen lediglich in die Festungen Niedersachsens, ohne erneut im Feld zu erscheinen. Und die energische Weiterführung des Krieges scheiterte am unbefriedigenden Zustand der ligistischen Armee.

Sie habe monatelang keinen Sold ausgezahlt bekommen und leide in dem von den beiden Christians ausgeplünderten Lande an großen Versorgungsschwierigkeiten, berichtete Tilly nach Brüssel. Es war das ständige Lied: nur ein satter Soldat ist ein guter Soldat.

Es blieb, die Belagerung Wolfenbüttels einzuleiten. Georg von Lüneburg übernahm die wallensteinischen Truppenteile und eroberte das Gebiet des Bistums Bremen. Der Kurfürst von Brandenburg, der die neue Kurwürde Maximilians als einziger Kollege noch nicht anerkannt hatte, mußte beobachtet werden, indem Georg in die Altmark zog und dort den festen Platz Gardelegen besetzte. Am Jahresende ging Tilly in die Winterquartiere, die sich von der Festung Nienburg im Westen entlang des Südufers der Aller bis in die Altmark erstreckten.

Es kann abschließend zu diesem Jahr kein Zweifel bestehen, daß Tilly mehr geleistet hatte als Wallenstein. Denn dessen Verfolgung Mansfelds und Johann Ernsts von Weimar war mittlerweile recht unbefriedigend verlaufen. Der Friedländer hatte beim Hetzen des Feindes nicht das gleiche Geschick bewiesen wie Tilly. Zähflüssig hatte sich seine Armee durch Schlesien und Mähren in die Slowakei gewälzt, mit Bethlen, der nun wieder an der Donau im Feld erschienen war, während Mansfeld sich in den Bergen weiter nördlich versteckte, ein wenig scharmützelt, und dann kam schon die Zeit des Winterlagers heran. Bethlen schloß im Dezember seinen dritten Frieden mit dem Kaiser, die Türken verloren ebenfalls die Lust und zogen sich 1627 durch Friedensschluß auf fünfundzwanzig Jahre endgültig aus dem Dreißigjährigen Krieg zurück.

Mansfeld verließ nun seine Armee in der unwirtlichen slowakischen Einöde, um nach Venedig zu gehen und dort neue Subsidien zu erbitten. Auf dem Weg dorthin starb er, erschöpft und schon lange krank, Ende November in der Nähe des bosnischen Sarajevo an einem Blutsturz, und Johann Ernst folgte ihm vierzehn Tage später in Szent-Marton in der Slowakei in den Tod. Auch das waren für den Kaiser Erfolge, allerdings nicht durch Wallensteins Verdienst.

Als dieser nun noch seine Winterquartiere in den mährisch-schlesischen Erblanden einnehmen wollte, wuchs die Abneigung gegen ihn am Wiener Hof so sehr, daß er mit seinem Rücktritt drohen mußte, um seine Stellung halten zu können. Das war, anstelle eines versäumten militärischen, in der Tat ein diplomatisches Meisterstück. Maximilian und Tilly würden also auch in den nächsten Jahren mit diesem unbequemen Konkurrenten zu rechnen haben.

Ja, Wallenstein schlug in den Unterredungen mit den kaiserlichen Räten sogar einen genialen Salto-Mortale, als er erklärte, es komme gar nicht darauf an, im Felde schnelle Erfolge zu erzielen. Wichtig sei, daß der Kaiser beständig eine starke Armee habe – so etwa 100000 Mann, für damalige Zeiten eine ungeheuerliche Zahl, wenn man bedenkt, daß Tilly gesagt hatte, ein Feldherr könne nicht mehr als 40000 Mann kommandieren. Dieses Riesenkriegsinstrument nun dürfe nicht im Osten stehen, wo Osmanen und Woiwoden sich gute Nacht sagten, sondern müsse ins Reich geführt werden, um des Kaisers Macht alle Reichsstände unwiderstehlich fühlen zu lassen, und um den Kaiser zum Herren im Reich zu machen, wie er es noch nie zuvor gewesen sei.

In der Tat, das hieß der bisherigen politischen Entwicklung geradezu die Krone aufzusetzen: war das Haus Habsburg auf dem besten Wege, seine Vormacht in Europa nachhaltig auszubauen, so war das bis jetzt auf Kosten der Bedeutung der Reichsstände geschehen, die zu einer bloßen Manövriermasse von Pufferstaaten zwischen Österreich, Spanien, Frankreich und den Generalstaaten herabzusinken drohten. Breitete sich die wallensteinische Armee im Reiche aus, dann war es um die Reichsstände, allen voran Bayern und Sachsen, endgültig getan. Des Kaisers Macht würde zum mitteleuropäischen Koloß werden, mit entsprechend revolutionären verfassungsrechtlichen Änderungen im Reich, deren vorhersehbare war, daß die Kurfürsten ihr jahrhundertelanges, geheiligtes Recht zur Kaiserwahl verlieren würden. So hätte das fürchterliche Söldnerwesen der damaligen Zeit zu politischem Kapital umgemünzt werden können: die Truppen hausten derart breit im Lande, daß sie mehr Raum für sich beanspruchten als spätere Massenarmeen von zehn- und zwanzigfacher Stärke. Eine einzelne Kompanie Kroaten saugte mühelos ein gutes Dutzend Dörfer aus. Entsprechende Hochrechnungen ergeben, daß tatsächlich vor 100000 Mann das ganze Reich hätte zittern müssen.

Einziges Gegenmittel gegen Wallensteins Pläne, da die Dänen geschlagen waren und froh, zwischen sich und Tilly den Unterlauf der Elbe zu wissen, war die Armee der Liga und zusammen mit ihr des hellwachen Maximilian politische Opposition. Er hatte nicht so hartnäckig um seine Kurwürde gekämpft, um sie nun allmählich entwertet zu sehen. Symptomatisch für seine Reserve war seine Abneigung, Protestanten im ligistischen Heer Offizierspatente auszustellen. Seine Armee sollte nach wie vor, indem sie den katholischen Reichsständen diente, auch dem katholischen Glauben dienen. Wallenstein hingegen favorisierte die Protestanten bei sich, sofern sie nur tüchtig waren, und das nicht nur aus konfessioneller Gleichgültigkeit. Er war nämlich überzeugt, daß der Kaiser nur dann Herr im Reich werden konnte, wenn er mit den Protestanten zum Ausgleich kam, wenn folglich sein Heer keine Rücksicht auf religiöse Differenzen nahm. Er faßte ein Ende der Glaubenskriege nicht nur durch Toleranz, sondern auch durch Gewalt ins Auge, und originellerweise schlossen sich beide Elemente dabei keineswegs gegenseitig aus. Hätte Maximilian da mitgemacht, hätte er auch seine Verbindungen zu Frankreich und zum Heiligen Stuhl abbrechen müssen, das versteht sich. Und eben dies war für ihn unzumutbar.

Der Ligatag, der im Februar 1627 in Würzburg zusammentrat, verwahrte sich energisch gegen die Absichten Wallensteins, im ganzen

Reich Musterungsplätze zu begründen, sowie gegen die Aufstellung von Truppen durch protestantische Fürsten. Wenn man z. B. die Herzöge von Lauenburg nur gewähren ließe, hieß es, dann würden sie im Handumdrehen 25000 Mann auf die Beine stellen. Hält man aber daneben, daß die Fürsten der Liga feierlich beschlossen, Tilly 6000 Mann Infanterie und 2000 Mann Reiterei zur Verfügung zu stellen, dann ergibt sich aus der Relation beider Heeresstärken die Frage, wie lange die Liga für den Kaiser wirklich noch unentbehrlich geblieben wäre.

In Norddeutschland setzten sich die Desertionen von der ligistischen Armee zu wallensteinischen Einheiten munter fort, denn auch im Winter 1626/1627 hatte die »Konkurrenz« die besseren Winterquartiere und versorgte sich aus dem Lande großzügiger, als das Tilly jemals zugelassen hätte.

Ein anderes Ergebnis der Beratungen von Würzburg war ebenso bescheiden wie die Beschlüsse zur Heeresverstärkung: man raffte sich auf, Tilly ein Ehrengeschenk von 50.000 Talern zukommen zu lassen, das diesem sehr willkommen gewesen wäre, da er die Geschenke der Tage von Regensburg (1623) und Augsburg (1624) seinem Neffen Werner zu dessen Hochzeit überschrieben hatte. Aber ach, die Fürsten kürzten an dem Ehrengeschenk herum, bis es nur noch 30.000 Taler ausmachte, und auch die brauchten ganze zwei Jahre zur Auszahlung. Wäre Tilly nicht von Natur aus bescheiden gewesen, bescheidener als gar mancher hierzu von Gelübde wegen verpflichtete Mönch, er hätte das Kommando enttäuscht niedergelegt. Es dürfte ganz richtig erfühlt sein, wenn Ricarda Huch dem alten Kriegsmann in ihrem Buch »Der große Krieg in Deutschland« einen Hauch von Melancholie und Resignation ins Gemüt legt, als er gegen den Dänenkönig im Felde steht. Mußte er sich doch sagen, daß sein zeitlicher Gewinn aus einem langen Soldatenleben unverhältnismäßig gering war im Verhältnis zu den Summen, Ländereien und Titeln, die Wallenstein in wenigen Kriegsjahren an sich raffte, ohne ebensoviel für den Kaiser geleistet zu haben: Herzog von Friedland war er schon, nun wurde er auch noch Fürst von Sagan in Schlesien (1627) und Herzog von Mecklenburg.

Als hingegen der Sieger am Weißen Berge beim Kaiserhof 1621 um eine Belohnung nachgesucht hatte, da war ihm die Abfuhr erteilt worden, daß der Kaiser sich augenblicklich nicht entschließen könne. Und die Schenkungen des spanischen Königs vom August 1628, die auf Verwendung der Infantin hin in den Niederlanden die Herrschaft von Tilly und Marbais abrunden sollten, hielten keinen Vergleich mit Friedland, Sagan und Mecklenburg aus: was waren dagegen schon die Herrschaften Bossières, Viefoille und Temploux, die die Weiler Bossières, Hermoye, Moulin Delvaux, Golsinne, Beuzet, Malmaison, Vieux Maison und noch ein paar Flurnamen zusätzlich umfaßten!

Mit anderen Worten: Tilly verstand es nicht, sich bei seinen Vorgesetzten ebenso Gehör zu verschaffen wie Wallenstein. Gewollt hätte er es schon, so mönchisch war er nun auch wieder nicht. Und daß er sich mit dem Bewußtsein des unbestreitbaren Ruhmes begnügt hätte, der ihm inzwischen zuteil geworden war, dafür findet sich kein Anhaltspunkt. »Omnia ad maiorem dei gloriam« – diese Devise der Jesuiten muß ihn aufrechterhalten haben, es ist nicht anders möglich. Wallenstein, der erfolgreiche, hätte für solche Geisteshaltung vermutlich bestenfalls eine sarkastische Bemerkung übriggehabt. Aber eben, daß Tilly und ihn Welten trennten, hat ersterem die Kraft gegeben, an der Seite des letzteren trotzdem weiterhin auszuharren.

Wenige Monate nach seinem größten kriegerischen Triumph war Tilly zwar nicht militärisch, aber politisch in die Ecke gedrängt: einmal durch das geschilderte Konzept Wallensteins, zum anderen durch die Pläne Maximilians, der Kurie und auch des Kaisers in Norddeutschland. Denn wie lange konnte er noch überzeugend verkünden, daß der Kaiser den Lutheranern die freie Religionsausübung nicht zu beschneiden gedenke, wenn Wien, München und Rom als Ergebnis des Krieges gegen Dänemark die freie Verfügung über die von den Protestanten seit 1555 mit Beschlag belegten norddeutschen Kirchenstifte erwarteten und damit den lutherischen Fürsten ungeheure Vermögensopfer zumuteten? Auch wenn dem nicht so gewesen wäre, dann hätte kein norddeutscher Fürst mehr mit Tilly unterhandelt, wenn er wußte, daß sein Verbündeter Wallenstein war, der die Reichsfürsten allesamt in ihrer »Libertät« erdrücken wollte.

Noch eine Konsequenz hatte des Friedländers »Erdrückungskonzept«: es stufte die Niederwerfung Dänemarks zur Frage zweiter Ordnung herab. Denn Dänemark war traditionell der Feind Schwedens in dessen Ostsee-Ambitionen, und ein von der kaiserlichen Armee beherrschtes Reich mußte auch die Ostseeküste umfassen. Daraus folgte, daß die Niederlage Dänemarks nur insofern notwendig war, als sie diesem Zwecke diente; und wenn Dänemark gegen Schweden als Bundesgenosse brauchbar sein konnte, dann war es gar nicht erforderlich, Christian IV. über seine bereits erlittenen Niederlagen hinaus zu demütigen. Auch war der König imstande, gegen die Niederländer einen tödlichen Schlag zu führen: er kontrollierte den Öre-Sund zwischen Seeland und dem damals dänischen Halland auf dem skandinavischen Festland und konnte damit alle Schiffe der Generalstaaten, die in der Ostsee Handel trieben, von diesem Binnenmeer ausschließen. Das wäre angesichts der hohen Gewinne, die die Niederländer aus der Verwertung schwedischen Kupfers, polnischen Getreides, baltischen Bernsteins usw. erzielten, für diese geradezu entsetzlich gewesen. Auch Spanien stand hinter solchen Erwägungen. Olivarez trug sich mit dem Plan, eine spanisch-kaiserlich-hanseatische Handelsorganisation ins Leben zu rufen, den »almirantazgo«, der Niederländern und Schweden gleichermaßen beschwerlich fallen mußte.

So fanden die Operationen Tillys südlich der Weser in einer Art strategisch-politischen Idylls statt, zumal Christian IV. auch 1627 seinen merkwürdigen Brauch fortsetzte, beständig in Verhandlungen seine Friedensliebe zu beteuern, obwohl er ebenso beständig im Felde stand und die Landschaft Niedersachsens über die Elbe hinweg systematisch verheerte. Sogar spezialisierte »Brandmeister« verwendete er dafür. Für die betroffene Bevölkerung war also auch 1627 ganz und gar kein idyllisches Jahr.

Es ging hauptsächlich um die Festungen Nienburg, Stade, Wolfenbüttel und Northeim. Die Armee der Liga war während des Winters wiederum auf 30000 Mann gebracht worden. Pappenheim, der zur Niederschlagung des Aufstandes der oberösterreichischen Bauern abkommandiert worden war, kehrte nach getaner blutiger Arbeit in den Norden zurück und leitete die Belagerung von Wolfenbüttel.

Auf der Seite Christians IV. tauchte ein alter Bekannter wieder auf: der Markgraf von Baden-Durlach, der 10000 Mann übernahm und sich im Mecklenburgischen lagerte. Christian stand mit der Hauptmacht von 30000 Mann bei Bremen und faßte den Plan, Tilly zum Rückzug nach Süden zu zwingen, um Wolfenbüttel und Northeim einzunehmen. Doch im Lager des Königs konnten sich die Offiziere

über einen zusammenhängenden Offensivplan nicht einigen, und der König war zu schwach, ihnen zu befehlen.
Also war die Reihe an Tilly: er zog auf Lüneburg, während Herzog Georg über die Elbe ging, um den Markgrafen anzugreifen. Anholt sicherte währenddessen vor Bremen. Diese Aufstellung ließ nur den Schluß zu, daß die Ligistischen die Elbe zu überschreiten gedachten, um Christian von seiner Rückzugslinie abzuschneiden. Und wenn dieses Ergebnis auch nicht erreicht wurde, dann mußte der König jedenfalls nach Norden eilen und hatte bis auf das Herzogtum Holstein sein Terrain im Reich verloren. Genauso kam es in relativ unblutigem Manöverkrieg großen Stils.
Zunächst griff Tilly Ladersburg an der Elbe an, und die Dänen unter Graf Thurn meinten programmgemäß, daß er hier den Übergang versuchen werde. Während sie sich dort konzentrierten, zielte Tilly aber auf Bleckede und passierte überraschend dort den Fluß. Herzog Georg war inzwischen auf Havelberg gezogen, und Tillys Manöver brachte die Ligistischen kampflos in den Besitz von Boizenburg und Lauenburg, die von den Dänen Hals über Kopf geräumt wurden. Aus der Ferne rückte nun auch noch Wallenstein heran, der die Überreste der mansfeldischen Truppen im Juli in Schlesien auseinandergesprengt hatte. Der Markgraf und der Dänenkönig fanden sich über Lauenburg voneinander getrennt! Christian begab sich nach Glückstadt, Hamburg begann mit Tilly zu verhandeln.
Da die Hansestädte in Olivarez' »almirantazgo« eine wichtige Rolle zu spielen hatten, die ihnen die Wiederbelebung ihrer alten Handelsherrlichkeit verhieß, schloß Hamburg sich der kaiserlichen Partei an. Das bedeutete zunächst Verpflegungslieferung für die ligistische Armee und die Rückgabe der Kirchenglocke von St. Gudula in Brüssel, die die Geusen einst abmontiert und an die Hansestadt verkauft hatten.
Am 29. August trafen ligistische und wallensteinische Truppen bei Dönitz an der mecklenburgischen Elbe zusammen, am 1. September begegneten der Friedländer und Tilly sich wieder einmal, diesmal in Lauenburg, um Christian IV. gemeinsam den Garaus zu machen. Wallenstein, wie er es sich schuldig zu sein glaubte, mit prunkvollem Hofstaat und als Barockfürst, Tilly in seiner gewohnten Schlichtheit, nicht von Schranzen, sondern von seinen hohen Offizieren umgeben. Bedenkt man, wie Napoleon dadurch zu wirken verstand,

daß er inmitten gekrönter Häupter und goldbetreßter Marschälle nur in seiner legendären grün-weißen Uniform mit dem grauen Zweispitz auftrat, wobei seine bescheidene Körpergröße den theatralischen Effekt noch steigerte, dann müssen wir nur das Adjektiv »theatralisch« als zu Tilly nicht passend beiseite lassen, um uns vorstellen zu können, daß letzterer in Lauenburg sicherlich eine gute Figur machte.

Er bewirtete Wallenstein sogar chevaleresk, was seiner trockenen Art sonst keineswegs entsprach, und bemühte sich redlich, des Friedländers Anspruch auf den Oberbefehl durch freundliche Höflichkeit zu unterlaufen, so wie es ihm Maximilian aus dem fernen München empfohlen hatte: »Ihr seid ja doch in dieser Prudenz, daß Ihr solchem Humor mit Eurem großen Ruhm in etwas nachzugeben ohnedies werdet geneigt sein.« Wallenstein sah, daß er hier in seiner imperialen Art nicht weiterkam und schlug daher vor, er werde den Dänenkönig allein bis Jütland hinaufjagen, während Tilly unterdessen die Niederländer bekämpfen solle, wahrscheinlich, weil Wallenstein wußte, daß dies eine der Lieblingsideen des ligistischen Generals war, die durch den Ausbruch des dänischen Krieges nicht in den Hintergrund getreten war. Hatte Tilly doch gesagt: »Was hilft es, einen Frieden mit Dänemark zu erreichen? Solange es nicht gelingt, den Holländern ein Gebiß anzulegen, werden wir keinen Frieden haben. Denn ist der Däne zur Ruhe gebracht, werden sie den Schweden aufhetzen.« (Mit »sie« meinte er dabei die Generalstaaten.) Aber da ein solches Unterfangen gegen die Instruktionen des Kurfürsten ging, lehnte Tilly ohne weiteres ab.

Also mußte es gemeinsam gegen den Dänenkönig gehen. Im Gegensatz zum zwei Jahre später abgeschlossenen Frieden überwog am kaiserlichen Hof 1627 noch die Überzeugung, Christian IV. demütigen zu müssen. Daß er vielleicht auch ein Alliierter gegen Schweden sein könnte sah Ferdinand nicht, denn es hätte vorausgesetzt, daß er Gustav Adolf ernstnahm, aber gerade das brachte er nicht über sich. Diese Einstellung, beruhend auf Fehlinformation, erklärt seine Politik der folgenden Jahre zum Teil.

Jetzt also wurde dem Dänen abverlangt, alle Festungen auf dem Boden des Reiches zu räumen, die Hauptmannschaft des niedersächsischen Kreises niederzulegen, auf die Besetzung sämtlicher Stifte im Reich durch seine Familienmitglieder zu verzichten, das Herzogtum

Holstein aufzugeben, die dortige Festung Glückstadt dem Kaiser einzuräumen, für sämtliche Kriegskosten der Liga und des Kaisers aufzukommen, den Sundzoll herabzusetzen, dann konnte er Frieden haben. Das ergab für Christian die richtige Katastrophenstimmung, um ihn zum Weiterkämpfen zu veranlassen, auch wenn die Aussichten für ihn äußerst ungünstig standen: 80000 Mann unter Wallenstein und Tilly brachen nun in Mecklenburg und Holstein ein.

Tillys Aufgabe war es hierbei, am linken Flügel Pinneberg, Glückstadt und Krempe einzunehmen. Noch vor Pinneberg wurde Tilly bei einem Erkundungsritt um die Festung von einer Musketenkugel unterhalb des Knies getroffen und stürzte vom Pferd. Der Feldzug war für ihn zu Ende, kaum daß er angefangen hatte. Wallenstein besetzte allein ganz Jütland, die Dänen flohen großenteils vor ihm davon, das flache Land war der Entwicklung seiner übermächtigen Reiterei sehr günstig.

Da konnte auch die Streitmacht des Markgrafen von Baden-Durlach keine Rettung mehr bringen, die aus Mecklenburg nach Holstein übersetzen wollte und beim Ausladen in Heiligenhafen, gegenüber der Insel Fehmarn, von den Kaiserlichen unter Graf Schlick bereits empfangen wurde. Der Markgraf ließ angesichts der Niederlage auf die hohe See zurückrudern, die Gelandeten warfen vor den Kaiserlichen die Waffen weg und traten in Scharen in deren Armee ein.

Christian IV. fand sich plötzlich auf der Insel Fünen wieder, wohin ihm die Kaiserlichen mangels Flotte nicht nachfolgen konnten, und verbrachte seine Zeit damit, sich mit dem Baden-Durlacher in die Haare zu geraten, ihn gar vor ein Gericht zu zerren (da ging es um dessen Davonrudern vor Heiligenhafen), bis der in seiner reichsfürstlichen Würde darob zutiefst gekränkte Markgraf sich über die Niederlande wieder nach Hause begab, wo er 1638 friedlich und unbeachtet starb.

Unterdessen glaubte Wallenstein, seinem Waffenbruder einen Dienst zu erweisen, indem er die beiden Stadtkommandanten von Pinneberg, die sich ihm bald hatten ergeben müssen, hinzurichten befahl. Doch Tilly, inzwischen in das von ihm sehr geschätzte Schloß Winsen an der Luhe gebracht, das dem verbündeten Herzog Georg von Lüneburg gehörte, bat sich aus, das Leben der beiden zu schonen. Bestürmt von Maximilian, alles der baldigen Wiederherstellung seiner kostbaren Gesundheit unterzuordnen und sich nicht wieder leichthin der Gefahr auszusetzen, mit Granatäpfeln vom Münchner Hof versehen, da er diese sehnlichst gewünscht hatte, gepflegt vom Leibarzt des Herzogs Georg, benahm er sich ganz als vernünftiger Kranker. Kurzfristig glaubte er, sein letztes Stündlein habe geschlagen, da die Wunde sich gefährlich entzündete. Aber seine einfache Lebensweise bis dato befähigte ihn, auch im Alter noch diese Verwundung befriedigend zu überstehen. Am 19. Oktober war er wiederhergestellt.

Damit waren kostbare fünf Wochen verstrichen, die Wallenstein benützt hatte, um die Truppen der Liga entweder für sich zu reklamieren oder sie zurück auf das südliche Ufer der Elbe zu dirigieren, wo sie sich bei der Belagerung von Stade nützlich machen konnten. Also begab sich Tilly dorthin. Vor Jahresende fiel noch Nienburg in Anholts Hände und Wolfenbüttel kapitulierte im Dezember 1627 vor Pappenheim.

Die Einnahme von Stade war aber so einfach nicht. Wie sehr sie den Ligistischen zu schaffen machte, zeigt ein Brief Tillys an Maximilian, in dem er die Not seiner Truppen eingehend schilderte: in den flachen Gegenden am Elbufer bestanden die Siedlungen aus weit auseinanderliegenden Einzelgehöften, und daher konnten die Einheiten in der schlechten Jahreszeit in ihnen nicht zusammengelegt werden, sondern mußten teilweise im Freien kampieren. Es regnete wochenlang in Strömen, bis das ganze Land unter Wasser stand. Die Einwohner bewegten sich in der Wasserwüste auf Stelzen fort, doch die Soldaten Tillys verstanden sich auf diese Kunst nicht. Wo noch fester Boden war, mußte man im Schlamm waten. Da vor den Ligisten die Engländer Morgans im Lande gehaust hatten, war es weitgehend ausgesogen. Kaum gab es noch Brot, das einzige Getränk war Wasser. Sogar der nüchterne Tilly pflegte mitunter Bier bei Tische vorzuziehen! Die Ausrüstung kam herunter, nicht einmal vernünftige Kleidungsstücke hatten die Landsknechte mehr.

»Vor wenigen Tagen«, schreibt Tilly aus seinem Hauptquartier in Buxtehude an Maximilian, »habe ich mich in Person unter meine Soldaten begeben, um ihnen Worte des Trostes zu bringen, und sie haben mich mit den erbarmungswürdigsten Klagen empfangen und mir erzählt, daß es ihnen auf den großen Straßen und in dem flachen Lande leicht gewesen war, den Hinterhalten der Feinde zu entkom-

men, aber hier gebe es nur unbekannte Wege im Lande, die verdächtig und gefährlich seien und wo sie die Feinde von vorne und im Rücken hätten ... Sie baten mich um Gottes Willen und bei dem Blut von so vielen Tapferen, die dem Tod schon zum Opfer gefallen seien, sie nicht zu verlassen, sie, die mir doch bei den gefährlichsten Gelegenheiten zahllose Beweise ihrer freiwilligen Treue gegeben haben, so daß, wenn ich nicht wollte, daß sie auch noch das Wenige an Gesundheit und Kraft verlieren, das Gott ihnen gelassen hat, daß sie vielleicht auch noch zugrundegingen, ich ihnen helfen mußte und ihnen um jeden Preis das Almosen ihres Soldes verschaffen mußte, das sie nur zu sehr verdienen.« Der Stil spricht von wahrer Anteilnahme, »ich leide an ihrem Schicksal grausam«, sagt Tilly eingangs. Die rauhen Söldner täuschten sich tatsächlich nicht, wenn sie ihren General »Vater Hans« nannten!
Die Belagerung zog sich noch bis in den Mai 1628 hin. Im Frühjahr kamen Verstärkungen, um die vier vollständig desolaten ligistischen Regimenter aufzufüllen. (Man begann damals, heruntergekommene Truppen »marode« zu nennen, nach dem wallensteinischen Obristen Merode, dem 1626 in Hessen seine Truppen infolge Mangels aus der Hand geglitten waren.) Im April unternahm Christian einen Entsatzversuch, indem er vierzehn Kriegsschiffe die Elbe aufwärts schickte, aber deren Annäherung scheiterte an den Batterien zwischen der Stadt und dem Elbufer, die die Flotte zur verlustreichen Rückkehr zwangen. Der Feind durfte schließlich mit seiner zusammengeschmolzenen Streitmacht von 2500 kampffähigen Soldaten ehrenvoll abziehen. Die Stadt war verpestet von herumliegenden Tierkadavern, so daß Tilly drei Tage mit dem Einmarsch warten mußte, um seine Leute nach den Seuchen im nassen und entbehrungsreichen Winterlager nicht auch noch dieser Pestilenz auszusetzen.
Das war des Generalleutnants letzte Kriegshandlung in diesem Jahr. Von nun an wünschte Maximilian, ihn für den internen Krieg einzusetzen, der schon ein gutes Jahr lang schwärte und sich seitens der ligistischen Fürsten gegen die Präpotenz Wallensteins im Reiche richtete. Auf dem im Oktober 1627 zusammengetretenen Kurfürstentag zu Mühlhausen war dies ein Hauptpunkt. Die Beschwerden gegen die Zügellosigkeit der wallensteinischen Soldateska waren Legion; des Friedländers System wurde auch grundsätzlich angegriffen, da

man sich dagegen wandte, nicht nur gegen die Unterhaltung von bereits bestehenden Truppen, sondern auch schon für deren Anwerbung und Aufstellung Kontributionen aufbringen zu müssen. Der Kaiser sollte seiner Armee ein »Direktorium« zur Leitung beigeben, das den Reichsständen Vertrauen einflößen würde. Das war der unfehlbare Weg, mit Wallenstein noch mehr Schwierigkeiten zu bekommen.

Und es wurde auch klar, daß die katholischen Stände sich mit diesen Forderungen nur deshalb aufzutreten getrauten, weil sie Tilly als Gegenspieler gegen Friedland ausspielen zu können glaubten. Die Versammlung sprach sich dafür aus, dem Niederländer den Fürstentitel zuzuerkennen. In einem Brief an den Kaiser schrieben die katholischen Kurfürsten: »Obwohl es hinreichend bekannt ist, daß seine tiefe Bescheidenheit und die demütige Selbstverleugnung seines Charakters ihm nicht erlauben, hohe Ehrentitel anzustreben, in ihm nicht einmal die Idee danach entstehen lassen (– da taten die Kurfürsten so, als ob er ihr Beichtkind sei, dessen geheimste Seelenregungen sie kannten), schuldet das Kurfürstenkollegium es sich doch, nicht darauf zu vergessen, daß seine Dienste ganz besondere Belohnungen verdienen ...«

Ferdinand nahm dieses Schreiben huldvoll an, ebenso wie er sich unbewegt die Vorwürfe gegen seinen Generalissimus anhörte. Warum sollte er auch in dem Konflikt zwischen Liga und Wallenstein vorschnell Partei ergreifen und den Verfall der siegreichen katholischen Macht damit beschleunigen! Die fürstliche Ernennungsurkunde wurde am kaiserlichen Hof bereits vorbereitet, aber Tilly selbst soll die Angelegenheit sabotiert haben, indem er dem zuständigen Sekretär 500 Reichstaler zukommen ließ, um die Ernennung nicht auszufertigen.

Dies ist neben Bestechung, die wir bei Tilly eigentlich nicht vermuten, ein Beispiel christlicher Demut, das denn doch gewaltig stutzen macht. Tilly verhielt sich hier ähnlich wie Robert der Teufel in der mittelalterlichen Legende, der am Hof des Kaisers unerkannt dient und die Feinde ganz regelmäßig zu Paaren treibt, aber immer wieder sein Vergnügen darin findet, nach vollbrachter Arbeit in den Pferdestall zurückzukehren und dort weiterhin den niedrigen Narren zu spielen. Legenden, die sich in der Geschichte zu bewahrheiten scheinen, sind aber keine Legenden mehr. Der Fürstentitel hätte Tilly in

Konkurrenz zu Wallenstein gebracht; er hätte mit der Annahme sich auf die ehrgeizige und ehrenraffende Ebene des Friedländers begeben. Das lag ihm nicht, da er als alter Militär wußte, daß man das Schlachtfeld, das der Feind gewählt hat, nicht annehmen darf, um sich gegen ihn wirklich zu behaupten. Seine Bescheidenheit empfahl ihm im Augenblick mehr als Konkurrenzdenken und war daher nicht nur aus moralischen, sondern auch aus politischen Gründen am Platz.

Tilly konnte daher erst recht nicht im Jahre 1629 auf die Idee Wallensteins eingehen, ihm das welfische Herzogtum Calenberg anzudienen. Angeblich hatte sich Herzog Friedrich-Ulrich gegen den Kaiser vergangen, und zwar trotz der Aussöhnung mit ihm, die Tilly nach der Schlacht von Lutter vermittelt hatte. Der alte Niederländer stutzte: wo waren die Beweise für diese Behauptung? Nun, Wallenstein hatte Pappenheim in Wolfenbüttel befohlen, belastendes Material gegen den Herzog zusammenzutragen, und Pappenheim hatte sich flugs an die Arbeit gemacht. Natürlich war Wallenstein ihm, dem ligistischen Offizier gegenüber, nicht kommandobefugt. Aber Pappenheim wollte das Herzogtum Braunschweig-Wolfenbüttel zur Belohnung für seine Kriegsdienste bekommen, und der Weg dahin führte über die Entthronung des Herzogs durch einen Hochverratsprozeß am kaiserlichen Hof. Also stellte Pappenheim eine Anklageschrift auf und begab sich nach Wien.

Weiterer Schritt, um Tilly an den friedländischen Siegeswagen anzuspannen: Christian IV. hatte dem Herzog Friedrich-Ulrich 300.000 Taler Darlehen gegeben. Die Rückforderung ging durch den Frieden mit Dänemark auf den Kaiser über. Der Kaiser schuldete Tilly insgesamt 400.000 Reichstaler aus verschiedenen Gratifikationsversprechen seit dem Ende des böhmischen Krieges, die noch nicht eingelöst waren. Die Forderung gegen Friedrich-Ulrich trat er an Tilly ab. Damit hatte der das Mittel in der Hand, nach erfolgreichem Hochverratsprozeß, ihn aus seinem Besitz zu verdrängen, denn die Forderung war durch Hypotheken auf das Herzogtum Braunschweig-Wolfenbüttel und das vom Herzog übernommene Vermögen des tollen Christian von Halberstadt abzudecken.

Ein solch hochpolitischer Bankjurist war aber Tilly nicht, daß er bei dieser Intrige mitgemacht hätte. Er schrieb nach Wien einen Brief, in dem er sich von allen Machinationen gegen den Herzog distanzierte

und Pappenheim für sein Verhalten tadelte. Auch Maximilian war zur Stelle, da es hier um die Verschacherung eines reichsfürstlichen Standesgenossen ging. Pappenheim mußte seine Aktivitäten gegen den Herzog aufgeben. Abgesehen von dem Hochverratsprozeß erklärte sich der Kaiser jedoch mit der Umlegung seiner Schuld auf das Vermögen Christians von Halberstadt einverstanden. Tilly verhandelte mit Friedrich-Ulrich über eine allmähliche Tilgung, die den Herzog schonte, mit dem Ergebnis, daß bei seinem Tode keine drei Jahre später die Summe noch nicht einmal zur Hälfte eingelöst war. Aus Wolfenbütteler und Calenberger Territorium sowie aus der Grafschaft Hoya hätte die Befriedigung erfolgen sollen. Nachdem die Kriegführung durch Wallensteins Eintritt zu einem Selbstbedienungsladen gigantischen Ausmaßes geworden war, sah es fast so aus, als hätte Tilly keinen Platz mehr in ihr.
Im ganzen schadete der Kurfürstentag von Mühlhausen Wallenstein nicht. Aber Maximilian konnte doch um die Jahreswende 1627/28 einen Nutzen für sich verbuchen. Nach dem unerquicklichen Feldzug gegen die oberösterreichischen Bauern ging Ferdinand davon aus, daß der Kurfürst dieses Erbland nicht länger behalten wollte. Also bekam dieser im Austausch dafür die Oberpfalz und sollte alle seine Kriegsaufwendungen für das Haus Habsburg damit als abgegolten betrachten. Doch Maximilian war damit nicht zufrieden, was aus finanziellen Gründen durchaus einleuchtend war. Also mußte ihm noch der Besitz der pfälzischen Kurwürde auch für seine Nachkommen eingeräumt werden, und daran hing der Besitz des rheinischen Territoriums selbst, mit geringen Abstrichen. Wallenstein begrüßte dieses Ergebnis, um seinem wichtigsten Gegner im Reich gegenüber etwas Handlungsfreiheit zu gewinnen.
Aber was sollte Maximilian davon denken, daß Wallenstein in derselben Zeit einige Kavallerieregimenter aus Pommern abzog, um sie rund um Ulm aufmarschieren zu lassen! Und davon, daß der kaiserliche Oberst dazu erklärte, in den nördlich anschließenden fränkischen Reichskreis sollten überhaupt keine Truppen der Liga einquartiert werden! Oder, daß alle ligistischen Einheiten aus dem schwäbischen Kreis abziehen sollten! Der Kurfürst befürchtete, von der kaiserlichen Armee förmlich eingekesselt zu werden, und ließ Tilly, der zu diesem Zeitpunkt die Belagerung von Stade zu Ende führte, mitteilen, daß man gegen Wallenstein eventuell werde Ge-

walt anwenden müssen. Die Möglichkeit tauchte am Horizont auf, die Truppen der Liga als eine Art katholische Bürgerkriegsarmee einzusetzen.

Tilly erwiderte, an seinem Gehorsam sollte es wie üblich nicht fehlen, gab aber gleichzeitig zu bedenken, daß seine Armee weitaus schwächer sei als die Wallensteins und daß die Loyalität vieler Offiziere, die in den kaiserlichen Erblanden begütert seien, im Ernstfall in Gefahr sei.

Wallenstein hatte zu gute Beziehungen zum kaiserlichen Hof, um im Augenblick in seiner Stellung erschüttert werden zu können. Was konnte er noch tun, um die Liga militärisch zu neutralisieren? Er nahm den Hilferuf der Infantin, die 1628 einen schweren Angriff der Niederländer auffangen mußte, zum Anlaß, den Abmarsch Tillys auf diesen Kriegsschauplatz zu empfehlen. Die dadurch in Norddeutschland freiwerdenden Festungen könnten von nachrückenden kaiserlichen Völkern besetzt werden. Ferdinand leistete solchen Verdrängungsabsichten noch Vorschub, indem er Tilly über Maximilians Kopf hinweg den Abmarsch in die Niederlande befahl. Damit handelte er sich jedoch einen grimmigen Protest des Kurfürsten ein. Wenn Wallenstein mit den Spaniern im Rahmen des »almirantazgo« zusammenarbeitete (im Sommer 1628 fand seine berühmte erfolglose Belagerung von Stralsund statt) und folglich auch die Verwendung der kaiserlichen Armee gegen das niederländische Kerngebiet in Aussicht stellte, dann konnte der Liga noch weniger als früher daran gelegen sein, den kaiserlich-spanischen Koloß auch noch ihrerseits zu unterstützen. Zum Glück auch für die Liga hatte Wallenstein keine Flotte und scheiterte vor Stralsund, da die Stadt von See aus jederzeit durch Dänen und Schweden unterstützt werden konnte.

Man war ligistischerseits auch entschlossen, seine Chancen nicht zu vergrößern: als Tilly im Sommer 1628 zur Kur in Wiesbaden weilte, um sich nach der Pinneberger Verletzung etwas Ruhe zu gönnen, erreichten ihn freundliche Briefe des Friedländers, er möge doch drei Regimenter zur Unterstützung der Stralsunder Belagerungsarmee abgeben. Maximilian schwankte zunächst: der gemeinsamen katholischen Sache diente die Belagerung ja doch, und eine Verweigerung der Mitarbeit würde den Kaiser unnötig erzürnen. Man konnte sogar mit besserer Position die Unterstützung der Niederlande verwei-

gern, wenn man sich vor Stralsund mitengagierte, von Wallenstein bessere Truppenquartiere für die Liga konzediert bekommen (das war auch eine Konsequenz des reichsweiten Einquartierungssystems, daß dadurch die Auseinandersetzung um die besten Stationierungsplätze zu einem in München bedrückenden Dauerthema hochgespielt werden konnte!).
Aber der Erzbischof von Mainz kehrte das Prinzip hervor, dem die anderen Erwägungen unterzuordnen waren: keine Hilfe für Wallenstein, um die Liga nicht auch noch zu seiner Machtsteigerung zu verwenden! Tilly pflichtete bei: am Druck, den Wallenstein auf ihn ausüben wollte, würde sich durch diese Freundlichkeitsgeste überhaupt nichts ändern. Es wäre auch verwunderlich gewesen, wenn er den Machtmenschen inzwischen nicht durchschaut hätte.
Ein Erfolg der kaiserlich-spanischen Ostseepläne hätte die Liga hilflos gemacht, doch konnte sie gleichzeitig natürlich nicht von der Notwendigkeit absehen, Dänemark endgültig niederzuwerfen, was wiederum ohne die Beherrschung der See nicht möglich war. Pappenheim sprach mit Tilly ein Projekt ab, das die Katholischen doch noch nach Seeland und Fünen, das Herz der dänischen Macht, führen sollte, und Tilly bekam nach Billigung des Planes durch Maximilian den Befehl, sich mit Wallenstein diesbezüglich abzusprechen. Denn die Sorge vor der Erdrückung der Liga durch die friedländischen Einquartierungen ging nicht so weit, die Unternehmung gegen Christian IV. deswegen zu vernachlässigen.
Der Machtkampf zwischen dem Kaiser und Wallenstein auf der einen und der Liga und Tilly auf der anderen Seite blieb also im delikaten Gleichgewicht, bis der Ligatag in Bingen (Juli 1628) zum ersten Male die Forderung nach Absetzung des Generalissimus aussprach. Der Kaiser sollte gebeten werden, »dem Herzog das Schwert zu entwinden, das er gegen die treuen Staaten des Reiches wendet, ihn von der Armee zu entfernen und unverzüglich die nötigen Maßnahmen zur Auflösung überflüssiger Truppen zu ergreifen«. Dann drohten sie noch, im Weigerungsfall würden sie mit den Waffen in der Hand sich selbst Abhilfe schaffen müssen. Deutlicher ging es nicht mehr.
Tilly wurden die Ergebnisse des Ligatages zusammen mit der Aufforderung mitgeteilt, sich detaillierte Ideen zu machen für den Ernstfall, daß er die Liga gegen Wallenstein marschieren lassen müß-

te. Wieviele Truppen waren erforderlich, um die Festungen und die wichtigsten Passagen in Niedersachsen zu schützen? Welche Vorwände wären für Abwehrmaßnahmen geeignet? Sollte man sich nur verteidigen oder die Wallensteinischen zuerst angreifen?
Der Kaiser versuchte zu vermitteln, indem er die Abdankung namhafter Truppenteile in Aussicht stellte, und Tilly traf sich in Würzburg mit dem Grafen Collalto, dem kaiserlichen Hofkriegsrat, um Einzelheiten auszuhandeln. Doch Wallenstein hatte Collalto bestochen, und dieser erklärte dem gefoppten Tilly, er habe nur Vollmacht zur Abdankung von 3000 Reitern, mehr nicht. Wien gegenüber wies Wallenstein auf die nach wie vor drohende internationale Lage hin, die die Aufrechterhaltung der Armee weiterhin erforderte, womit er recht hatte, und damit war der Vorstoß der Liga abgeschlagen.
Erstaunlicherweise wurde Wallenstein zur gleichen Zeit von einem böhmischen Emigranten gewarnt, Tilly habe Befehl erhalten, ihn gefangen zu nehmen und, falls es Schwierigkeiten gäbe, ihn notfalls auch umzubringen. Es wird dem Friedländer nachgesagt, daß er kein guter Psychologe war – aber den alten Tilly kannte er nun doch schon und antwortete dem Denunzianten daher trocken: »Tilly ist ein Ritter, der sich darauf versteht, die Rebellen zu vernichten, aber nicht darauf, sie als Verräter hinterrücks zu ermorden.« Denn beide Feldherrn wußten, daß Dolch und Gift hinter den Kulissen der Weltgeschichte einen viel bescheideneren Platz haben, als man gemeinhin denkt.
Mit dem Winter 1628/29 kamen die üblichen Rangeleien um die fetteren Winterquartiere, die auch durch ein persönliches Treffen Tillys mit Wallenstein nicht auszuräumen waren, denn natürlich war es letzterem gleichgültig, daß ersterer unter der Not seiner Soldaten litt, als wäre es die eigene gewesen. Tilly hatte schon öfters nach Unterredungen mit dem auftrumpfenden Generalissimus nervöse Beschwerden verspürt, was die Crux vornehmer Gemüter ist, wenn sie auf Zusammenarbeit mit rücksichtslosen Gesellen angewiesen sind. Daß ihm da die Genialität des Friedländers irritierte, die er selber nicht hatte, sagt Golo Mann sinngemäß. Wir möchten etwas genauer meinen, daß ihn die Verfahrensweise dieser Genialität irritierte, gegen die er machtlos war. Kurzum, nun wurde Tilly ernsthaft krank. Nie hatte der nun schon fast siebzigjährige die Zähne so zusammen-

beißen müssen. Maximilian schrieb dem Mainzer Erzbischof besorgt: »Es gibt keinen Schatz, der einen solchen Verlust ausgleichen könnte.« Nicht allein Gustav Adolf hat Tilly ins Grab gerissen; der erste Schatten, dessen er nicht Herr wurde, war Wallenstein.

In den beiden folgenden Jahren machte die Weltgeschichte wieder größere Schritte. Der dänische König war endlich zum Frieden geneigt. Im Januar 1629 begannen zu Lübeck ernsthafte Verhandlungen, an denen von katholischer Seite Wallenstein und Tilly teilnahmen als Vertreter des Kaisers und des bayerischen Kurfürsten; für Tilly traten General Gronsfeld und Maximilians Generalkommissar Ruepp auf. Nachdem sich Abgesandte des schwedischen Königs angemeldet hatten, wurde die Notwendigkeit dringender, dem Dänen günstige Bedingungen zu gewähren.

Dazu tauchte auch wieder Frankreichs Macht am Horizont auf: im Streit um die Nachfolge im Herzogtum Mantua begünstigte Kardinal Richelieu den Herzog von Nevers, dessen Ansprüche gegen den vom Kaiser unterstützten Herzog von Guastalla standen. Die Sache mußte mit den Waffen ausgefochten werden, da der Kaiser in Mantua Lehensherr war und eine französische Festsetzung im Reichsgebiet nicht dulden konnte. Frankreich wiederum war 1628 durch die Eroberung von La Rochelle, der Hauptfestung der Hugenotten, zu neuer außenpolitischer Aktivität fähig, noch beflügelt durch den Tod des Herzogs von Buckingham, der die Hugenotten zu unterstützen versucht hatte. Der Weltkrieg lauerte immer noch verborgen, ohne den die Katholiken ihre errungenen Siege nicht würden behaupten können, und die Einmischung Gustav Adolfs von Schweden wurde immer drohender, je mehr er die Polen im Baltikum und in Ostpreußen schlug und je eher es Richelieu gelingen würde, ihn zum Waffenstillstand mit Polen zu veranlassen, um seiner Energie freie Bahn ins Reich hinein zu geben.

Schon waren die Feinde der Zukunft hier auch fast direkt aneinandergeraten: im Mai 1629 rückte Wallensteins Feldmarschall Arnim nach Ostpreußen zur Unterstützung der Polen ab. Und Gustav Adolf meldete sich sogar schon im April dieses Jahres in Tillys Hauptquartier mit einem in huldvollstem Latein abgefaßten Brief: »Der Ruf Eurer Tugend und die Freundschaft, die wir nicht weniger Eurer Exzellenz als auch Eurem Heere und Euren Vorgesetzten, den Leitern der katholischen Liga, gegenüber versichern möchten, bewirkten, daß wir Eure Exzellenz mit gegenwärtiger Gelegenheit grüßen und darüber unterrichten, daß Eure Exzellenz sich bei welcher Gelegenheit auch immer darauf verlassen können, von unserer Geneigtheit, wenn nur etwas von uns in die Wege geleitet werden kann, zu deren Ehre und Gewinn befördert zu werden ... wir sind, Eure Exzellenz, immer gnädig bereit, alle Werke königlicher Gunst Euch zu gewähren ... aus unserem königlichen Schloß zu Stockholm, am 22. des April im Jahre 1629.«

Gustav Adolf hätte sich auch wesentlich einfacher auf lateinisch ausdrücken können, um zu sagen, was er meinte: »divide et impera.« Denn da ihm bekannt war, daß Kaiser und Liga durchaus uneins waren über die von Wallenstein vorwärtsgetriebene Politik, konnte es nicht schaden, für einen etwaigen Angriff auf Ferdinand die Bereitschaft der Liga zum Abseitsstehen zu ventilieren. Tilly antwortete natürlich mit devoten Artigkeiten, die jedoch verrieten, daß er den König durchschaut hatte, denn er versicherte sein Bestreben, den König und die Liga im Frieden miteinander zu halten. Die Abgesandten Gustav Adolfs wollten sich in den Lübecker Kongreß hineindrängen, doch Tilly und Wallenstein waren sich einig, sie draußen vor der Tür zu lassen.

Die allgemein nicht bereinigte Situation der habsburgisch-wittelsbachischen Macht im Herzen Europas war mittlerweile die beste Verbündete Christians IV., die ihm einen milden Frieden verschaffte, eine Gelegenheit, ihn als Feind loszuwerden und eventuell später auf die katholische Seite zu ziehen. Keine Rede war mehr von exorbitanten Reparationszahlungen, vom Verzicht auf Holstein, von der Schließung des Öre-Sunds für die Feinde des Kaisers. Im Mai 1629 zog er sich gegen Aufgabe der norddeutschen Stifte, die er für seine Familie beansprucht hatte, und gegen die Anerkennung der kaiserlichen Souveränität über das Herzogtum Holstein aus dem Krieg zurück.

Christian lud Tilly persönlich ein, um mit ihm den Abschluß des Friedens zu feiern, doch der Generalleutnant lehnte ab und schrieb an Maximilian mit höhnischem Augenzwinkern: »Ich hätte ihm zu nichts nütze sein können, nicht einmal bei der Tafel«, womit er auf die Trinkfreudigkeit des Königs anspielte. So also blieb er unangefochten sowohl von alkoholischen als auch von politischen Versuchungen.

Doch wurde die Erleichterung über den Abschluß dieses Kampfes aufgewogen durch die Schwierigkeiten, die sich der Kaiser im Reich drei Monate vorher, am 6. März 1629, durch den Erlaß des berüchtigten »Restitutionsediktes« selbst geschaffen hatte: zwei Erzdiözesen, Bremen und Magdeburg, zwölf Diözesen und über fünfzig Abteien und andere Kirchengüter mußten der katholischen Kirche zurückgegeben werden, da sie, den Bestimmungen des besagten Religionsfriedens zuwiderlaufend, seit 1555 unter protestantische Verwaltung geraten waren.
Die Ungeheuerlichkeit der hier angestrebten Besitzumwälzung ergibt sich schon aus der Aufzählung der betroffenen Bistümer: Halberstadt, Brandenburg, Havelberg, Lebus, Cammin, Meißen, Merseburg, Naumburg, Minden, Verden, Lübeck, Ratzeburg. Ganz Norddeutschland und halb Mitteldeutschland waren also betroffen. Augsburg und Dortmund, zwei Freie Reichsstädte, hatten ihre bischöfliche Obrigkeit erneut anzunehmen. So verkündete Ferdinand ohne Befragung der Reichsstände aus eigener Machtvollkommenheit. Maximilian und der Papst unterstützten das Edikt ausdrücklich. Der Jesuit Contzen, Beichtvater des Kurfürsten, erklärte es geradezu für den Zweck des Krieges.
Daß es unter den Protestanten böses Blut schuf, war allerdings selbstverständlich, denn nun sollten sie fast alle empfindlich geschröpft werden. Der kaiserliche Hofkriegsrat Collalto befürchtete deswegen den Ausbruch eines Religionskrieges – bei dem bisher gezeigten Kriegseifer der Protestanten war das allerdings unwahrscheinlich, und wir wagen die Behauptung, daß die Katholischen mit dem Edikt auf die Dauer durchgedrungen wären, wenn Schweden nicht im Reich eingegriffen hätte. Denn um Sein oder Nichtsein des Protestantismus ging es ja letzten Endes nicht, sondern nur um diverse Kirchengüter, auch wenn deren Herausgabe eine erhebliche Einbuße an Geld und Einfluß bedeutete.
Die Exekution des Ediktes an Ort und Stelle oblag der kaiserlichen Armee und wurde von Wallenstein teils buchstabengetreu, teils mit diplomatischer Rücksichtnahme besorgt. Die Einwohner von Magdeburg widersetzten sich ihm, er rückte vor die Stadt und lieh sich dazu von Tilly einige Regimenter. Im übrigen war Tilly natürlich verpflichtet, seine Truppen ebenso zur Exekution einzusetzen, was im niedersächsischen Kreis und im Falle des Bistums Verden an der

Aller besonders von Wichtigkeit wurde, da der protestantische Administrator sich auf Verhandlungen mit dem Wiener Hof über eine Entschädigungssumme einlassen mußte, ohne offenen Widerstand zu wagen.
Aber mit dem Herzen war Tilly bei alledem sicherlich nicht dabei. Der Grundsatz »cuius regio, eius religio« war nach wie vor Reichsrecht und bedeutete, daß die an die katholische Kirche zurückgefallenen Territorien auch gänzlich rekatholisiert zu werden hatten. Im Vorgriff auf die üppigen Zeiten des Restitutionsediktes hatte schon der wittelsbachische Bischof Franz Wilhelm von Osnabrück anno 1628 Truppen von Tilly angefordert, und dieser konnte den Verdacht nicht unterdrücken, daß sie zur Rekatholisierung des Landes zweckentfremdet werden sollten. Daher hatte er Mittel und Wege gefunden, um in seltener Illoyalität gegen die Wünsche des Hauses Wittelsbach die Zahl der Garnisonen auf das militärisch unbedingt Erforderliche (Osnabrück war ein Beobachtungspunkt gegen die Niederländer) zu reduzieren, womit Franz Wilhelm seine Pläne vertagen mußte.
Tilly konnte sich für diese Keckheit entschuldigen, als er vom Papst persönlich aufgefordert wurde, einen neuen Bischof von Verden zu bestimmen. Eigentlich hätte das Stift einem habsburgischen Prinzen zufallen sollen, aber es war Maximilians und des Papstes Politik, die Pläne des Kaisers zu durchkreuzen, die darauf hinausliefen, aus dem Restitutionsedikt einseitigen Vorteil für das Erzhaus zu ziehen. Also schlug Tilly den Bischof Franz Wilhelm von Osnabrück vor, was genau die »objektive« Auswahl war, wie man sie in München und Rom wünschte.
Nun also, ab dem Jahr 1629, würde er nie mehr guten Gewissens proklamieren können, daß der Kaiser die freie Religionsausübung nicht hindern wolle. Das Restitutionsedikt war für Tilly eine moralische Niederlage, wie er sie größer nicht erleiden konnte, und gegen die seine Feldherrnkunst nicht verfing.
Die Exekution des Ediktes gab Maximilian eine neue Waffe gegen Wallenstein in die Hand: auf dem Ligatag im Frühjahr 1630 in Mergentheim trug er vor, eine Armee mit protestantischen Offizieren verspreche nicht die erforderliche Loyalität in der Durchführung des kaiserlichen Machtwortes. Darüber hinaus dürften keine ligistischen Offiziere mehr für das kaiserliche Heer abgeworben werden, wie in

der Vergangenheit verschiedentlich geschehen: Graf Anholt hatte 1629 die Fahne gewechselt und kommandierte kaiserliche Truppen im Elsaß (die eigentlich ligistische waren, denn seine Untergebenen waren einfach desertiert, um ihrem Chef nachzufolgen). Graf Gallas, der im letzten Drittel des Krieges als großer Heerverderber von sich reden machen sollte, bis jetzt Regimentskommandeur unter Tilly, erklärte seine Demission ohne einen anderen einleuchtenden Grund als den, unter Wallenstein vom Oberst zum Generalwachtmeister befördert zu werden. Der Kaiser sollte selbst das Oberkommando übernehmen, so forderten die ligistischen Fürsten oder die Ausübung einem vertrauenswürdigen Reichsfürsten übertragen, am besten dem Kurfürsten Maximilian!

Der kaiserliche Gesandte in Mergentheim beschwichtigte: auf dem für Juni 1630 in Regensburg ausgeschriebenen Kurfürstentag, zu dem sich auch der Kaiser begeben würde, wollte man weiterverhandeln. Auch für Tilly war der Ligatag praktisch ergebnislos geblieben: ganze 2000 Mann hatte man ihm als Verstärkung für sein Heer versprochen, und das angesichts der sich verschlechternden internationalen Situation. Gustav Adolf hatte seinen Krieg in Polen im November 1629 mit einem sechsjährigen, durch Frankreich vermittelten Waffenstillstand abgeschlossen, der ihn im Besitz der Häfen Memel, Pillau und Elbing und deren reichen Zolleinnahmen ließ. Arnim hatte sich schon vorher wieder zurückgezogen. Es lag auf der Hand, daß Gustav Adolfs Pläne zum Eingreifen in Deutschland damit aktueller wurden. Konnte man es sich angesichts dessen leisten, den Kampf gegen Wallenstein zum bestimmenden Thema ligistischer Politik zu machen? Tilly als alter Soldat war bereit, seine nervöse Verstimmung zu überwinden und mit dem Friedländer über die gemeinsame Verteidigung des Reiches zu beraten und drückte dies in Mergentheim auch aus, doch niemand griff seine Rede auf. Die Politik bestimmte immer noch Maximilian und nicht sein Generalleutnant.

Hoffentlich wurde Tillys Gewissen nicht durch die Überlegung beunruhigt, daß sein Kurfürst nicht nur der katholischen Religion zum Sieg verhelfen wollte, sondern dem Kaiser auch seine Machtfülle mißgönnte und insofern dem Schweden eine Landung an der deutschen Ostseeküste eventuell nicht verdachte. Stand er doch auch nach wie vor in Verbindung mit Frankreich, dem er mit seinen ka-

tholischen Standeskollegen die Entlassung Wallensteins geradezu versprach.
Mit Richelieu wurden Bündnisverhandlungen geführt. Die Tatsache allein spricht für sich, wenn auch ein konkretes Ergebnis noch auf sich warten ließ.
In die Richtung dieser Politik paßte es insgesamt, wenn Maximilian spanischen Bündnisangeboten gegenüber, die auf eine Mitwirkung im niederländischen Krieg hinzielten, ablehnend blieb, mit dem unwiderleglichen Grund des Geldmangels. Der Kaiser und Spanien galten ihm für gefährlicher als Frankreich und Schweden. Deshalb schlug er auch der Infantin die Bitte ab, Tilly als Befehlshaber für den niederländischen Krieg zu gewinnen, indem er erklärte, dies hänge vom befriedigenden Ausgang des geplanten Regensburger Kurfürstentages ab, das hieß: von der Entmachtung des Kaisers. Die Angst vor dem Schweden warf bei anderen Fürsten schon ihre Schatten voraus: der Kurfürst von Brandenburg erschien nicht persönlich in Regensburg, da er dem befürchteten Kriegsgeschehen am nächsten lag. Der Kurfürst von Sachsen kam aus Verärgerung über das Restitutionsedikt nicht, denn es hatte ihm die Verfügung über das Erzstift Magdeburg entzogen.
Tilly zog früher als der Kaiser in der alten Reichsstadt ein; in diesem Falle war späteres Erscheinen allerdings ein Privileg. Der alte Kriegsmann wurde ausgiebig geehrt und gefeiert von den Anwesenden und mußte ungewohnt viel Bankette über sich ergehen lassen. Kein Zweifel, die Kurfürsten betrachteten ihn bereits als den gegebenen Nachfolger Wallensteins, als das militärische Haupt des gesamten katholischen Europa.
Er war zu alt, um derlei Ehrungen nicht stoisch zu ertragen, er hielt sogar eine originelle Tischrede, die in dem Satz gipfelte: »Nie habe ich eine Frau berührt, nie einen Tropfen Wein getrunken, nie eine Schlacht verloren.« Bei ihm hingen diese drei Dinge anscheinend zusammen.
Im übrigen drehte sich alles um den gerade in Memmingen weilenden Wallenstein. Die Kurfürsten wollten ihn nicht nur loswerden, der Kaiser wollte auch seinen Sohn Ferdinand von ihnen zum römischen König, also zum Nachfolger für den Kaiserthron, wählen lassen, und eben diese Angelegenheit brachte die revolutionären Ideen Wallensteins von der Abschaffung des kurfürstlichen Wahlrechts in

beständiges allgemeines Bewußtsein. Die anwesenden französischen Geschäftsträger, darunter der Kapuziner »Père Joseph«, die rechte Hand Richelieus, konnten vollauf mit ihren deutschen Fürsten, allen voran Maximilian, zufrieden sein, denn diese gaben dem Kaiser keine Ruhe, bis er am 13. September 1630 die Absetzung Wallensteins ausgesprochen hatte, und dann verweigerten sie auch noch die Wahl seines Sohnes zum römischen König, weil diese nach altem Brauch nur in Frankfurt stattfinden dürfe und weil sie in Regensburg sich infolge der Nähe wallensteinischer Truppen bedroht und unfrei fühlten.
Aber nun wurde die wallensteinische Armee empfindlich reduziert, was geradezu einem Selbstmord gleichkam: erst war sie über 100 000 Mann stark gewesen, groß genug, um zur Basis fast schon einer Militärdiktatur zu dienen. Nun wurde sie auf 39 000 Mann beschränkt. Als Nachfolger in Wallensteins Kommando wurde Kurfürst Maximilian vorgeschlagen, und hinter diesem Namen kam natürlich Tillys Person ins Gespräch. Auf ihn einigte man sich nach langem Hin und Her, mit dem Kompromiß, daß die kaiserlichen Truppen nicht mit den ligistischen vermischt werden, sondern immer ein eigenes Korps bilden sollten. Das entsprach genau der Eifersucht des Kaisers auf die Ligisten sowie der Eifersucht der Ligisten auf den Kaiser, die »ihren« Tilly nicht verlieren wollten.
Doch der Vielerfahrene zauderte, wie er schon im Frühjahr gezaudert hatte, als der Kaiser werbend an ihn herangetreten war. Daß die Truppen, die von der wallensteinischen Armee übrigblieben, nicht die Qualität wie seine eigenen hatten, wußte er als Fachmann und aus Erfahrung. Die Truppen der Liga betrugen nur gut 30 000 Mann. Garantierte das wirklich genügend Sicherheit gegenüber dem Schweden?
Tilly hatte gemeint, der Konvent von Regensburg werde angesichts des drohenden Feindes zum Ausgleich mit Wallenstein kommen. Diese Erwartung mag naiv gewesen sein, doch drückte ihre Nichterfüllung ihn um so mehr zu Boden. Abermals überfielen ihn Melancholie und Resignation. Wie gerne hätte er sein letztes Alter, um mit Fontane zu reden, »in der stillen Weise zugebracht, die das Leben alter Militärs so oft kennzeichnet«. Er erging sich in düsteren, aber treffenden Formulierungen über das Glücksspielhafte im Kriege, besonders in dieser nun schon zwölf Jahre anhaltenden Kette von

Konflikten, wo ein Krieg den nächsten hervorbrachte, und der daher »zu weit ausgedehnt und zu lange fortgesetzt wird«. Sein Kampfgeist schien ihn doch ein wenig verlassen zu haben, als er vor dem Schwedenkönig warnte, der jung und energisch sei, die fraglose Unterstützung seiner Staaten habe, eine geübte und disziplinierte Armee besitze, die seinem Genie vollkommen vertraue. »Ein General, der zur selben Zeit König in seiner Armee ist und der über vergleichbare Mittel verfügt, ist ein Spieler, den zu verachten Dummheit wäre und gegen den nicht zu verlieren schon ein großer Gewinn ist.« Er fühlte, daß seine Zeit ablief und er der Zukunft Platz machen mußte. Es bedurfte geistlichen Zuspruchs und des Appells an seine Ehre und untadelige Pflichtauffassung, um ihn zur Annahme des Oberkommandos doch noch zu bewegen. Erst am 8. November 1630 wurde die Sache zwischen Tilly und den kaiserlichen Räten abschließend geregelt.

Am 6. Juli 1630 schon war Gustav Adolf bei Peenemünde gelandet, ohne daß ihm die Kaiserlichen die Passage von Gotland her hätten verlegen können. »Hamma halt a Kriegel mehr«, sagte der Kaiser aus Wien dazu.

6. Kapitel

Das große Duell

Der Kaiser hatte keinen Respekt vor Gustav Adolf, weil dieser seine kriegerischen Fähigkeiten bis jetzt erst im Kampf gegen die Polen erprobt hatte, und das imponierte dem Deutschen Ferdinand nicht. Polen hin und her – bei genauerem Hinsehen hätte der Kaiser erkennen müssen, daß Gustav Adolf nach einem Konzept handelte, das die gesamte Ostsee unter schwedischer Herrschaft vereinigen wollte und daher massive Einflußnahme auf die Angelegenheiten des Reiches zwingend miteinschloß. Dieses Konzept war das Ergebnis des auf Dänemarks Kosten neu geborenen schwedischen Selbstbewußtseins, des Niedergangs Polens sowie des Zusammenbruches der dominierenden handelspolitischen Stellung der Hanse im Ostseeraum. Es gab etwas zu erben: Teilnahme am Rohstoffhandel zwischen Westeuropa und jenen nordöstlichen baltischen Regionen. Getreide, Bauholz, Teer, Hanf, Honig, Kabeljau, Kupfer und Eisen wurden in den Häfen der Ostsee zwischen Reval und Kiel gesammelt, mußten den Öresund passieren und nach England, in die Niederlande, nach Frankreich und Spanien verschifft werden.
Dänemark beherrschte beide Ufer des Sundes, denn die heute schwedischen Gebiete Halland, Schonen und Blekinge waren schon seit der Wikingerzeit dänisch, außerdem die Inseln Bornholm und Gotland. Dazu noch das gesamte Königreich Norwegen – wie Frankreich gegenüber Spanien, so mußte Schweden gegenüber Dänemark Einkreisungsfurcht empfinden. Mit der Säkularisierung des Deutsch-Ordens-Staates, der Ostpreußen, Lettland, Livland und Estland umfaßte, und nach dem Dänemark sowie Polen und Rußland die Hände ausstreckten, kam auch diese Ländermasse zur Ver-

teilung: Wollte Schweden seine Entwicklung durch Verzicht auf das Partizipieren am Ostseehandel nicht auf Jahrhunderte hinaus selbst hemmen, mußte es, vom skandinavischen Festland ausgreifend, das gesamte Ostseeufer unter seine Herrschaft bringen. Die Geschlossenheit dieses Raumes machte keine andere Politik möglich, denn aus eben dieser Geschlossenheit ergab sich auch die Notwendigkeit seiner vollständigen Beherrschung.
So wie die USA, als sie sich nach 1945 entschlossen, ihre weltpolitische Rolle bewußt auf sich zu nehmen, die Gegenküsten zu ihrer pazifischen und ihrer atlantischen Küste, nämlich Ostasien und Westeuropa, besetzt hielten, ging auch Schweden vor. Wer auf die See als Areal seiner Politik angewiesen ist, muß sie zuverlässig beherrschen, und das kann er nur, wenn er alle ihre umliegenden Küsten beherrscht.
Mit diesem Ziel kämpfte Gustav Adolf seit seiner Thronbesteigung 1611 gegen die dänischen Vorherrschaft an. Weitere Gegner im maritimen Halbkreis um Stockholm herum waren Polen und Rußland, und der Kampfpreis, um den es im Krieg mit diesen Mächten ging, war die Kontrolle der gesamten Ostseeküste von der Newa-Mündung bis zur pommerschen Grenze des Heiligen Römischen Reiches deutscher Nation. Estland und Livland mit Riga fielen in verschiedenen Etappen an Schweden, während die Polen Kurland und die Lehenshoheit über Ostpreußen behielten. Rußland wurde von der Ostsee verdrängt, da Gustav Adolf es im Jahre 1617 zum Verzicht auf Südkarelien und Ingermanland zwang.
Von dieser starken Stellung aus konnte der König 1623/24 den Niederländern seinen Marsch durch Polen auf die kaiserlichen Erblande anbieten (siehe Kap. 5). 1629 schlossen die Polen den (in Kap. 5) erwähnten sechsjährigen Waffenstillstand mit der Überlassung der Zolleinnahmen aus den Häfen Elbing, Pillau und Memel; damit waren die Waffen des Königs freigeworden für den Einsatz in Deutschland.
Der Konflikt mit Polen stammte in seinen Ursachen noch aus dem vorigen Jahrhundert, denn damals (1587) hatten die polnischen Magnaten in Ausübung ihres Königswahlrechtes Sigismund Wasa, einen Nachkommen des schwedischen Königs Gustav Wasa, auf den Thron berufen, und dieser konnte Ansprüche auf die Krone Schwedens geltend machen. Nur dem geschlossenen Widerstand des luthe-

rischen Landes gegen Jesuiten und Gegenreformation, die ihnen da übers Meer ins Land gebracht werden sollten, verdankte Gustav Adolfs Vater Karl, der jüngere Sohn des Dynastiebegründers Gustav Wasa, seine Erhebung zur Königswürde. Vielleicht ist es nicht zuviel gesagt, daß Schweden erst im Kampf gegen Polen zu dem kämpferischen Selbstbewußtsein fand, ohne das Gustav Adolfs Konzept der schwedischen Vorherrschaft in der Ostsee zwar logisch notwendig geblieben, aber nicht zur kraftvollen Ausführung gekommen wäre.

Adel, Bürgertum und Bauernschaft standen hinter dem König. Sichtbares Zeichen der Einigkeit zwischen Krone und Aristokratie war die beständige Zusammenarbeit zwischen dem König und einem der mächtigsten Vertreter des Adels, dem fast ebenso berühmten Axel Oxenstierna, und die Fortführung von Gustav Adolfs Politik durch den Kanzler nach des Königs frühem Tod bei Lützen. Die Finanzquellen sprudelten zwar nicht so reichlich wie in den Niederlanden und in Frankreich, und eine Neue Welt mit ihren Silber- und Goldvorräten wie Spanien hatte Schweden auch nicht zur Verfügung, aber sie waren so üppig wie hoch im Norden überhaupt nur möglich. Schweden exportierte Kupfer und Eisen unter Vermittlung der Niederlande (übrigens auch nach Spanien), und die Einnahmen aus den Gebühren der baltischen Häfen, die ebenfalls von Niederländern wegen des gemeinsamen anti-dänischen-anti-kaiserlichen Interesses für den König zu dessen Vorteil verwaltet wurden, rundeten die Kassenbestände ab.

Damit wird das Interesse Gustav Adolfs an Pommern klar, dem Land, das eine Schlüsselstellung in seinem strategischen System einnahm: es lieferte Häfen auf der schwedischen Gegenküste, besonders in seinem mehr gegliederten Westteil, der sogenannten »Boddenküste«; ferner trennte es die alten Erbfeinde Schwedens, Dänemark und Polen, voneinander. Dann war es die gegebene Ausgangsbasis für Unternehmungen nach Brandenburg, das heißt ins Reich hinein, wie sie Gustav Adolf nach dem Waffenstillstand mit Polen und dem Aufmarsch der Kaiserlichen entlang der Ostseeküste als dringend notwendig erscheinen mußte. Das jedoch bedeutete ein Heraustreten aus dem unmittelbaren Kreis der Ostsee, um das »schwedische Binnenmeer« im deutschen Vorfeld zu si-

chern, und damit gleichzeitig ein Hineintreten in sämtliche Konflikte des weiter südlich gelegenen Europa.
Es ist immer dasselbe in der politischen Geschichte: aus dem Willen zur ursprünglich defensiven Selbstbehauptung ergibt sich unter dem Zwang der Geographie und des Mißtrauens ein aggressives Hervorbrechen, da, um es mit den Worten Henry Kissingers zu formulieren, absolute Sicherheit eines Staates in einem Staatensystem nur durchsetzbar ist durch die Verhängung absoluter Unsicherheit über alle anderen beteiligten Staaten.
Die Armee, die Gustav Adolf in der Hand hatte, war eine scharfe Waffe. Sie war schon in ihrer taktischen Gestaltung eine Kampfansage an die spanischen Tercios Tillys: vom Grundgedanken ausgehend, daß die quadratischen Schlachthaufen der Infanterie zu unbeweglich seien, hatte der König sein Fußvolk in kleineren Einheiten aufgestellt, die rechteckige Form hatten und sich daher besser eigneten, in längeren Linien zu operieren.
Erfinder dieses neuen Prinzips war Prinz Moritz von Oranien gewesen, um die Jahrhundertwende einer der maßgeblichen Feldherren der Niederländer. Er hatte auch schon die Bedingung beweglicher Truppenführung erkannt: einen ausgefeilten Drill, der dem Infanteristen wirklich jeden Rest landsknechthafter Individualität aus dem Geist vertrieb und nur durch pausenloses Exerzieren, soweit tunlich, auch vor dem Feind, und zu allen Tages- und Nachtzeiten, auch bei Regen, zu erzielen war. Die genormten Kommandoworte, natürlich möglichst wenige, waren hierfür Voraussetzung, und die Konsequenz mußte sein, daß die Einheiten auch unter den größten Belastungen des Gefechtes zuverlässig in der Hand des Kommandeurs blieben.
Moritz von Oranien hatte mit seiner neuen Taktik nur eine einzige Feldschlacht geliefert und sich im übrigen, den geographischen Bedingungen der Niederlande folgend, mit erfolgreichen Belagerungen begnügt. Gustav Adolf griff nun seine Gedanken auf und führte Schweden mit ihnen an die Schwelle zur Großmacht. Der Drill in seinem Heer war damals beispielhaft, während »in Deutschland die Soldaten oft wie eine Herde Rinder oder Schweine dahintrotteten«, wie ein Zeitgenosse mißbilligend vermerkt.
Wenn die Einheiten kleiner wurden, dann waren sie auch in größerer Gefahr, von der feindlichen Kavallerie über den Haufen geritten und von einem Tercio zersprengt zu werden. Folglich war eine minimale

Tiefe der Gliederung beizubehalten, etwa sechs Mann tief, weniger keinesfalls. Pikenträger und Musketiere standen gemischt; die Pikeniere, um gegen den Anprall statisch zu reagieren, die Musketiere, um den Feind vor dem Anprall durch Handfeuer zu schwächen. Das Verhältnis zwischen beiden Waffenarten pro Einheit schwankte. Hier mußte man erst Erfahrungen sammeln. Die Musketiere bekamen eine technisch verbesserte Waffe in die Hand, mit der sie dreimal so schnell schießen konnten wie die Kaiserlichen, denn da die Muskete von leichterem Gewicht war, fiel die Stützgabel weg, und die Handhabung ging damit schneller. Während in einer sechsgliedrigen Abteilung die ersten drei Glieder vor dem angreifendem Feind niederknieten, feuerten die drei dahinterstehenden, sofern sie Platz genug fanden, die Mannschaft zum gleichzeitigen Feuern etwas auseinandertreten zu lassen. Die Musketiere hatte nach Abbrennen ihrer Gewehre rasch hinter die Pikeniere zurückzutreten – ein Gegenstand ernstesten Drills, damit diese Bewegung auf dem Schlachtfeld klappte, ohne Verwirrung in die eigenen Reihen zu tragen.
Auch die Rolle der Kavallerie wurde neu überdacht, denn ihre Aufgabe mußte es sein, die verkleinerten Infanteriehaufen vor der Umflügelung durch feindliche Reiterei zu schützen und angriffsweise etwas von der Wucht auszuüben, die der neu organisierten Infanterie nicht mehr in dem Ausmaße zufallen konnte wie den alterprobten Tercios. Zu diesem Zweck mußte auch sie so beweglich wie möglich sein, daher nur drei Glieder tief angreifen, und durfte nach des Königs Vorschrift nur im Galopp und mit gezogenem Säbel anrennen. Höchstens den ersten beiden Gliedern war es erlaubt, kurz vor dem Feind von der Waffe Gebrauch zu machen.
Umgekehrt wurde systematisch zwischen den Kavallerieeinheiten Infanterie aufgestellt, die mit ihren Musketen einer Attacke feindlicher Reiter noch vor dem Anprall den Schwung nehmen sollte. Dem Gesetz größter Beweglichkeit folgt auch die Artillerie. Wir haben gesehen, daß in den Feldzügen des Dreißigjährigen Krieges bis jetzt diese Waffe ein Schattendasein führte. Schlachtentscheidend war sie nie gewesen, nur beim langsamen, oft allzu langsamen Aufbrechen von Befestigungen spielte sie eine dominierende Rolle. Gustav Adolf steigerte nun ihre Zahl in der Armee beträchtlich und setzte gleichzeitig das Gewicht eines Teiles so herab, daß ein Stück von drei Mann gezogen werden konnte. Die Stücke waren mit Leder über-

spannt und gingen daher als »Lederkanonen« in die Kriegsgeschichte ein. Sie waren in ihrer Beschaffenheit zur Verteidigung sowie zu schneller Unterstützung eines entscheidenden Angriffes gleich gut geeignet – welch ein Unterschied zu den Wagenburg-Mörsern des badischen Markgrafen bei Wimpfen.
Die Disziplin im Heer Gustav Adolfs war – zunächst – außerordentlich scharf, und spiegelbildlich zu den Sitten im Feldlager Alessandro Farneses (siehe Kap. 2) wurde die protestantische Religion systematisch eingesetzt, um die Soldaten vom Sinn ihres Kampfes zu überzeugen. Teilnahme an regelmäßigem Gottesdienst war Pflicht; die Glaubensdisziplin lockerte sich nur dadurch etwas, daß die Feldprediger manchmal betrunken predigten. Angeblich soll der König auch insofern um die Moral seiner Kämpfer besorgt gewesen sein, als er die Strafe des »Spießrutenlaufens« einführte, die zwei positive Effekte hatte: zum einen wurde der gesamten Einheit, die einen Kameraden Spießruten laufen ließ, das Henkeramt übertragen, zum anderen der Soldat, der von Kameradenhand bestraft wurde, dadurch nicht ehrlos, und alle waren gezwungen, einen Disziplinverstoß gemeinsam zu sühnen.
Die Truppen waren solchen Appellen wohl auch nicht unzugänglich, da nämlich das schwedische Heer teilweise nicht aus beliebigen Söldnern, sondern aus wehrpflichtigen Söhnen des Landes bestand. In Schweden und Finnland mußten die Ortsgeistlichen eine Liste aller männlichen Einwohner über fünfzehn Jahren in ihrem Zuständigkeitsgebiet zusammenstellen, und von diesen hoben die Behörden eine ihrem Ermessen unterliegende Anzahl aus. 43 000 Mann nationale Truppen zogen insgesamt ins Feld. Daneben dienten im Jahre 1630 auch schon viele Söldner unter den königlichen Fahnen, und im Laufe des Krieges wurde der national-schwedische Anteil an den Truppen verschwindend gering, während der deutsche immer mehr anstieg. In der national-schwedischen Militärverfassung jedoch lag sogar schon ein Ansatzpunkt der später in Europa allgemeinen Wehrpflicht, und die Armee im ganzen nahm die stehenden Heere der späteren Generation, der Kriege Ludwigs XIV., bereits vorweg.
Mit 13 000 Mann lediglich war der König auf Usedom gelandet, dazu kamen noch die 5000 Mann von Stralsund, 7000 Mann, die aus Schweden bereits auf den Marsch geschickt waren, 13 600 Mann vom stillgelegten preußischen Kriegsschauplatz, in summa also etwas un-

ter 40 000 Mann. Mit den rund um die Ostsee zurückgelassenen Garnisonen und Besatzungstruppen verfügte der König insgesamt über 70 000 Mann. Angesichts der geringen Bevölkerungszahl seines Reiches – knapp 1 Million Einwohner, nicht mehr als die beiden Kurfürstentümer Brandenburg und Sachsen zusammengenommen – kann man da Gustav Adolf wohl als »Militärmonarchen« bezeichnen! Ein Wunder, daß er diese für seine Verhältnisse riesige Armee in den ersten Monaten auf deutschem Boden auch noch regelmäßig entlohnen konnte – allerdings wirklich nur in den ersten Monaten, dann wurde er abhängig von Subsidien.
Und nun, als weiterer entscheidender Faktor, die Persönlichkeit des Königs selber: »Meine Person ist 100 000 Mann wert«, hatte Napoleon von sich gesagt, und bei Gustav Adolf war es so ähnlich. Er war nun fünfunddreißig Jahre alt und hatte seit fast zwanzig Jahren kriegerische Erfahrungen gesammelt, in denen sich sein Talent in allen militärischen Angelegenheiten glänzend bewährt hatte. Auch in der Kunst des politischen Planens und Wagens nahm er es mit jedem Zeitgenossen auf; er war listig, nüchtern, zäh und unerschütterlich, unsentimental, allem Anschein nach mit unproblematischer Festigkeit auf seinen lutherischen Glauben gegründet, und hatte etwas Heiter-Unbeirrbares und gleichzeitig Stahlhartes in seinem Wesen, das ihn nicht nur zum Bestehen der Stürme von Politik und Krieg prädestinierte, sondern ihm auch die Herzen zufliegen ließ, wenn er es nur wollte. Doch wenn er nicht wollte, waren seine Manieren ungeschlacht und deutlich unter dem Niveau seiner politischen und militärischen Fähigkeiten. So müssen Eroberer anscheinend sein!
Tilly hatte ein zutreffendes Gefühl für Größe gezeigt, als er vor diesem Feind gewarnt hatte. Der König täuschte sich ebenfalls nicht über die Qualität seines Gegners: er bezeichnete Tilly als »listigen Fuchs«, was auf militärischer Ebene ein Lob bedeutet, und war sich klar, daß er gegen die damals ruhmreichste Armee Europas antreten mußte, die einen harten Kern von Veteranen aus langen Kriegsjahren gesammelt hatte und ganz Deutschland beherrschte. Ein anderer als Gustav Adolf wäre vor dieser Herausforderung zurückgeschreckt.
Nun mußte der König Terrain gewinnen, solange Tilly noch in Regensburg weilte. Die Basis für den Entscheidungskampf gegen Kaiser und Liga mußte so solide wie möglich sein. Das heißt, Gustav Adolf erklärte, mit der Liga stehe er eigentlich gar nicht im Krieg,

und setzte so die Linie fort, die aus seinem »divide et impera«-Brief an Tilly von 1629 ersichtlich war. Aber Maximilian zögerte in Regensburg nicht, den Kaiser seiner Hilfe gegen den schwedischen Reichsfeind zu versichern; und sobald Tilly sowohl das ligistische als auch das kaiserliche Heer kommandierte, kam auch der Fuchs aus dem Norden (das ist vielleicht eine zutreffendere Bezeichnung als »Löwe aus Mitternacht«) um den ligistischen Feind nicht mehr herum.

Zuerst besetzte er mühelos die Inseln Usedom und Wollin und bekam dadurch die drei Mündungsarme der Oder in seine Hand. Dann schiffte er sich seelenruhig nach Stettin ein und besetzte die Hauptstadt des Herzogtums Pommern kampflos, denn die Kräfte des Herzogs Bogislaw XIV. reichten zu einer Verteidigung ganz und gar nicht aus. Die Schweden bauten die Befestigungen Stettins aus, während Bogislaw am liebsten neutral geblieben wäre, da seine Pflichten gegenüber Kaiser und Reich dies erforderten, wie er dem König sagte. Doch gerade in dieser Anfangsphase seiner Unternehmung konnte Gustav Adolf keine übertriebenen Rücksichten nehmen, sonst hätte er gleich zurücksegeln können. Er zwang dem Herzog einen Bündnisvertrag auf, mit dem er zugleich den südlich angrenzenden Kurfürsten von Brandenburg unter Druck setzen konnte: Brandenburg hatte sich mit Pommern bereits 1529 erbvertraglich darauf geeinigt, daß das Herzogtum im Falle des erbenlosen Versterbens seiner Herzöge an das Kurfürstentum fallen sollte. Bogislaw lebte schon fünfzehn Jahre in kinderloser Ehe; die Erbaussichten durften also in Berlin günstig beurteilt werden.

Doch Gustav Adolf nahm in den Vertrag mit Bogislaw den Passus auf, daß Brandenburg nur dann erben dürfe, wenn es dem König zur »Befreiung« Pommerns (sc. vom kaiserlichen Joch) wirklich helfen oder ihm die dabei entstehenden Kosten aus eigenen Mitteln ersetzen werde und wenn es das pommersch-schwedische Bündnis genehmigte. Mit anderen Worten: über den schwachen Bogislaw sollte der wankelmütige Georg Wilhelm mit ins schwedische Kriegslager gezogen werden.

Erstaunlich an dem Vorgang ist, wie wenig Pommern unter dem »papistischen Joch« zu seufzen schien, so daß es nur widerwillig mitmachte, obwohl das allgemein verhaßte Restitutionsedikt auch in dieser Ecke des Reiches drückte: das Bistum Kammin wäre an den

Kaiser herauszugeben gewesen. Gustav Adolf hatte seinen Kriegszug natürlich schon diplomatisch vorbereitet, Brandenburg, Sachsen, Württemberg, Nürnberg und Ulm, also wesentliche protestantische Reichsstände, mit Werbe-Gesandtschaften überzogen, aber die Resonanz war gleich Null gewesen. Das Restitutionsedikt allein war ein zu schwaches Reizmittel, um die protestantischen Reichsfürsten dem Schweden in die Arme zu treiben. Dessen diesbezüglicher Irrtum wird nur dadurch geringer, daß auch der große Richelieu ihn teilte: wie nach dem Nordstern würden sich alle Fürsten nach dem König von Schweden ausrichten, hatte der Kardinal geschwärmt; aber seine kristallklare Logik galt offensichtlich nicht in den unübersichtlichen inneren Angelegenheiten des Heiligen Römischen Reiches.
Der Kurfürst von Sachsen war in Regensburg nicht erschienen. Sein Ärger über die Durchführung des Restitutionsediktes machte sich zunächst jedoch nur in diplomatischer Aktivität Luft. Auf Johann Georgs Initiative trat im Februar 1631 in Leipzig ein protestantischer Fürstentag zusammen, der eine gemeinsame Haltung angesichts des katholischen Angebotes erarbeiten sollte, zwecks gütlicher Beilegung aller aus dem Restitutionsedikt entstehenden Streitigkeiten einen reichsweiten »Ausgleichstag« einzuberufen. Dabei kam man zwar so weit, notfalls Gewaltanwendung gegen kaiserliche Maßnahmen ins Auge zu fassen und sich deshalb auch zu rüsten – aber ohne ein Bündnis mit Schweden ernsthaft ins Auge zu fassen.
Wegen der gemeinsamen katholischen Religion war Richelieu an dem Abschluß eines Bündnisvertrages mit Maximilian interessiert. Die Verhandlungen führten zum Vertrag von Fontainebleau (Mai 1631), in dem ein gegenseitiges Kriegsbündnis mit der Verpflichtung von Truppenaufstellungen im Ernstfall, ein Nichtangriffspakt und die französische Unterstützung für die erbliche Kurwürde Maximilians niedergelegt waren. Das war ein Dokument, an das spätere Zeiten anknüpfen konnten; für die Gegenwart und den Krieg der katholischen Mächte gegen Schweden war es allerdings nur insofern von Bedeutung, als es indirekt den Mißerfolg Richelieus zeigte, Bayern aus diesem Krieg herauszuziehen. Mit Schweden schloß der Kardinal den Subsidienvertrag von Bärwalde (Januar 1631), war also, um an der zukünftigen Entwicklung beteiligt zu bleiben, mit beiden Kriegsgegnern im Bündnis.

Der König nun konnte außer dem Tedeum der Stralsunder Bürger anläßlich seiner Landung auf Usedom nur einen einzigen politischen Erfolg im Reich erringen, der zugleich sein erster namhafter militärischer war: ihm fiel, obwohl er noch weit entfernt an der unteren Oder stand, die Stadt Magdeburg zu. Christian Wilhelm von Brandenburg, in den goldenen Zeiten vor dem Restitutionsedikt Administrator von Magdeburg, gedachte sich mit schwedischer Hilfe in »seiner« Stadt wieder festzusetzen. Der Rat wollte nicht, ebensowenig wie Bogislaw von Pommern gewollt hatte. Es bedurfte des Eintreffens eines schwedischen Gesandten, des Administrators in Verkleidung und der erregten anti-katholischen Stimmung der Bürgerschaft, um ein Bündnis mit dem König zuwegezubringen. Vorerst war nur an Freiheit von Einquartierungen und an die Gestattung von Durchmärschen für schwedische Truppen gedacht. Die Zahl der Soldaten in der Garnison sollte 500 nicht übersteigen, außer in Notfällen. Das klang vergleichsweise bescheiden, doch nahm nun Christian Wilhelm die Sache in die Hand: er warb 3000 Landsknechte an, die rundum im Stift kaiserliche Mannschaften überfielen und sich bald, als die Kaiserlichen sich zur entschlossenen Gegenwehr aufrafften, in die Stadt zurückziehen mußten. Am 29. Oktober 1630 – Tilly weilte noch immer in Regensburg – kam Dietrich von Falkenberg in Magdeburg an, von Gustav Adolf geschickt, um die Söldner des Administrators zu übernehmen und den Ausbau der Stadt zur antikaiserlichen Festung forciert voranzutreiben. Falkenberg war ein deutscher Adliger aus dem Stift Paderborn. Er war zum Landgrafen Moritz von Hessen übergewechselt und von dort noch vor Kriegsausbruch an den schwedischen Königshof geschickt worden, wo er bald einer der engsten Vertrauten Gustav Adolfs wurde.
Der König war an Magdeburg brennend interessiert, beherrschte es doch die Mitte des Elbstromes als vorgeschobenes Bollwerk für die Schweden, die nach der Wegnahme von Wolgast immer noch an der unteren Oder operierten und dort erst die kaiserlichen Mannschaften aus den Sperrfestungen Gartz und Greifenhagen mit geringer Mühe hinausgeworfen hatten. Vor Magdeburg, dem »einzig formidablen Platz« in Norddeutschland, sollte sich Tilly festrennen, während der Schwede gemächlich Mecklenburg und Brandenburg unter seine Kontrolle brachte.
Die Festungswerke wurden unter Falkenbergs Kommando ausge-

baut, wozu es auch höchste Zeit war, denn schon legten sich kaiserliche Belagerungstruppen von allen Seiten um die Stadt. Die protestantischen Prediger begannen sich in ihrem Eifer zu steigern, zum ersten Mal erscholl von deutschen Kanzeln die Grundbehauptung der schwedischen Propaganda, daß der König den deutschen Protestantismus vor dem Aufgehen im papistischen Götzendienst und dem Verfallen in »viehische spanische Servitut« etc. in letzter Minute retten werde. Man entsann sich der trutzigen Haltung, die Magdeburg einst Karl. V. erfolgreich entgegengesetzt hatte, um den Protestantismus gegen dessen siegreiche Waffen zu behaupten; »die Metze und die Magd, die haben dem Kaiser den Tanz versagt«, war damals höhnisch gesungen worden, in Kombination mit dem eben von den Franzosen dem Reich entrissenen Metz in Lothringen. Und unlängst erst, im Jahre 1629, hatte Wallenstein darauf verzichten müssen, der Stadt die Exekution des Restitutionsediktes aufzuzwingen. Obwohl der König militärisch im Augenblick nichts zur Unterstützung tun konnte, mußte er sich das alles doch wohl gefallen lassen, auch wenn es seiner systematischen Kriegsführung zuwiderlief. Er hatte versucht, sich durch einen Einmarsch in Mecklenburg des Hafens von Rostock zu versichern, dadurch auf Hamburg und Lübeck Druck auszuüben und von der unteren Elbe aus etwas zum Entsatz Magdeburgs unternehmen zu können. Doch scheiterte das Beginnen mangels Schiffen, Proviant und Geld. Erst dann hatte sich der König nach sorgfältigster Vorbereitung auf die Kaiserlichen vor seiner mittleren Front in Gartz und Greifenhagen am Oderlauf geworfen; letzteres fiel am 4. Januar 1631, Graf Schaumburg, der kaiserliche Befehlshaber, zog sich eiligst in die Festung Frankfurt an der Oder zurück.

Am 6. Dezember 1630 schließlich war Tilly in Hameln auf dem norddeutschen Kriegsschauplatz angelangt. Der Schwedenkönig hatte noch vor der Landung auf Usedom einem französischen Diplomaten gegenüber behauptet, Tilly habe wiederholt und in der Öffentlichkeit erklärt, daß er nur deshalb noch länger leben wolle, um mit ihm, Gustav Adolf, auf Leben und Tod zu kämpfen. Die letzten Wochen in Regensburg müssen für den alten Sieger eine Qual gewesen sein, wenn er von den zwar langsamen, aber stetigen Erfolgen seines großen Feindes im Norden erfuhr. Gerade, daß er noch die Abdankung von 10000 Mann ligistischer Truppen verhindern konnte. Im übrigen tat er das, was ihn immer viel Energie gekostet hatte: er mahnte; nun mahnte er, den Widerstand Magdeburgs ebenso ernst zu nehmen wie die Fortschritte des Schwedenkönigs, und mehr Truppen sollten ausgehoben werden, und die Katholiken sollten in »treueifriger Zusammensetzung« gerade jetzt an einem Strang ziehen. Politik verstand er zwar, trieb sie aber nicht selber. Daher spricht aus seinen Ermahnungen militärische Vernunft, und ihr wird die Sicht der norddeutschen Verhaltnisse untergeordnet.

An Maximilian schrieb er im Dezember: »der einzige Zweck und scopus und die unumgängliche höchste Nothdurft ist und erfordert, die ganzen Vires und Resistenz der schwedischen Macht und Dämpfung der magdeburgischen Unruhen wider den Feind zu wenden, also daß man demselben nächstzukünftiges Jahr völligen Abbruch thun und dadurch dermalen einst zum werthen Frieden gelangen möchte.« Es müsse so sein, daß einige von den protestantischen Reichsständen Gustav Adolf heimlich ins Reich geholt hätten, und das zeige sich deutlich am Abfall Magdeburgs. »Wenn nun zwar sein (sc. Gustav Adolfs) weiteres Vorhaben uns noch zur Zeit nicht bewußt, so vermuten wir jedoch, er möchte vielleicht auf Magdeburg zu rücken. Derowegen wollen Euer Liebden fleißig vigilieren und aller Enden Kundschaft auslegen ...« heißt es in einem Brief Tillys an den alten Mitstreiter Pappenheim, der jüngst zum Feldmarschall der Liga ernannt worden war und nun die Zernierung Magdeburgs übertragen bekam. Wieder sieht hier Tilly klar die Gefahr, daß sich getrennte Kriegsherde zusammenfinden könnten: die Niederländer waren ins Reich eingefallen und hatten bis zur Weser einige feste Plätze besetzt, z. B. Soest – wie denn, wenn sie den Magdeburgern als Bindeglied zu den Schweden die Hand reichen würden? Gerüchte hierzu gab es genug, auch das, daß die Einigung zwischen Magdeburg und dem König im Haag zustandegekommen sei. Pappenheim hatte solche Ideen schon immer vermutet, auch Wallenstein waren sie nicht fremd.

Also war Tillys erste Aufgabe, die Weserlinie zu sichern durch Verlegung von Besatzungen in die Festungen entlang dieses Flusses, die erst nach befriedigenden niederländischen Zusicherungen im nächsten Frühjahr auf den Hauptkriegsschauplatz abgezogen wurden. Noch am Tag seiner Ankunft hielt er Kriegsrat mit Pappenheim. Der frischgebackene Feldmarschall prahlte, mit 2000 Reitern und 2000

Mann Infanterie wolle er Magdeburg einnehmen. Tilly winkte ab: »Ihr müßt wissen, daß ihr die ländlichen Bauern nicht, sondern einen guten Wall und Soldaten vorhabt« – womit er wohl auf dessen Feldzug 1626 zur Niederwerfung der oberösterreichischen Bauern anspielte. Die gesamte Hauptarmee würde dereinst erforderlich sein, um die rebellische Stadt niederzuwerfen.

Man könnte an Pappenheims militärischer Klugheit zweifeln, würde man nicht zu seinen verlangten 4000 Mann stillschweigend die Abteilungen in mindestens ebensolcher Höhe addieren, die Magdeburg bereits belagerten. Aber auch dann bleibt die Sache noch tollkühn und wirft ein bezeichnendes Licht auf den Charakter des Feldmarschalls, der als Reichsgraf der fränkische Nachbar zu Tillys oberpfälzischen Besitzungen war und nun zu seinem wichtigsten Mitstreiter aufrückte. Tollkühnheit bewies er in allem, nicht nur auf dem Schlachtfeld, sondern auch in der Politik, der sich sein stets unruhiger Geist auch noch annehmen mußte. Daß er den Herzog Friedrich Ulrich von Braunschweig-Wolfenbüttel auf Wallensteins Anregung hin aus seiner Herrschaft verdrängen wollte, haben wir bereits gesehen. Nun war er mit dem Friedländer in eifrigem brieflichen Kontakt und verabsäumte nicht, diesem eine neue Übernahme des Oberbefehls zu wünschen. Wallenstein förderte seinen Parteigänger für zukünftige, bessere Zeiten, wenn er wieder den Oberbefehl bekommen würde, was nach einer Niederlage oder dem Tod des alten Tilly einer klar sichtbare Möglichkeit war: er erwirkte für Pappenheim am Wiener Hof die Ernennung nun auch zum kaiserlichen Feldmarschall. Dessen Ehrgeiz war aber nach wie vor unstillbar. Schon 1629 hatte er Tilly im Oberbefehl zu beerben gehofft; nun steigerte er sich in Feindschaft gegen die rebellischen Magdeburger hinein, nicht nur aus katholischer Gesinnung, die er allemal zur Schau trug (und, betrachtet man sein offenes Wesen, wohl auch tatsächlich hatte), sondern weil an ihm die erzwungene Ruhe im Belagerungerungskrieg nagte: Tilly durfte weiterhin Schlachten schlagen, wenn er konnte, er aber, Pappenheim, der sanguinische Kavallerist, war hier festgebannt. Also übertrug er seine Unzufriedenheit in Haß auf die Magdeburger und wurde nicht müde, deren Untreue gegen Kaiser und Reich in seinen Briefen anzuprangern. Damit stellte er wenigstens die Belagerung und also seine Persönlichkeit als mit das Wichtigste hin, was im Augenblick zu bewältigen war.

Und in der Tat: nicht nur als schäumender Hitzkopf dachte und schrieb er so, sondern auch als Feldherr, dem durch die Blockade Magdeburgs die Möglichkeit zu weit ausgreifenden Operationen verbaut wurde: könnten die Blockadetruppen frei werden, dann könnten Tilly und Pappenheim den Schweden in die Zange nehmen, der eine durch einen Einfall in Mecklenburg, daraus würde die Bedrohung der pommerschen Küstenplätze und der Rückzugslinie des Königs erfolgen, der andere durch einen Angriff die Oder entlang. Tilly sah das natürlich ebenso; aber solange das unbewältigte Magdeburg vor der Front lag, war es nicht zu machen.
So dumm war Pappenheim allerdings nicht, daß er sich Tilly gegenüber illoyal verhalten hätte; und an seinem dienstlichen Feuereifer und seiner militärischen Befähigung auf den Rängen unterhalb des Oberbefehls war kein Zweifel. Die größere Übersicht, Erfahrung und auch Menschenkenntnis hatte jedenfalls Tilly, »wenn ihm auch der Glanz, der Pappenheims ritterliche Persönlichkeit umgab, durchaus abging«, wie der Historiker Karl Wittich im vorigen Jahrhundert bemerkte. Wir mögen das heutzutage nüchterner sehen: Tilly war eben kein Romantiker des Krieges.
Es wurden, auch auf Maximilians Mahnung hin, der gar eine niederländische Aktion den Rhein hinauf gegen die frisch ergatterte Kurpfalz befürchtete, so viele Truppen an der Weserlinie erforderlich, daß Tilly zunächst nicht einmal an eine konzentrierte Belagerung Magdeburgs denken konnte. Er dämpfte den pappenheimischen Feuereifer, indem er zunächst dem Feldmarschall 3000 Mann übertrug und sie gegen eine Befestigung im altmärkischen Vorfeld vor Magdeburg einzusetzen befahl, gegen Haldensleben. Falkenberg hatte diesen Platz neu instand gesetzt, da er inmitten eines Morasts fast unangreifbar lag und den Zugang zur Stadt mit Wall und Graben wirkungsvoll sperrte. 800 Knechte Christian Wilhelms empfingen die Mannen Pappenheims mit wütendem Abwehrfeuer; kaum glaubte der Feldmarschall selbst, daß hier ein schneller Erfolg möglich sei. Aber sein Temperament ließ ihm keine andere Wahl: ohne den von Hameln über Halberstadt nachrückenden Tilly abzuwarten, ließ er vier Tage lang stürmen – bis schließlich am 15. Dezember 1630 die Besatzung kapitulieren mußte. Die Besatzung bekam ehrenvollen Abzug zugestanden, und als Tilly am 18. Dezember heraneilte, war er des Lobes voll über den erfolgreichen Handstreich,

der eigentlich auch hätte mißlingen können, wenn nicht der Frost, der die schützenden Sümpfe vereisen ließ und der Mangel der Belagerten an Geschütz und Munition den Ligistischen in die Hände gespielt hätten.
Danach rückte Tilly unmittelbar vor Magdeburg. Pappenheim von der Liga bekam das Kommando an der nordöstlichen Einschließungsfront übertragen, während im Süden der kaiserliche Oberst Graf Wolf von Mansfeld befehligte. Die Jahreswende verging damit, das nötige Belagerungsgerät herbeizuschaffen: die Festungen Nordwestdeutschlands mußten nach Kanonen durchgekämmt werden, oberhalb der Stadt wurde eine Schiffsbrücke geschlagen, um den Bürgern und Schweden den Kontakt mit Brandenburg und der Hauptmacht des Königs unmöglich zu machen. Das Winterwetter härtete allerdings den Boden und erschwerte die Erdarbeiten zum Vorwärtstreiben der Belagerungswerke erheblich. Die Truppenzahl der Belagerer mußte allmählich gesteigert werden. Erste Scharmützel fielen vor, ohne bei einer der beiden Parteien großen Schaden anzurichten. Zu allem Überfluß gerieten sich die Grafen Mansfeld und Pappenheim auch noch in die Haare. Beide Offiziere waren das Gegenteil von Diplomaten; Mansfeld war im Rang niedriger, dafür aber kaiserlicher Verwalter der Stifte Magdeburg und Halberstadt und pochte auf diesen »Heimvorteil«, den er zu haben glaubte. Tilly löste den Konflikt mit einem Machtwort, soweit das möglich war: Pappenheim bekam die größere Anzahl von Truppen und konnte daher in den Besprechungen, die er mit Mansfeld führen mußte, im allgemeinen seinen Willen durchsetzen, ohne dem Kaiserlichen eigentlich übergeordnet zu sein.
Tilly versuchte, um sich nichts vorwerfen zu müssen, die Stadt zur friedlichen Übergabe zu bewegen. Er verlangte den Abzug des illegalen Administrators Christian Wilhelm sowie seines Kriegsvolkes, »dagegen er der Stadt bei Kais. Maj. nicht allein Pardon erlangen, sondern auch mehr privilegia zu Wege bringen wollen.«
Immerhin war einst der katholische Erzbischof von Magdeburg als Primas von Deutschland angesehen worden, und dieser Rang hatte sich auch im lutherischen Kirchenwesen auf den Administrator übertragen. Aber die Stimmung in der Stadt war eher danach, aus eben diesen Gründen auszuhalten, auch weil Gustav Adolf, so meinte man, gar nicht anders konnte, als dieser Schlüsselfestung zu Hilfe

zu kommen. Tilly, dessen persönliche Integrität zumindest die Besonnenen unter den Protestanten nicht bezweifelten, war deswegen doch unglaubwürdig, weil er als Exekutor des antichristlichen Kaisers auftrat. Die »österreichische Milde«, die der Wiener Hof in Deutschland sprichwörtlich machen wollte, wurde in kampfesfroher Stimmung mit der Tatsache des Restitutionsediktes verglichen, und folglich Tillys Angebot abgelehnt. Eine weitere Aufforderung, einige Tage später, gekrönt mit der Bitte, das Kriegsvolk des Administrators mit den Truppen Tillys zum Kampf gegen den schwedischen Reichsfeind zu vereinigen, wie es allein rechtens sei, konnte da keinen größeren Erfolg mehr haben. Demzufolge war abzusehen, daß die Organisation der Belagerung nun bis in das Frühjahr hineingehen würde.

Hätte sich Tilly im Felde ebenso als Opfer des Greisenalters gefühlt, wie es ihm beim »zivilen« Stillsitzen in Regensburg zeitweilig überkommen hatte, dann wäre er im Winterquartier von Magdeburg sitzengeblieben. Den wahrhaft tüchtigen Militär aber erkennt man daran, daß er dynamische Situationen nicht nur meistert, sondern auch selbst hervorruft. Sollte Tilly, indem er sich vor Magdeburg festbiß, das strategische Kalkül Gustav Adolfs etwa bestätigen? Damit wäre noch mehr Zeit als bisher verstrichen, ohne den König zu bekämpfen. Die Pläne des Feindes dürfen schon aus Grundsatz nicht befolgt werden.

Zudem hatte Tilly trotz des Winters und trotz der relativ geringen Truppenzahl, die ihm zu Gebote stand, sich noch der kaiserlichen Truppen zu versichern. Die standen weit verstreut im nordöstlichen Deutschland, wo sie eine Unzahl von festen Plätzen zu bewachen hatten, auf diese Art dem König ein Gewirr von Stolperdrähten vor die Füße werfend. Und im Schutz dieser Hindernisse konnte Tilly direkt auf den Feind zu marschieren, ihn eventuell zur Schlacht herausfordern. Das heißt, Gustav Adolf mußte, um in Deutschland nachhaltiger als bis jetzt Fuß zu fassen, an einem durchschlagenden Erfolg interessiert sein, vielleicht auch an einer Feldschlacht. Diesen hypothetischen Willen des Königs galt es auszunützen. Wiederum erwies sich Tilly hier als militärischer Psychologe, der die Absichten des Feindes zu erraten versucht und, sofern er eine gewisse Wahrscheinlichkeit der Vermutung annehmen darf, zu deren Ausnützung aufbricht.

Zunächst also die Inspektion der von Wallenstein übriggelassenen kaiserlichen Truppen in der Umgebung von Magdeburg. Mit Entsetzen erkannte Tilly, daß das einst reiche Land vom Krieg mittlerweile arg heruntergewirtschaftet war. Getreide war so gut wie keines vorhanden, an Vieh fehlte es allenthalben, die Dörfer waren in derart miserablem Zustand, daß die Bauernhäuser als Quartiere häufig unbrauchbar waren. Viele Bauern waren in die Wälder geflohen, um den willkürlichen Grausamkeiten der Soldateska nicht länger ausgesetzt zu sein. Von dort führten sie eine Art Partisanenkrieg gegen Soldaten, die in zu geringer Zahl das Land durchstreiften. Wenn der Krieg den Krieg ernährt, dann frißt sich der Krieg am Ende selber auf.

Es half alles nichts, Mittel zum Unterhalt der Truppen mußten herbeigezwungen werden. Sofern die ligistischen Truppen Westfalen bereits Zug um Zug gegen den niederländischen Abmarsch geräumt hatten, wurde den frei gewordenen Landen erneute Kontribution auferlegt. Selbst die Stände der Liga mußten nun herhalten, und ihr Ächzen darob wird unüberhörbar gewesen sein. Der thüringische Kreis bekam Tillys Forderungen präsentiert, in Halle wurde Getreide zwangsweise aufgekauft, suspekte Bürger und Adelige, denen man Verbindungen mit den Protestanten und Schweden zutraute, wurden gerichtlich verfolgt, um ihnen in einem Prozeß wegen Hochverrats, begangen an Kaiser und Reich, die Konfiskation ihrer Güter abzuringen.

Um so gebieterischer war die Notwendigkeit, dem König nachdrücklich Einhalt zu gebieten. Graf Schaumburg, der soeben aus Gratz und Greifenhagen hinausgeworfen worden war, sah den Einfall des Königs entlang der Oder in die kaiserlichen Erblande drohen und wußte nicht, wie er mit seinen schwachen Truppen dieser Gefahr begegnen sollte. Tilly rückte an diesen Kriegsschauplatz am 12. Januar 1631 von Halberstadt aus mit drei Regimentern vor. Schon am nächsten Tag bekam er Schaumburgs Bericht von der vorausgegangenen Niederlage. Die einzige Barriere zu Schlesien waren nun noch die Festungen Frankfurt an der Oder und Landsberg an der Warthe. Über die 1626 heiß umkämpfte Dessauer Brücke, über Treuenbrietzen eilte Tilly in die Gegend von Potsdam und verharrte dort zwei Tage lang. Er mußte in Erfahrung bringen, ob der König wirklich dem Oderlauf folgen würde oder statt dessen in die Mark

Brandenburg abschwenkte, um, gedeckt durch die schwer passierbaren Niederungen der Havel, einen Entsatzversuch für Magdeburg zu unternehmen. In einem solchen Falle hätten die Belagerer dort abziehen müssen zur Deckung des anderen wichtigen Elbüberganges bei Dessau.

Doch der König hatte sich, um den desolaten Schaumburgischen Truppen, die durch das harte Winterwetter auch nicht eifriger wurden, im Nachstoßen weitere Gewinne zu entreißen, vor Landsberg geworfen. Also zog Tilly weiter auf Frankfurt. Am 24. Januar traf er dort auf Schaumburg. Im Felde hatten beide zusammen etwa 11000 Mann zu Fuß und knapp 5000 Mann zu Pferde. Diese Zahlen, nach denen Tilly den Kampf mit dem König hätte aufnehmen können, trügen jedoch, denn die Schaumburgischen Truppen waren in erbärmlichem Zustand. Tagtäglich litten sie den größten Mangel, und der Sold kam schon lange nicht mehr. Aus dem kaiserlichen Schlesien erfuhren sie keine Unterstützung, obwohl diese möglich gewesen wäre. Es war fast, als ob Ferdinand seine Armee mit Gewalt verkommen lassen wollte. »Das ist kein Volk, den Schweden damit zu schlagen«, sagte Tilly, »mit diesem Volke kann ich meine Reputation, die ich so lange erhalten, nicht hasardieren.« Dazu mußte er in Frankfurt noch einen alten Vertrauten abwimmeln, ein äußerst schmerzliches Steinleiden.

Am 27. Januar aber stieg er wiederum aufs Pferd und empfing die Kunde vom Abzug des Königs von Landsberg. Der dortige kaiserliche Kommandant, Oberst Cratz, hatte einfach einige Tage lang ausgehalten, während der König ebensolang rund um die Festung rekognoszierte, sie etwas zu gut befestigt fand, seine eigenen Verpflegungsschwierigkeiten, die schlechte Witterung und Tillys Anmarsch bedachte und sich daraufhin nach Gartz zurückzog. Dort konzentrierte er ungefähr 20000 Mann. Man hat es dem König zum Vorwurf gemacht, daß er einige Tage vor Landsberg verschwendet habe, anstatt spornstreichs auf Frankfurt loszugehen, und es den demoralisierten Kaiserlichen noch vor Tillys Ankunft zu entreißen, denn dann wäre wohl auch das abgeschnittene Landsberg nicht länger zu halten gewesen.

Da man ihn als erfahrenen und energischen Kriegsmeister nicht gut der Saumseligkeit bezichtigen kann, ist nur eine Entschuldigung möglich: er hatte nicht mit dem blitzartigen Anmarsch Tillys gerechnet, er war von ihm gar nicht informiert gewesen. Nun gehörte die Situation Tilly, und der Kurfürst von Brandenburg, von diesem zur Unterhaltsleistung für die kaiserlich/ligistische Armee aufgefordert, schmiegte sich lieber an diese an, »denn ich gottlob solche Mittel obhanden habe, dadurch dem Feind auf diesen und jenen Event genugsam zu begegnen«, wie Tilly ihm nicht ohne einen Unterton von Drohung schrieb.

Nun mußte die Festung Landsberg wieder in verteidigungsfähigen Zustand gebracht werden. War darüber hinaus ein Vorrücken gegen den König ratsam? Tilly war ihm numerisch und auch an Qualität der Truppen deutlich unterlegen. Bei einer Musterung brachte er nach Abzug der kampfunfähigen Mannschaft ca. 13000 Mann zusammen, dazu 900 Mann Besatzung in Frankfurt und 3600 Mann in Landsberg. Selbst wenn er mit dieser Truppe rechts der Oder auf den König losgehen wollte, hätte dieser am anderen Flußufer nach Frankfurt marschieren und ihn schmählich von seinen Rückzugslinien ins Brandenburgisch-Sächsische abschneiden können. Außerdem war die wichtige Festung Küstrin an der Warthemündung in der Hand des unsicheren Kurfürsten und im Rücken von Tillys Vormarsch daher eine latente Gefahr. Also zog er sich aus Frankfurt zurück, ohne das Ausweichen des Königs ausnutzen zu können. Dort war er auch den Sachsen näher, die gerade Ende Januar den protestantischen Fürstentag nach Leipzig einzuberufen begannen, wobei nach seiner zutreffenden Meinung auch die Aufstellung von Truppen zweifelhafter Kaisertreue beschlossen werden würde.

Immerhin war der König, auch wenn keine Schlacht geschlagen wurde, nun auf seine pommerschen Küstenplätze festgenagelt und konnte zum Entsatz von Magdeburg überhaupt nichts unternehmen. Angesichts der qualitativen und grundsätzlichen taktischen Überlegenheit seiner Truppen war das so etwas wie eine Niederlage im Manöverkrieg. Auch Maximilian, der seinen Feldherren wie immer bei aller Freundschaft argwöhnisch beobachtete, konnte sich dieser Erkenntnis nicht entziehen. Denn zunächst hatte er Tillys Zug an die Oder ungern gesehen, aus dem doch etwas kurzsichtigen Grunde, daß damit nicht die Geschäfte der Liga, sondern die des Kaisers besorgt würden. Nun aber erkannte er die »hohe Notdurft« der vorgefallenen Manöver an.

Tilly blieb bis zum 15. Februar in Frankfurt, um Klarheit darüber zu gewinnen, was der König nun unternehmen würde. Denn der konnte nach seinem Rückzug unmöglich stillsitzen, da sein Vorankommen auf deutschem Boden immer noch recht von greifbaren Erfolgen abhing. Er mußte also den Entsatz von Magdeburg über Mecklenburg oder über das westliche Brandenburg versuchen, und als Tilly Nachrichten im letzteren Sinne bekam, verließ er Frankfurt. »Was ich aber wider den Feind für Progresse werde tun können, wenn ich nur drei Stücke bei mir habe, ist nicht zu versprechen«, meldete er an Maximilian. Winkte doch noch in naher Zukunft eine Entscheidungsschlacht?

Er selbst führte nun 8000 Mann nach der Stadt Brandenburg an der Havel, da er für Schaumburg den Rest seiner Truppen zur Verstärkung der Frankfurter Stellung zurücklassen mußte. Er versuchte seine Schwächung auszugleichen, indem er Pappenheim befahl, alle seine verfügbaren Kräfte über die Elbe zu setzen, und indem er Maximilian ersuchte, die ligistische Reiterei, die in Thüringen stand, für den Vormarsch auf Magdeburg freizugeben. Der kaiserliche Oberst Viremond, der unterdessen am Berliner Hof geweilt hatte, um den Kurfürsten von Schwankungen ins schwedische Lager hinein abzuhalten, wurde nach Mecklenburg beordert, um von dort »auf Vorpommern, die Uckermark und Priegnitz fleißig Acht zu geben«, was den dankbaren Wallenstein zu einem huldvollen Brief an Tilly veranlaßte. Die nun zu beziehende Verteidigungslinie zog sich den unteren Lauf der Havel entlang von Brandenburg über Rathenow nach Havelberg. Die Festung Spandau, in brandenburgischer Hand, blieb trotz ihrer Stärke außerhalb der Rechnung, da Tilly befürchtete, durch das Bestehen auf ihre Auslieferung den Kurfürsten in die Arme der Schweden zu treiben. Eben deswegen hatte er sich auch Küstrin nicht einräumen lassen.

Die Situation war noch nicht verloren, aber prekär genug. Die Truppen litten unter dem Hin- und Hermarsch durch die ausgesogene Mark Brandenburg; die ligistischen Bundesmitglieder hatten seit ihrem Zusammentreffen während des Regensburger Kurfürstentages noch keinen Gulden von ihrer fälligen Quote gezahlt. Gegen Sie mußte Tilly gleichsam einen zusätzlichen Krieg in seinem Rücken führen. Er beschwerte sich bei Maximilian: »Nun ist Eurer Kurfürstlichen Durchlaucht ohne weitläufige Erinnerung vorhin zur

Genüge bekannt, was es mit der cassa für einen mangelbaren Zustand hätte, und was in der Zeit man zu Regensburg gewesen, dieselbe vermögt und bishero ausgegeben worden, auch was Eure Kurfürstliche Durchlaucht und die oberländischen Herren Stände seither und erst neulich dazu eingeschickt haben, über dieses sind die zwei Monate Dezember und Januar nunmehr verflossen, und wird der Februar in wenigen Tagen gleichals zu Ende sein, so haben die rheinländischen Herren Bundesstände bis dato noch gar nichts getan oder erlegt ... Dahero Eure Kurfürstliche Durchlaucht leichtlich und hochvernünftig zu ermessen, daß mit dergleichen Hin- und Wiederschreiben, Sollicitieren, vermahnen, Flehen und Bitten, auch darauf gehendem Vertrösten, noch viel weniger mit weiterer Zusammenkunft und deliberationibus dem Werk durchaus nichts gedient oder geholfen werden kann, wo nicht der wirkliche Effekt und Nachdruck mit dem Unterhalt ohne längeren Anstand und Verzug aufs Fördersamste immer möglich erfolgen sollte.« Soweit die Saumseligkeit der Liga.

Doch auch Wallenstein, Herzog von Mecklenburg, der der erklärte Feind der Schweden hätte sein müssen, tat nichts, um die katholischen Truppen aus seinem Herzogtum heraus zu verpflegen, ja, er sabotierte die Verproviantierung Tillys sogar systematisch, soweit es in seiner Macht stand. Nachdem er während seines Generalates die Reichsfürsten schonungslos zur Ader gelassen hatte, tat er nun genau das, was er ihnen früher vorgeworfen hatte: er weigerte sich aus Eigennutz, die Sache des Kaisers zu unterstützen. Als er noch in Memmingen gesessen und auf seine Absetzung durch den Kaiser gewartet hatte, da hatte ihm sein mecklenburgischer Statthalter gemeldet, daß er das geerntete Getreide in die kaiserlichen Vorratslager transportieren wolle, und das war damals in Ordnung gewesen. Doch als die Absetzung erfolgt war und die kaiserlichen Kriegsvölker im Herzogtum blieben und es redlich aussaugten (wobei sich der Herzog von Savelli besonders hervortat), da beschloß Wallenstein, seine Zusammenarbeit einzustellen.

Er ließ Tilly im Dezember 1630 im Lager von Halberstadt bitten, Mecklenburg mit Kontributionen zu verschonen, doch Tilly erklärte kurz angebunden, solange Brandenburg nicht zur Versorgung in Frage komme, müßte eben Mecklenburg herhalten, und das verzieh ihm der Friedländer nicht. Als im Januar 1631 die Not von Tillys

Truppen dringende Abhilfe forderte, hatte Wallensteins Statthalter schon Instruktionen erhalten, den Kaiserlichen überhaupt keine Kontributionen zu liefern. Auch aus den böhmischen und schlesischen Besitzungen Wallensteins wurde nichts geliefert. Was nicht für des Friedländers Hofstaat abgezweigt wurde, das wurde ins Ausland verkauft. Maximilian wunderte sich Ferdinand gegenüber unüberhörbar, daß auf dem Wasserweg der Elbe so gar keine Versorgungsgüter ihren Weg nach Norden fanden.
Nach Mecklenburg übermittelte Wallenstein den Befehl, alles Getreide nach Hamburg zu verfrachten, dort zu verkaufen und das Geld nach Prag zu schicken. Die einzelnen Ritterstände des Landes aber sollten eifrig Kontributionen und Quartierleistungen erbringen, um nach außen den Schein zu wahren. Tilly roch den Braten und schrieb an Maximilian, an der mangelnden Leistung des Landes sei wohl der Wille der Obrigkeit schuld. Maximilian wandte sich an den Kaiser, und der mahnte in der fürstlichen Residenz Gitschin an. Wallenstein forderte seinen Statthalter öffentlich auf, Tilly so zu unterstützen, als wäre er der Friedländer selbst. Alles schien in Ordnung, doch insgeheim blieb es bei dem Verkauf ins Ausland. Der Statthalter behauptete Tilly gegenüber, die Festungen Rostock und Wismar seien mit Proviant versorgt, doch der hiermit betraute Oberst erklärte dies für unmöglich, da alles Korn außer Landes gebracht worden sei. Den Verteidigern der kaiserlichen Festung Kolberg in Hinterprommern, die sich monatelang einer schwedischen Blockade zu erwehren hatten, wurden von Wallenstein Hilfslieferungen ständig versprochen, aber auch das war eine bewußte Täuschung.
Der große Ökonom aus Friedland war wohl auch kleinlich, wenn er seinem fürstlichen Zorn nachgab, und das ohne Rücksicht auf die Verteidigung Mecklenburgs und des ganzen Reiches. In Golo Manns Version handelte er so, »bloß um die Betteleien sich für ein paar Wochen vom Halse zu schaffen« – als ob Wallenstein im souveränen Nirgendwo gelebt hätte! Psychologisch vielleicht, aber ganz nebenbei lebten Ihre Fürstliche Gnaden in Mitteleuropa. Tilly war sicher nicht der persönliche Gegner des Selbstherrlichen, aber er hatte eben das Unglück, der Diener seines persönlichen Gegners Maximilian zu sein und auch des Kaisers, der ihn, den Wallenstein, abgesetzt hatte und das mußte Tilly nun büßen, ob es gerecht war oder nicht.

Als der Friedländer später die Nachricht von der Eroberung Magdeburgs erhielt, soll er einen seiner Wutanfälle bekommen haben. Das gehört zu den vielen Anekdoten, die, wenn nicht wahr, so doch gut erfunden sind: denn nichts berechtigt zu der Annahme, daß er Tilly irgendeinen Erfolg gegönnt hätte.
Zu all seinen aufreibenden bürokratischen Fehden hinzu mußte sich Tilly ständig auf eine neue Kriegslage einstellen, denn die Belagerung Magdeburgs hatte nun einmal dem Schwedenkönig insofern die Initiative in die Hand gespielt, als sie die katholischen Truppen beständig schwächte und dazu zwang, nicht selbst zu agieren, sondern lediglich auf die Entsatzversuche des Königs zu reagieren. Dazu die dauernde Gefahr, daß ein Umkippen der Situation im Sinne der Feinde alle diejenigen aus ihrem Versteck locken würde, die die kaiserliche Vorherrschaft ohnehin nur zähneknirschend ertrugen! Tilly mußte wahrhaft von eisernem Charakter sein, um seine Bürde da nicht hinzuwerfen. Das heißt, auch er hatte nur menschliche Nervenkraft: er bot Maximilian seinen Rücktritt von dem derart undankbaren Kommando an, aber als der Kurfürst ablehnte stieg er wieder zu Pferd, vergaß seinen Hader mit den Unzulänglichkeiten der eigenen Partei und visierte allein den Feind an.
Die Qualität eines Feldherren hat auch ihre passiven Eigenschaften: aushalten können, die Wogen über sich nicht zusammenschlagen lassen, die Situation trotz aller Bedrängnisse auf der Spitze des Schwertes im Gleichgewicht halten. Hätte der Generalissimus aber doch erfahren, daß selbst der Papst als geistliches Oberhaupt der Katholiken gegen den Vormarsch dessen nichts einzuwenden hatte, den er von Amts wegen als Ketzerkönig bezeichnen mußte, da er dem Kaiser einen Verfall seiner Macht durchaus gönnte, um ihn im heimischen Italien nicht als allzu starken Nachbarn zu haben, dann wäre Tilly in seinem Weltbild und infolgedessen in seinem unfehlbaren Kampfeseifer vielleicht doch wankend geworden!
Gustav Adolf war entschlossen, den Bewegungskrieg durch einen Einfall in Mecklenburg wieder aufzunehmen. Ein Einmarsch dort konnte mit einem Elbübergang im Rücken der Belagerer gekrönt werden und sicherte außerdem die pommerschen Festungen gegen kaiserliche Flankenstöße von der Art, wie sie Tilly und Pappenheim besprochen hatten. Ferner konnte durch Wiedereinsetzung der bei-

den von Wallenstein vertriebenen mecklenburgischen Herzöge die schwedische Basis in Ermangelung der Hilfe des brandenburgischen Kurfürsten wenigstens in dieser Gegend verbreitert werden. Mit ca. 16 000 Mann brach der König gegen Prenzlau auf und vertrieb die dortige kaiserliche Besatzung mühelos. Dann brach er über die mecklenburgische Grenze und rückte vor Neubrandenburg. Der kaiserliche Kommandant, ein italienischer Oberst Marazan, kapitulierte ohne Kampf und zog mit seinen Truppen schleunigst ab. Ebenso fiel Treptow kampflos. Damit war das wichtige Demmin an der Reihe, zusammen mit den umgebenden Plätzen Loitz und Malchin. Greifswald, noch von den Kaiserlichen gehalten, wäre dann isoliert gewesen.
Loitz kostete den König keinen Schuß, Malchin ergab sich einer schwachen Vorausabteilung, die eine Menge Bauern in ihre Reihen genommen hatte, um Masse vorzutäuschen. Das alles vollzog sich im Februar, während Tilly des Königs Angriff an der Havel erwartete, und hätte bei dessen richtiger Information nicht gar so reibungslos geschehen können. Doch während Gustav Adolf sich noch über den taktischen Vorteil freute, den er über den alten Kriegsmann errungen hatte, änderte sich die Situation schon wieder.
Tilly erfuhr von den tatsächlichen Operationen des Königs, und die Sperrung der Havel brachte Magdeburg in die Gefahr, vollständig abgeschnitten zu werden. Diese durfte der König nicht gering achten, da er auch dann eine Verschlechterung der Lage dieser Stadt nicht hinnehmen durfte, wenn er wußte, daß Tilly zu einer ernsthaften Belagerung vorläufig noch zu schwach war. Denn Magdeburg war sowohl moralisch als auch strategisch für den König viel zu wichtig, als daß er die Dinge auch nur ein wenig hätte treiben lassen dürfen.
Tilly war sofort entschlossen, etwas zum Entsatz von Demmin und Greifswald zu unternehmen. Das war auch deswegen unbedingt notwendig, um den Kaiserlichen, die sich bis jetzt so erbärmlich verhalten hatten, neuen Mut zu geben. Der Oberkommandierende in Mecklenburg, Herzog Savelli, war nämlich ein recht unfähiger Mann. Die Truppen, die er kommandierte, schienen durch das lange Stillsitzen in den Festungen förmlich versumpft zu sein. Sie ließen Dienst Dienst sein und wußten allmählich nicht mehr, was sie mit den von ihnen zusammengeraubten Wertsachen anfangen sollten.

Eine schwedische Quelle berichtet, sie hätten mit Gold ihre Gürtel ausgestopft (was auf die Dauer unbequem gewirkt haben muß) und sich vor die Brust Platten aus Gold und Silber gehängt. Savelli wankte nicht so durch die Gegend, aber als Raubvogel stand er seinen Untergebenen trotzdem in nichts nach.

Tilly versuchte in aller Hast, seine Truppen so zusammenzustellen, um dem König notfalls auch eine Schlacht liefern zu können. Die beiden Kavallerieregimenter aus Thüringen mußten nun endlich von Maximilian freigegeben werden, aus Halle und von der Festung Wolfenbüttel wurde Artillerie herangeschafft, aber ohne taugliche Zugpferde, man improvisierte mit recht unbrauchbaren Bauernpferden aus der Umgebung. Pappenheim lieferte weitere Geschütze, Artilleriepferde und 1800 Mann zu Fuß und zu Pferd, etwa ein Fünftel der Blockadearmee. So brach Tilly mit etwa 10000 Mann am 2. März von Brandenburg aus gegen den König auf, zahlenmäßig deutlich unterlegen.

Pappenheim sandte ihm einen Brief hinterher, er solle sich von Gustav Adolf, falls dieser ausweiche, nicht nach Vorpommern hineinlocken lassen, sondern zurückkehren und die Belagerung Magdeburgs als das »Zentrum des Übels« forciert betreiben. Aber Tilly hatte nicht die Absicht, seine Armee durch endloses Hin- und Hermanövrieren mit dem König zu ruinieren, da dadurch, wie er dem Kaiser schon vor seinem neuerlichen Aufbruch geschrieben hatte, »die kaiserliche ohnedies abgemattete Soldateska noch mehr fatigiert werden solle.«

Auf dem Marsch erfuhr er von der Kapitulation Savellis in Demmin, mit 2000 Mann. Keine drei Tage hatte der Herzog ausgehalten. Angeblich hätte der König seinem äußerst ruhmlosen Gegner empfohlen, »er solle in Italiam oder nach Hof zu galanisieren ziehen; es stünde ihm besser als das Kriegswesen zu«. Das machte Savelli zwar Schande, schadete ihm aber ansonsten nichts, denn seine Beziehungen am kaiserlichen Hof waren dazu viel zu gut. »Derowegen es diejenigen zu verantworten, welche solche Leute zu Obristen befördert und denselben sotane importierende Posten so liederlich anvertraut haben«, schrieb Tilly in gerechtem, aber ohnmächtigem Zorn an Wallenstein, der einst vergeblich versucht hatte, Savelli aus dem kaiserlichen Kriegsdienst zu entfernen. Der unfähige Herzog überstand ein Kriegsgericht in Wien und bekam später sogar wieder ein Kriegskommando gegen die Franzosen am Rhein, wo er prompt ebenfalls versagte.

Und als Tilly am 10. März bei Fürstenberg die mecklenburgische Grenze überschritt, ungeachtet des niederschmetternden Verlustes von Demmin, da nahmen Mutlosigkeit, Krankheit und Desertion in seiner Armee überhand. Noch immer bestand die Gefahr, daß Gustav Adolf sich seinem Zugriff entziehen und stattdessen erneut an der Warthe angreifen würde, um durch diese Flankenbewegung die Erblande zu bedrohen. Also rückte Tilly nach Norden vor, direkt auf Neubrandenburg, von wo er sich den Weg zur Wiedergewinnung von Demmin oder Anklam und zum Entsatz von Greifswald, aber auch nach Osten in Richtung Stettin eröffnen konnte. Ein Erfolg wurde langsam unabweislich, um die Erosion der kaiserlichen Stellung in Norddeutschland endlich aufzuhalten. Sofern Gustav Adolf hier nicht hatte zuschlagen wollen, konnte man ihn durch diesen Vormarsch aus der Reserve locken.

Der König hatte wirklich daran gedacht, im Schutze seiner neu gewonnenen Festungen einige Ruhe zu halten und nur die Kaiserlichen an der Warthefront zu beunruhigen; daraus wurde nun nichts. Er erfuhr von Tillys Entschluß zum Abmarsch einen Tag, bevor dieser sich in Bewegung setzte. Das läßt den Verdacht entstehen, den auch Maximilians Generalkriegskommissar Ruepp, der immer in Tillys Feldlager weilte, schon längere Zeit hatte: daß im Hauptquartier ein Spion der Schweden saß. Sofort setzte sich der König nach Westen in Bewegung, sammelte bei Pasewalk 10000 Mann und befahl dem Obersten Knyphausen, einem seiner fähigsten Offiziere (den wir schon in der Schlacht von Stadtlohn kennengelernt haben), in Neubrandenburg die Befestigungen eilends instand zu setzen und auszuhalten, bis Verstärkung da sei. Gustav Adolf war auf eine Schlacht vorbereitet, zumal er die Truppen Tillys zahlenmäßig ziemlich überschätzte, doch einige Offiziere rieten dringend ab: die Soldaten seien nicht regelmäßig bezahlt und daher zum Kämpfen ausgesprochen unlustig.

Da mußte nun der König seine Entschlossenheit aufgeben und sich auf ein Ablenkungsmanöver verlegen: er zog auf Angermünde nahe Schwedt, um Tilly von Neubrandenburg abzuziehen, indem er erneut die kaiserliche Oder-Warthe-Stellung bedrohte. Der Schachzug scheiterte jedoch ganz einfach daran, daß Tilly von ihm überhaupt nichts erfuhr. Er ging davon aus, daß der König Neubrandenburg entsetzen wollte, und machte sich daher mit gewohntem Elan an die Eroberung der Stadt. Sein Angebot, gegen ehrenvollen Abzug zu kapitulieren, wurde von Knyphausen abgelehnt: er wolle sich lieber bis auf den letzten Mann wehren. Und so meinte er es auch, ganz im Gegensatz zu den kaiserlichen Festungskommandeuren. Auch Knyphausen wußte nichts von den veränderten Plänen des Königs, denn der Bote mit der Nachricht war unterwegs von kaiserlichen Reitern abgefangen worden. Da der aber seine Botschaft im Hemd eingenäht hatte, blieb sie auch Tilly unbekannt.

Am 17. März begann Tilly, Bresche zu schießen, am 19. März drangen seine Truppen in die Stadt ein. Angeblich war gerade Gottesdienst in der Kirche, die Kaiserlichen drangen ein und schossen nach gegnerischer Version den Pastor am Altar nieder. Während die Schweden verbissen in den Straßen kämpften, begannen die Kaiserlichen wahllos zu morden, erbittert durch einen Streifschuß, den ihr vergötterter Tilly am Helm erhalten hatte, wie immer in die vorderste Front des Kampfgeschehens vorpreschend. Pardon wurde keinem Schweden gegeben, auch Zivilisten fielen dem Wüten zum Opfer. 700 Schweden sollen umgekommen sein, Knyphausen konnte sich zusammen mit Frau und Töchtern sowie mehreren Offizieren gerade noch in die Gefangenschaft retten. Die Verluste Tillys waren nach schwedischer Darstellung hoch, nach der des Generalkriegskommissars Ruepp aber niedriger als 40 Mann. »So wenig und armselig es mit demselben bestellt ist, hat es doch mit einer guten Resolution angegriffen und sich erwiesen«, lobte Tilly das kaiserliche Volk ausnahmsweise, »hergeben hat aber der Feind nicht minder Resolution und Courage erzeigt und sich also finden lassen, wo es sein soll und die Notdurft und seines Herren scharfe Ordinanz erfordert.«

Das war nach langen Monaten endlich wieder ein Erfolg der katholischen Waffen, der alle Interessierten aufatmen ließ; Pappenheim vor Magdeburg befahl seinen Kannonieren Freudensalut. Aber natürlich bedeutete dies noch keine Entscheidung, wie Tilly an Maximilian berichten mußte: »Und ob ich wohl jetzt mit der Eroberung der Stadt Neubrandenburg das Glück gehabt und solche Progresse getan, so ist doch dem Werk noch nichts geholfen und sich hierauf noch gar nichts zu verlassen.«

Denn er erfuhr nun, während er in Stargard bei Neubrandenburg verharrte, daß der König nicht daran dachte, heranzueilen und ihm zur Revanche eine Schlacht anzubieten, sondern daß er dem Feldmarschall Horn Instruktionen gab, Anklam zu decken und sich im übrigen irgendwohin in den Raum Frankfurt begab. Mit dem Verlust von Neubrandenburg glaubte er also sich abfinden zu können.
Genaue Nachricht über den exakten Aufenthalt des Königs war nicht zu bekommen, da Tillys Spionenwesen daran laborierte, daß die Bevölkerung den Schweden grundsätzlich mit weitaus größerer Sympathie gegenüberstand als den Katholischen. Dabei bestand sogar die Gefahr, daß Tilly bei weiterem Vorrücken nach Norden, beim faszinierten Losgehen an die Küste in der Meinung, den Schweden nun endlich seiner Basis berauben zu können, von seinen Rückzugswegen abgeschnitten würde. Einem General der französischen Revolutionskriege wäre das vielleicht gleichgültig gewesen, aber allen anderen Feldherren bis dahin war es das eben nicht: die Eroberung von Neubrandenburg war also ein unfruchtbarer Erfolg, Tilly mußte zurück. Nicht einmal eine taugliche Festung hatte er in die Hand bekommen, denn er ließ ihre kümmerlichen Fortifikationen umgehend schleifen, um dem Feind wenigstens die Grundlage zu entziehen, sie für sich eines Tages verstärkt auszubauen.
Als er Ende März immer noch keine genauere Kunde vom Standort des Königs hatte, marschierte er über Brandenburg an der Havel vor Magdeburg zurück. In Neubrandenburg ließ er nur 300 Kranke mit einer Deckung von 60 Gesunden. Kaum war er verschwunden, als die Schweden sich auf die Besatzung stürzten und sie aus Rache für das Massaker der Katholischen ihrerseits teils abschlachteten, teils, sofern ihnen Sieche in die Hände fielen, gegen Lösegeld festhielten. Anzumerken ist, daß weder Gustav Adolf noch Horn diese blutige Vergeltung befohlen haben. Sogar dem großen Kriegskönig glitten also manchmal die Zügel des Kommandos aus den Händen, und der Krieg artete zu einer wahllosen Schlächterei aus.
Wenn der König übrigens nicht zuschlagen wollte, dann konnte er dazu nicht gezwungen werden, ganz abgesehen von der Frage, ob die Truppen unter dem direkten Kommando Tillys auch zur offenen Feldschlacht in der Lage gewesen wären oder nicht.
Gustav Adolf hatte bis auf Greifswald alle wichtigen Punkte für einen beliebigen Hin- und Hermarsch zwischen Mecklenburg und

Pommern in der Hand und mußte zum Ausweichen wesentlich geringere Entfernungen als die Armee der Katholiken zurücklegen. Es war also sinnlos, ihm hinterherzuhasten und dabei die eigenen Truppen zu ruinieren. Das Kalkül, das Tilly und Pappenheim beim Aufbruch von der Havel angestellt hatten, erwies sich angesichts des Manövrierwillens des Königs als richtig. Und daher schlug Tilly eine ganz neue Strategie ein: während er die Annäherungsversuche an Magdeburg bis jetzt offensiv aufgefangen hatte, würde er nunmehr den König kommen lassen, indem er sich seinerseits auf die Belagerung der Stadt konzentrierte.

Dieser strategische Wandel hatte zwei Voraussetzungen: zum einen mußte eine reelle Chance bestehen, Magdeburg zu erobern, bevor der König heranwar, denn nur damit konnte gerechtfertigt werden, ihm in der Zwischenzeit den Rest von Nordostdeutschland zur Beute zu lassen. Die Ausschaltung des Spornes im Fleisch der Katholischen, den Magdeburg mit seiner zentralen Lage an der Elbe bildete, würde die Situation derart stabilisieren, daß alles, was der König bis dahin an Erfolgen erzielen konnte, eine endgültige Entscheidung doch in keiner Weise präjudiziert hätte. Das führt zur zweiten Voraussetzung: in Gestalt des Kurfürstentums Brandenburg war zwischen dem König und Magdeburg noch ein Hindernis vorhanden. Der König konnte nicht anders als der Stadt zu Hilfe zu eilen, davon war sicher auszugehen. Folglich mußte er erst einmal den Kurfürsten auf seine Seite ziehen, und das würde ihn doch etwas an Zeit kosten, zumal zwei Regimenter Tillys im Raum von Potsdam blieben, um Frankfurt nahe zu sein.

Dann war da noch ein Nebeneffekt: sobald sich das Kriegsgeschehen um die mittlere Elbe drehte, war die Gefahr endgültig gebannt, daß die Schweden über Frankfurt und Landsberg den Weg in die kaiserlichen Erblande fanden: Dort kommandierte nun auf Tillys Betreiben nicht mehr Graf Schaumburg, mit dem es im Januar zu gereizten Streitereien über Wert und Unwert der kaiserlichen Truppen gekommen war, sondern der Feldmarschall Tiefenbach.

Nun zur Ausführung der neuen Strategie: die reelle Chance zur Eroberung von Magdeburg ergab sich daraus, daß Tilly Anfang April mit erheblichen Truppenverstärkungen rechnen konnte. Die Zeiten des Mangels, des Zusammenscharrens von Einheiten für die Winterfeldzüge waren vorbei: Am Niederrhein wurden kaiserliche und ligistische Einheiten frei, da die Niederländer sich hier endlich vom Feinde lösten, wie es schon ab Dezember verhandelt worden war. Oldenburg und Ostfriesland wurden von Truppen befreit, obwohl die Loyalität dieser Länder gegenüber dem Kaiser nicht über jeden Zweifel erhaben war. Maximilian begann in Süddeutschland mit neuen Werbungen, und in Italien bahnte sich ein Frieden zwischen dem Kaiser und den Franzosen an, der es dem General Aldringen ermöglichen würde, über die Alpen herbeizueilen. Allein die ligistischen Truppen vor Magdeburg würden damit auf ca. 15000 Mann kommen. Ferner erlaubte die bessere Jahreszeit, die Belagerungs- und Schanzarbeiten zügiger voranzutreiben, denn nun bekam man den Spaten wieder in den Boden.

Ein Hauptproblem war und blieb aber die Versorgung des Heeres. Die Kavallerie litt besonders unter dem Mangel an Proviant und Futter, mit den üblichen Folgen von Desertion, Krankheit und Lustlosigkeit. Sie mußte weit im Lande verteilt werden, und der Generalkriegskommissar Ruepp befürchtete wegen ihres heruntergekommenen Zustandes sogar, »daß man mit Spott, Schande und Verlust die Belagerung von Magdeburg wieder verlassen müßte.« Die Kaiserlichen litten mehr als die Ligistischen; Ende April fand Tilly nicht mehr als 8000 Mann von ihnen diensttauglich, dazu (Mitte Mai) vom Volk der Liga 14200 Mann.

Das also war die Heeresstärke, der gelingen sollte, woran Karl V. gescheitert war und was Wallenstein lieber gar nicht erst ernsthaft angepackt hatte. Aber gerade das immerwährende Hungerdasein im Felde machte die Eroberung unabweisbar, »weil bei so gestalten Sachen wegen Ermangelung der Unterhaltsmittel das Volk ohne das mit Feiern und Stilliegen ins Abnehmen gerät«, schrieb Tilly an Maximilian. Denn, um einen Beleg zu geben: die kaiserlichen Truppen in Norddeutschland waren nach dem Rücktritt Wallensteins vom Kommando nicht nur deswegen in kriegsuntauglichen Zustand geraten, weil ihr gewohnter Feldherr sie nun nicht mehr mitreißen konnte, sondern weil sie eben in Dutzenden von festen Plätzen untätig herumlagen und dabei den Müßiggang als aller Laster Anfang entdeckten.

Die Belagerung Magdeburgs war von Pappenheim mangels Truppen (ca. 6000 Mann einsatzfähig) und Möglichkeit zu Schanzarbeiten im winterharten Boden zunächst eher als lockere Blockade geführt

worden, d. h. die Kommunikation der Eingeschlossenen mit der Außenwelt wurde nicht vollständig unterbrochen. Falkenberg konnte noch ein paar hundert Kriegsknechte in die Stadt schleusen. Die Überrumpelung von Gartz und Greifenhagen zur Jahreswende verkündete der König den Bürgern natürlich als Vorzeichen künftiger gründlicherer Siege, und dies und die Hoffnung auf eine freie evangelische Zukunft befeuerten die schwedischen Parteigänger, die nun das Heft in der Hand hatten (es gab schon noch kaiserlich Gesinnte in der Stadt), auf das Nachhaltigste.
Besonderen Eifer zeigte der Klerus, der nicht müde wurde, in wuchtigen Predigten nach alttestamentarischen Texten den Bürgern Aushalten, Siegeszuversicht, gar die Hoffnung, zu den Begründern eines allgemeinen deutschen Aufstandes zu werden, in die Seele zu hämmern. Der Kaiser war der Teufel selbst, folglich war Gustav Adolf der Heiland. In der überhitzten Atmosphäre unter den Eingeschlossenen ging auf solche Weise der gute Geschmack, da entbehrlich, recht schnell über Bord. »Und sein diejenigen, so nicht schlechterdings ja dazu sagen wollen, für kaiserlich bei dem Feldmarschall und Administrator angegeben worden«, wird berichtet. Die Bürger waren in der nötigen Begeisterung, um ihr Gesinde vor die Mauern zu beordern zum Ausheben von Schanzen, die sie mit der Konkurrenzfigur zur katholischen Jungfrau Maria verzierten, nämlich der allegorischen Jungfrau Magdeburg, und daneben setzten sie das Bildnis des Schwedenkönigs. Die Bürger standen also Pappenheim nicht nach, den Kampf um ihre Stadt zu einem grundsätzlichen Kampf zwischen papistischer Gewissenstyrannei und evangelischer Freiheit hochzustilisieren.
Das scheint auch uns auf nichts weniger hinzudeuten als auf das Dilemma der Gegenreformation in Deutschland überhaupt: sie war von dem straffen und disziplinierten romanischen Geist getragen, der den Deutschen letztlich nicht behagt, und genau daran fand sie auch ihre Grenzen. Dagegen halfen dem Kaiser und Maximilian all ihre Siege im Feld und ihr glänzender General Tilly nichts. Da sie sich mit den landfremden Spaniern und Italienern verbanden, ja sogar deren Denkweise in sich aufnahmen, war der Kampf um den Geist der Deutschen für sie von vornherein aussichtslos, nachdem diese durch die Reformation ein unauslöschlichs Selbstbewußtsein empfangen hatten. Der sich universal verstehende Kaiser in Wien

war nur dann mächtig, wenn er seine deutschen Landsleute auch wirklich beherrschte; doch seine Universalität war auch in der Idee dahin, seit er sich auf die Seite der Romanen geschlagen hatte. Die Reformation beraubte das Kaisertum seines die ganze Christenheit umfassenden Pathos, drei Jahrhunderte bevor die Habsburger selbst die Konsequenz zogen, das Heilige Römische Reich aufgaben und sich mit dem territorialen Kaisertitel innerhalb der Donaumonarchie zufriedengaben.

In diesem großen Zusammenhang ist es fast schon als gleichgültig zu bezeichnen, daß der Kaiser, als er Wallenstein entließ, nicht einmal mehr den Willen zum Beherrschen Deutschlands aufbrachte – er hätte es ohnehin nicht mehr gekonnt. Da sein universaler Geltungsanspruch im Ideell-Religiösen wurzelte und daher nicht als der Machtwillen eines Tyrannen zu verstehen war, hatte er sich mit Wallensteins Konzeption gewaltsamer Unterdrückung des Reiches letztlich nicht anfreunden können (wobei es gleichgültig ist, ob gerade Ferdinand II. fähig war, sich solcher Gedanken bewußt zu werden) und sie und ihren Urheber fallengelassen. Und die staatsmännische Weisheit des Friedländers wird sichtbar, die darin bestand, den Krieg zu entkonfessionalisieren.

Doch der Gestürzte gefiel sich im Augenblick in der Rolle des beleidigten enfant terrible und war entschlossen, die Katholischen so lange leiden zu lassen, bis sie ihn unbedingt brauchten, also bis zu einer entscheidenden Niederlage. Hätte Ferdinand früher auf ihn gehört, die konfessionelle Verbissenheit rund um den Brennpunkt Magdeburg wäre den Deutschen erspart geblieben.

Pappenheim, der zum methodischen Belagerer ganz und gar nicht geboren war, versuchte im Februar die Stadt kurz und kampflos zu gewinnen, indem er Falkenberg ein Bestechungsangebot von 400.000 Gulden zukommen ließ. Damit hatte er sich selbst die Szene bereitet, in der er als der verächtliche Bösewicht dastehen mußte. Falkenberg ließ dem Überbringer des Angebotes, bevor der noch ausgeredet hatte, aber als der Sinn seiner Rede schon deutlich war, »den Strick bieten«, dann antwortete er dem ungeschickten Feldmarschall mit dem Brustton der moralischen Indignation: wenn er einen meineidigen Schelm und Verräter haben wolle, so solle er ihn in seinem eigenen leichtfertigen Busen suchen. »Der Nächste aber, so auf diese Weise wiederkommt, soll das Gelach bezahlen und wie

dergleichen Ehrendieben gebührt, gestrafet werden.« Ein königlich schwedischer Hofmarschall und Oberst war kein Rebell gegen Kaiser und Reich, den man kaufen konnte! Die Bürger jubelten ob der Tugend ihres Kommandanten, und das war für ihren Eifer auch sehr wichtig, denn Gustav Adolf kam immer noch nicht, seine Siege hatten etwas beunruhigend Langsames an sich.
Die Jungfrau Magdeburg, so dichtete man, wolle nicht den Greis Tilly als Freier, sondern harre des jugendlichen Erobererkönigs wie Penelope ihres Odysseus etc. Der Schwulst zeigt immerhin, daß die Nerven der Belagerten zum Zerreißen gespannt waren.
Erfolge Falkenbergs konnten über diesen Umstand nicht hinwegtäuschen, etwa daß er eine Insel in der Elbe oberhalb Magdeburgs den Kaiserlichen entriß, so daß sie nicht mehr die Zufuhr aus den kursächsischen Territorien verhindern und dort auch keine Brücke über die Elbe schlagen konnten, oder daß er das Getreidemagazin in Barby plünderte. Die Wut stieg auf beiden Seiten, was man sich für die Katholiken bei Pappenheims sanguinischem Temperament ohnehin vorstellen kann. Der Sekretär des Feldmarschalls fand die fürchterlich prophetischen Worte: »Es wird eine große Verbitterung geben, daß sie einander schlachten und aufmetzeln werden, als wenn es keine Menschen, sondern unvernünftige Tiere wären.«
Und anstatt des Königs war am 5. April nun Tilly selbst vor der Stadt. Auch die Prediger mußten sich sagen, sobald sie ihren Donner von der Kanzel beendet hatten und sofern sie die Lage ein bißchen überblickten, daß es jetzt um Magdeburg schlecht stand. Die Abergläubischen sahen schon des Nachts einen kleinen Mann mit bleichem Gesicht, spanischem Hut und roter Feder, mit Halskrause und spitzem Bärtchen auf den Mauern und vorgeschobenen Verschanzungen im Mondlicht reiten: das war der Teufel oder, was auf eines herauskam, der Büttel der Papisten, Tilly!
Um die ewigen Streitigkeiten zwischen Wolf von Mansfeld und Pappenheim etwas zu dämpfen, befahl Tilly, daß ersterer auf dem linken, letzterer auf dem rechten Elbufer operieren sollte. Die vielen Schanzen, Zeugnis des kriegerischen Bürgerfleißes, erkannte er auf seinen ersten Erkundungsritten als militärisch weitgehend sinnlos, denn sie waren ganz unzusammenhängend angelegt und daher als Vorwerke kaum zu verteidigen. In der Nacht vom 9. auf den 10. April griff Pappenheim die Schanzen bei dem Dorf Prester an und

eroberte sie im Handumdrehen. Das Regiment Savelli stand unter seinem Kommando und dürstete danach, durch harten Einsatz zu beweisen, daß es besser war als der Ruf seines ehemaligen Obristen. Auf dem anderen Elbufer besetzte Mansfeld drei Schanzen, Geschütz und Munition fielen den Kaiserlichen in die Hände, die Belagerten fochten erbärmlich.

Tilly war in all diesen Erfolgen unruhig: er hatte undeutliche Nachricht erhalten, daß Gustav Adolf in der Uckermark aufgebrochen war. Galt das Frankfurt oder Magdeburg? Er schickte Kavallerie aus, um die Beobachtungstruppen im Raum Potsdam zu verstärken und begab sich am 13. April selbst nach Brandenburg. Am selben Tag stürmte der König Frankfurt, wobei mehr geplündert wurde, als Kriegsbrauch war. Damit war auch wieder Landsberg bedroht. Der Kaiser hatte nichts getan, um die dortige hochwichtige Stellung zu verstärken; seine persönliche Indolenz konnte man in der schlaffen Kriegsführung widergespiegelt finden, auch wenn er selbst nicht kommandierte.

Es wird als Tillys Fehler angesehen, durch seine Zentrierung auf Magdeburg die Oder aufgegeben zu haben, zumal sicherlich vorauszusehen gewesen war, daß Frankfurt und Landsberg schneller fallen würden als Magdeburg. Wir meinen, daß es nur dann ein Fehler war, wenn der König sich nun nach Schlesien wenden würde, und da Tilly das nicht mit letzter Genauigkeit ausschließen konnte, halten wir seine Strategie schlimmstenfalls nur für ein Pokerspiel mit insofern ungewissem Ausgang. Aber selbst bei einem beginnenden Einbruch Gustav Adolfs in die Erblande bleibt zugunsten Tillys die Frage, ob der König denn wirklich Magdeburg aufgeben konnte, nur um in Schlesien einen Beutezug zu machen – Wien war da immer noch recht weit!

Tilly sagte es in einem Brief an den Kaiser deutlich: »... daß der Schwed ehender nach Magdeburg, darauf er scharf gesehen und demselben zu sukkurieren versprochen, auch sein habendes estime bei denen Städten zu erhalten und zu augieren, als etwa nach Schlesien rücken werde, welches mit vielen Partikularitäten, welche zu lang zu erzählen fallen, klarlich demonstriert werden könnte.« Gustav Adolf hätte ja sonst seine ganze Strategie in Deutschland aufgeben müssen, die sich doch auf eine enge Verbindung mit den Protestanten stützte. Außerdem – aber das ist natürlich ein Argument vom Ergebnis her, das Tillys Überlegungen im April nur bedingt rechtfertigt – gab dem katholischen Feldherrn der Erfolg vor Magdeburg recht. Nun also fiel am 25. April auch Landsberg. Gerade jetzt aber hatte die Belagerung der Elbestadt Vorrang: wäre Tilly nach den guten Erfolgen gegen Falkenbergs Schanzen nun auf den König losgestürmt, es wäre eine moralische Niederlage gewesen, denn mit dieser Handlungsweise hätte er den Beweis erbracht, daß ihm der König nach Belieben seine Manöver vorschreiben konnte; und sowohl Magdeburg belagern als auch an die Oder ziehen konnte er nicht, ohne an beiden Stellen wegen Aufteilung der Armee und Armut und Feindseligkeit des brandenburgischen Landes erfolglos zu sein.

Dazu kam noch der Ausgang des Leipziger Treffens der Protestanten, auf dem diese unter der Führung des Kurfürsten von Sachsen beschlossen hatten, Tilly die Zufuhr zu sperren und Kriegsleistungen zu verweigern. Es war nicht auszuschließen, daß ihn die Sachsen durch die Besetzung der thüringischen Marschpässe von Süddeutschland und durch die Sperrung der Lande am Harz vom Westen abzuschließen versuchten. Also mußte er an der Elbe bleiben, um die Situation nicht restlos außer Kontrolle geraten zu lassen.

Der damals gerade zusammentretende Ligatag in Dinkelsbühl sollte nach seiner dringenden Empfehlung mindestens sechs Regimenter Infanterie, 3000 Mann Kavallerie und 600 Artilleriepferde aufzustellen beschließen, denn die Protestanten in Leipzig hätten ganze zehn Regimenter ins Feld stellen wollen. »Alles ist an der Prävention und Gewinnung der Zeit gelegen«, und er wolle sein Leben für die Förderung des katholischen Wesens opfern und, solange er seiner Vernunft und seiner Leibeskräfte mächtig sei, diese nach äußerster Möglichkeit gebrauchen.

Es war eine ungeheure Sisyphusarbeit, der er sich da nun schon seit Dezember 1630 unterzog, seine Sicherheit wankte nicht, auch wenn er die Katastrophe und die Möglichkeit des Zusammenbruches der katholischen Stellung in Norddeutschland beständig vor seinen unbestechlichen Augen sah. Daß er in diesem Jahr 1631 bis zur Schlacht von Breitenfeld nicht vielfach verzweifelte, ist eine Leistung, die ihn trotz seines schließlichen Scheiterns als militärischen Charakterkopf Gustav Adolf ebenbürtig an die Seite stellt.

Angesichts eines solchen Belagerers war das Schicksal Magdeburgs besiegelt. Die erwähnte Insel in der Elbe oberhalb Schönebeck, von den Protestanten mit der Schanze »Trutz-Tilly« ausgebaut, wurde zurückerobert. Das Beobachtungskorps gegen Gustav Adolf wurde aus der östlichen Mittelmark abgezogen, die Zahl der Belagerer stieg dadurch wesentlich an, wenn auch die dauernden Verpflegungsschwierigkeiten den Effektivbestand infolge Fahnenflucht, Krankheit und Tod nur etwas über 20000 Mann hielten.

Am 28. April erhielt Pappenheim den Befehl, die sogenannte Zollschanze anzugreifen, die den Brückenkopf der Magdeburger auf dem rechten Elbufer bildete. Die Befestigungen auf den Elbinseln, von denen aus die Schanze unterstützt werden konnte, fielen seinem Bombardement zuerst zum Opfer. Damit lag die Zollschanze selbst unter dem direkten Feuer der Ligistischen. Falkenberg verzweifelte daran, die Schanze gegen einen Sturm zu halten, da sie zu wenig ausgebaut worden war, und räumte sie. Die Elbbrücke von der Stadt her wurde teilweise zerstört, den Rest besorgten Pappenheims Truppen. Wie sollte der König jetzt noch von Osten her Verstärkungen in die Stadt bringen können? Nun wurden alle Einheiten vom rechten Elbufer frei, um auf das linke verlegt zu werden. Auch die Vorstädte konnte Falkenberg nicht mehr halten und zündete sie eine nach der anderen an.

Da kam auf einmal ein erzürnter Brief des Kaisers aus Wien ins katholische Hauptquartier: Tilly solle sofort die Belagerung abbrechen und zur Verteidigung der Erblande heranmarschieren! Das hätte geradezu geheißen, sämtliche Erfolge der letzten Woche, allen Schwung der Armee und alle bei den Magdeburgern ausbrechende Verzweiflung für nichts zu achten. Diesem Befehl durfte Tilly nicht nachkommen, wo er die Eroberung der Stadt nur noch für eine Frage der Zeit hielt. Er rief einen Kriegsrat zusammen, an dem nicht nur die hohen Offiziere, sondern auch die kaiserlichen und ligistischen Beamten im Lager teilnahmen. Einstimmig wurde der Beschluß gefaßt, dem Befehl des Kaisers den Gehorsam zu verweigern. Einmal siegte die militärische Vernunft über die Hierarchie, der Tilly diente, da Magdeburg »der sicherste Weg und rechte Modus sei, den Feind zu divertieren und von den kaiserlichen Erbländern abzuhalten.« Das war auch nach Maximilians Sinn; fernschriftlich lobte er Tilly für seinen Ungehorsam.

Die Belagerer etablierten sich unterdessen in den Vorstädten, zwangen die Bauern der Umgebung zum Ausheben von Laufgräben, schafften aus den Zeughäusern Norddeutschlands alle verfügbaren Geräte heran und begannen von den rastlos aufgeworfenen Wällen aus bereits mit der Beschießung der Festungsmauern. Falkenbergs Artillerie antwortete, Ausfälle wurden versucht, doch die Fortschritte der Belagerer waren nicht rückgängig zu machen. Am 4. Mai schickte Tilly einen Trompeter mit der Aufforderung zur Kapitulation in die Stadt, um ihr die Greuel der Eroberung zu ersparen.

Das brachte die Bürgerschaft in Zwietracht; tagelang wurde debattiert, wie man sich verhalten sollte. Konnte man nicht die Vermittlung der Kurfürsten von Sachsen und Brandenburg anrufen, da ja bekannt war, daß beide der schwedischen Partei näher standen als der katholischen? Falkenberg lavierte sich zu dem Kompromiß durch, Tilly um freies Geleit zur Unterhandlung mit diesen Kurfürsten und mit den Hansestädten Hamburg und Lübeck zu bitten; Der Feldherr stimmte zu, da er selbst schon bei beiden Fürsten vorgefühlt hatte, ob sie die rebellische Stadt nicht zur Rückkehr in den Gehorsam gegen Kaiser und Reich bewegen könnten. Einen Waffenstillstand unterdessen gewährte er jedoch nicht, um sich nicht die Zeit stehlen zu lassen, die Gustav Adolf brauchen würde, um zum Entsatz heranzurücken.

Falkenberg war inzwischen, da dieser trotz huldvoller und hoffnungsstiftender Briefe einfach nicht am Horizont erschien, sogar auf das verzweifelte Mittel verfallen, Briefe des Königs mit Hilfeversprechen zu fälschen. Christian Wilhelm, immer für eine Posse zu haben, bestieg den Turm des Domes und spähte theatralisch nach Osten, denn angeblich lagerten die Schweden schon in den Wäldern des Fläming. Das Pulver ging der Artillerie aus, der Hunger meldete sich. Die waffenfähigen jungen Männer der Stadt mußten allesamt auf den Stadtmauern Kriegsdienst tun, jeder wurde nun gebraucht. Tillys Kanonen suchten sich ihre Ziele bereits in den Gassen und Straßen. Daß sie verhältnismäßig wenig Schaden anrichteten, galt den schwedenfreundlichen unter den Pastoren rundheraus als Gottes Fügung; man müsse sich nunmehr zum Martyrium vorbereiten, predigten die grimmigsten unter ihnen, lieber sterben als sich dem päpstlichen Joch ergeben. Wie hatte Luther doch gesagt: »Nehmen sie den Leib, Gut, Ehr, Kind und Weib, laß fahren dahin, sie haben's

kein Gewinn, das Reich muß uns doch bleiben.« Verflucht auf ewig sei, wer sich auf das Paktieren mit Tilly einlasse.
Am 18. Mai ließ dieser den Einwohnern verkünden: das freie Geleit würde er ihnen doch nicht gewähren, eine Verzögerung sei nicht mehr tunlich, dies sei seine letzte Aufforderung, daß es endgültig um Leben und Tod ginge. Die Beratungen zersplitterten, Otto von Guericke, der später durch seine physikalischen Experimente berühmt wurde, warnte vor der Katastrophe der Eroberung, andere stimmten ihm bei, auch die Pastoren sahen ein, daß man ohne Pulver nicht mehr schießen konnte, und man beschloß, mit Tilly in Verhandlungen einzutreten.
Als Falkenberg am 19. Mai davon erfuhr, verlangte er wütend, nicht übergangen zu werden, und rief die Ratsherren auf den nächsten Tag zusammen, um weiter zu beraten. Wenn er Zeit gewönne, so dachte er, dann bekäme Gustav Adolf genügend Luft zum Heranmarsch. In der Tat stand der König am 18. Mai in Saarmund südlich von Potsdam. Vorausabteilungen streiften schon bis zur Dessauer Elbbrükke. Tilly befahl die Zerstörung der Brücke und aller zu ihrem Schutze aufgerichteten Befestigungswerke. Er glaubte sogar, wegen der Nähe des Königs und dessen vermuteter starker Truppenzahl einen Sturm nicht wagen zu dürfen, zumal er noch keine Bresche geschossen hatte und seine Truppen in miserablem Zustand waren.
Aber Pappenheim bestürmte ihn schon seit Tagen, ihn von der Nordseite her angreifen zu lassen; dort sei das Terrain gut vorbereitet. Daß Gustav Adolf im Brandenburgischen stand, rührte ihn nicht. Daß Mansfeld auf der Südseite die Arbeiten noch nicht so weit vorangetrieben hatte wie er selbst an der Nordseite, ebenfalls nicht. Sein Optimismus, seine stürmische Rücksichtslosigkeit trugen im Kriegsrat am Abend des 19. Mai tatsächlich über Tillys Bedenklichkeit den Sieg davon. Für den nächsten Sonnenaufgang wurde der Sturm beschlossen. Vielleicht hat Pappenheim an dieser Stelle seinen alten Chef vor der Schande bewahrt, unverrichteter Dinge von Magdeburg abziehen zu müssen, um dem Schwedenkönig in letzter Minute entgegenzuziehen, und vielleicht war Tilly an dieser Stelle übervorsichtig und Pappenheim mit seiner Husarenart, die oft eben auch eine kriegerische Tugend ist, im Recht.
Den Belagerten gegenüber tat Tilly jedoch immer so, als könnte er jede Stunde den Sturm beginnen; insgeheim aber – seine Korrespon-

denz mit Maximilian gibt darüber Aufschluß – rechnete er damit, bei einem Herannahen des Königs seine Stellungen räumen und sich an die Weser zurückziehen zu müssen.

Nachdem Falkenberg die Nacht zum 20. durchwacht hatte, begab er sich um 5 Uhr morgens ins Rathaus, wohin er die Ratsherren befohlen hatte und begann auf sie einzureden, vor Tilly nicht zu kapitulieren, unterstützt von dem schwedischen Gesandten Stallmann. Der König habe feierlich Entsatz versprochen, weiterer Widerstand sei nicht mit Gold aufzuwiegen, denn der König könne fast augenblicklich eintreffen. Eine Stunde redete er ununterbrochen, wohl wissend, daß die übliche Frist für eine Antwort an Tillys Trompeter (eineinhalb Tage und zwei Nächte) bereits verstrichen war. Bis die Turmwächter meldeten, die Kaiserlichen griffen an.

Falkenberg blieb kühl, bearbeitete die Ratsherren weiter, da blies auch der Türmer der Johanniskirche, die ganz in der Nähe des Rathauses lag, Alarm und steckte die weiße Sturmfahne aus. Guericke verließ den Raum und kehrte kurz darauf atemlos zurück: »Was sitzet ihr da, der Feind ist schon in der Stadt!« Dann kam die Nachricht, die den Untergang besiegelte: die Feinde hätten den Wall an der Seite der Neustadt bereits erstiegen. Da mußte sich auch Falkenberg zum Kampf rüsten.

Als er auf die Straße stürzte, wurde er fast mitgerissen von den Flüchtenden, die nicht mehr zum Standhalten zu bringen waren. Die Kaiserlichen hatten mittlerweile auch ihre Kavallerie in die Stadt gebracht, die mit Pauken und Trompetenschall heranzog; Falkenberg war im Nu umzingelt, man bot ihm Pardon an, er wies es von sich und wurde an Ort und Stelle in Sekundenschnelle niedergemacht. Den Administrator Christian Wilhelm fingen die Kaiserlichen und verschonten ihn.

Mit Falkenbergs Tod brach die Verteidigung vollständig und rasch zusammen. Die Stadttore klafften weit auf, die Pappenheimischen ergossen sich in die Stadt. Hier gab es »sieben Königreiche« zu holen, wie man (nicht Tilly) ihnen versprochen hatte; endlich konnten sie sich am Gut der wohlhabenden Bürger für ihre monatelangen jämmerlichen Entbehrungen schadlos halten. Und sie tobten sich in einer Orgie des Mordens und der Vergewaltigung aus, wie in Heidelberg, wie in Hannoversch Münden: hier war Tilly machtlos. Da half es gar nichts, daß er den Soldaten vor dem Plündern gebot, Le-

ben und Ehre der Einwohner zu achten. Die Familien wurden auseinandergerissen, hilflose Säuglinge lagen auf den Straßen, andere spießten die Kroaten und die Wallonen auf, die Mütter vergewaltigten sie und köpften sie anschließend oder sie brieten die Kinder in den Flammen, die auf einmal in der Stadt emporschlugen. Tilly soll einer toten Mutter ihr hilfloses Kind von der Brust gehoben und unter Tränen ausgerufen haben: »Das also soll meine Beute sein!«
Um das Rathaus herum brach Feuer aus, dann auch an anderen Stellen der Stadt, durch starken Wind unterstützt, »als wenn solche Stadt zum Feuer von dem Allerhöchsten prädestiniert«, hieß es später. Hemmungslose Plünderung brach zusätzlich zu dem Flammenchaos über Magdeburg herein, die Kaiserlichen mußten dabei nur aufpassen, nicht von stürzenden Balken erschlagen zu werden oder zu ersticken. Trotzdem kamen viele Gierige in den Flammen um. Die Bürger, die sich vor der Wut der Soldaten in die Keller ihrer Häuser verkrochen hatten, erstickten dort im Qualm. Wahrscheinlich kamen so mehr Menschen um als durch die entfesselte Soldateska; in einzelnen Kellern Dutzende dichtgedrängt.
Als Tilly einritt, befahl er sofort Löscharbeiten, sofern er die Soldaten vom Morden und Plündern abhalten konnte. Das war allerdings nur ein Tropfen auf einen heißen Stein. Einzig im Zusammenwirken mit Prämonstratensermönchen, die bis jetzt in ihr Kloster gebannt, aber beim Eindringen der Kaiserlichen hervorgekommen waren, gelang es, den Neuen Markt und die meisten umliegenden Häuser zu retten, weil ein dort lagerndes Pulverfaß nicht explodierte. Und den Dom und das Kloster entriß er ebenfalls den Flammen. Am Dom waren 100 Mann postiert, um diejenigen zu schützen, die sich vor Feuer und Kriegsfurie hineingerettet hatten, an die 1000 Menschen.
Sonst aber war die Zerstörung vollständig. Auch die Festungsbauten fielen den Flammen zum Opfer, die Türme und Tore der Stadt mit ihren Zug- und anderen Brücken. Nach knapp drei Stunden war die Stadt erobert, nach weiteren zwei Stunden mußte der Feldherr wegen der Feuersbrunst die Räumung befehlen.
Ein brennender Trümmerhaufen fiel Tilly in die Hände, wo er eine der stärksten Festungen Deutschlands hatte erobern wollen. Und auch die Not seiner Soldaten konnte er nun nicht mehr lindern, da alle Vorräte verbrannten und nichts zur Rettung weiter getan werden konnte. Magdeburg war mit seinen 30000 Einwohnern für die

damalige Zeit eine Großstadt gewesen. Gerade 5000 überlebten am Ende das Inferno.
Der einzige Weg aus der Stadt heraus führte durch das südliche, das Sudenburger Tor. Dorthin zog sich Tilly zurück und bestimmte den Platz zum Sammelpunkt für Verirrte, hauptsächlich Frauen und Kinder, und auch Bürger durften von den Soldaten dorthin mitgenommen werden, die die Zahlung von Lösegeld erpressen wollten. Ein Soldat hatte angeblich ganze 30.000 Gulden errafft – und sie anschließend, getreu der Landsknechtregel »Was mit Trommeln erobert wird, geht mit Pfeifen verloren,« sofort und allesamt im Würfelspiel verjuxt. Tilly soll den Mann, als er davon erfuhr, aufgehängt haben mit der famosen Begründung: »Du hättest mit dem Gelde dein Lebtag wie ein Herr leben können; da du dir aber selbst nicht zu nützen verstehst, so kann ich nicht einsehen, was du meinem Kaiser nützen sollst.« So wenigstens berichtet Grimmelshausen. Uns erscheint diese Anekdote historisch allerdings durchaus nicht plausibel: denn Dummheit ist kein Grund, einen Mann zu hängen, für den jeglicher Willkür abholden Tilly erst recht nicht, und außerdem hätte der Feldherr, wenn er so ungehalten über das sinnlose Vertun von Beute war, mindestens die halbe Armee aufknüpfen müssen, da seine Soldaten alle nach der oben angeführten Landsknechtregel hausten.
Nun aber brannte die Stadt den ganzen Nachmittag lang vor den Augen der kaiserlichen Armee, und als es wieder Nacht wurde, brannte sie noch immer. Nachdem sich der Geist dieses Krieges im Kampf um sie konzentriert hatte, vereinigte sich nun auch alles Grauen dieses Krieges in ihrem Untergang.
Am nächsten Morgen rauchten die Trümmer nur noch. Die Soldaten eilten zurück, um in den schwefelverpesteten Ruinen und unter den verkohlten Leichen nach Kriegsbrauch weiter nach Beute zu suchen. Tilly ließ die gefundenen elternlosen Kleinkinder in einer Kirche zusammenführen und mit einem Trommler ausrufen, die Mütter oder Väter sollten kommen und unter diesen ohne Gefahr für Leib und Leben nach ihren Sprößlingen suchen. Die Kinder, die übrigblieben, brachte man in katholischen Klöstern unter. Es meldeten sich erschreckend wenig Eltern, daran konnten die Soldaten absehen, daß der größte Teil der Einwohnerschaft am vorigen Tage umgekommen war.
Am 22. Mai trat Tilly in den Dom, wo er neben eigenen Deserteuren

auch Verteidiger der Stadt fand, die er wegen ihres schlappen Kampfes tadelte und zum Eintritt in seine Armee aufforderte. Am 25. Mai ließ er im Dom, der nun dem katholischen Kultus zurückgegeben war, ein Hochamt abhalten, denn – und das ist das Schauerlichste am Untergang Magdeburgs – diese Eroberung war doch ein großer Sieg der katholischen Waffen gewesen, wenn auch ein unerwartet nutzloser; und der Krieg mußte weitergehen, durch alle Greuel hindurch.
Noch nie hatte der Feldherr so grau und eingefallen ausgesehen wie in diesen Tagen, nicht nur wegen der Ungeheuerlichkeit des Geschehens, dessen Zeuge er gewesen war. Er sah vielmehr auch deutlich, daß mit dem Wegfall Magdeburgs immer noch nichts entschieden war, so wie nach der Eroberung von Neubrandenburg. Bis jetzt war der Feldzug erfolglos, und alle Vernichtung rundum war sinnlos.
Die Evangelischen behaupteten natürlich sofort, den Brand hätten die Kaiserlichen gelegt, und die Katholiken konterten, im Gegenteil, protestantische Fanatiker hätten ihre eigene Stadt angezündet oder Falkenberg wäre der Brandstifter gewesen. Man kann den gleichzeitigen Ausbruch des Brandes an mehreren Sellen als Indiz dafür nehmen, daß er nicht zufällig, sondern gesteuert zustande kam; darüber hinaus aber ist nichts sicher. Das vorige Jahrhundert hat dem Streit der Konfessionen um Magdeburg wissenschaftlich mit dieser unbefriedigenden Erkenntnis doch wohl ein Ende bereitet; Schillers schwungwolle Darstellung des Unterganges in seiner »Geschichte des Dreißigjährigen Krieges« ist also insofern, als sie Tilly die Schuld am Brande zuschreibt, nicht beweisbar. So wird der Krieg der Meinungen um die unglückliche Elbstadt zu einem zeitlosen Beispiel dafür, wie schnell in kriegerischen Verwicklungen der jeweils mißliebigen Partei das Begehen von Greueln angedichtet werden kann.
Im Falle Guernicas, des Städtchens im Baskenland, das am 26. April 1937 von Flugzeugen der »Legion Condor« bombardiert wurde, ging das ebenso einfach: Guernica wurde als das erste Opfer nazistischen Kriegsterrors popularisiert (die »Legion Condor« war Hitlers Unterstützung für Franco im Spanischen Bürgerkrieg), punktum. Die Flugzeuge hatten keine militärischen Objekte bombardiert, sondern die Zivilbevölkerung. Doch haben zwei beteiligte deutsche Fliegeroffiziere erklärt, sie seien durchaus gegen ein militärisches Objekt gestartet, nämlich gegen eine Brücke, um dem Feind den Rückzug abzuschneiden. Da sie aber wegen falscher Windprognose

und aufkommender Staubentwicklung am Boden nicht exakt zielen konnten, hätten sie die Bomben abgeworfen, ohne zu wissen, wohin sie fielen. Diese Praxis sei üblich gewesen und sei auch während des zweiten Weltkrieges von englischen und amerikanischen Bomberpiloten stets befolgt worden. So gesehen, bliebe von dem bewußten Terror gegen Zivilisten nichts übrig. Aber vielleicht sind das zu subtile Erwägungen angesichts des Guernica-Gemäldes Picassos, das von Not und Elend schreit – und angesichts des politischen Willens zur Diffamierung.

Wir halten es für sinnvoller, auf diese moderne Parallele zum Rufmord an Tilly wegen des Untergangs von Magdeburg hinzuweisen, anstatt die plumpen Flugblätter des Jahres 1631 zu zitieren. Wohliger Schauer angesichts der Grausamkeiten des verflossenen Dreißigjährigen Krieges mit seinen pittoresken Landsknechtshaufen, die uns nur noch folkloristisch etwas angehen, darf eigentlich nicht aufkommen, leben wir Zeitgenossen doch selbst in kriegerischen Zeitläuften, die auf so und so vielen Schauplätzen rund um den Globus weitaus mehr als eine »Vernichtung Magdeburgs« bieten, und das auch in jüngster Zeit! Selbt damals aber, obwohl man den Krieg schon dreizehn Jahre gewöhnt war, wurde dieses Ereignis als die bis dato größte Zerstörungskatastrophe empfunden.

Als Aldringen nach glücklich abgeschlossenem Frieden in Italien seine Truppen über die Alpen in den Raum Ulm zu führen begann, gerade zu dem Zeitpunkt, da die Kunde vom Untergang Magdeburgs im Reich die Runde machte, dachten die dortigen Protestanten, nun würde mit ihnen ebensolcher kurzer Prozeß gemacht. Maximilian habe befohlen, so raunten sie untereinander, daß Aldringen die ganze Freie Reichsstadt Ulm mit Pulvergängen unterminiere und sie auf einmal in die Luft sprengen wollte!

Wenn Tilly die neue Situation nur den Nutzen brachte, seine Truppen nunmehr zur freieren Verfügung zu haben, für Gustav Adolf brachte sie Schande, da er nicht imstande gewesen war, seine vorläufig wichtigsten deutschen Verbündeten zu retten. Sich selber mochte er nun sagen, daß er nur durch eine siegreiche Schlacht diesen peinlichen Eindruck wettmachen konnte. Aber die Protestanten verzweifelten nicht etwa an ihm, sondern wandten ihm ihre Sympathien nur um so mehr zu, denn sie waren jetzt von der Barbarei Tillys überzeugt. Der König fand auch schon Sündenböcke, um diese Sympathien endlich in politisches Kapital ummünzen zu können: die Kurfürsten von Brandenburg und Sachsen, die nur durch ihren Widerwillen, sich offen für ihn zu erklären, ihn daran gehindert hätten, zum Entsatz herbeizueilen. Auch die Magdeburger seien viel zu uneinig gewesen, viel zu geizig und kriegsuntüchtig, um dem Feind widerstehen zu können. Der König schlug auch auf Tote ein, wenn es ernsthaft um die Wahrung seiner Position ging, und er sollte seine Gnadenlosigkeit bei Bedarf auch noch später zeigen.

Er hätte nun, da eine Vorwärtsbewegung sinnlos geworden war, sich auf seine Oderstellungen zurückziehen können, um Tilly dort auszumanövrieren wie bisher. Ebenso mußte dieser die Lage sehen: der Wegfall Magdeburgs hatte seine strategischen Variationsmöglichkeiten also nicht verbessert, und daher überschritt er die Elbe nicht. Er wäre auch nicht imstande gewesen, die Armee in dem ausgesogenen Brandenburg zu ernähren.

Also tat Gustav Adolf den nächsten Zug: er benützte Tillys mangelnden Angriffswillen, indem er durch endgültiges Hinüberziehen des Kurfürsten von Brandenburg in sein Lager seine Stellung wiederum um einige Schritte ausbaute. Das eröffnete ihm die Basis, um auch auf den Sachsen größeren Druck auszuüben. Tilly fragte bei Maximilian an, ob er in Sachsen einfallen dürfe, um sich dieses Land als Operationsgebiet zu sichern, bevor es den Schweden zum Opfer fiele. Doch der Kurfürst winkte ab: presse man den Sachsen, dann werde er erst recht ins schwedische Lager überwechseln, und auch die letzte Chance wäre vertan, ihn davon zurückzuhalten.

Immerhin hatte ihn der Untergang Magdeburgs ja noch nicht in die Arme Gustav Adolfs getrieben; von seinem Ehrgeiz her, sich als Zwischenmacht zu kultivieren, durchaus verständlich, denn wenn er den siegreichen Tilly reizte, bevor der König heran war, dann wäre er Falkenbergs und Christian Wilhelms verderblichem Beispiel gefolgt, und seine Zwischenstellung wäre dahin gewesen. Die aber wollte er solange aufrecht erhalten, bis eine Entscheidung zwischen dem Kaiser und Gustav Adolf gefallen war. Siegte der Kaiser, dann mußte er seine Rache nicht fürchten, siegte der Schwede, dann auch dessen Rache nicht, und er würde als Führer der deutschen Protestanten ein begehrter Bundesgenosse sein, möglichst zu seinen eigenen Bedingungen.

Johann Georg war also inzwischen so schwierig zu behandeln, daß

kaum abzusehen war, wie man ihn überhaupt noch dem Kaiser geneigt halten konnte, wenn man auf die Anwendung von Gewalt verzichtete.
Also mußte Tilly zurückfallen in eine geringere Aufgabe, nämlich die Bändigung des Landgrafen Wilhelm von Hessen-Kassel und der sächsisch-ernestinischen Herzöge in Thüringen, und sich damit vertrösten, daß er in diesen Ländern seine Armee besser verpflegen konnte. Die genannten Fürsten hatten auf dem Leipziger Konvent beschlossen, sich an der Aufstellung von Truppen zur freien Verfügung nach Johann Georgs Intentionen sowohl gegen den Kaiser als auch gegen die Schweden zu beteiligen. Wenn es nach ihnen gegangen wäre, hätten sie sich auch offen mit dem Schweden verbündet. Wilhelm von Weimar war vom König in Abwesenheit sogar schon zu seinem »Generalkriegsdirektor« im mittleren Deutschland ernannt worden. Der ehrgeizigste unter ihnen war wohl der junge Herzog Bernhard von Weimar, der an der Seite des Königs Abwechslung von den beengten Verhältnissen seiner Heimat, Kriegsruhm und eine Verbesserung seiner Stellung im Reich auf Kosten der Katholiken erhoffte.
Am 3. Juni zog Tilly von Magdeburg ab und rückte nach Mühlhausen am Oberlauf der Unstrut. Dort wartete er bis Anfang Juli, bis Maximilian ihm die Erlaubnis zum Einrücken in hessisches Gebiet erteilt hatte, und bis er also Vorausabteilungen über die Werra schikken und einzelne hessische Heerhaufen zersprengen konnte, kaum, daß sie aufgestellt waren. So war er dem schwedischen Hauptfeind zwar fern, aber den ligistischen Landen nah und beruhigte damit seinen Kurfürsten. Klar war, daß die Schweden diesen Abzug Tillys zur Offenhaltung seiner rückwärtigen Verbindungen durch eigene Operationen ausnützen würden. Am 20. Juni zwang der König den Kurfürsten von Brandenburg mit der offenen Drohung, in Berlin notfalls ein Blutbad anrichten zu wollen, zu einem Bündnisvertrag. Die Festungen Spandau und Küstrin mußten den Schweden für die Dauer des ganzen Krieges ausgeliefert werden, außerdem hatte das vollständig ausgeplünderte Land eine Kontribution von monatlich 30.000 Reichstalern aufzubringen. Johann Georgs angestrebte Zwischenstellung zwischen den Großmächten mußte nun ohne den Berliner Bundesgenossen auskommen!
Wenige Tage später fiel das bis jetzt von den Kaiserlichen hartnäckig

verteidigte Greifswald. Um Lübeck zogen die beiden gestürzten Herzöge von Mecklenburg Landsknechte zusammen, um unter schwedischer Deckung ihr Land zurückzugewinnen. Am 3. Juli brach der König gegen die untere Elbe auf und besetzte im Laufe des Monats Tangermünde in der Altmark, dann Havelberg. Das eröffnete ihm den Übergang über die Elbe, an deren linkem Ufer er bei Werben ein großes und starkes Lager aufschlug, um auf diese Weise die gewonnene Verbreiterung seiner Basis südlich der Ostseeküste zu decken und zu weiterem Angriff bereit zu sein. Die Stellung war wie ein zweites Magdeburg, diesmal in schwedischer Hand, etwas stromabwärts verschoben.

Währenddessen konnte Tilly über seinen Einfall in Thüringen nicht glücklich werden, denn damit reizte er Johann Georg noch mehr, und als er in engerem Kreise seiner Seele mit Verwünschungen gegen diesen Fürsten Luft machte, wurde das dem Sachsen zugetragen und belastete die Atmosphäre nachhaltig. In Verhandlungen mit den Räten Johann Georgs ließ sich der Feldherr allerdings zu keinen unautorisierten Drohungen hinreißen: er hätte im Falle des Bruches mit Sachsen darauf verzichten müssen, den Fortschritten Gustav Adolfs im Norden, die ihm nun gemeldet wurden, entgegenzutreten. Er mußte Pappenheim befehlen, ins Magdeburgische zurückzumarschieren, um den König an der Festsetzung am dortigen Elbknie zu hindern, falls er etwa das Trümmerfeld handstreichartig überfallen und mit Verschanzungen erneut zu einer Festung hätte ausbauen wollen. Dazu kam nun der Raum von Lüneburg und Bremen ins Visier, dem sich die Schweden ja mittlerweile näherten.

Jeder Tag, den Tilly noch nach Hessen starrte, war vergeudet, denn Pappenheim allein war gegen das Lager von Werben sicherlich zu schwach, hatte sich gar schon respektvoll bis Halberstadt zurückgezogen. Auf den kaiserlichen Feldmarschall Tiefenbach, der nach Schaumburgs Ablösung an der schlesischen-brandenburgischen Grenze stand, war nicht zur Unterstützung zu zählen, denn der Kaiser wollte ihn nicht für Operationen auf anderen Kriegsschauplätzen freigeben. Wenigstens ein Teil der aus Italien anrückenden Truppen konnte zur Bändigung Hessens verwendet werden, um Tilly die Möglichkeit zu geben, die Front abrupt zu wenden und dem König entgegenzuziehen.

Der hatte tatsächlich durch seinen Zug nach Werben die Initiative an

sich gerissen. Indem er dort stillstand, wirkte er wie ein Magnet, der Tilly an sich zog. Am 19. Juli brach dieser von Mühlhausen auf und eilte dem Marsch seiner Truppen voran, am 27. war er in Wolmirstedt nördlich von Magdeburg, wo er mit Pappenheim Kriegsrat hielt. Abermals durchzog er ausgeplünderte Gebiete, abermals hungerte und darbte die in Thüringen halbwegs durchgefütterte Armee. Während die beiden Heerführer noch konferierten und Tilly seinem nun schon gewohnten Pessimismus Ausdruck gab: der König könne in Werben aushalten, bis er die mittlerweile von England versprochenen Verstärkungen erhalten habe, bis der Kurfürst von Sachsen sich offen für Schweden erklärt habe, und die Katholischen dann im Magdeburgischen in die Zange nehmen, während er so redete, wurde die Sitzung durch die Meldung unterbrochen, der König selbst habe drei Reiterregimenter nördlich von Wolmirstedt überfallen und »aufgeklopft«. In der Tat war Gustav Adolf, der von Tillys Anmarsch noch nichts ahnte, mit seiner Kavallerie zur Aufklärung von Werben nach Süden geritten und hatte bei Burgstall, auf halbem Wege zwischen Wolmirstedt und Stendal, kaiserliche Kavallerie überrumpelt, ein Regiment vernichtet und zwei weitere ganz übel mitgenommen. Das war das erste direkte Gefecht überhaupt zwischen von Tilly kommandierten Truppen und denen des Königs!
Der alte Feldherr ließ sich dadurch nicht vom Vormarsch nach Norden abhalten, ungeachtet der jeden Tag feindlicheren Haltung Johann Georgs. Er befahl Fürstenberg aus Hessen zur Verstärkung heran und drückte mit seinen langsam aus dem Süden eintreffenden Regimentern den König in seine Werbener Stellung zurück. Dieser wich auch bereitwillig aus und lieferte nur kleinere Scharmützel. Am 5. August traf Tilly vor Werben ein, lagerte sich in Musketenschußweite vor der feindlichen Front und ließ das Städchen kräftig beschießen.
Gustav Adolf dachte nicht daran, eine Schlacht zu liefern, denn er erwartete noch Verstärkungen. Das Vieh, das Brot und das Getreide aus den umliegenden Gegenden hatte er rechtzeitig in sein Lager bringen lassen, und wiederum litten die Kaiserlichen großen Mangel. Die Soldaten tranken das Wasser aus den Pfützen, sonst gab es nichts.
Es war nichts auszurichten – am 8. August zog sich Tilly zurück, nicht imstande, den Schweden zum Schlagen zu zwingen. Vielleicht

konnte er bei Tangermünde über die Elbe gehen, um die schwedische Havelstellung auszuheben und damit das Lager von Werben auszumanövrieren. Denn man mußte alles versuchen, damit dieses nun schon acht Monate dauernde Hin- und Herziehen durch halb Deutschland nicht allmählich demoralisierend wurde.
Aber da erfuhr Tilly, daß der König die Havel aufstauen ließ, um den Übergang unmöglich zu machen, und noch viel Schlimmeres wurde gemeldet: Johann Georg hätte dem Grafen von Fürstenberg den Durchzug durch Thüringen verwehrt und mittlerweile 20000 Mann unter Waffen – ungeübtes Volk zwar gegenüber Tillys Veteranen, aber trotzdem eine große Gefahr für die rückwärtigen Verbindungen. Die Einheiten, die in Hessen geblieben waren, hatten vor der Volkswut fliehen müssen, kleinere Häuflein wurden von den Bauern überfallen und niedergemacht.
In Weimar predigte Herzog Bernhard mit feurigen Worten den Aufstand gegen den Kaiser, dann schlug er sich nach Werben zum König durch, der ihn beauftragte, drei Regimenter anzuwerben und damit den hessischen Landgrafen Wilhelm zu unterstützen, der einen Angriff auf das Erzbistum Mainz vorhatte. Auch der Landgraf selbst weilte in Werben und schloß als erster deutscher Fürst ein freiwilliges Schutz- und Trutzbündnis mit dem König. Tilly schwankte der Boden unter den Füßen. Er wollte Wilhelm durch Reiter abfangen lassen – vergebens; er schrieb an die hessischen Stände, ihren Herrn von der Rebellion gegen Kaiser und Reich abzuhalten – aber was 1625 gefruchtet hatte, das war nun erfolglos. Wilhelm begann im August, die Mönche von Hersfeld und Fulda zu überfallen und rückte in kurmainzisches Gebiet ein. Rache für Magdeburg! lautete die unwiderstehliche Devise.
Die Armee mußte nun unbedingt zurückgenommen werden. Der Kaiser sandte endlich die Erlaubnis, im notwendigen Falle in Sachsen einzurücken, nicht sofort, sondern sobald Tilly es »seiner beiwohnenden Diskretion nach« für passend halten würde. Wenn die Beurteilung dieser »Diskretion« so einfach gewesen wäre! Denn Maximilian und die anderen ligistischen Fürsten wollten gegen ihren sächsischen Standeskollegen nicht so ohne weiteres losschlagen, dessen Idee der reichsständischen Zwischenstellung zwischen Kaiser und Schweden gefiel ja auch ihnen (und Frankreich) ganz gut.
Ende August schickte Tilly, da er hierzu kaiserliche Vollmacht er-

halten hatte, zwei Gesandte zum sächsischen Kurfürsten ab, um ihn doch noch von der Verbindung mit Schweden abzuhalten. Die Beschlüsse von Leipzig seien rechtswidrig, sofern sie gegen den Kaiser zielten, und der Kurfürst als Lutheraner wolle sich doch etwa nicht mit dem calvinistischen Hessen verbinden! Er solle sein frisch erworbenes Kriegsvolk dem Kaiser zuführen – das allerdings hätte ein Bündnis mit Gustav Adolf unmöglich gemacht und sollte Johann Georg anscheinend zum politischen Offenbarungseid zwingen.

Daß Fürstenberg inzwischen mit 10000 Mann in der Grafschaft Mansfeld zwischen Halle und dem Harz erschienen war, beruhigte Tilly etwas. Aber er verhehlte sich nicht, und es hätte auch seiner beständigen Übung widersprochen, selbst die widrigste aller Möglichkeiten der Entwicklung im Auge zu behalten, daß sich für Gustav Adolf die beste Gelegenheit eröffnete, aus dem Werbener Lager südwärts zu marschieren, entweder nach Hessen oder direkt in Tillys Rücken, um ihn an der Abrechnung mit Johann Georg zu hindern. Hätte er jetzt nur eine starke Festung wie Magdeburg zwischen sich und den König legen können!

Die Sachsen schickten inzwischen schon Botschaft an Gustav Adolf, der von Werben aufgebrochen war und in der Stadt Brandenburg weilte, und baten ihn um Hilfe gegen den nach ihrer Meinung unmittelbar bevorstehenden Angriff Tillys.

Feldmarschall Arnim, einst Wallensteins Offizier und aus Verärgerung über das Restitutionsedikt aus kaiserlichen Diensten geschieden, drängte den Kurfürsten zum entscheidenden Schritt: in der Frage der Kirchengüter sei keinerlei Entgegenkommen zu erwarten; die süddeutschen Protestanten zitterten vor den kaiserlichen Waffen, Tilly lasse keinen Verhandlungsspielraum offen, um die Leipziger Beschlüsse zu retten. Johann Georg solle daraus endlich die Konsequenz ziehen, daß sein Konzept der Zwischenstellung unrealistisch und ein Bündnis mit Gustav Adolf daher der gegebene Ausweg sei. Schon stehe der König vor den Toren von Wittenberg an der Elbe, um sich mit den sächsischen Truppen zu vereinigen. Auch der Schwede selbst bestürmte den Kurfürsten in diesem Sinne, denn auf ihrem Zusammengehen beruhe der Rest der evangelischen Freiheit und Wohlfahrt.

Am 2. September erklärte sich der Sachse bereit, seine Truppen an die Elbe zu führen und bestimmte Torgau als Treffpunkt mit den

Schweden. Tilly hatte keine Möglichkeit, das Zusammenspiel von Schweden und Sachsen zu verhindern, Gustav Adolfs Marsch und Arnims Überredungskünste waren schneller gewesen. Die Kaiserlich-Ligistischen rückten in Halle ein und verlangten von der benachbarten, bereits kursächsischen Stadt Merseburg die Stellung von täglich 15 000 Broten und einigen Fässern Bier: die Fourage aber war durch die Leipziger Beschlüsse den Kaiserlichen gerade verweigert worden. Ihre Forderung nach Brot und Bier konnte daher wie eine Kriegserklärung gewertet werden.
Am nächsten Tag, dem 3. September, mahnte Tilly den Kurfürsten zum letzten Mal zum Gehorsam gegen den Kaiser. Im Saaletal wollte er den Anmarsch Aldringens aus Süddeutschland erwarten und seinen Truppen aus dem vom Krieg noch nicht heimgesuchten sächsischen Land zum ersten Mal seit der Übernahme des Kommandos in Regensburg ordentliche Verpflegung zukommen lassen. »Ich habe auch die geringsten Mittel nicht, den Unterhalt für die Armada andergestalt ferner beizubringen«, gestand er brieflich dem Kaiser.
Am 5. September entwaffnete Pappenheim die sächsische Besatzung in Merseburg, die vom Kurfürsten Anweisung zum Widerstand erhalten hatte, am selben Tag, an dem Arnim mit Gustav Adolf unterhandelte und ihm zur Verproviantierung seiner Armee zwei kursächsische Amtsbezirke anbot.
Der Kurfürst bezichtigte Tilly, in Merseburg den Anfang mit den Feindseligkeiten gemacht zu haben, und das trifft auch den Tatbestand. Nur hatte Tilly ihm in Verhandlungen nichts zu bieten, und daher hätte er durch noch so geduldiges Reden und Schreiben nicht verhindern können, daß Sachsen ins schwedische Lager hinüberglitt. Dann durfte er seine militärischen Aktionen nicht davon abhängig machen, ob der Sachse ihm offen den Fehdehandschuh hinwarf. Für »Diskretion« war da kein Platz mehr.
Die kaiserlich-ligistischen Truppen ergossen sich über das Land und genossen die Segnungen seines Wohlstandes in vollen Zügen und manchmal gewaltsam, wenn auch ihr Feldherr es ihnen durch Tagesbefehle strikt verbot. Um Johann Georg durch Zaudern von der Verbindung mit den Schweden abzuhalten, ließ Tilly noch einmal den Kommandanten von Merseburg zu sich kommen, prostete ihm mit Wein (das war hier dienstlich wohl ausnahmsweise gerechtfertigt!) auf das Wohl seines Landesherrn zu und bat ihn, Johann Georg

zu einem persönlichen Treffen an einem Orte seiner Wahl zu bewegen. Daraus wurde nichts, und die Szene ist merkwürdig genug und würde auf Unentschlossenheit hindeuten, wenn Tilly nicht von Maximilian und dem Mainzer gerade den Befehl erhalten hätte, gegen Sachsen nichts zu unternehmen. Um dem nachzukommen, handelte er so. Im übrigen aber hätte er, streng genommen, ligistische und kaiserliche Truppen auseinanderreißen, sich selbst halbieren müssen angesichts der Verdoppelung der feindlichen Streitkräfte an der Elbe! Wieviel einfacher lebte da Gustav Adolf, der weder zwei noch überhaupt einen Herrn über sich hatte!

Der Sachse öffnete dem Schweden bei Wittenberg den Elbübergang, und am selben Tag schickte er an Tilly den endgültigen Absagebrief, rief gegen seine Drohungen und Exzesse Recht, Natur und Herkommen an und erklärte sich vor Gott und aller Welt für seinen Frontwechsel entschuldigt. Er hatte sich mit Gustav Adolf mittlerweile sogar schon über den Oberbefehl geeinigt, und der König hatte in ihm seinen bis jetzt wertvollsten Bundesgenossen gewonnen.

Während Johann Georgs Kanzlei den Absagebrief expedierte, stand Tilly vor Leipzig, der Stadt, die das sächsische Land im Rund bis zur Elbe beherrschte. Die Ratsherren zogen die Übergabe zwei Tage lang, vom 13. bis zum 15. September, durch langes Verhandeln hin. Tilly ließ 8000 Mann Infanterie direkt an den Stadtmauern aufstellen und seine Kanonen zur Beschießung richten, da gaben die Herren das Spiel auf. Die 3000 Mann Landesaufgebot (das bestand also in Sachsen ebenso wie im Bayern Maximilians) zogen aus der Stadt, 1200 Kaiserliche rückten ein, und am nächsten Tag kapitulierte die schwache Besatzung auf dem Schloß kampflos. Tillys Truppen konzentrierten sich von überallher auf Leipzig.

Am Horizont tauchten Streifscharen der Feinde auf, die sich schließlich zwischen Wittenberg und Torgau auf dem linken Elbufer vereinigt hatten. Die Soldaten Tillys, in den letzten Tagen wieder hinreichend satt geworden, waren in bester martialischer Stimmung. Ein kaiserlicher Kriegskommissar faßte die entscheidungsschwangere Situation zusammen: »Und weil sich der Schwed mit Kursachsen konjungiert, auch unserer Armada zunahet, muß es nun stündlich zu einer Feldschlacht kommen.« Tilly allerdings hätte lieber noch Tiefenbach an sich gezogen; ferner Aldringen, der mit Vorausabteilungen kurz südlich von Saalfeld stand. Tiefenbach aber wollte

nicht; erst wenn Aldringen heran war, konnte Pappenheim in einem Parforce-Unternehmen, das ihm auf den Leib geschrieben war, nach Mecklenburg einbrechen, um dort die Festungen Dönitz, Wismar und Rostock in ihrem Widerstand gegen die Schweden zu unterstützen. Währenddessen rückte der Teil von Aldringens Völkern, auf den Tilly verzichten zu können glaubte, nach Hessen, verstärkt durch neuausgehobene Einheiten der Liga. Tilly dachte, für die nächsten Tage den Krieg wieder im Griff zu haben.
Am 15. hatten Johann Georg und Gustav Adolf in Düben, zwischen Leipzig und Wittenberg am Übergang über die Mulde gelegen, Kriegsrat gehalten. Der Kurfürst drängte zur Schlacht, um seine Lande nicht endlos unter der Soldateska beider Mächte leiden zu sehen, und Georg Wilhelm von Brandenburg, der ebenfalls im Lager weilte, pflichtete ihm bei. Gustav Adolf, der Held, zögerte. Nun stünden eine Krone und zwei Kurhüte gegen das Gerippe eines alten Korporals, sagte er bildkräftig, und wenn seine Krone auch sicher sei, so könnten die Kurhüte doch gewaltig ins Wackeln kommen, ja sogar springen. Vielleicht könnte man Tilly durch ein Manöver auf Magdeburg aus dem Kurfürstentum herauslocken – eine Feldschlacht bedeute doch ein rechtes Risiko. Johann Georg blieb fest, der König gab nach, um nicht als Zauderer oder Schlimmeres dazustehen oder um nach einem Mißerfolg den Kurfürsten die Verantwortung zuschieben zu können. Vormarsch in Richtung Leipzig also und Losgehen auf eine Schlacht.
Am nächsten Tag erfuhren die vereinigten Fürsten zu ihrer großen Bestürzung, daß die Stadt schon in Tillys Hand war. Da war nun nichts mehr zu ändern, und nach den kaiserlichen Streifscharen zu schließen, die nun häufiger wurden, würde man wohl knapp nördlich von Leipzig schlagen müssen. Am Morgen des 17. September stellten sie ihr Heer südlich von Wölkau in Schlachtordnung auf und marschierten in breiter Front vorwärts.
Als Tilly vom Herannahen des Feindes erfuhr, ließ er seine Armee aus dem Lager bei Möckern nordwestlich von Leipzig aufbrechen und verlegte die Straße von Düben, indem er einen Höhenrücken zwischen den Dörfern Podelwitz und Seehausen besetzte und die Stellung bis Breitenfeld in westlicher Richtung dehnte. In Schlachtordnung empfing er die Verbündeten. Hätte er ein Treffen nicht einkalkuliert, dann wäre er zwischen Elster und Pleiße geblieben, hätte

dem Feind Leipzig als Hindernis in den Weg gelegt und das baldige Anrücken Aldringens erwartet. Seine tatsächliche Handlungsweise widerspricht seiner sonstigen Vorsicht, aber er war wohl, auch wenn er es nicht beabsichtigt hatte, stark genug zum Schlagen: 36 000 Mann und 26 Geschütze standen auf seiner Seite, der Feind hatte 39 000 Mann, darunter aber 16 000 Sachsen, die eben erst ausgehoben worden waren und keinerlei Kampferfahrungen hatten. Dafür war der König mit 2000 Mann Reiterei überlegen, und sein Artilleriepark umfaßte 75 Kanonen, darunter 51 schwere.

Der Schwede wunderte sich: warum wollte Tilly es unbedingt zum Gefecht kommen lassen, wenn er sich hinter der Elster verschanzen und den Effekt von Werben damit diesmal auf seiner Seite haben konnte? Denn wenn ihm Schweden und Sachsen in seinem Lager nichts anhaben konnten, dann würden sie sich auf die Dauer zurückziehen müssen, wie es dem statischen Element in der damaligen Kriegführung nun einmal entsprach. Diese Einschätzung der Situation durch den König erklärte dessen anfängliches Zögern im Dübener Kriegsrat auch in militärischer, nicht nur in diplomatischer Hinsicht.

Er konnte im Augenblick nicht wissen, daß er eigentlich recht hatte, ein Kriegsmeister in der Einschätzung des anderen: Tilly hatte tatsächlich mit fliegender Hast zwischen Elster und Pleiße schon Verschanzungen ausheben lassen, die am 17. bei Sonnenaufgang schon fast vollendet waren.

Im Hause des Totengräbers auf dem Leipziger Friedhof soll er vom 16. auf den 17. September übernachtet haben.

Es kam dort zum Kriegsrat. Pappenheim und viele der ehemals wallensteinischen Offiziere rieten zur Schlacht. Tilly zögerte. Der Vorwurf der Laschheit, des greisenhaften Zauderns hing in der Luft, als Pappenheim ausrief, man brauche keine Verstärkung, um siegreich loszuschlagen. Tilly zögerte immer noch, da kam die Nachricht, daß der Feind in Schlachtordnung anrücke. Pappenheim erbat sich 2000 Reiter, um einen Erkundungsvorstoß zu unternehmen, da konnte Tilly nicht nein sagen. Nur solle der Feldmarschall den Feind nicht allzusehr reizen! Kaum war Pappenheim an die Sachsen herangerückt und hatte die ersten von ihnen in die Flucht geschlagen, da war er auch schon überzeugt, allein ihre Truppen vor sich zu haben oder (da das vorläufig überhaupt nicht begründet werden konnte) er tat

so, als wäre er dieser Meinung, um Tilly aus seinen Verschanzungsgedanken hervorzulocken.
Der Alte befahl ihm, ins Lager zurückzukehren, doch da sah Pappenheim schon die gesamte feindliche Armee vor sich. Er forderte 2000 Mann Verstärkung für seine Reiterei an, Tilly sandte sie ab mit dem Befehl, bei Todesstrafe zum Rückzug ins Lager zu blasen, hob die Arme resigniert zum Himmel und rief: »Dieser Unglückliche wird mich um meine Ehre und meine Reputation bringen und den Zusammenbruch des Kaisers auf sein Gewissen laden!«
Jetzt nahmen die Dinge eine gewisse Automatik an, denn Tilly konnte die Elite seiner Reiterei nicht vor dem Feind im Stich lassen, wenn sie schon einmal ausgerückt war. Warum auch hatte er Pappenheim anfangs nachgegeben? Etwa weil er sich, in seinem Inneren beschämt, des forschen Rates des Marschalls zum Sturm auf Magdeburg erinnerte, was im Ergebnis klüger gewesen war als längeres Zuwarten, bis vielleicht der Schwede herangewesen wäre? Anscheinend konnte Pappenheim seinen Chef bei Gelegenheit lenken, wenn er ihm nicht mit Worten, sondern durch sein Verhalten den Vorwurf altersbedingter Unentschlossenheit machte. Man sieht, an welchen winzigen Nuancen der Ausgang eines ganzen Feldzuges, ja einer Entscheidung von historischen Ausmaßen hängen kann, und ermißt daran erst richtig, welcher tadellosen Meisterschaft es umgekehrt bedurft hatte, überhaupt erst von Oberösterreich 1620 auf die Ebene von Breitenfeld 1631 zu gelangen.
Und so ordnete Tilly seine gesamte Armee und richtete seine Kanonen auf die Schweden und Sachsen. Auf dem rechten Flügel kommandierte der Graf von Fürstenberg mit der von Pappenheim nicht übernommenen Kavallerie sechs kroatische Regimenter zu je 500 Mann; dahinter waren bloß sechs Kanonen postiert. Das Zentrum nahm die gesamte Infanterie ein unter Tillys persönlichem Befehl, der unter sich die Generale Schaumburg und Officutz hatte. Zusammen bildete die Infanterie dreizehn Regimenter, die ligistischen Truppen als altbewährte Kernmannschaft in erster Linie. Pappenheim am linken Flügel hatte seine 4000 Mann Kavallerie.
Gustav Adolf betete, dann ritt er vor seine Front und ließ durch seinen Trompeter ein kurzes Schreiben an Tilly absenden, in dem er ihn von Ritter zu Ritter zur Schlacht herausforderte. Tilly erwiderte, es sei ihm eine Ehre, des Königs Wünschen entgegenzukommen. Drei

Kanonenschüsse von beiden Seiten besiegelten die Annahme der Aufforderung. Gustav Adolf hielt an seine Truppen eine Ansprache, die die Waage hielt zwischen Anstachelung der Begehrlichkeit seiner Soldaten auf Feindesgut und protestantischer Orthodoxie. Sie kämpften für die christliche Religion, sagte er nämlich einerseits, und andererseits verwies er neben den ewigen auch auf irdische Güter: »Nicht bloß ist das feindliche Lager eure Beute, sondern auch die Pfaffengasse wird euch mit einem einzigen Streich eröffnet.« Die Pfaffengasse, das war ein Ausdruck für die beiden fränkischen Bistümer entlang des Mains und den kurmainzischen Spessart. Bernhard von Weimar freute sich schon darauf, sie in sein eigenes Herzogtum Franken umzuwandeln zu können; und der König vergaß auch nicht, Rache für Magdeburg zu verlangen. Auch Tilly hielt noch eine Ansprache; ihr Inhalt wird verschieden und also nicht zweifelsfrei rekonstruierbar überliefert.
Das feindliche Zentrum rückte in vier Kolonnen an, und es entspann sich ein Artillerieduell, in dem die Überlegenheit der schwedischen Kanonen sich zum ersten Male deutlich zeigte. Im Verhältnis der Feuergeschwindigkeit drei zu eins hätten die Schweden den Katholischen antworten können, berichtete Gustav Adolf wenig später nach Stockholm. Ein kaiserlicher Oberst wurde sofort vom Pferd gerissen.
Der Wind wehte den Protestanten ins Gesicht. Das wird als Faktor für die nun folgende Operation des Königs von erfahrenen Militärs angezweifelt: die schwedischen Truppen zogen sich, von Tilly aus betrachtet, nach links, so daß das schwedische Zentrum das katholische links überragte – unwillkommen für Tilly, da dessen Infanterie so mit dem rechten Teil der Front in die Luft hing, und da gegenüber den links zum Zentrum nun verstärkt aufmarschierten Schweden fast nur Kavallerie in dünnen Linien stand. Während die Schweden ihr Manöver wegen der Notwendigkeit, dabei den sumpfigen Loberbach zu überschreiten, nur unvollkommen zu Ende brachten, beschränkte sich Tilly auf die wenig wirkungsvolle Kanonade.
Ihm blieben die Kerntruppen des Feindes vor Augen: 16000 Mann Infanterie und 10000 Reiter, ähnlich kriegsgeübt durch ihre vorausgegangenen polnischen und baltischen Feldzüge wie seine Tercios durch ihren Siegesmarsch von der Donau bis an die Nordsee. Pappenheim beobachtete das schwedische Manöver und wertete es als

Überflügelungsversuch, denn abgesehen von seiner Kavallerie hatten die Schlachthaufen der Katholischen keinen Flankenschutz – was kein Versäumnis Tillys bedeutete, denn seine Tercios waren wandelnde Festungen der Infanterie, dadurch wie eine mazedonische Phalanx in der freien Ebene ohne Rückhalt an Gelände oder Befestigungen einsetzbar.
Als die Schweden am Loberbach ins Stocken gerieten, hielt Pappenheim den Augenblick für gekommen, um ihnen ihr Manöver zu verderben und preschte mit einem Schwung los, wie nur er ihn hatte. Ihm gegenüber erwartete General Banér seinen Ansturm mit schwedischen und baltischen Regimentern. Der Feldmarschall verrannte sich derart in seine Attacke, daß er die Fühlung mit Tillys Zentrum verlor. Er versuchte, durch Hinüberziehen nach links die schwedische Schlachtordnung zu überflügeln, doch nur mit dem Ergebnis, daß er nun auch noch auf das schwedische Treffen stieß, das in zweiter Linie stand und unter den Augen des Königs persönlich focht. Zwar drängte er die Schweden in Richtung Podelwitz zurück, doch nun bewährte sich deren neue Infanterietaktik auf das beste: wir erinnern uns, daß zwischen der Kavallerie Musketiere mit schneller Feuergeschwindigkeit aufgestellt waren, und die machten Pappenheims Kavallerie schwer zu schaffen. Sie kam kaum zum Schlagen an die feindlichen Reiter heran, da diese von ihrer schnellfeuernden Infanterie genügend geschützt wurden. Siebenmal (sofern diese Zahl in den Berichten nicht nach Märchenmuster stilisiert ist) trieb er seine Truppen erneut zum Angriff, und siebenmal wurden sie zurückgeschlagen. Tilly sah, daß er am linken Flügel nicht weiterkam und beschloß, die Schlacht wieder ins Gleichgewicht zu bringen, indem er am schwächsten Punkt der feindlichen Stellung angriff, an deren linkem Flügel, wo die ungeübten Sachsen standen mit ihrem Kurfürsten. Hier faßte er eine Übermacht an Infanterie und Kavallerie zusammen und ließ Fürstenberg einen wuchtigen Stoß gegen die Sachsen führen, dem diese nicht standhielten. Johann Georg floh vom Schlachtfeld, ebenso in Panik wie seine Truppen, verlor seinen Hut und hetzte durch bis nach Eilenburg, ca. 20 km vom Schlachtfeld entfernt, wo er mit dem guten Merseburger Bier gelabt werden mußte, an das er so gewöhnt war (weshalb ihn seine Untertanen den »Bierkönig« nannten). Ein Kavallerieregiment Fürstenbergs drang sogar bis in den Rücken der schwedischen Hauptmacht.

Während die Sachsen noch rannten, war Pappenheims Attacke endgültig zusammengebrochen. Podelwitz brannte, vom Feldmarschall auf seinem Rückzug angezündet. Zwischen Tillys Truppen und ihm bestand kein Zusammenhang mehr, da Tilly seine Tercios vom Zentrum den Sachsen in die Flanke geschickt hatte. Auf der Gegenseite hatte Gustav Adolf keine Fühlung mehr mit Johann Georg, doch vor seiner Front klaffte eine breite Lücke in der Aufstellung der Katholischen. Fürstenberg in seinem Rücken bedeutete keine ernsthafte Bedrohung; er konnte vom zweiten Treffen auf dieselbe Weise im kombinierten Kampf abgeschmettert werden wie kurz zuvor Pappenheim von Banér. Hauptgefahr für den König war daher, daß die auf dem rechten Flügel so vollständig siegreichen Kaiserlichen ihn in die Flanke faßten. Das Treffen stand auf des Messers Schneide.

Sorgenvoll bedachte Gustav Adolf, daß Pappenheim nicht vernichtet war, sondern seine zerzauste Kavallerie in den Ausgangsstellungen neu sammelte. Später schrieb er seinem Reichsverweser: »Und waren wir in einer so evidenten Gefahr wie kaum je zuvor!« Doch der König verlor in diesen kritischen Augenblicken nicht die Übersicht. Er wandte sich entschlossen zur Deckung seiner linken Flanke. Er beorderte zwei Infanteriebrigaden und ein Kavallerieregiment dorthin, bevor Tilly zustieß.

Für dessen Tercios war die Flucht der Sachsen zu schnell gewesen. Eine Abteilung wußte in Rauch und Staub nicht mehr, wo sie genau war und blieb daher vorsorglich stehen, ohne weiter am Kampf teilzunehmen. Auch die Hauptmacht der Schlachthaufen, wenn sie nun die Schweden in Richtung Westen suchte, wurde von aufkommendem Westwind in der Sicht gewaltig behindert. Der Wind trieb ihnen allen Staub, der von Pappenheims Kavalleriekampf und von den schwedischen Bewegungen aufgewirbelt war, ins Gesicht und machte sie fast blind. Am Morgen hatten sie vielleicht noch gelacht, als sie die Schweden sahen, zerknittert und erdbedeckt in ihren Kollern, da sie die vorangegangene Nacht auf den abgeernteten Äckern verbracht hatten. Jetzt kam der ganze Schmutz auch über sie, mitten in der Schlacht, wo man den Feind klar erkennen mußte.

Sie machten kehrt gegen die aus dem feindlichen Zentrum herausgeführte Reiterattacke, die verhindern sollte, daß sie sich zum konzentrierten Angriff sammelten, sobald sie besser sehen konnten. Die

Schweden stürmten so beweglich schnell und an verschiedenen Punkten, daß die ihnen gegenüber massierten Tercios in ihrer Manövrierfähigkeit erneut überfordert waren: auch sie verharrten, und das wurde ihr Untergang.
Die Schweden spielten jetzt nämlich den Vorteil ihrer leichterer Artillerie aus und brachten im Nu ihre »Lederkanonen« heran, die Tod und Verderben auf die durch Kavallerie und auch durch hinzukommende Musketiereinheiten festgenagelten Tercios spien. Infanterie, unbeweglich Artilleriefeuer ausgesetzt: die Wirkung war verheerend, den Tercios blieb nichts anderes mehr übrig, als zu fliehen oder zu sterben. Reserven waren keine greifbar; ein zweites Treffen, mit dem Gustav Adolf Pappenheim aufgefangen und seine durch die Flucht der Sachsen aufgerissene linke Flanke abgedeckt hatte, war auf katholischer Seite nicht mehr vorhanden.
Es war fünf Uhr nachmittags, als der König, nunmehr Herr seiner Bewegungen auf dem Schlachtfeld, seinen rechten Flügel auf das fast ungedeckte feindliche Zentrum einschwenken ließ, alle Kanonen dort wegnahm und daranging, den Tercios, die sich in stoischer Ruhe nun auch von ihren eigenen umgedrehten Kanonen zusammenschießen ließen, noch den Rückweg nach Leipzig abzuschneiden.
Tillys Kerntruppen hatten den Tod dem Rückzug vorgezogen. Sie verlangten und gaben kein Pardon. In ihrer Mitte bargen sie den alten Feldherrn, ihren »Vater Hans«, der schon dreimal von Pistolenkugeln getroffen worden war und mit Tränen in den Augen und starrem Blick noch mitfocht, als die Nacht hereinbrach und alles hoffnungslos verloren war. Ein riesiger schwedischer Rittmeister bahnte sich den Weg zu ihm und wollte ihn zur Übergabe zwingen, indem er ihn mit dem Karabiner in den Nacken schlug, doch der Alte wehrte sich, bis der Herzog von Lauenstein heransprengte und den Rittmeister durch beide Ohren und vom Pferd herunterschoß. Die Soldaten legten den verwundeten Tilly auf eine Bahre. 600 Infanteristen und 1500 Reiter schlossen sich um ihn, das konnten sie noch leisten. Sie brachten ihn nach Leipzig, von dort eilends nach Halle, wo ihn ein Barbier endlich untersuchte und seine Wunden verband.
Vor den Toren von Leipzig aber fielen bis in die Nacht hinein noch Tausende von seinen Veteranen. Es war fast wie zwölf Jahre später im französisch-spanischen Krieg vor Rocroi im Wallonischen, als

der Herzog von Enghien 8000 Mann spanische Elitetruppen mit Übermacht stellte und diese sich bis auf den letzten Mann niederhauen ließen, ohne mit der Wimper zu zucken und ohne zu weichen. Und mit ihnen wurde ihr Kriegsruhm als derjenige der besten Schlachthaufen Europas weggefegt, und die habsburgisch-katholische Macht ebenfalls, wie bei Breitenfeld, wo Tilly zusammenbrach, da er zu lange gelebt hatte für seinen Ruhm.

Auf Tod und Leben hatte er mit dem Schwedenkönig fechten wollen. Nun holten ihn in der größten Schlacht, die er je kommandiert hatte, die Vorboten seines Todes in der Niederlage ein. Daß seine »Kinder« sich geopfert hatten, auch für ihn persönlich, das traf den »Vater Hans« ins Mark.

7. Kapitel

Der Untergang

Das militärische Fazit der Schlacht von Breitenfeld dürfte eindeutig sein: die gemischte Art von Kavalleriekampf, die Feuergeschwindigkeit der Musketiere, die schnellere Beweglichkeit der Einheiten zu Fuß und der Kavallerie hatten den Ausschlag gegeben, so daß mit seltener Klarheit eine neue Taktik über eine alte gesiegt hatte.
Und weil Gustav Adolf so überwältigend erfolgreich war, flogen ihm nun auch die Sympathien der Deutschen zu. Man täusche sich dabei nicht: es war nicht nur die Angst vor den kaiserlichen Waffen gewesen, die ihm die allermeisten deutschen Fürsten bis jetzt ferngehalten hatte, es war das Gefühl gewesen, daß seine Befreierrolle zu engelhaft aussah, um nicht angemaßt zu sein. Wer im Reich etwas zu verlieren hatte, den schreckte Gustav Adolfs Einbruch eher ab; und nur aus demselben Grunde wandte er sich dem Eroberer nach dessen Sieg zu. Wäre es anders gewesen, Johann Georg hätte sich nicht verweigert, als die Schwedenfestung Magdeburg auf dem Spiel stand, der Kaiser hätte nach des Königs Tod und nach der Ermordung des sperrigen Intriganten Wallenstein nicht so schnell in Prag mit den protestantischen Fürsten zum Frieden kommen können (1635). Die endgültige Etablierung der Schweden auf Reichsboden im Westfälischen Frieden, so behaupten wir, hatte ihre Ursache nur zum deutlich kleineren Teil in den Sympathien, die sie nach Breitenfeld im Reich fanden.
Nun prosteten der König und Johann Georg sich in Halle zu, und er brachte dem Kurfürsten bei, die kaiserlichen Erblande anzugreifen, während er selber die »Pfaffengasse« anvisierte, die in seiner Ansprache vor der Schlacht schon aufgetaucht war, und zeigte damit seine

Präferenz: nicht den Kaiser, sondern die Fürsten der Liga anzugreifen. Der König vernachlässigte damit die noch beträchtlichen ligistischen Truppen in Nordwestdeutschland, zu denen Tilly nun eilte, und die Kräfte Tiefenbachs an der schlesischen Oder. Aber so konnte er den Kurfürsten dem Kaiser nachhaltig verfeinden und vom Einfluß auf die anderen, hauptsächlich süddeutschen Protestanten des Reiches abhalten, während er selbst diese im Kampf mit der Liga unweigerlich an sich ziehen mußte. Das stärkte seine Stellung im Reich nachhaltig, überrundete die in Nordwestdeutschland stehenden feindlichen Einheiten, die zum Schutz der »Pfaffengasse« und damit Maximilians würden herbeieilen müssen und trug den Krieg auch so an die Pforten der kaiserlichen Erblande, bis die schwedische Macht dann mit den gesamten oppositionellen Reichsständen im Rücken und bestmöglichem Ausgangspunkt weitermarschieren konnte.
In Gustav Adolfs Armee fochten böhmische Emigranten mit, die die kaiserliche Reaktion nach der Schlacht am Weißen Berg um Ehre und Besitz gebracht hatte. Folgte das Glück dem König weiter, dann konnte er alle bisherigen Erfolge der Katholiken zunichte machen, selbst ihre ersten gegen die böhmischen Rebellen, und das Rad der Reichsgeschichte bis zum Jahr 1618 zurückdrehen – und anschließend würde sie mit seiner bestimmenden Mitwirkung neu gestaltet werden müssen.
Zunächst ging es um schnellstmögliche Ausnutzung des Breitenfelder Sieges. Vorsichtige Zurückhaltung war hierbei unangebracht, denn die Katholischen durften nicht zu neuem Atem kommen. Die Feindschaft gegen den Kaiser, das mächtige Reichsoberhaupt, war nur dann erfolgversprechend, wenn es Gustav Adolf gelang, sich als ebenso mächtiges Reichsoberhaupt in Konkurrenz zu ihm zu etablieren.
Die Einwohner Erfurts, der kurmainzischen Enklave innerhalb der kleinen thüringischen Herzogtümer, bekamen den schwedischen Siegeswillen als erste zu spüren: Tilly hatte bei seinem Abmarsch ins Thüringische im vergangenen Sommer in diese Stadt keine Besatzung gelegt, um das Gebiet des Erzbischofs von Mainz, des nach Maximilian wichtigsten Liga-Fürsten, nicht mit Kriegslasten zu drangsalieren. Daher öffneten die Bürger den Schweden am 2. Oktober 1631 ohne Kampf die Tore. Die Stadt war gemischtkonfessionell. Gustav Adolf erklärte dem Rat, daß die Protestanten hier nicht

länger unter den Katholiken leiden sollten, und er legte alle Einquartierungen und Kontributionen folglich den Katholiken auf. Wenn es auch im Einzelfall nicht stimmte, daß die beiden Konfessionen sich gegenseitig unterdrückt hatten, die vom König aufgestellte Behauptung diente jedenfalls zur Festigung seines Rufes als Glaubensstreiter und brachte in das Kontributionswesen die Ordnung, auf die er noch nicht verzichten wollte, um sich als maßvoller Neuling in diesem gefräßigen Krieg zu empfehlen. Rat und Zünfte Erfurts mußte ihm Treue geloben, solange der Krieg dauerte, und eine schwedische Besatzung aufnehmen.
Dann verlautbarte Gustav Adolf, er wolle in Thüringen Winterquartier nehmen und nur noch von den Bischöfen von Würzburg und Bamberg Tribut eintreiben. Zu diesem Zweck stieg er über den Thüringer Wald und rückte vor die Sperrfeste Königshofen im bereits bischöflichen Grabfeld, die nur vom »Ausschuß« besetzt war, also einer Art Bauernmiliz. Der »Ausschuß« hielt des Königs Drohungen, er wolle die Stadt niederbrennen, nicht aus und öffnete ihm ohne Widerstand die Tore. Maximilian in München mochte auf die Kunde davon die Stirn runzeln: wie denn, wenn seine eigene Landmiliz, auf deren Organisation er sich etwas zugute hielt, etwa bei späterer Gelegenheit ebenso versagte?
Der König zog sofort weiter auf die Freie Reichsstadt Schweinfurt. Hatte er die, dann war die »Pfaffengasse« zwischen Würzburg und Bamberg gesperrt.
Schon zwei Tage später stand er im Morgengrauen vor Würzburg und ließ den Bürgern entbieten, daß er der Stadt dasselbe Schicksal bereiten werde wie die Katholiken einst Magdeburg, wenn ihm kein friedlicher Durchzug gewährt würde. Zur Verteidigung war zu wenig getan, deshalb war der Bischof auch schon an den Rhein geflüchtet; abermals wurden die Tore geöffnet (auf den Tag genau drei Jahre später, am 14. Oktober 1634, eroberten die Kaiserlichen die Stadt zurück). Es war noch der Marienberg zu erobern, das befestigte Schloß, das auf der linken Seite des Mains die Stadt überragte und einst im Bauernkrieg 1525 den erbitterten Angriffen der Bauernhaufen erfolgreich getrotzt hatte. Für die kriegsgewohnten Schweden jedoch war die Erstürmung eine Sache von wenigen Stunden und gelang auf Anhieb. Am 18. Oktober drangen sie in die gebrochene Festung ein und metzelten alles Lebende nieder, was sie da vorfanden,

auch Frauen, Kinder, Priester und sonstige Nichtkombattanten. Umsonst, daß die Bischöflichen um Quartier baten; »Magdeburgisch Quartier!« schrien die Schweden ihnen grimmig zur Antwort entgegen und wüteten, daß die Schreie bis hinunter in die Stadt zu hören waren. Nach immer mehr Blut schrie die Legende von der ermordeten »Magd« an der Elbe, bzw. schrien deren Erfinder!
Tilly war es unmöglich gewesen, dem bedrängten Marienberg zu Hilfe zu kommen, denn offensichtlich folgte das Glück den Fahnen seines Feindes auch weiter, sonst hätte die Festung noch einige Tage ausgehalten, bis die aufgefrischte ligistische Armee heran war. Tilly hatte sich nach seinen Verwundungen bei Breitenfeld überhaupt nicht geschont: kaum war er in Halle notdürftig verbunden worden, hatte er schon die Warnungen der Ärzte, er sei nicht außer Lebensgefahr, in den Wind geschlagen und war noch am Morgen des Tages nach der Schlacht nach Alfeld an der Leine geeilt, um die in Nordwestdeutschland stehenden ligistischen Einheiten an sich heranzuziehen, neues Kriegsgerät zu organisieren und dann dem Feind abermals zu Leibe zu rücken. Seine Briefe aus der damaligen Zeit sind ruhig und stoisch, er redet nicht um seine Niederlage herum, obwohl er deren Tragweite vollständig erkennt.
Die Gunst seiner Vorgesetzten verlor er bemerkenswerterweise trotzdem nicht. Ferdinand und Maximilian hatten keinen Offizier in ihren Diensten, der selbst einem geschlagenen Tilly das Wasser hätte reichen können. Auch ein so gestrenger Dienstherr wie der Kurfürst ging davon aus, daß sein Generalleutnant fehlerfrei operiert hatte und drückte in seinem Antwortschreiben auf den Schlachtbericht die allergnädigste Hoffnung aus, daß Tilly seiner Wunden wohl genesen werde. So sei nun mal der Krieg, daß es auch schlecht ausgehen könne, aber der allmächtige Gott habe sich doch auch vieler Fürsten und Generale, die erst einen Nachteil erlitten hatten, wieder erbarmt und ihnen einen guten Ausgang des Krieges verliehen. Gott werde seine heilige Kirche und Religion nicht verlassen. Das klingt eher wie freundschaftlicher Zuspruch mit religiösem Akzent, nicht wie offizielle kurfürstliche Stellungnahme.
Ferdinand reagierte ebenso verständnisinnig. Als ihm Graf Aldringen die Unglücksbotschaft überbrachte, trug er ihm auf, seinem Oberkommandierenden das kaiserliche herzliche Beileid zu übermitteln. Wien wolle alles Mögliche aufbieten, was zur Hilfe gereichen könne.

Tilly wußte schon, was er nun brauchte: einen Adlatus, der ihm die Last der Jahre und des Feldzuges zum Teil abnähme, und dabei schloß er in seiner pflichtgemäßen Objektivität Wallenstein nicht aus, der noch immer in Böhmen auf seinen Gütern saß und dessen Kurs an der Börse für Kriegsleistungen durch die Niederlage der Katholischen nur noch steigen konnte.
Der Krieg hat im Leben eines Mannes nur eine begrenzte Zeit, wie Napoleon sagte. Wir müssen weit suchen, um unter den Feldherren der Weltgeschichte einen zu finden, der mit zweiundsiebzig Jahren noch ebenso im Sattel saß wie ein junger. Andrea Doria mag uns einfallen, der genuesische Seeheld im Dienste Karls V. gegen Türken, Barbaresken und Franzosen; oder der General Alexanders des Großen, der achtzig Jahre alt werden mußte, um in der Schlacht zu fallen, die ihm das Erbe des gesamten riesigen Alexanderreiches endgültig hätte verschaffen sollen: Antigonos, »der Einäugige«, der schon unter Philipp von Mazedonien, dem Vater Alexanders, ein bewährter Haudegen gewesen war. Tilly gehört zu diesen wenigen, die noch als Greis den Feldherrnstab fest in der Hand hielten.
Es sollte uns aber auch nicht verwundern, wenn Tilly bei solch hohem Alter in der Kriegskunst nichts mehr dazulernen konnte. Selbstverständlich weiß er, daß das sächsische und das thüringische Kriegstheater nun verloren sind. Ob er aber die taktischen Schwächen seiner Tercios und den Vorteil der Schweden bereits zutreffend analysiert hat, muß dahingestellt bleiben, denn sein Bericht an den Kaiser (21. September von Halberstadt aus) erwähnt davon nichts. Nur der Wind, der ihm den Staub in die Augen getrieben hat, taucht als Ursache der Niederlage auf.
Daneben enthält der Bericht keinen Tadel eigener Leute, auch nicht Pappenheims, der doch die Schlacht gleichsam eingefädelt hatte. Vielmehr lobt Tilly in seiner gewohnt generösen Art den Feldmarschall ausdrücklich: »... er hat sich tadellos gehalten; am Ende der Schlacht hat er mit seiner eigenen Hand gegen vierzehn Feinde erlegt, und der Verlust an Mannschaft wäre noch größer gewesen, wenn er nicht die Trümmer der Truppen um sich gesammelt und selbst den Rückzug geleitet hätte.« Auch der Oberst Cronenberg und der Graf Fürstenberg bekommen für ihren erfolgreichen Angriff auf die Sachsen eine besondere lobende Erwähnung.

Indem Tilly diesen Schlachtbericht mehr oder weniger ebenso abfaßt wie alle vorausgegangenen über seine Siege, verweigert er uns abermals den Einblick in die Gedanken und Gefühle, die ihn im Innersten bewegten – sollte Breitenfeld denn wirklich so, ohne Schrammen zu hinterlassen, an ihm vorübergegangenen sein? Bei aller spanischen Grandezza, auch (und gerade) in der Katastrophe, bei aller militärischen Haltung, die sich ja am deutlichsten erst im Unglück bewährt: das wollen wir nicht ganz glauben, es wäre fast unmöglich, dies nachzufühlen. Doch auch die Erfolglosigkeit seiner noch bis zum Tode geführten Operationen gibt keinen Hinweis auf Gebrochenheit und Verzweiflung, denn sie rührt aus der Unzulänglichkeit der militärischen Mittel, die ihm nach Breitenfeld überhaupt noch zur Verfügung standen. Vermuten wir also, daß er schon zu alt war, um vom Verlust seines Nimbus der Unbesiegbarkeit gebrochen zu werden, denn er hatte ihn ja überhaupt erst im siebenten Jahrzehnt seines Lebens erworben; und da das Feldlager seine Heimat war, konnte er nun nicht anders, als sein Leben auch unter Waffen zu Ende zu bringen. Es wird berichtet, er sei in den Tagen nach Breitenfeld gar melancholisch gewesen – doch nichts davon ist in seiner Handlungsweise zu bemerken. Der militärische Betrieb schien sich in seinem Bewußtsein verselbständigt zu haben: er rollte weiter und war vom Gemüt anscheinend abgekapselt, nicht nur aus »Pflichtgefühl«, sondern auch aus Gewöhnung und Automatismus.
Möglich, daß jetzt zur lange eingeübten und gewohnten Energie auch noch eine besondere Verbissenheit trat: dieser sich dem Reich aufdrängende Fremdländer aus dem hohen Norden sollte nicht ungehindert auf den Gütern herumtrampeln dürfen, die Tilly heilig waren: der Kaiserwürde, dem Katholizismus, dem Heiligen Römischen Reich. Da war kein Kompromiß möglich, dieser Kampf mußte wirklich auf Leben und Tod geführt werden, nun erst recht, und sowohl Tilly als auch der König wußten das. Im übrigen zeigt unser früher aufgestellter Satz, daß Tilly als großer Militär sein Herz nicht auf der Zunge führte, sondern in seine Taten legte, an diesem Punkt seine Beschränkung: denn so ganz ohne schriftliche Zeugnisse zum Denken des »alten Fuchses« kommen wir nach Breitenfeld über psychologische Näherungskonstruktionen und Wahrscheinlichkeitsrechnungen eben nicht hinaus. Kehren wir also in den Krieg zurück.
In Alfeld sammelte Tilly wieder 8000 Mann zu Fuß und 5000 Reiter.

Aus Wolfenbüttel, das nun zur großen Festung in der nordwestdeutschen Flanke des schwedisch beherrschten Gebietes geworden war, wurden zwölf Kanonen herbeigeschafft, auch aus dem großen Zeughaus in Hameln trafen neue Geschütze ein. Die von Pappenheim bei Breitenfeld kommandierten Kavallerie-Einheiten waren dezimiert, aber intakt geblieben. Bei Höxter stießen drei Regimenter Infanterie und zwei Regimenter Kavallerie hinzu, weiter unten in Hessen, das Tilly nun anvisierte, standen die Korps Aldringen, Fugger und Merode, zusammen 12000 Mann stark. Aldringen hatte aus Wien den Befehl erhalten, falls er von Tilly nicht schon »vereinnahmt« sei, sich nach Böhmen zu dessen Schutz zu begeben. Der Befehl kam zu spät, Tilly hatte dieses Korps schon an sich gezogen. Er ließ Gronsfeld mit sieben Regimentern im Norden zurück und marschierte durch Hessen südwärts.
Sofern er daran gedacht haben sollte, Gustav Adolf nach Nordwestdeutschland abzulenken (wofür die Passage in seinem erwähnten Brief an den Kaiser spricht: »... sobald der Feind ihn weiter verfolgen sollte, würde er sich auf Wolfenbüttel zurückziehen«), war dies mißlungen: denn da die ligistischen Fürsten nicht nur am Rhein, sondern auch entlang des Mains geschützt werden mußten, zwang der schwedische Zug nach Würzburg Tilly, aus dem Norden heranzueilen, um nicht von Süddeutschland, besonders aber Bayern, abgeschnitten zu werden.
Als er am 19.10. in Fulda Kriegsrat hielt, war der Marienberg bereits gefallen, doch die Katholischen wußten es noch nicht. Zwei Möglichkeiten standen ihrer Meinung nach daher noch zur Wahl: entweder Angriff auf Würzburg, um dieses wichtige Bistum der Liga nicht kampflos aufzugeben. Ein Unterlassen mußte ja einen sehr demoralisierenden Eindruck machen, da es so ausgesehen hätte, als habe Tilly bei Breitenfeld tatsächlich seine Zähne verloren. Oder Konzentration auf Aschaffenburg, um den Kurfürsten von Mainz zu schützen und 15000 Mann des Herzogs Karl von Lothringen, dem Verbündeten des Kaisers, an sich zu ziehen. Aldringen, Fugger und der Kommissar Ruepp waren für das Unternehmen gegen Würzburg, der Vertreter des Mainzers, Reinhardt von Metternich (offensichtlich ein Vorfahre des späteren österreichischen Staatskanzlers), natürlich dagegen, ebenso Pappenheim und Fürstenberg. Daß der alte Draufgänger Pappenheim hier zur Langsamkeit mahnte, ist bei näherem

Hinsehen nicht verwunderlich, denn er hoffte, nach einer Vereinigung mit den lothringischen Truppen den Schweden an Zahl überlegen zu sein.
Tilly zögerte: ein offensives Vorgehen, so sehr ihn danach verlangte, würde die letzten feldschlachttauglichen Einheiten der Liga aufs Spiel setzen, und vom Kaiser war trotz ermutigender Worte in den nächsten Wochen, vielleicht Monaten, überhaupt keine Unterstützung zu erwarten. Maximilian hatte sich ebenfalls dafür ausgesprochen, die Truppen nicht in einem Va-banque-Feldzug aufs Spiel zu setzen. Solange Tilly noch mit einer respektablen Macht im Felde stand, war der Krieg nicht verloren, trotz aller neuen Erfolge Gustav Adolfs.
Die Prälaten von Würzburg und Mainz warfen dem Kurfürsten schäbigen Eigennutz vor. Nun, in der Stunde der Not, erwies es sich, was es bedeutete, daß Maximilian den Oberbefehl des ligistischen Heeres für sich reserviert hatte: er ließ seine geistlichen Verbündeten dem Schweden zum Opfer, um die Armee zu schonen und sie für die Verteidigung Bayerns aufzubewahren. Wir müssen ihm zugestehen, daß ihm auch nichts anderes übrigblieb. Bayern war nämlich immer noch wichtiger als die ligistischen Territorien an Rhein und Main, da es unmittelbar vor den kaiserlichen Erblanden entlang der Donau als Bollwerk gehalten werden mußte. Maximilians Eigennutz fiel hier zwanglos zusammen mit der vernünftigen Strategie zur Fortführung des Krieges.
Als in Fulda die unerwartete Nachricht vom Fall des Marienbergs eintraf, löste sich der Zwiespalt im Kriegsrat, den Tilly noch nicht gelöst hatte, von selber: nun blieb nichts anderes übrig, als im Schutz des Spessart auf Aschaffenburg zu marschieren. Am 22. Oktober trafen die Ligistischen dort ein. Der Herzog von Lothringen stieß bei Miltenberg zu ihnen.
Er war ein Opfer der Politik Richelieus und daher zum Verbündeten des Kaisers prädestiniert: Karl von Lothringen war mit dem Herzogtum Bar Lehensmann des Königs von Frankreich, doch Ludwig XIII. erkannte aus dynastischen Gründen, die hier nicht näher wichtig sind, seine Erbfolge in Bar nicht an. Dazu kamen noch Ansprüche des Hauses Lothringen auf die Markgrafenschaft Montferrat in Oberitalien, auf die der Herzog von Nevers mit französischer Unterstützung angesetzt war. Karl von Lothringen bot daher im Früh-

jahr 1629 der Regentin der Niederlande ein Bündnis an. 1630 rückten kaiserliche Truppen in das Bistum Metz ein, um es vor französischem Zugriff im Zusammenhang mit dem Erbfolgekrieg um Mantua zu schützen, und im Juni 1631 einigten sich Ferdinand und Karl über die Aufstellung eines Heeres unter lothringischem Kommando zur Unterstützung des Kaisers. Karl war entschlossen, sein Herzogtum vor französischem Zugriff rechtzeitig zu schützen, da er Richelieus Expansionsgelüste in Richtung Rhein wohl kannte. Die Habsburger als Erbfeinde der Bourbonen traten in dieser Zeit also in engste Verbindung mit dem lothringischen Herzogshaus, die zwar den Verlust des Landes letztlich nur hinausschob, dafür aber nach einem Jahrhundert durch die Heirat der Erzherzogin Maria Theresia mit dem Herzog Franz Stephan (1737) das Weiterbestehen des Hauses Habsburg unter dem neuen Doppelnamen »Habsburg-Lothringen« im Mannesstamm sicherte.
Nun zog der Lothringer also mit 15000 Mann frischgeworbener Truppen am 10. Oktober bei Oppenheim über den Rhein und bescherte Tilly damit die numerische Überlegenheit über die Schweden. Trotzdem war der Alte über diesen Zuwachs keineswegs glücklich, denn er mißtraute der Kriegstüchtigkeit der allzu frischen Regimenter gründlich, hatte er doch bei Breitenfeld die neu ausgehobenen Sachsen wie die sprichwörtlichen Hasen laufen sehen.
Außerdem brach nun schon der Winter mit reichlichem Schneefall herein. Die Soldaten froren und fanden am unteren Main nur geringe Verpflegung. Sie pflückten die übriggebliebenen Weintrauben, wo sie sie fanden, ebenso wie die Schweden es etwa gleichzeitig rund um Würzburg taten; doch die bischöflichen Trauben müssen genießbarer gewesen sein als die kurfürstlichen, denn in der ligistischen Armee brachen nun Seuchen aus. Die Knechte liefen in Massen davon, viele erfroren, weil keine Winterausrüstung vorhanden war. Mochte die Armee um den 25. Oktober herum auf dem Papier an die 40000 Mann betragen, ihre Kampfstärke umfaßte höchstens die Hälfte davon. Die Kerntruppe der Veteranen hätte man nun gebraucht, doch die lag zum größten Teil bei Breitenfeld, und Gronsfeld im Nordwesten hatte einige der altgedienten Regimenter behalten.
Und dennoch stand der Versuch auf der Tagesordnung, Gustav Adolf anzugreifen, sich nicht mit dem bescheidenen Lorbeer des Manöverhelden zu begnügen. Das gefiel auch dem Mainzer Kurfür-

sten, der natürlich eine offensive Verteidigung seiner Gebiete vorzog – während Tilly um Miltenberg und Wertheim herum auch Maximilian zum Abmarsch an die Donau und in die Oberpfalz zur Verfügung stehen konnte, insofern also für einige Tage eine im intern-ligistischen Sinne doppeldeutige Stellung einnahm.
Doch die Offensive ließ sich schon schlecht an, bevor sie überhaupt begonnen hatte: in der Nacht zum 27. Oktober überfielen die Schweden das in Wertheim friedlich schlummernde Kavallerieregiment Piccolomini, fügten ihm schwere Verluste zu und besetzten das Städtchen. Damit war der Weg nach Würzburg aus westlicher Richtung verlegt. Bei Rothenburg ob der Tauber kampierte ebenso sorglos eine lothringische Einheit; die Schweden warfen sie in plötzlichem Ansturm über den Haufen und nahmen ihr zwei Fahnen weg. In der Stadt selbst, die von kaiserlichen Völkern in der Stärke von 600 Mann besetzt war, um ihr die Befolgung der Leipziger Beschlüsse (siehe Kap. 6) unmöglich zu machen, brachen sich die protestantischen Gefühle nun doch Bahn, unterstützt von der Nähe des Königs und der Wut über den ausgebliebenen Sold. Die Soldaten ließen die Schweden in den Inbegriff deutsch-mittelalterlicher Romantik ein und traten in die Dienste Gustav Adolfs.
Das war gewesen, als Tilly noch im Hessischen geweilt hatte. Nun mußte er Wertheim den Schweden wieder entreißen und bekam dadurch den Schlüssel zum Taubertal in die Hand. Dessen Linie umschloß, mit einiger militärischer Phantasie betrachtet, Würzburg vom Südwesten her im Halbkreis. Sollte die wichtige Stadt von hier aus angegangen werden, nach wie vor mit dem Risiko, auf die siegesgewohnten, gut ausgeruhten und straff geführten Schweden zu stoßen, die an Qualität der ligistischen Armee augenblicklich sicher überlegen waren?
Die Infantin bestürmte von Brüssel aus Tilly: da er nun so viele Truppen beisammenhabe, solle er den Schweden wieder angreifen. Tilly antwortete der alten Dame am 3. November, mittlerweile aus Tauberbischofsheim, mit einer kleinen kriegswissenschaftlichen Vorlesung. Da das Erteilen solcher Belehrungen an Höhergestellte sonst nicht seine Art war, muß es hier den Zweck gehabt haben, die Infantin über seine prekäre Situation aufzuklären und ihr auszureden, daß er demnächst durch eine siegreiche Schlacht das Wunder der Errettung der katholischen Religion aus schwedischer Bedräng-

nis vollbringen könnte: »Hier in Deutschland Armeen zu führen ist etwas ganz anderes als ein Feldzug in den Niederlanden und in den Staaten Seiner Katholischen Majestät. Denn dort haben die Kriegspläne ein beschränktes Ziel in fest umrissenen Grenzen, und daher formen sich die Armeen nach der geringen Ausdehnung und der Natur des Landes, und die Verpflegung und die anderen erforderlichen Dinge sind ordentlich vorbereitet. Hier jedoch kann sich jede Stunde die Situation ändern, die Anzahl und die Kräfte unserer Feinde sind an verschiedenen Orten groß und wachsen beständig, und man braucht daher recht große Truppenabteilungen. Diese nun können nicht immer an einem Punkt oder dort, wo sie notwendig sind, erhalten werden, wenn ihnen die Lebensmittel und andere Versorgungsgüter fehlen, und daher muß man oftmals Entschlüsse nach Maßgabe der Umstände fassen, die einem nicht genehm sind. Das ist der Punkt, an dem ich mich gerade befinde, denn ich habe mit großer Mühe einen Umweg durch Hessen genommen, um die Truppen des Baron Aldringen und des Grafen Fugger an mich zu ziehen. Damit habe ich zwar eine Überlegenheit über den Feind erreicht, aber den größten Teil der neuausgehobenen Soldaten und viele Altgediente haben wir aus Mangel an Proviant und wegen der Ungunst von Land und Wetter verloren, und diese Faktoren nehmen an Gewicht immer noch zu, daß wir es förmlich mit den Augen beobachten können. So schmelzen die Truppen Seiner Hoheit von Lothringen dahin und auch die meinen und zwingen uns, unsere Pläne zu ändern, um die Armee nicht vollständig zu verlieren. Der Feind aber findet überall, wohin er sich wendet, Tore und Marschwege offen. So würde man einerseits ein großes Risiko eingehen, wenn man eine Schlacht liefern wollte, und andererseits ist man in Gefahr, viel zu verlieren, ohne einen einzigen Schuß abzugeben ...«

Aber wenn hier die Erwartungen der Infantin abgewiegelt wurden, so wäre Tilly doch nicht er selbst gewesen, wenn er nicht doch erwogen hätte, Würzburg nahe zu kommen: vom nächstgelegenen Punkt des Taubertals aus, vom Flußknie zwischen Röttingen und Aub, konnte man eventuell Ochsenfurt am Main in die Hand bekommen und von dort aus den Marienberg belauern – doch Maximilian wollte nicht. Für ihn waren die Bewegungen Tillys seit dem Kriegsrat in Fulda Absetzbewegungen in Richtung Altbayern. Franken durfte keine Bedeutung mehr haben als Basis eines Angriffes auf den

Schwedenkönig, sondern nur noch als vorgeschobenes Verteidigungsfeld für die Donaulinie.
Zwischen Regensburg und Ulm war der Anfall Gustav Adolfs zu erwarten; Ulm lag zu weit westlich, Regensburg zu weit östlich. Blieb die Gegend von Donauwörth (mit Augsburg im Hintergrund) und Ingolstadt. Anknüpfungspunkt für eine Vorneverteidigung war das noch nicht den Feinden in die Hände gefallene Bistum Bamberg mit seinen beiden festen Plätzen Kronach und Forchheim. Zwischen Forchheim und der Donau bildete die protestantische Freie Reichsstadt Nürnberg ein Hindernis, wegen ihres Reichtums und ihrer Befestigung sowie als Straßenknotenpunkt in sechs verschiedene Richtungen von hervorragender Bedeutung. Zwischen Donauwörth und dem Main mußten die Reichsstädte Nördlingen, Dinkelsbühl, Rothenburg und Windsheim kontrolliert werden, dazu kam noch das Niederhalten der mit den Schweden sympathisierenden Ansbacher, die nach dem 1625 erfolgten Tod des alten kaisertreuen Markgrafen Joachim Ernst unter Vormundschaftsregierung standen.
Zunächst also, da im Taubertal liegend, mußte Rothenburg an die Reihe kommen. Als Tilly noch bei Aub lagerte, ließ er die Bürger auffordern, Boten zu sich ins Hauptquartier zu senden. Da diese weder mit Ja noch mit Nein antworteten, schloß Tilly die Stadt unverzüglich von allen Seiten ein. Am 8. November begannen die lothringischen Truppen den Sturm von der dem tiefeingeschnittenen Flußtal abgewandten Seite her, doch waren sie artilleristisch zu wenig unterstützt und mußten unter dem Opfer von Hunderten von Toten zurückweichen.
Mittags traf Tilly persönlich ein und ordnete zunächst gründliche Beschießung an. Ein Pulvermagazin flog in die Luft, kaiserliche Truppen drangen in die Stadt ein, wurden wieder zurückgeworfen – da brach ein breites Stück Mauer am sogenannten Henkersturm zusammen und riß große Teile des Turmes mit sich. Der Zeitpunkt für erneuten Angriff war damit gegeben, und die Schweden in der Stadt entschlossen sich zur Kapitulation. Ihr Anführer war der Rittmeister Rinckenberg, ein ehemaliger Verteidiger von Neubrandenburg (siehe Kap. 6), dort niedergeschossen, anschließend mit Mühe und Not wiederhergestellt und in Rothenburg um eine Gelegenheit zur Rache an den Katholischen für das damalige Massaker geprellt. Rat und Bürgerschaft hatten sich als Eidbrüchige und Verräter an Kaiser und Reich auf Gnade und Ungnade zu ergeben.

Die Bürgermeister und Ratsherren mußten sich einsperren lassen und wurden dabei von den Kaiserlichen, allen voran Aldringen, dessen Untergebene hier gemeutert hatten, übel beschimpft. Aldringen wollte aus Vergeltung »alles, Mann und Weib, Jung und Alt, niedermachen lassen«, Tilly dämpfte ihn. Bevor die Bürgerschaft noch genau wußte, was die Sieger über sie verhängen würden, wollte sie auf dem Marktplatz einen allgemeinen Kniefall der Einwohner, besonders der Frauen und Kinder, vor Tilly und Pappenheim organisieren. Doch der Feldherr verließ die Stadt schon am 10. November und befahl Aldringen Schonung. Außer der gewohnheitsrechtlichen Plünderung in Maßen mußte die Stadt nur »Ranzion« erleiden: Zahlung von 20.000 Reichstalern, Stellung von 3000 Paar Schuhen und 6000 Ellen Tuch. Ferner hatte sie eine kaiserliche Besatzung aufzunehmen (die aber im Januar 1632 schon wieder abzog).
Das ist die dürre historische Wahrheit zum Thema »Tilly in Rothenburg«. Die Erzählung vom »Meistertrunk« wäre natürlich schwungvoller, gehört aber nicht dem Bereich der Geschichte, sondern dem der Sage an. Tilly habe, so lautet die fabulierende Überlieferung, als Anti-Alkoholiker die durstigen Kehlen verachtet und sie daher verhöhnen wollen: wenn jemand den »Kaiserpokal«, einen riesigen Humpen, vollgefüllt mit Wein, austrinken könne auf einen Zug, dann solle die Stadt gerettet sein. Der Alt-Bürgermeister Nusch schaffte es, wenn auch um den Preis ernsthafter Leber- und Kreislaufbeschwerden, und der sadistisch-düster-humorlose Tilly schaute ihm dabei mit höhnisch herabgezogenen Mundwinkeln und in herrischer Körperhaltung zu, die Arme über dem Brustharnisch verschränkt, den Kopf leicht gesenkt, mit der Verteilung des Körpergewichtes auf Stand- und Spielbein souveräne Lässigkeit markierend. Aber Tilly liebte weder derlei Witzchen, die ein wenig an den Landvogt Geßler und seinen Befehl zum Tell'schen Apfelschuß gemahnen, noch war er je ein Blutsäufer gewesen. Er hatte ganz andere Sorgen, als in solchen Genreszenen aufzutreten. Eine Vernichtung Rothenburgs wäre ja nicht nur unmenschlich, sondern auch unklug gewesen, denn dann hätten die Schweden den Protestanten mit noch viel mehr Anschein von Recht einreden können, die Kaiserlichen hätten Magdeburg zerstört, weil sie dieselbe Wut wie dort zum Beweis nun auch in Rothenburg ausgelassen hätten.

Am 11. November stand Tilly bereits vor Windsheim. Während Pappenheim das kleine Städtchen zur Übergabe aufforderte und nur eine Bedenkfrist von einer Stunde gewährte, während in dem gut lutherischen Rat die Meinungen für und wider den Einlaß der papistischen Unholde aufeinanderprallten und man zu keinem Ergebnis kam, öffnete jemand schon das Stadttor, und Pappenheims Truppen strömten herein. Atemlose Stille unter den Bürgern bis alle Mauern und Türme besetzt waren und Tilly selbst einritt. Er sah, daß die Befestigung in schlechtem Zustand war, hielt es für nicht der Mühe wert, sie weiter auszubauen, und zog daher noch am selben Tag weiter ins Markgrafentum Ansbach.
Solange kein Feind zu bekämpfen war, tat sich die Armee nach ihren Entbehrungen in Hessen und am Main auf Kosten der mittelfränkischen Gebiete gütlich. Das Markgrafentum wurde in seiner ganzen Breite zwischen Feuchtwangen und Schwabach ausgeplündert, mal nach Tillys und Ruepps Requisitionslisten, mal auf unverhinderbare Eigeninitiative der Soldaten. Die waren dabei sehr erfinderisch: sie änderten jeden Tag oder auch öfters am Tage die Marschrichtung, damit die Bauern sich nicht auf ihre Ankunft einstellen konnten. Und da die Viehherden zur Sicherheit oft in die Wälder getrieben wurden, hielten sich die Soldaten Hundemeuten, die aufs Aufspüren von Vieh dressiert waren.
Die Weinernte in Mainfranken konnte wegen des Kriegslärms nicht rechtzeitig eingebracht werden, doch soll gerade das den Trauben eine ganz besondere Note verliehen haben (oder spätere Kenner genossen beim »Jahrgang 1631« den historischen Hintergrund als höchstes Raffinement mit, besonders gerne vermutlich, wenn sie Protestanten waren). Man taufte den späten Wein aus lauter Galgenhumor »schwedischer Reinfall«.
Die mit Abstand wichtigste Stadt in diesen Regionen (die »Quelle des Bösen« nach Pappenheims Worten) war jedoch Nürnberg. Am 29. November kam Tilly vor der Stadt an: sie stand bereits seit drei Wochen mit dem Schwedenkönig in offenem Bündnis. Zwar hatte es auch hier Stimmen gegeben, die darauf hinwiesen, die Stellung einer Reichsstadt müsse immer auf der Seite des Reichsoberhauptes sein, denn das allein garantiere ihr den rechtlichen Bestand ihrer Privilegien, und das schon seit Jahrhunderten; aber auch hier, wie in Rothenburg, siegte die dezidiert protestantische, weit überwiegende

Mehrheit der Vertreter der Bürgerschaft, die zu den Bündnisberatungen hinzugezogen wurde.

Die Stadtbefestigungen wurden instand gesetzt und ausgebaut. Aus dem Lorenzer Reichswald schaffte man 400 Baumstämme heran, um die Straßen zu verbarrikadieren. 5000 Mann waren zur Verteidigung aufgeboten, die Bürger wurden alle gemustert, und es sollen dabei 30000 waffenfähige Männer festgestellt worden sein. Wer kaiserlich-katholischer Neigungen verdächtig war, mußte sich foltern lassen; die Regierung begegnete dem Ernst der Lage mit gesammelter Anstrengung.

Während die Katholischen die ganze Stadt einschlossen und sich dazu von den Kanonen der Belagerten beschießen lassen mußten, schwärmte die Armee auch in das gesamte ländliche Gebiet der Reichsstadt aus. Pappenheim drängte: wenn er den Oberbefehl bekomme, wolle er »die Stadt innerhalb von fünf Tagen ärger zurichten als Magdeburg.« Dem Feldmarschall gebrach es nicht an Vernichtungswillen, doch wiederum mußte Tilly zur Mäßigung rufen wie schon in Rothenburg. Er spielte übrigens einige Tage lang mit dem Gedanken, Nürnberg ernsthaft zu belagern, da erfuhr er, daß die Sachsen, von Gustav Adolf nach Schlesien geschickt, sich überraschend nach Böhmen gewandt und am 15. November Prag eingenommen hatten. Der Kaiser forderte Verstärkung für das bedrängte Erbland an, und zwar die beiden Obersten Colloredo und Gallas, die sich sofort nach Osten in Marsch setzten. Das bedeutete für Tilly einen Verlust von ca. 17000 Mann.

Auch der Herzog von Lothringen zog mit seiner Mannschaft ab, um seine Heimat gegen den plötzlichen Einmarsch französischer Truppen zu decken. Selbst wenn die Grenze zwischen einer Armee und einer militärisch untüchtigen Räuberbande bei seinen Einheiten nicht exakt zu ziehen war, so hätte Tilly sie doch lieber behalten. Pappenheim ließ sich von Maximilian in den niedersächsischen Kreis abkommandieren, um dort die Fahnen der Liga nicht untergehen zu lassen, und vielleicht auch, weil er bei den Niederlagen an der Donau, die er für das nächste Frühjahr erwartete, nicht dabei sein mochte. Allerdings durfte er von Tilly keine weiteren Truppen nach Norddeutschland abziehen.

Unter solchen Umständen war die Belagerung einer Festung von den Ausmaßen Nürnbergs ein Unding. Da die Jahreszeit schon vorge-

rückt war, blieb Tilly also nichts anderes übrig, als in die Winterquartiere zu gehen. Die endgültige Entscheidung in diesem bis jetzt so unglücklichen Krieg würde erst das nächste Jahr bringen. Die Truppen ließen sich im Ansbachischen und Oberpfälzischen nieder. Der Raum zwischen Weißenburg (die Wülzburg an der wichtigen Straße von Würzburg über Weißenburg nach Ingolstadt war Tilly auch in die Hände gefallen), dem protestantischen, aber kaisertreuen Nördlingen, Rothenburg, Ansbachisch-Lichtenau, Schwabach und Neumarkt wurde ihnen zugewiesen. Fünf Regimenter kampierten in der nördlichen Oberpfalz, um die Wacht zu halten gegenüber Sachsen und dem schwedenfreundlichen Markgrafen von Bayreuth. Es bestand ausdrückliche Anweisung, nichts Provozierendes gegen das waffenstarrende Nürnberg zu unternehmen. Die Schweden rückten in Windsheim ein und bauten es, da es von Tilly verschmäht worden war, ihrerseits zur Festung aus.
Tilly begab sich mit Aldringen nach Donauwörth, wo er auf Maximilian traf, um mit ihm die Lage zu besprechen. Er hatte noch 5000–6000 Mann, nachdem die Lothringer und die meisten Kaiserlichen abgezogen waren, und mußte daher auf des Kurfürsten Fragen, wie man im neuen Jahr dem Schweden entgegentreten könne, seine Ratlosigkeit eingestehen. Er wird dabei so beschrieben: »ganz perplex und gleichsam perso, in consiliis ganz irresolut, weiß ihm nicht daraus zu helfen, kommt von einem proposito aufs andere, concludiert nichts, sieht die großen difficulteten und extremiteten, bekennt aber deserte, daß er keinen Rat noch Mitl wisse.«
Er schämte sich eben insgeheim vor seinem Dienstherrn, und vielleicht hatte er sogar Angst vor ihm, da er gegen den Gestrengen seine Truppen als Hilfsmittel ja nicht einsetzen konnte. Maximilian war konsterniert. Breitenfeld schien an dem Alten doch nicht spurlos vorübergegangen zu sein!
Der Kaiser ließ gerade bei Wallenstein nachfragen, ob er wieder das Generalat übernehmen wolle; wie man den Friedländer kannte, würde der auf die Dauer nicht nein sagen. Das war der einzige Lichtblick, und ein sehr ungewisser, denn selbst wenn Wallenstein annahm, würde noch Zeit vergehen, bis er genug Truppen gesammelt hatte. Der Kurfürst konnte nicht anders, als die Ratlosigkeit Tillys zu teilen und reiste umdüstert nach München zurück.
Bis zum 19. November, als Tilly also im Ansbachischen weilte, hatte

unterdessen Gustav Adolf Würzburg noch nicht verlassen. Er ließ es ohne Gegenzug zu, daß die Katholischen in Mittelfranken nach dem Rechten sahen, da er über den schlechten Zustand ihrer Armee informiert war und aus allen ihren Bewegungen schließen konnte, daß sie ihn nicht angreifen, sondern sich nur gegen ihn für das nächste Jahr sichern wollten. Dabei fiel ihm der Mittelrhein fast schon als reife Frucht in den Schoß, abgesehen von den spanischen Einheiten, die seit Tillys Eroberung von Mannheim im Jahre 1622 die Pfalz sicherten, das Kurfürstentum Friedrichs V. und den Einsatz, um den Maximilian in diesem Krieg focht. Möglicherweise hatte Gustav Adolf wirklich in Thüringen überwintern wollen, aber da ihm die Bewältigung Würzburgs so leicht geworden war, durfte er es sich leisten, seine Blicke auf Frankfurt und Mainz zu heften, um Rhein und Main zu »konjungieren«, wie er sich ausdrückte.

Die Schweden verzeichneten den Marsch durch den nördlichen Spessart nach Aschaffenburg nachträglich als Lustreise, weil sie so gut wie keinen Widerstand vorfanden und weil die Drangsalierung der Landbevölkerung in dem katholischen Gebiet sogar als eine Gott wohlgefällige Handlung galt. Am 27. November legte der König eine Besatzung nach Frankfurt und schloß mit der Stadt ein Militärbündnis. Bei Höchst traf er mit den frisch ausgehobenen Truppen des Landgrafen Wilhelm von Hessen-Kassel zusammen. Der Landgraf Georg von Darmstadt, der sich als kaiserfreundlich profiliert hatte, mußte lediglich die Festung Rüsselsheim (die schon im Feldzug von 1622 eine Rolle gespielt hatte) den Schweden ausliefern, ansonsten wurde er geschont.

In der Absicht, zwischen Katholiken und Lutheranern zu vermitteln, war Georg eine der treibenden Kräfte für den »Ausgleichstag« zwecks Verhandlungen über das Restitutionsedikt gewesen. Nun faßte er seine Vermittlungsbemühungen auf einer noch höheren Ebene auf und wollte einen Ausgleich zwischen dem Kaiser und Schweden herbeiführen, wofür er als kaisertreuer Lutheraner auch die persönlichen Voraussetzungen mitbrachte.

Mainz wurde von 2000 Spaniern unter Don Felipe de Silva verteidigt. Stockholm und Madrid standen sich plötzlich kriegerisch gegenüber! Fast wäre Mainz aber im letzten Augenblick verschont worden, denn eben als der König seine Vorbereitungen zum Angriff machte, erfuhr er, daß Tilly sich Nürnberg näherte; diese wichtige

Stadt konnte er unmöglich in Feindeshand fallen lassen, denn sie lag in Richtung Oberpfalz und mittlere Donau. Erfolge in Süddeutschland waren wichtiger als am Rhein. Außerdem hätte es dem König übel angestanden, eine starke Stadt, die sich ihm so schnell in die Arme geworfen hatte, im Stich zu lassen. Er muße seinen Feldzug, solange er immer noch darauf aus war, festeren Fuß im Reich zu fassen, nicht nur nach militärischen, sondern auch nach politischen Gesichtspunkten führen. In kraftiger Kriegersprache ließ er sich also gegenüber dem Pfalzgrafen Johann Kasimir, einem seiner kleineren Verbündeten, vernehmen: »Diesem nach scheint es, als ob wir dies blutige Jahr, wie wir's mit Blutvergießen angefangen, also auch enden werden, denn der alte Teufel mit all seinen Unterteufeln, als das sind Lothringen, Pappenheim, Fürstenberg, Fugger, Aldringen, Gallas, Ossa und wen der Böse Geist mehr erwecket hat den armen Christen zur Straf, liegen jetzt vor Nürnberg, brauchen Gewalt und List.« Aus diesen Worten klingt auch der Unwille, sich von Tilly vom Rhein weglocken, das Gesetz des Handelns aus der Hand reißen zu lassen. Aber so weit kam es nicht, denn der König erfuhr bald, daß der alte Teufel seine Klauen von Nürnberg wieder abgezogen hatte, da ihm die meisten seiner Unterteufel davonmarschieren mußten.

Nun besetzte Gustav Adolf erst gegen spanischen Widerstand Oppenheim und gewann damit die Möglichkeit, den Mainzern sowohl unterhalb als auch oberhalb ihrer Stadt die Zufuhr auf dem Rhein zu sperren. Am 23. Dezember mußte die Residenz des Kur-Erzkanzlers des Heiligen Römischen Reiches schließlich kapitulieren. Der spanische Stolz Don Felipe de Silvas hatte sich als unzureichendes Mittel des Widerstandes erwiesen. Gustav Adolf hielt während der Winterpause, die er sich nun gönnte, abwechselnd in Mainz und in Frankfurt Hof.

Das politische Europa stand Kopf angesichts seiner neuen Erfolge, denn die Niederlage des Kaisers und der Liga gab Schweden ein plötzliches Übergewicht im Reich, das alle Mächte, die an den Verhältnissen des Reiches beteiligt waren, brennend interessieren mußte, besonders natürlich Frankreich und Spanien. Frankreich brauchte das Schwert des Königs, aber nicht unbedingt am Rhein, denn dort wollte Richelieu selbst Fuß fassen. Ludwig XIII. hatte sich schon grollend geäußert, man müsse den Erfolgen dieses Goten Einhalt gebieten.

Das Mittel dazu war nur sehr bedingt kriegerisches Eingreifen. Über den Einfall in Lothringen hinaus, der erfolgte, als Gustav Adolf auf Mainz marschierte, trauten sich die Franzosen noch nichts zu. Vorläufig also sollten dem »Goten« diplomatische Zügel angelegt werden, und das tauglichste Mittel hierfür war der Vertrag von Fontainebleau mit Maximilian, um die aus dem Vertrag von Bärwalde herrührende Verpflichtung nicht zu einer einseitigen Abhängigkeit Frankreichs von Schweden werden zu lassen.

Die Idee einer dritten Macht im Reich zwischen Kaiser und König, kombiniert aus katholischen und protestantischen Reichsständen, war durch den Sieg von Breitenfeld hinfällig geworden, denn die Protestanten waren immer mehr in schwedisches Fahrwasser geraten. Der »Ausgleichstag« hatte sich gleich nach der Schlacht ergebnislos aufgelöst. Gustav Adolf thronte in Mainz im Vollgefühl des Eroberers, der der europäischen Politik eine neue Richtung gab.

Sobald der Schwede über den Kamm des Thüringer Waldes gelugt hatte, wurde es Richelieu klar, daß eine vollständige Niederwerfung der Liga nicht im französischen Interesse war, da dies den Erobererkönig im Reich allmächtig werden ließe. Am besten, Gustav Adolf konzentrierte sich einzig und allein auf den Kampf gegen den Kaiser. Zu diesem Zweck mußte die Liga neutralisiert und aus dem schwedischen Krieg herausgezogen werden. Nachdem eine französische Gesandtschaft in München die Zustimmung zu diesem Konzept eingeholt hatte, galt es, sie nun auch dem Eroberer gegenüber durchzusetzen.

Wäre Richelieu darin erfolgreich gewesen, dann wäre sein gleichzeitiges Bündnis mit Bayern und Schweden als eine unübertreffliche diplomatische Großtat in die Annalen der Geschichte eingegangen, denn Frankreich hätte sich als Schiedsrichter zwischen den beiden kämpfenden Parteien bewährt und dabei mit der Isolierung des Kaisers auch seinen eigenen Vorteil gehabt. Aber da die Diplomatie auf ihre Weise ein nicht weniger hartes Geschäft ist als der Krieg, scheiterte hier sogar das Genie des großen Kardinals: der Eroberer wollte nicht, und dagegen war nicht anzukommen. Wie meisterhaft er seinen politischen Vorteil zu wahren verstand, hat sich im Winter 1631/32 in Mainz am klarsten erwiesen.

Gustav Adolf wußte um das französische Interesse am Einfluß auf

die Liga, von dem er selbst nichts hatte. Er war aber mit Frankreich zusammen interessiert, das Haus Habsburg zu bekämpfen, und machte deshalb den konstruktiven Vorschlag, die Liga solle ihre Neutralität dazu benützen, ihre Truppen den Franzosen zum Kampf gegen Spanien zur Verfügung zu stellen.
Außerdem wollte er Sicherheit, daß die Liga eine verkündete Neutralität nicht doch zur Unterstützung des Kaisers ausnützte. Was verstand er unter »Sicherheit«, und ferner: was verstand Maximilian unter »Neutralität?«
Leider knüpfte dieser auch noch eine Vorbedingung daran: erst müsse Gustav Adolf den Ligafürsten alles zurückgeben, was er ihnen entrissen habe. Oh nein, erwiderte der König, sein Begriff von Sicherheit beinhalte gerade, zum Schutz gegen weitere Umtriebe der Liga die dieser abgenommenen Gebiete zu behalten! Da darunter immerhin das Territorium des Kurfürsten von Mainz war, des wichtigsten Ligafürsten nach Maximilian, ließ sich auf solche Weise eine Einigung nicht erreichen.
Die Franzosen sprachen vehement für die ligistischen Forderungen und hofften dabei, Gustav Adolf würde am Ende nachgeben, weil er es sich nicht leisten konnte, die französische Unterstützung zu verlieren. Doch der demonstrierte, daß ihm dies im Notfall gleichgültig war und brachte so seinerseits Richelieu in eine Zwangslage, der mangels eigener militärischer Stärke dessen schwedischen Degen dringend brauchte. Eine merkwürdige anti-kaiserlich/spanische Notgemeinschaft war das, wo einer dem anderen nicht über den Weg traute!
Gustav Adolf war im übrigen viel zu stark im Felde, um militärische Drohungen ernst zu nehmen, auch von seinem Bundesgenossen nicht. Mit 40000 Mann ziehe der König gegen Lothringen? Die Antwort Gustav Adolfs auf diesen Hinweis zeigt seinen Siegerstolz und seine Brutalität: »Euer Herr bedarf nicht soviel Volks«, herrschte er die französischen Unterhändler an, »um mich zu schlagen. Hätte es an der Zahl und der Stärke der Soldaten gelegen, hätte nicht ich den Kaiser, sondern er mich geschlagen. Doch euer König ziehe, wohin er wolle, so mag er zusehen, daß er meiner Armee nicht zu nahe komme oder er muß ein Rencontre mit mir halten.« Das ganze Verhalten um die Neutralität der Liga sei nur ein Trick, um Zeit zu gewinnen und den Kaiser zur Hilfe zu veranlassen. In der Tat, Wallensteins Schatten tauchte ja wieder am Horizont auf.

Die Franzosen waren verzweifelt und nahmen schließlich die schwedische Interpretation der ligistischen Neutralität an: die Liga räumt alle noch besetzten protestantischen Gebiete (also die fränkischen und nordwestdeutschen Territorien, in denen sie noch Truppen stehen hatte), reduziert ihr Heer auf 10000 Mann, verpflichtet sich, den Kaiser weder direkt noch indirekt zu unterstützen und erhält dafür nur die Gebiete der Kurfürsten von Trier und Köln zurück sowie Teile der Pfalz – sonst nichts, also besonders Mainz und Würzburg nicht.

Als Maximilian Anfang Februar 1632 diese Bedingungen hörte, wies er sie rundweg und eindeutig zurück.

Er mußte in diesem Winter zwar seine Lage als hoffnunglos ansehen, nachdem ihn Frankreich im Stich gelassen hatte, aber von der Unterwerfung unter Gustav Adolfs Willen war er doch weit entfernt. Er mußte ein neues Heer aus dem Boden stampfen, und er tat sein Bestes, indem er auf das »Landfahnenwesen« zurückgriff, wie es von ihm und Tilly schon in den letzten Jahren vor dem Prager Fenstersturz in ganz Altbayern organisiert worden war.

Also der »Landsturm« mußte herhalten: aus den vorhandenen Bauernsöhnen wurden die Unverheirateten ausgesondert, aus denen wiederum eine Elite von 12000 Mann, sogenannte »Ausschüsser«, ermittelt, und die wurden aus den Zeughäusern heraus mit Waffen und Munition versorgt und Tillys Kommando unterstellt. Das war wenig besser als die Haufen des Lothringers, aber solange Wallenstein keine neue Armee aufgestellt hatte, mußte diese Truppe eben genügen. Der Friedländer sandte ganze 2000 Reiter, die erst aus den Beständen der Festung Ingolstadt ausgerüstet werden mußten.

Wenn man will, kann man einen Vorteil für den Kampfeseifer der Soldaten darin sehen, daß sie nun zum größten Teil aus bayerischem Gebiet stammten, denn Truppen aus anderen Regionen des Reiches standen entweder bei Pappenheim in Norddeutschland oder hatten sich in den Monaten nach Breitenfeld verlaufen. Was an Mannschaft von den »Landfahnen« noch auszuheben war, wurde in die Festungen des Landes gesteckt, allen voran Donauwörth, Rain am Lech und Ingolstadt. Alle diese festen Plätze wurden frisch verproviantiert, wobei Ingolstadt mit Lebensmitteln für ein Jahr und 4000 Mann den Löwenanteil abbekam.

Es war auch die stärkste Festung des Kurfürsten, ja eine der stärksten im ganzen damaligen Europa: im 16. Jahrhundert hatte Herzog Wilhelm IV.(1508–1550) beschlossen, die mittelalterliche Stadt an dem natürlichen Hindernis der Donau nach den neuesten Erkenntnissen der Festungsbaukunst umzugestalten. Regensburg war nicht in der Hand der Herzöge, fiel damit als taugliche Alternative aus, und die Lechlinie hatte keine ebenso bedeutenden Siedlungen, die einer Festung als Kern hätten dienen können. Im Norden Ingolstadts lag der unwegsame Fränkische Jura, im Süden schützten die Stadt Sümpfe, hier »Moos« genannt: ein Stromübergang war also gerade hier gut zu verteidigen.
Prinzipiell wurden Wall und Graben, wie sie aus dem Mittelalter vorlagen, durch einen zweiten Wall und Graben verstärkt, der parallel zur alten Stadtmauer lief. Diese neue Fortifikation bemühte sich, die mangelnde Geradlinigkeit der alten Mauer auszugleichen, verzichtete auf Türme zwischen den einzelnen Stadttoren und sah am Platz der Tore, aber auch abseits von diesen, sieben besondere Bastionen vor, »Kavaliere« genannt. Die Bastionen ragten über die Außenmauer hervor, waren mit rundem Mauerwerk verkleidet und boten der Artillerie die Möglichkeit, nicht nur senkrecht zur Stadtmauer, sondern auch in spitzem Winkel zu schießen, um Angreifer mit dichterem Abwehrfeuer als dies früher möglich war empfangen zu können.
Aber auch in jenen technisch ruhigeren Zeiten veralteten Festungen schon während der Zeit, in der sie gebaut wurden. Als Maximilian in den böhmischen Krieg eintrat, empfand er die Notwendigkeit, Ingolstadt zu verstärken. Vor die Basteien ließ er in den 1620er Jahren zusätzliche Wälle ziehen, ferner baute er die Befestigung des Südufers gegenüber der Stadt ernsthaft aus, sobald Gustav Adolf herannahte: hier sollte zum Schutz der Donaubrücke eine Reihe von Vorwerken errichtet werden. Aber die Ingenieure stritten sich über technische Details und konnten zu keinem Entschluß kommen, bis die Schweden über den Lech gegangen waren, und daher wurden am Südufer nur behelfsmäßige Verschanzungen angelegt.
In offizieller Lesart hieß es, nur Gott könne den Bayern eine derart mächtige Festung entreißen; doch Maximilian hatte da trotzdem seine Zweifel und sah für den Fall der Eroberung von Ingolstadt Regensburg als Ausweichsstützpunkt an – nur daß die Bischofsstadt

von Sympathien für die evangelische Sache nicht frei und nicht einmal unter kurbayerischer Botmäßigkeit war.
Während also die Bayern an der Donau lauerten, schien es ganz die Aufgabe Gustav Adolfs zu sein, den Schwerpunkt seines Angriffes zu bestimmen. Ausführender würde dessen tüchtiger Feldmarschall Gustav Horn sein, der als Besatzer in Würzburg zurückgeblieben war. Als Voraussetzung eines Vorstoßes, und um die Verbindungen nach Mitteldeutschland zu verbessern, mußte Horn noch in der »Pfaffengasse« aufräumen, also das Bistum Bamberg besetzen. Ende Januar brach er auf. Die Stadt war zur Verteidigung nicht eingerichtet, daher zogen es die katholischen Truppen vor, sie zu räumen und sich besser auf die Festung Forchheim zu konzentrieren. Auch der Bischof hatte mit seinem Hofklerus bereits die Residenz verlassen, und für die Bürgerschaft konnte es nur noch darum gehen, eine halbwegs sichere Kapitulation mit den Schweden auszuhandeln. Als jedoch noch während der Gespräche 500 Mann vom »Landfahnenwesen« in die Stadt eindrangen, ließ Horn stürmen und bemächtigte sich in leichtem Straßenkampf der gesamten Stadt.
Nun mußte und durfte nach dem Brauch der Zeit geplündert werden. Besonders die Mönche und Jesuiten wurden in Mitleidenschaft gezogen, das einfache Bürgertum erlitt nur die Zumutung, auf den neuen Landesherrn Gustav Adolf vereidigt zu werden.
Horn in den Straßen Bambergs konnte sich wieder zu der erfolgreichen schwedischen Taktik Glück wünschen, den Winter über den Krieg nicht einschlafen zu lassen und damit dem unvorbereiteten Feind überraschend Gelände und Stützpunkte zu entreißen. Auf diese Weise hatte er im Dezember und Januar schon Windsheim, Mergentheim und Heilbronn eingenommen, und in keinem Falle hatte Tilly etwas zum Entsatz unternommen. Kein Zweifel, mußte Horn denken, die Nachrichten stimmten, die diesem nur noch ein schwaches und überdies wenig erfahrenes Heer zuschrieben. Allerdings setzten nun starke Regenfälle ein, und der Feind war aufgescheucht. Horns Macht war zu klein, um die Festung Forchheim anzugreifen, und daher trat der Feldmarschall in Bamberg auf der Stelle.
Da erreichte ihn Anfang März 1632 die Nachricht, daß Tilly mit überlegener Macht heranrücke. Dieser hatte sich in Nördlingen im

Winterquartier befunden, als er von Maximilian den Befehl erhalten hatte, zur Rettung Bambergs aufzubrechen.

Auf Wallenstein, der seit Dezember 1631 im nahen Böhmen Aushebungen betrieb, war kein Verlaß: die Armee des Friedländers war noch lange nicht vollständig, und bis dahin würde sie nicht außerhalb des böhmischen Vierecks, sondern nur innerhalb desselben zur Abwehr der eingedrungenen Sachsen zum Einsatz kommen. Der Kurfürst erkannte die Wichtigkeit des Punktes Bamberg nicht nur als vorgeschobene Stellung vor der Hauptverteidigungslinie Donau, sondern auch als Deckung für die neuerworbene Oberpfalz und als Verbindung zu Böhmen, denn was half alle herzliche Abneigung – man mußte eben wieder mit Wallenstein zusammenarbeiten. Tilly, in der Selbstüberwindung ein noch größerer Meister als sein Kurfürst, hatte Wallenstein bereits zur erneuten Übernahme des Generalates beglückwünscht.

Nun sollte der Friedländer auch die Operation gegen Bamberg unterstützen; Maximilian bat ihn um die Überlassung des Korps Gallas, das um Pilsen herum stand. Seien die Schweden vom Oberlauf des Mains verjagt, könne man vereint nach Osten schwenken und auf Eger losgehen, um die Sachsen in Böhmen in der Flanke zu pakken. Aber die Eigensucht Wallensteins war auch den Verbündeten gegenüber geradezu eisig: er riet Gallas ab, die böhmische Grenze zu überschreiten, da dessen Truppen noch um Pilsen gebraucht würden, denn die Armee sei ja noch nicht vollständig aufgestellt. Nichts »hasardieren«, bis sie nicht steht! Folglich sollte Maximilian sich vorläufig auf das Halten seiner Verteidigungsstellung an Lech und Donau beschränken und nicht durch die Unternehmung auf Bamberg den Schwedenkönig selbst so nahe an die böhmische Grenze locken!

In der Tat: ein phantasievoller Stratege war Wallenstein nicht; der Sinn für die Dynamik im Kriegsgeschehen, für das Ausnützen fließender Situationen, das Fortführen eines Anfangserfolges zu einem noch größeren, der ging dem großen Kalkulator ab. Für ihn sprach in der Zukunft des Jahres 1632 allerdings, daß sein Zug auf Nürnberg vollständig genügte, um Gustav Adolf aus Bayern abzuziehen; in der Gegenwart kam ihm zu Hilfe, daß Tilly allein stark genug war, um Horn zu werfen: denn er verfügte über ca. 20000 Mann, darunter 8000 Mann Landwehr, und auch die Artillerie war wieder auf zweiundzwanzig Geschütze gebracht. Horn dagegen hatte knapp 16000 Mann.

Tilly näherte sich der Bischofsstadt im Bogen, über Neumarkt, Amberg und Forchheim.

Schon am Nachmittag des 9. März sahen die Schweden seine Truppen im Süden außerhalb Bambergs am Regnitzlauf auftauchen. Der »alte Fuchs« handelte nach demselben strategischen Prinzip wie schon im vergangenen Winter bei den Operationen rund um Magdeburg: niemals das Gesetz des Handelns nur deshalb aus der Hand geben, weil man im Großen und Ganzen dem Feind unterlegen ist; vielmehr sich immer dessen schwache Punkte heraussuchen und mit Zielrichtung auf diese ihn angreifen, dabei auch eine Feldschlacht nicht scheuen.

Letzteres könnte fast als Leichtsinn ausgelegt werden, aber bei näherem Hinsehen stimmt das nicht. Denn im vorigen Winter war Gustav Adolf eher fürs Manövrieren als fürs Schlagen gewesen, um seine Stellung nicht schon aufs Spiel zu setzen, bevor er sie genügend ausgebaut hatte. Er konnte also bis zu einem gewissen Grad gefahrlos anvisiert werden. Und nun, vor Bamberg, mußte Tilly eine Schlacht nicht fürchten, denn die Stadt war kaum zu verteidigen, der Vorteil des Angriffes lag also jetzt auf der Seite der Katholischen, und Horn hatte weniger Truppen.

Die Hitzigen unter den Schweden wollten trotzdem nicht weichen. Nicht nur wegen der Schande, die den Siegern von Breitenfeld besonders übel anstand, sondern auch weil Herzog Wilhelm von Sachsen-Weimar mit ca. 10000 Mann vom König den Befehl erhalten hatte, Bamberg von Norden aus zu Hilfe zu kommen. Also harrte Horn aus, ließ die Befestigungen in fliegender Hast verbessern und sandte an den Punkt im Süden der Stadt, wo noch eine Lücke blieb, Befehl an den Obristenstellvertretere Bülow, mit seinem Kavallerieregiment abzudichten. Der Befehl wurde falsch übermittelt, so daß Bülow glaubte, er solle die Truppen Fuggers angreifen, die ihm gegenüber am Südrand der Stadt gerade aufmarschierten, und er warf sich auf den Feind.

Er wurde im ersten Ansturm zurückgeschlagen, verfolgt von 300 Musketieren aus dem Regiment Fahrensbach, die den fuggerschen Kroaten zur Hilfe herbeigeeilt waren, und es kam, wie es kommen mußte: die flüchtenden Schweden rissen einen Teil der Truppen mit, die hinter ihnen in den Verschanzungen standen, und

Fahrensbach stieß nach. Die ganze Stadt westlich der Regnitz fiel ihnen in schnellem Kampf in die Hand, nur an den Mainbrücken wurden die Katholischen aufgehalten.
Inzwischen war es schon dunkel geworden, denn das Gefecht hatte ja erst am Nachmittag begonnen. Tilly erkannte im Laufe der Nacht durch Kundschafter, daß der Feind abgezogen sein mußte, um den Main zwischen sich und die Angreifer zu bringen. Tatsächlich hatten sich die Schweden mit der Hauptmacht bereits bei Eltmann über den Fluß gerettet. Eine sofort eingeleitete Verfolgung fügte ihnen weitere Verluste zu. An die 700 Mann hatten die Schweden in diesem Unglück an Toten zu beklagen. Viele Gefangene wurden als Zwangsinkorporierte nach der Schlacht von Breitenfeld erkannt und wechselten die Fahne erneut, zurück zum alten Soldgeber. Das steigerte den schwedischen Verlust auf die beachtliche Zahl von insgesamt 4000 Mann.
In der Stadt waren Vorräte an Kanonen, Munition, Gewehren und anderem Kriegsmaterial gestapelt, auch das nun eine willkommene Beute. Immerhin hatte Tilly die Schweden zum ersten Mal seit ihrer Landung in offenem Kampf geschlagen; ihr Nimbus, der von Breitenfeld herrührte, bekam einen unübersehbaren Fleck, der Tillys erfuhr eine kleine, allerdings auch höchst notwendige Neubelebung.
Aber schon eilte König Gustav Adolf selbst hastig herbei, um die Scharte so schnell wie möglich wieder auszuwetzen. Er hatte sich Bayern im Laufe des weiteren Jahres durch das protestantische Württemberg hindurch nähern wollen, und das war ja auch der kürzeste Weg; nun mußte er in großem Bogen über Franken an die mittlere Donau marschieren.
In Kitzingen zog er die Reste der geschlagenen Hornschen Armee an sich. Wilhelm von Weimar hatte sich mittlerweile auch in Bewegung gesetzt, und General Banér (der spätere tollkühne Oberkommandierende der ganzen schwedischen Armee) stieß zu ihm, so daß das königliche Heer insgesamt an die 40000 Mann umfaßte.
Gustav Adolf zog nicht etwa den Main entlang auf Bamberg, sondern schnitt Tilly durch ein großangelegtes Umgehungsmanöver von seinen Rückzugslinien an die Donau ab: er rückte über Windsheim auf Fürth vor, ließ sein Heer in der Umgebung dieser Stadt kampieren und nahm für seine Person eine Einladung des Rates der Stadt Nürnberg an, die endlich denjenigen von Angesicht zu Ange-

sicht sehen wollte, mit dem sie im vergangenen Herbst vertrauensvoll und eigentlich ziemlich kühn ein Bündnis abgeschlossen hatte. Gustav Adolf konnte sich da nicht verweigern und entschloß sich, einen Tag der Kriegführung für die Teilnahme am rauschenden Ehrenbankett der Nürnberger Patrizier zu opfern.

Die Stimmung war festlich, um nicht zu sagen beschwingt von der gefahrvollen und historisch unerhörten Situation: ein König aus fremdem Land, das viele auf den damaligen raren Landkarten gar nicht gefunden hätten, war mitten ins Herz Deutschlands vorgedrungen und hatte den Schlaf von Jahrhunderten durch den Marschtritt seiner Truppen beendet; unabsehbare Neuerung lag in der Luft, begeisterte und berauschte die Patrizier mit ihrer Unbestimmheit und gleichzeitigen Unerhörtheit.

Viele weinten vor Aufregung und Erwartung, als der König einritt; auch er wurde wohl etwas mitgerissen. Man schenkte ihm einen silbernen Globus und einen Himmelsglobus von gleicher Beschaffenheit, die zu Trinkhumpen ausgestaltet waren, in Anspielung auf den irdischen und himmlischen Lohn, den er zu gewärtigen habe. Lutherische Kampflieder erklangen, Tilly wurde als eine Ausgeburt des Teufels bezeichnet, was für den Schweden eine Pflichtübung war.

Tilly hatte Horn unterdessen nicht weiter als bis vor die Tore von Schweinfurt verfolgt, denn er hatte beabsichtigt, von Bamberg aus nach Eger vorzustoßen, um mit Wallenstein zur Vernichtung der Sachsen zusammenzuarbeiten. In diesem Sinne schrieb er auch an den Friedländer, Maximilian vereinigte seine Bitten mit denen seines Generalleutnants: Gallas solle sich so schnell wie möglich in Bewegung setzen. Wallenstein erwiderte, gewiß solle Gallas auch die Oberpfalz schützen, und Marradas (den wir schon vom böhmisch-pfälzischen Krieg her kennen) habe Befehl erhalten, insgesamt 5000 Reiter an die ligistische Armee zu schicken.

Maximilian bedankte sich und dachte für einige Tage, mit Wallenstein lasse sich doch zusammenarbeiten, ließ ihm sogar einen Brief in die Hände geraten, aus dem seine Erklärung hervorging, von Wallenstein nie beleidigt worden zu sein, und daß er am Regensburger Kurfürstentag für ihn leider nichts habe unternehmen können. Man sieht, die Bedrohung Bayerns durch den übermächtigen Schwedenkönig forderte ihren Preis, auch an Selbstverleugnung und Freundlichkeit.

Tilly war gegen Horn stark genug gewesen, vor Gustav Adolfs überlegener Macht mußte er das Feld räumen. Er zog im Bogen um Nürnberg herum nach Neumarkt. Die Angriffsrichtung hatte er dem Feind durch die Unternehmung auf Bamberg vorschreiben können, zu mehr war er zu schwach. Er erwartete nun, daß der König in die Oberpfalz und auf Regensburg marschieren werde. Dann hätte sich Tilly vor Ingolstadt, etwa auf dem fränkischen Jura zwischen dieser Festung und Beilngries, unangreifbar verschanzt und hätte gewartet, bis Wallenstein sich über den Oberpfälzer Wald doch noch heranwälzen würde. Da er schon fast über das Dreifache der Truppenmasse verfügte, die die Sachsen in Böhmen stehen hatten, konnte er sich nicht mehr mit der Bedrohung von dieser Seite herausreden, sobald die Schweden in der Oberpfalz sich seiner linken Flanke näherten.
Etwas ähnliches muß Gustav Adolf auch gedacht haben, denn er tat Tilly nicht den Gefallen, in die Oberpfalz einzufallen. Dort nämlich hätte er befürchten müssen, im Laufe der Wochen zwischen die beiden Feuer der Ligistischen und der Kaiserlichen zu geraten, den Kampf also zu ungünstigen Bedingungen annehmen zu müssen. Dagegen war systematisches Vorgehen weitaus vorteilhafter: erst Niederringung Bayerns, dann Feldzug gegen Wallenstein. Das war die vernünftigste Strategie, wenn die Sachsen schon zu schwach waren, im schwedischen Interesse die Aufstellung einer neuen riesigen Wallenstein-Armee in den Erblanden zu verhindern.
Gustav Adolf ging also nicht auf Regensburg und auch nicht auf Ingolstadt los, sondern auf Donauwörth, die am weitesten westlich gelegene und damit von Böhmen entfernteste bayerische Festung. Die Wahl fiel ihm von Schwabach aus leicht, denn die Distanz war von dort aus sowohl nach Donauwörth als auch nach Ingolstadt ungefähr gleich groß.
Bei Weißenburg gabelt sich die Straße und erhebt sich die Sperrfestung Wülzburg, die Tilly im November des vergangenen Jahres in die Hände gefallen war. Sie wurde kommandiert vom jungen Grafen Pappenheim. Der ließ sich auch von den schwedischen Drohungen nicht imponieren, im Falle des Widerstandes den Platz niederzubrennen, denn er wußte, daß der König an die Donau weiterwollte und sich hier oben nicht lange aufhalten konnte. Er antwortete also hochgemut, sein Kurfürst habe ihm die Feste zur Verteidigung und

nicht zur Übergabe anvertraut. Da mußte Gustav Adolf eine Beobachtungsmannschaft vor der Wülzburg zurücklassen und weiterziehen.

Als Tilly von dem Abrücken der Schweden auf Donauwörth erfahren hatte, blieb ihm nichts anderes übrig, als eilig eine Besatzung in die bedrohte Stadt zu werfen: acht Kompanien Infanterie, die Hälfte des Kavallerieregimentes Kronberg und einiges an Landesfahnenaufgebot. Selber zog er sich am 4. April auf Ingolstadt zurück, denn seine Absicht, in einem festen Lager Regensburg und die Oberpfalz zu schützen, war nunmehr hinfällig geworden. Von den wallensteinischen Reitern, die er nun schon seit gut drei Wochen erwartete, war noch kein einziger am Horizont aufgetaucht.

In Ingolstadt traf auch Maximilian ein, der ganz gegen seine Gewohnheit, Politik vom Arbeitszimmer aus zu machen, nun an die Front eilte, denn der schlimmste Feind stand vor den Toren. Der Kurfürst sah, wohin ihn seine Ablehnung der schwedischen Neutralitätsvorschläge vom Januar geführt hatte: an den Rand des Abgrunds, seine Politik mitsamt dem Wohlstand und dem Gedeihen Altbayerns, falls über ihn eine Niederlage hereinbrechen sollte. Noch trostloser wurde die Situation dadurch, daß Wallenstein sich nach wie vor nicht rührte – würde Maximilian sein schließliches (wenn auch, wie wir gesehen haben, nicht von jedem gegenläufigen Kalkül freies) Ausharren auf der Seite des Kaisers mit seinem Ruin bezahlen müssen?

Er hielt noch in der Nacht zum 5. April mit Tilly und Aldringen einen Kriegsrat ab. Schnell einigten sich die Feldherren auf das einzig Mögliche: Abrücken auf Rain und Donauwörth, um die Stadt vielleicht doch noch zu retten und die Lechlinie zu halten. In der ehemals freien Reichsstadt, die erst seit einem Vierteljahrhundert zum wittelsbachischen Staat gehörte, gab es genug heimliche Protestanten, die dem Kurfürsten das Schlimmste gönnten; auch die katholische Gesinnung der Bischofsstadt Augsburg war nicht über jeden Verdacht erhaben.

An Energie, den Gefahren die Stirn zu bieten, fehlte es weder dem bejahrten Maximilian (neunundfünfzig Lebensjahre zählte auch er mittlerweile schon!) noch dem greisen Tilly, der schon seinen dreiundsiebzigsten Geburtstag überlebt hatte. Aber als beide am Vormittag des 5. April von Ingolstadt aus die Donau entlang nach We-

sten zogen, da konnten sie sich eigentlich nur sagen, daß ihr Siegeswillen unvernünftig war und ihnen nur der Trost blieb, den selbst die Geschlagenen nicht missen müssen: Stoizismus, wenn nötig mit zusammengebissenen Zähnen.
Als sie ins Lager zwischen Thierhaupten und Rain am Ostufer des Lech einrückten, kam die nächste Hiobspost: Donauwörth war gefallen. Gustav Adolf hatte in beherztem Zugriff, den wir von ihm schon im Falle von Würzburg und Mainz kennen, diese Festung aus seinem Weg geräumt, bevor Tilly und Maximilian zum Entsatz herbeieilen konnten. Zunächst hatten die Ligistischen die Kapitulationsaufforderung der Schweden mit Hohn zurückgewiesen: nur »Kraut und Lot«, also Pulver und Blei, hätten sie für den Feind, »sowie die blanke Spitze ihres Degens.« Also besetzten die Königlichen den Schellenberg, der über der Stadt thronte und sie beherrschte, und bestrichen die Festung von dort mit konzentriertem Artilleriefeuer aus zwanzig Geschützen. Dazu postierten sie auf der Halbinsel zwischen Wörnitzmündung und Donau ihre Kanonen, da sie von dort aus die Donaubrücke unter Beschuß nehmen konnten. Alle artilleristische Antwort aus der Stadt war vergebens, einige Ausfälle schwächten die Belagerten im Endergebnis mehr als die Belagerer.
Die Einwohner beschworen den Kommandanten, die Stadt zu übergeben, denn der Kampf war tatsächlich allmählich sinnlos geworden. Entsatz kam keiner, die Ligistischen standen am Abend des 5. April erst bei Neuburg, und ihre dünnen Vorausabteilungen wurden von den Schweden leicht zurückgetrieben. Dann blieb nur noch übrig, Donauwörth im Schutze der Nacht zu räumen.
Die Schweden ahnten das und nahmen die Brücke unter heftiges Gewehrfeuer, während die ligistischen Truppen sich davonstehlen wollten, und gleichzeitig unternahmen sie einen Sturm auf die von Verteidigern entblößten Festungsmauern, der sie schnell in die Stadt führte. Mehr als 500 Mann der Ligistischen mußten bei diesem Zurückweichen ihr Leben lassen.
Die Kavallerie Horns plünderte die umliegende Landschaft in großem Maßstab aus, und es herrschte Überfluß und siegesgewisser Übermut im schwedischen Lager. Dem König konnte diese Stimmung seiner Truppen nur recht sein, um das nächste Hindernis zu nehmen, die Lechlinie. Eigentlich kam für ihn alles darauf an, schnell und entscheidend zu operieren, bevor Wallenstein heran-

rückte. So große Niederlagen er den Bayern auch zufügen konnte, der entscheidende Kampf, vielleicht die Entscheidung der gesamten schwedischen Unternehmung in Deutschland, würde doch erst gegen Wallenstein stattfinden müssen.
Im bayerischen Interesse wäre es demnach gelegen, den Krieg hinzuziehen, dem Schweden ja keine Schlacht zu gönnen. Dazu gehörte, die Stellung am Lech so stark wie möglich auszubauen, nicht nur durch das Lager bei Rain, sondern auch durch die Besetzung von Augsburg.
Da den Einwohnern nicht zu trauen war, einigte sich Tilly mit dem Bürgermeister darauf, überraschend Truppen in die Stadt zu werfen, wie sie hinreichend schienen: zwölf Kompanien Infanterie, zwei Kompanien Kavallerie. Dann ritt Tilly selbst herbei, befahl die Aushebung zusätzlicher Gräben und das Aufschütten weiterer Schanzen, die Zerstörung von Bauernhäusern in der Nähe der Stadtmauern, die dem Feind Schutz und Unterkunft bieten konnten und die Verhaftung der Bürger, die man antikatholischer Gesinnung verdächtigte. Denn wenn die Schweden Augsburg einnähmen, so sagte Tilly, dann hätten sie damit eine Drehscheibe südlich der Donau gewonnen. Im vergangenen Winter hatte die politische Welt davon phantasiert, Gustav Adolf werde nach Italien ziehen wollen. Nun denn, Augsburg wäre bereits der nördliche Endpunkt der Straße in den Süden gewesen, von wo aus sie schon von vielen deutschen Königen der Vergangenheit beschritten worden war!
Zweiter Eckpfeiler der bayerischen Verteidigung war das Lager bei Rain, besetzt von 27000 Mann. Es zog sich parallel zum rechten Ufer des Lech dahin, der damals ein beachtliches natürliches Hindernis bildete, besonders wenn sein Lauf, wie Anfang April natürlich, von den Wassern der Schneeschmelze aus den Alpen angeschwollen war. Nach dem Wasserlauf folgte sumpfiges Gelände, das sich danach allmählich erhob, und auf dem Kamm dieser bescheidenen Hügelkette befand sich Tillys Lager zwischen den Dörfern Oberpeiching und Munster; außerhalb der Reichweite von Kanonen, die vom linken Ufer herüberwirken konnten. Auf halber Höhe lief im Halbkreis ein Bach entlang, hinter dem in vorderster Front die Hauptmasse der Artillerie postiert war und das gegenüberliegende Ufer bestreichen konnte. Die Kanonen wurden von sechs Regi-

mentern Infanterie geschützt. An den Flanken der Gesamtaufstellung stand die Kavallerie.

An einen Angriff aus dieser improvisierten Festung heraus hatte Tilly scheinbar von Anfang an nicht gedacht. Er überließ dem König die Initiative, um die Schwierigkeiten des Geländes unter dem Feuer seiner verschanzten Kanonen zu überwinden. Aber er gab sich nicht der Täuschung hin, daß allein Augsburg und das Lager bei Rain ausreichen könnten, die Schweden aufzuhalten. Das alte Thema, das die militärische Betrachtung des großen Krieges im allgemeinen und die der Feldzüge Tillys im besonderen so mühsam macht, mußte wieder aufgegriffen werden, die Militärs mußten mit Schreibarbeit überhäuft werden (was sie zu allen Zeiten als nicht standesgemäß ansahen!):

Tilly schickte einen Boten nach Wien, um dort – man mußte es ja immer wieder versuchen – auf rasche und schleunige Hilfe zu dringen. Denn wenn der Kaiser entweder gar nichts tat oder sich fast schon blind auf den zwielichtigen Dämon Wallenstein verließ, dann hieß das, seine beherrschende Stellung im Reich sehenden Auges zu verspielen. Man müßte einmal in den Annalen der Geschichte nachforschen, ob jemals ein Herrscher dem Verfall seiner Macht mit ebensoviel Indolenz zugesehen hat wie Ferdinand II. Die Katastrophe war noch nicht so groß wie 1619, als die Böhmen bis ins Marchfeld geheert hatten, also behielt der Kaiser seinen Gleichmut.

Tilly schrieb ihm: »Nicht nur das Bayernland ist in Gefahr, sondern das gesamte Heilige Römische Reich. Wenn man den Fortschritten und Machinationen des Feindes nicht unverzüglich einen hinreichend schnellen und energischen Widerstand entgegensetzt, und zwar seitens Ihrer Kaiserlichen Majestät und aller katholischen Staaten, dann ist es tatsächlich unrettbar um alle und auch um uns geschehen. Ich bitte Eure Kaiserliche Majestät daher inständig ... die Armee, die Eure Kaiserliche Majestät soeben aufgestellt hat, ohne Verzögerung und verderblichen Aufzug in Marsch setzen zu lassen ...«

Das zielte auf Wallensteins Saumseligkeit. Dessen überschwengliches Hilfsversprechen von Mitte März konnte wohl nicht ganz ernst gemeint gewesen sein, denn Anfang April erklärte Marradas, er habe von Wallenstein keinerlei Order zur Unterstützung Tillys erhalten. Dieser Tatbestand läßt keinen Zweifel daran, daß der Friedländer dem Kurfürsten die Ruinierung seines Landes durch die Schweden

aus vollem hassendem Herzen gönnte. Also wäre es unlogisch gewesen, wenn ihn der Fall von Donauwörth anderen Sinnes gemacht hätte.
Am 13. April kam der kaiserliche Rat Eggenberg zu Wallenstein und meldete dem Generalissimus, daß Maximilian eine Botschaft an ihn abgefertigt habe. Das war schon reichlich spät angesichts des Angriffsschwunges Gustav Adolfs; Wallenstein mußte dem Mann vom Wiener Hofe etwas Beruhigendes sagen und stellte deshalb in Aussicht, den notleidenden Kurfürsten nun doch zu unterstützen. Das bedeutete: in Zukunft, und da der Marsch wallensteinischer Truppen an die Lechfront auch bei ganz und gar diensteifrigem Willen des Generalissimus noch etwa eine Woche dauern mußte, ergibt sich aus der Unterredung mit Eggenberg:
In gewisser Weise ist Wallenstein am Tode Tillys schuld, er hat ihn, wie schon im Vorjahr durch Verweigerung der Versorgung versucht, seinem Haß gegen Maximilian geopfert. Die eigenen Verbündeten verdarb er, und das ist nicht nur Politik, etwa weil Maximilian mit seinen diktatorialen Ideen, seiner Absicht zur Auflösung der Reichsverfassung nicht übereinstimmte, denn als die Schweden am Lech standen, da spielten solche Überlegungen keine Rolle, da sie einen im ganzen Reich respektierten Kaiser voraussetzen. Auch das strategische Argument, ein Marsch auf Nürnberg oder auf Sachsen genüge, um Gustav Adolf aus Süddeutschland herauszumanövrieren, hatte die militärische Vernunft in diesem Augenblick gegen sich: es ist überflüssig, einen Verbündeten zu opfern, den man vielleicht noch retten kann, ohne dafür unverhältnismäßig große eigene Opfer bringen zu müssen. Also ließ sich Wallenstein hier eindeutig von persönlicher Antipathie leiten, von sonst nichts, und Maximilian hatte ihm den erwähnten versöhnlichen Brief völlig vergeblich zustecken lassen.
Solche unmilitärischen, der Entschlossenheit im Felde widersprechenden Erwägungen wurden allerdings von vielen Heerführern des Krieges angestellt; als weiteres herausragendes Beispiel von Verschleppung des Krieges haben wir Mansfeld kennengelernt; Gustav Adolf scheint uns der einzige zu sein, der Politik und Krieg im fruchtbarsten und entscheidungswirksamsten Verhältnis zusammen anwendete; selbst Tilly konnte nicht immer der soldatischen Notwendigkeit folgen, da er nicht befugt war, selbst auch Politik zu ma-

chen. Gerade die in Relation zu späteren Zeiten einfache Kriegsmaschine des Dreißigjährigen Krieges hätte wegen ihres langsamen Ganges die Kombination von Verhandlungen und Gewaltanwendung in einer Hand erfordert, damit beide zähen Künste sich gegenseitig beschleunigten. Da es dazu außerhalb des schwedischen Heeres nicht kam, dauerte er so lange und produzierte Schrecken ohne Ende.

Am Lech patrouillierten die ligistischen Reiter zwischen Augsburg und Rain, keine schwedische Bewegung auf dem gegenüberliegenden Ufer blieb ihnen verborgen. Der König war entschlossen, den Übergang zu erzwingen, auch wenn seine Generale die feindliche Stellung für zu stark dafür hielten.

Vor dem ligistischen Lager streckte sich der Fluß mäandrisch aus und bildete auf diese Weise eine klare, flache Halbinsel. Die lag zwar niedriger als das Lager Tillys und daher unter seinen Kanonen, aber der König versuchte, durch Einsatz seiner eigenen Artillerie, die konzentrisch auf die ligistischen Batterien hinter der Halbinsel gerichtet wurde, diesen Fleck zu beherrschen, damit er dort seine Truppen übersetzen konnte. Wiederum sieht man, welch wichtige Rolle die Artillerie im schwedischen Heer spielt, daß Gustav Adolf von ihr einen häufigeren und konzentrierteren Gebrauch machte als Tilly und dessen spanische Lehrmeister.

Am 13. April (Wallenstein empfing gerade Eggenberg!) begannen zweiundsiebzig schwedische Kanonen, eingeteilt in drei Batterien zu vierundzwanzig Rohren, sich in Richtung Halbinsel einzuschießen. Den König riß das professionelle Interesse bzw. die stürmende Ungeduld mit, und er soll sechzig Schüsse mit eigener Hand abgebrannt haben. Tillys Kanonen antworteten, zweifelsohne schwächer, aber niedergekämpft werden konnten sie auch nicht. Es ist berichtet worden, die Schweden hätten den Ligistischen die Baumkronen über den Köpfen zusammengeschossen, und herabfallendes Geäst hätte gar manchen braven Landsknecht erschlagen. Das klingt nach grausamer Phantasie, wie sie allerdings in die Situation passen würde, und andere Einzelheiten des Geschehens werden ebenso blutrünstig beschrieben.

Aber der Verfasser der zeitgenössichen Chronik »Jahrbücher des bayerischen Volkes« und Kanzler des privaten Rates Maximilians, Adlzreiter, erwähnt davon nichts. Wir folgen dem Bemerken Viller-

monts, daß Adlzreiter als der Sachnächste und an bayerischen Angelegenheiten bereits dienstlich am meisten interessierte Chronist des großen Krieges das Geschehen wahrscheinlich so bunt dargestellt hätte, wenn es tatsächlich auch so abgelaufen wäre, und da er es nicht getan hat, schließen wir uns seinem schmuckloseren Bericht des Kampfes am Lech an.
Zu einer Schlacht kam es gar nicht, wie andere mit malerischer Ausschmückung behaupten, obwohl Gustav Adolf vor dem Kampf nicht zurückschreckte und in der Lage war, ihn Tilly aufzuzwingen. Er hatte seinen ganzen Ingenieurtroß versammelt, um auf die Halbinsel vom linken Lechufer aus eine Pontonbrücke zu werfen. Im Rauch und Lärm der Kanonade begannen sie mit ihrem Werk. Die Ligistischen merkten, was da vor sich ging und machten sich im Laufe des 14. April zur Schlacht fertig, um den Schweden den Flußübergang zu verlegen. Sie rückten also aus der Verschanzung des Lagers heraus und beobachteten das Schießen und die feindlichen Pioniere, allen voran Aldringen und natürlich Tilly, der unermüdliche.
Maximilian blieb oben im Lager und warnte ihn: er solle sich nicht so sehr den feindlichen Kugeln aussetzen, untergeordnete Offiziere könnten die Erkundungsritte, die er sich nicht nehmen lassen wolle, ebensogut durchführen. Doch Tilly wollte Aldringen nicht nachstehen.
Die schwedischen Vorbereitungen zum Übergang dauerten an, auch noch am Morgen des 15. April. Da wurde Aldringen verwundet ins Lager zurücktransportiert: eine feindliche Kugel hatte ihn ins Gesicht getroffen, so daß er zeitweilig erblindete. Tilly sprang aufs Pferd und sprengte erneut an den Lech.
Ringsum lag dichter Nebel über der Landschaft, nur zerrissen vom Mündungsfeuer der schwedischen Kanonen. Tilly befahl, um die Wirkung des feindlichen Feuers abzuschwächen, den Transport eigenen Geschützes nach vorne, um die Schweden durch Beschießung des gegenüberliegenden Ufers davon abzuhalten, die Pontonbrücke auch zu benützen. Während er hin- und herritt und seine Anweisungen gab, riß ihn eine schwedische Doppelkugel vom Pferd, daß er die Besinnung verlor.
Soldaten eilten herbei, um dem Feldherrn beizustehen. Sie sahen, daß er am rechten Oberschenkel, knapp oberhalb des Knies getroffen war. Die Sehnen lagen bloß, und nachdem der Verwundete auf-

wachte, litt er höllische Schmerzen. Man bettete ihn auf eine Bahre und trug ihn ins höher gelegene Lager.

Maximilian war wie vor den Kopf gestoßen: ein Vormittag hatte seine beiden wichtigsten Anführer niedergeworfen. Wenn der alte Tilly überhaupt durchkam, so war er doch auf lange, entscheidende Wochen hinaus dem Kriegsgeschehen entzogen, gerade in der Zeit, als es um das Land des Kurfürsten selber und nicht um Gegenden am anderen Ende Deutschlands ging. Die Soldaten selbst fühlten den Boden unter ihren Füßen schwanken.

Am Nachmittag berief Maximilian einen Kriegsrat ein, in dem er von den gesunden Offizieren aufgefordert wurde, die Stellung bei Rain zu räumen: die Schweden seien im Felde stärker, mit ihrer Artillerie würden sie sich den Flußübergang erzwingen können, und im Schutz von Ingolstadt und Regensburg sei das bayerische Heer sowieso am sichersten.

Tilly bestand darauf, in den Kriegsrat getragen zu werden. Sein Anblick konnte die Anwesenden nicht mutvoller machen. Nun zwang er auch noch seine Schmerzen nieder und stimmte denen bei, die die Räumung der Stellung bei Rain empfahlen. Seine Korpsbefehlshaber erklärten, die Truppen seien so mutlos, daß man einen Kampf nicht wagen dürfe. Auf die Erhaltung von Ingolstadt und die Besetzung von Regensburg komme jetzt alles an, fügte Tilly hinzu, um die Verbindung mit Böhmen nicht abreißen zu lassen. Denn eine andere Rettung als Wallensteins Heer gebe es nun einmal nicht.

Maximilian durchlebte schwere Minuten, vielleicht die schwersten seines Lebens, bevor er zögernd zustimmte. Was Tilly sagte, war wieder einmal nicht zu widerlegen. Räumte man allerdings die Lechstellung, so gab man das Land den Schweden schutzlos preis, die Greuel des Krieges würden auch über das bisher verschonte Bayern hereinbrechen. Doch es gab keinen Ausweg; ohne zu schwanken mußte Maximilian seine Untertanen im Stich lassen, und da er nicht zu der zynischen Sorte von Regenten gehörte, fiel ihm das schwer genug. Totenbleich gab er den Befehl, das Gepäck nach Neuburg vorauszuschicken und in der ersten Dämmerung die Truppen unter die schützenden Mauern von Ingolstadt zurückzuführen.

Er selbst hielt sich auf dem Rückzug ständig an der Sänfte des todwunden Tilly auf. Es war ein rechter Trauermarsch, obwohl er vollständig geordnet vor sich ging und die Bayern unter der zwei Tage währenden schwedischen Kanonade angeblich nur dreißig Mann verloren hatten. Kaum hatten sie ihr festes Lager verlassen, als die Schweden nachrückten: »Wenn ich der Bayer gewesen wäre«, rief Gustav Adolf aus, »niemals hätte ich eine Stellung wie diese da verlassen und meine Staaten meinem Feinde eröffnet.«

Oder wußte es Maximilian besser, als er es auf einen Sturm auf sein Lager nicht ankommen ließ? Feste Plätze sind nicht dazu da, um die gesamte Hauptarmee in ihnen einschließen zu lassen, weil sie dann unweigerlich zugrundegehen müßte; ist sie aber andererseits zu schwach, um ohne feste Plätze auszukommen, dann muß man diese so wählen, daß von ihnen als Basis aus die Fortführung des Krieges möglich bleibt. Diese Anforderung erfüllte Ingolstadt, nicht aber Rain.

Auf dem Marsch wurde Tilly öfters ohnmächtig vor Schmerzen, und der Heereszug mußte dann haltmachen, bis sich die Feldscher um den wichtigen Patienten wieder gekümmert hatten. Sie vermuteten gar, er werde schon unterwegs sterben, aber er hielt durch bis zum 18., als die Armee in Ingolstadt einzog und er im Hause des Juristen und Professors Arnold Rat einquartiert wurde. Am Fußende des Bettes, in dem der Feldherr liegen mußte, stellte man ein Kruzifix auf, denn die Schatten über Tillys Leben wurden immer länger: die herbeigerufenen Ärzte, unter der Führung des kurfürstlichen Leibarztes Dr. Sāgittarius operierten ihm zahlreiche Knochensplitter aus der großen Wunde, erkannten, daß das Schenkelbein gebrochen war und erklärten die Verwundung insgesamt für tödlich.

Natürlich war es nur fauler Soldatenaberglauben gewesen, daß Tilly »fest« sei, einen Pakt mit dem Teufel geschlossen habe, der ihn vor dem Tod in der Schlacht bewahrte; nachdem ihm der Bader von Halle die schwedischen Kugeln von Breitenfeld aus dem Körper gezogen und anschließend erzählt hatte, der Tilly sei todgeweiht, hatten das noch mehr Leute geglaubt, denn Tilly hatte den Kommandostab danach ebensofest geführt wie vorher. Solche Geschichten, mit denen die stumpfe Mannschaft Feldherrngröße zu verklären versuchte, weil sie sie anders nicht fassen konnte, kursierten auch über Wallenstein und andere Heerführer, ja sie waren so allgemein, daß auch in den unteren Dienstgraden »Kugelfeste« vorkamen oder harmlose Gemeine entsprechend verzaubert wurden. Das alles bildete eine ergiebige Quelle der Unterhaltung am Lagerfeuer. Zum nüchternen

Katholizismus Tillys passen diese Schauergeschichten nicht recht; ebenso nüchtern sah er nun dem unüberwindlichsten Feind ins Auge, dem nahenden Tod. Pater Brunner, der Jesuit und sein Beichtvater, hielt sich immer zu seiner Verfügung, denn jeder Tag konnte nun der letzte sein.

Am 20. war der Alte wieder so weit hergestellt, daß er befehlen konnte, daß die hohen Offiziere ihm an seinem Siechenlager täglich Rapport zu erstatten hatten. Seine Sekretäre waren dauernd beschäftigt. Es war dem alten Streiter offensichtlich noch nicht danach zumute, diese Welt zu verlassen, obwohl sie ihm in letzter Zeit ausschließlich zur Stätte von Niederlagen und Schmerzen geworden war. Er behielt die strategische Situation fest im Griff.

Am 20. April diktierte er an Wallenstein den nun insgesamt siebenten direkten Hilferuf, wenn man seine und Maximilians Briefe zusammenrechnet: »... Geruhen E. Frst. Gn. Ihro gefallen zu lassen bey so gestalteten sachen, den succurs umb so viel mehr bey tag und nacht zu maturiren, wie auch den General zeugmeistern Freiherr von Gallas, weil Ich nit fortkhommen khan, der General zeugmeister Freiherr von Aldringen noch nit restituirt ist, zueglaich mit khommen zue lassen, oder wie unglich und wie besser voran zu schickhen ...«

Die Sache der Liga schien wieder vorwärts zu gehen, als noch am selben Tag ein Bote bei Aldringen eintraf, der den Anmarsch Wallensteins in Person ankündete! Tilly mußte dem Friedländer in einem erneuten Brief danken, nicht ahnend, daß es dem süßer war, seine Rache an Maximilian auszukosten, als sich frischen Feldherrnlorbeer zu pflücken. Am selben Tag erfuhr auch der Generalissimus von Tillys Verwundung und bedauerte sie natürlich in den zierlichsten Wendungen, indem er einen persönlichen Abgesandten mit dem Auftrag nach Ingolstadt schickte, seine Kondolenz mündlich auszudrücken.

Bevor er ankam, erfuhr Tilly, daß Augsburg in die Hände des Schwedenkönigs gefallen war. Marschieren konnte er nicht mehr, nur noch diktieren und seine Sekretäre kommandieren: er bat zum achten Mal den Friedländer, so schnell wie für Menschen überhaupt möglich aufzubrechen.

Es ist keine Übertreibung: der Sterbende dachte nicht mehr an sich, sondern nur noch an die Sache, für die er sein Leben lang gefochten hatte. Sein Testament war schon im Jahre 1625 abgefaßt und gesiegelt worden, bevor es gegen den Dänenkönig in Niedersachsen gegangen war, da blieb nichts weiter zu besorgen. Und die »alte Karkasse«, wie ein anderer großer, nüchterner und bescheidener Militär, der ältere Moltke, einst seinen Leib bezeichnete, um auszudrükken, daß er ihn nur als unvermeidliches Behältnis für seinen souveränen Strategengeist ansah, diese »alte Karkasse« sollte gerade noch so lange Dienst tun, bis eine Verbesserung der Lage eintrat und die Katholischen dem Schweden wieder kräftig entgegentreten konnten.

Welch eine Herzlosigkeit Wallenstein zu eigen gewesen sein muß, der den bedeutendsten seiner Kriegskameraden unverteidigt sterben ließ, indem er sich selbst hinter einen Vorhang wohlfeiler Betrügereien zurückzog, wird im Kontrast zu Tillys Reaktion auf die Eroberung von Augsburg erst recht plastisch: dieser hatte erfahren, daß die bayerische Garnison der Stadt, die er selbst noch hineingelegt hatte, unter gewissen Bedingungen kapituliert hatte, die von den Schweden verletzt worden waren. Zornig mahnte Tilly beim Feldmarschall Horn an: »Der herr würdt noch in frischem angedenkhen haben, was mit dero jungsten Tagen von Augspurg abgezogenen soldateska von unser unterhabenden armada für ein accordt getroffen worden, dergestalt daß nemblich selbige kriegsgeprauch nach mit sackh und packh etc. ausziehen, und sicher beglait werden moege und solle. Wiewol man sych nun dieser seits kheines andern versehenge habt, so hat doch der junge herr Marggraf von Baden von Durlach (sc. der Sohn des bei Wimpfen geschlagenen Georg Wilhelm!) sich gelusten lassen und der aufgerichteten capitulation zuentgegen nich allain das volckh de facto und gewaltthetiger weise verlaitet, wiederspoenstig und abtrinnig gemacht, sondern auch den obristen wachtmeistern Bredauischen regiments Stephan Biedern seine handtpferde und andere sachen abgenohmen; welches gleichwie es sachen seindt so Unseres ermessens wieder ihre khun. May. in Schweden noch der herr oder jemandt andre probiren oder gutheissen werden ...« Tilly zeigte Anteilnahme für das Los seiner Untergebenen, solange er es überhaupt vermochte – der Friedländer als Genius des Hasses und der Kälte beschränkte sich darauf, ihn im Stich zu lassen.

Es ist über die menschliche Anteilnahme hinaus etwas Großes in dieser Sorge auch fürs Detail, die selbst in den letzten Tagen nicht ermüdete. Sollten wir sagen, dieser Mann war nicht zu brechen, sondern nur zu töten? Oder klänge das zu altertümelnd-heroisch? Überhaupt wird der Leser schon oft bemerkt haben, daß die Tugenden, Fähigkeiten und Leistungen des Grafen Tilly etwas platterdings Unmodernes an sich haben. Und so müssen wir die Vorzüge des modischen Schwunges, die seiner Persönlichkeit abgehen, zu ersetzen versuchen mit seiner historischen Bedeutung.

Der zitierte Brief an Horn ist vom 25. April datiert und zeigt als letztes Schreiben Tillys Unterschrift. Dann redete dieser nur noch mit den Offizieren, deren Vorgesetzter er bis zum letzten Atemzug war, mit Maximilian, der am Sterbebett seines treuesten Dieners Tränen vergossen haben soll, und immer wieder mit seinem Beichtvater. In Böhmen 1620, auf dem Marsch zu europaweitem Ruhm, hatte er »Prag, Prag« ausgerufen, nun war das häufigste Wort, das man von ihm vernahm: »Regensburg«. Maximilian sollte die Stadt mit bayerischen Truppen besetzen, nun war keine Zeit mehr zu verlieren, und der Kurfürst tat so, gegen den Willen der Bürger, aber auch ohne deren offenen Widerstand.

Tilly sollte sterben, wie es sich für ihn geziemte: unter Kanonendonner. Am 28. April rückte Gustav Adolf vor die Festung Ingolstadt, die von Werner, dem Neffen Tillys, kommandiert wurde. Der Sterbende scheuchte Werner und die sein Lager umstehenden Offiziere auf die Wälle, um den Widerstand gegen den Feind zu organisieren. Er wollte nicht bemitleidet werden, darin war die Seele des alten Soldaten und Junggesellen empfindsam. Auch Maximilian eilte nach draußen und löste eigenhändig den ersten Schuß zur Begrüßung der Angreifer.

Am nächsten Tag schloß der Schwede die Festung von Süden her ein, ließ Bauern aus der Umgebung zusammentreiben und vor den kleinen Brückenköpfen Belagerungswälle aufschichten. Persönlich stieß der König seinen Degen in eine der beiden Brückenkopfschanzen, ebenso begierig darauf, in vorderster Linie dabei zu sein wie Tilly, und er sollte später auch aus diesem Grunde fallen, wie Tilly. Der Gegenstoß der Ligistischen brachte Gustav Adolf auch schon in Lebensgefahr; der Offizier, der unmittelbar neben ihm gefochten hatte, wurde gefangengenommen.

Am nächsten Morgen ging der Sturm weiter. Der König bestieg seinen Schimmel, um zur Erkundung zu reiten, und schon begannen

die Geschütze der Festung gegen ihn zu spielen. Ein wenig gleichen sich die Bilder von Rain am Lech und Ingolstadt – eine Kugel riß des Königs Schimmel den Leib auf, so daß er zusammenbrach und seinen Reiter unter sich begrub. Maximilian beobachtete, daß auf der Gegenseite »etliche Gesellen vom Pferde flogen« und erfuhr erst am nächsten Tag, daß er fast den König getroffen hätte. Doch Gustav Adolf hatte sich nur die Beine etwas geprellt, seiner Umgebung, die fassungslos über seinen Leichtsinn war, rief er munter zu: »Es ist noch nicht Zeit, der Apfel ist noch nicht reif.«
Drinnen in der Festung, im Hause Arnold Rats, war es jedoch schon Zeit. Tilly hatte, von Schmerzen gepeinigt, das Rollen des Kanonendonners in den Ohren, bis zuletzt in aussichtsloser Stellung gegen den Tod gefochten. Als Entsatztruppen konnte er jetzt nur noch auf die himmlischen Heerscharen hoffen, und er tat es mit der ganzen Inbrunst seines Glaubens, der ihm auf allen seinen Schlachtfeldern nicht abhanden gekommen war.
Ein letztes Mal dachte er an seine Laufbahn zurück: die Niederlage von Breitenfeld konnte er immer noch nicht verwinden, die bittere Erinnerung daran stachelte seine Lebensgeister. Wenn er nur anschließend die Erlaubnis bekommen hätte, sich im Würzburgischen auf die Schweden zu stürzen und Rache an ihnen zu nehmen!
Dann der Blick auf den Beichtvater, den er schon vor Tagen instruiert hatte, ihm auf dem Marsch ins Jenseits Feuerschutz gegen die Verzweiflung zu geben mit den laut vorgesprochenen Worten des Tedeum: »In te, domine, speravi. Non confundar in aeterum.« Baron Ruepp, der ihm früher seine Schlachtenberichte nach München redigiert hatte, war auch im Lager anwesend; er sollte sich um die Dienerschaft Tillys kümmern. Den Rest an Barvermögen erhielten auf Tillys Wunsch die treuen Wallonenregimenter, die bei der Rettung ihres verwundeten Feldherrn vom Breitenfelder Schlachtfeld so schwere Verluste willig auf sich genommen hatten. Der Alte segnete seinen Neffen Werner, den er im Vorgefühl des Endes herbeigebeten hatte, sowie Kommissar Ruepp.
Um sechs Uhr nachmittags, als es schon dunkelte, starb er friedlich, während die Feinde Ingolstadt vollständig vergeblich berannten. Wenige Stunden später mußte sich Maximilian von Ingolstadt losreißen und die Befehle zum Aufbruch des Heeres nach Regensburg ausfertigen. Mitten im Fluß des Krieges war Tilly gestorben. Das

entscheidungsmächtigste Jahr des Ringens, 1632, hatte erst angefangen. Und zunächst ergoß sich die absichtlich zügellose schwedische Soldateska über das bisher vom Krieg verschonte Bayernland. Mord, Vergewaltigung und Brand erfüllten die Gaue zwischen Lech und Inn. Abermals zeigte Gustav Adolf, daß er vor Brutalität nicht zurückschreckte. Mit Maximilian gar wollte er wohl einen »totalen« Krieg führen, sofern das der damaligen Militärtechnik nach möglich war.

Blicken wir noch einmal zurück auf das Totenbett des katholischen Feldherrn, dessen unschätzbare Dienste seiner Partei nun verloren waren: von wem sollte ihr die Rettung kommen? Von Wallenstein? Doch wie einer, der mit starkem Arm und unverbrauchter Kraft eine Kriegswende herbeiführen wird, sah der gerade nicht aus. Schwer gichtleidend war er, so daß er bald schon nicht mehr zu Pferd steigen konnte, die Hände vom Podagra so gelähmt, daß er wochenlang unfähig war, seine Unterschrift zu leisten, dazu heftiges Fieber, Schüttelfrost, Arterienverkalkung bis hin zu Herzbeschwerden, und gar das Antlitz: so mager, daß die Backenknochen kantig hervortraten, die Haut gelblich und schwärzlich, die Augen in tiefen Höhlen; der Tod von Friedland. Hatte er Tilly bis jetzt den Erfolg mißgönnt, von der Todesnachricht aus Ingolstadt war auch er angerührt. Die Überlieferung wäre passend, die von seinem Ausspruch berichtet, er selber würde wohl der nächste sein.

Dazu sein großer Gegner, der mit seiner Tollkühnheit den Tod förmlich neckte, ihm gerade erst bei Ingolstadt von der Schippe gesprungen war, und der schon bei seiner Abschiedsrede vor dem Aufbruch nach Deutschland im schwedischen Reichstag die Ahnung ausgesprochen hatte, daß er fallen werde, bevor dieser Krieg beendet sei.

Und so ging der Totentanz weiter.

Nachwort

Soweit es die Abwehr der Schweden zuließ, die erst am 4. Mai 1632 ihr Lager vor Ingolstadt unverrichteter Dinge abbrachen, defilierten die Soldaten der ligistischen Armee am Leichnam ihres Feldherrn vorbei, der drei Tage lang nach seinem Tode in der Jesuitengruft der Krypta der Heilig-Kreuz-Kirche aufgebahrt lag. Dann balsamierten die Priester den Toten ein und bestatteten ihn an Ort und Stelle, das Herz jedoch faßten sie in Silber und sandten es nach Altötting, dem Wallfahrtsort, den Tilly vor seinem Aufbruch zum Duell mit Gustav Adolf im Herbst 1630 noch einmal für vier Tage aufgesucht hatte. Dort wurde es 1637 in den Boden der Gnadenkapelle eingelassen und liegt neben dem Herzen des Grafen Franz Wilhelm von Wartenberg, des Stiftspropstes während der gesamten Zeit des Krieges. Da auch Wartenberg ein Wittelsbacher war, wenn auch aus morganatischer Ehe, so durchbricht Tillys Herz an diesem Ort unter all den Silbervasen mit kurfürstlich-königlichen Herzen als einziges gräfliches die Standeshierarchie, die unter Aristokraten noch über den Tod hinaus galt bzw. gilt. Papst Urban VIII. hatte sogar auf Maximilians Wunsch hin verboten, daß im Innern der Gnadenkapelle jemand bestattet würde –, was sich aber nicht auf die Beisetzung nur von Herzen bezog.

Erst nach dem Krieg konnte auch der Sarg von Ingolstadt nach Altötting gebracht werden. Er steht seitdem in der »Tilly-Kapelle«, einem Anbau am Kreuzgang der Stadtpfarrkirche.

Wir haben nicht ohne Grund im Laufe der Biographie immer wieder Napoleon erwähnt: als dieser im Jahre 1805 nach seinem Sieg über die österreichische Armee bei Ulm blitzschnell gegen Wien vorstieß, um seinen Feldzug schließlich mit der Schlacht von Austerlitz zu krönen, da fand er unterwegs doch noch genug Besinnung, um während seines kurzen Aufenthalts in Altötting vom 28. auf den 29. Oktober nach Tillys Überresten forschen zu lassen. So wie er ein Jahr später in Berlin zum Sarkophag Friedrichs des Großen schritt, wollte er hier einem seiner großen Vorgänger in der Kriegskunst nahe sein. Er wollte dem Alten gar ins Gesicht sehen. Die Franzosen brachen den Sarg auf, da zerfiel der Leichnam vor ihren Augen – förmlich ein Menetekel dafür, daß man sich der Geschichte mit etwas mehr Respekt nähern sollte.

Es wurde anschließend ein Glasfenster in den Sarg eingebaut, und durch dieses kann nun jeder Besucher den Schädel Tillys sehen und immerhin so viel vermuten, daß der Alte von kleiner Statur gewesen sein muß. Es hängt auch eine Fahne dort, die das Bild Mariens zusammen mit der Gnadenkapelle zeigt, doch das Original wurde in Stockholm aufgepflanzt, als Trophäe für die Sieger von Breitenfeld. Kaiser Ferdinand erbat sich und erhielt einen Degen Tillys zum Angedenken; der Degen ist nicht mehr in österreichischem Besitz, wohl aber ein Prachtschwert des Feldherrn, aus grauem Eisen gefertigt und mit silbernen Einlagen verziert, das vom Heeresmuseum in Wien verwahrt wird. Andere Erinnerungsstücke befinden sich im Bayerischen Nationalmuseum und im Armeemuseum zu Ingolstadt, ein Regimentsstab vom Breitenfelder Schlachtfeld in Dresden im Historischen Museum.

Das Testament von 1625 hatte die oberpfälzischen Besitzungen des Grafen dem Neffen Werner zugedacht. Von der Verwaltung der Güter durch Tilly selbst sind nur unbedeutende Kleinigkeiten überliefert. Er hatte selbst keine Zeit gehabt, sich näher um sie zu kümmern. 1724 fielen die Güter Hohenfels und Freystadt an Bayern, da das Haus Tilly im Mannesstamm erloschen war, während Helfenberg und Holnstein in der weiblichen Linie weitervererbt wurden. 1792/93 kaufte der Kurfürst, damals Karl Theodor aus der pfälzischen Linie, dann diese Herrschaften für den Staat auf. Die Burg Breitenegg fiel in kümmerliche Ruinen, das Schloß Helfenberg wurde zu Beginn des 19. Jahrhunderts abgerissen.

Vielleicht dachten die damaligen Menschen bei dem Namen »Tilly« eher an Alexandre, den Sproß aus dem wallonischen Zweig des Hauses, der sich allerdings in einer Weise verewigte, für die ihm sein großer Vorfahre keinen Dank gewußt hätte: er war ganz Rokoko-Kavalier und errang seine Siege in den Boudoirs, wie er uns mit vielen pikanten Details in seinen umfangreichen Memoiren mitteilt, zeit seines Lebens ein eifriger Erforscher der Schwächen und Stärken des weiblichen Geschlechtes. Es ist so ähnlich wie bei den Richelieus: der Kardinal des 17. Jahrhunderts ein harter Arbeiter für Frankreichs Größe, und der Herzog des 18. Jahrhunderts mit dem gleichen Namen verschmähte es nicht, sein Schwert mit den Rosen eines mehr als freizügigen Hoflebens zu umwinden.

Doch die Erinnerungen an Tilly, den Feldherrn, erloschen nicht:

König Ludwig I. (1825–1848), der in Hingabe an die Romantik der bayerischen und deutschen Vergangenheit sein Interesse zuwandte, rettete aus Helfenberg das Wappen der Familie Tilly: den sich aufbäumenden Löwen mit doppeltem Schweif, darüber den Ritterhelm, von einem Adler mit ausgebreiteten Flügeln gekrönt.
Ja, Ludwig I. tat mehr: er rehabilitierte gleichsam den Ruf des alten Kämpen, und das war auch nötig nach der von den Schweden in fleißigen Umlauf gebrachten Behauptung, Tilly habe selber Magdeburg zerstört, was von vielen Leuten, die dem politisch auftretenden Katholizismus grundsätzlich nicht trauten, aufgegriffen, fest geglaubt und von Generation zu Generation weitergegeben worden war.
Gustav Adolf als erster hat Tilly nach dem 30. April 1632 im Fegefeuer vermutet. Den Münchner Jesuiten gegenüber erklärte er fußstampfend: »Er (sc. Tilly) war ein Barbar, ein Tyrann!« Und dabei blieb es auch.
Erinnern wir uns, daß Tilly eine Forderung von 400.000 Reichstalern gegen den Kaiser besessen hatte, zu deren Befriedigung ihm der Wiener Hof Forderungen in gleicher Höhe gegen den Herzog Friedrich-Ulrich von Braunschweig-Wolfenbüttel und Calenberg abgetreten hatte. Da der Anspruch bei Tillys Tod noch nicht erloschen war, ging er auf seine Erben über und wurde von den Kaiserlichen während der Friedensverhandlungen mit Schweden zu Osnabrück als Aktivposten eingefordert. Doch die Schweden verweigerten in diesem Punkte hartnäckig ein Entgegenkommen; Calenberg und Wolfenbüttel seien von den tillyschen Truppen anno 1625–27 derart ausgeplündert und verwüstet worden, daß die Schutzmacht des deutschen Protestantismus jederzeit mit noch viel größeren Gegenforderungen aufwarten könne: und die kaiserliche Verhandlungsposition war nicht so stark, als daß sie da etwas hätte ändern können.
Einer der letzten Historiker, die Tilly persönlich mit Greueltaten belasteten, ohne es beweisen zu können, hatte ziemliche Wirkung damit, nicht wegen seiner wissenschaftlichen, sondern wegen seiner literarischen Qualitäten: Friedrich Schiller in seiner »Geschichte des Dreißigjährigen Krieges.« Bei ihm tritt Tilly ganz als der Würgeengel Magdeburgs auf, besser noch: als der Leibhaftige. »Der Soldat muß für seine Gefahr und Arbeit etwas haben«, so habe er kalt bis ans Herz hinan erwidert, als ihn die eigenen Offiziere gebeten hät-

ten, dem Morden und Schänden in der eroberten Stadt Einhalt zu gebieten.
Diese Rede ist nicht beweisbar, ebensowenig wie der Entschluß der Kaiserlichen, die Stadt anzuzünden, den Schiller wenige Worte später berichtet. Schiller ist da pro-schwedischen Quellen aufgesessen und hat sich in seiner dichterischen Phantasie dazu hinreißen lassen, eine Höllenszene zu komponieren, für die er allerdings auf einen Teufel nicht verzichten konnte.
Die Kontroverse um Tillys Waffenehre ist jedoch unter ernsthaften Leuten längst verstummt, und daher haben wir es auch nicht für erforderlich gehalten, ihr in unserer Biographie größeren Platz einzuräumen. Nicht den Krieg der Federn, den der Schwerter und Kanonen wollten wir beschreiben.
1844 aber war es eine notwendige Tat, den Namen Tillys aus dem eigentlich längst schon verjährten konfessionellen Streit zu ziehen. Der König baute das Wappen vom Schloß Helfenberg in sein neu ausgebautes Fort in Ingolstadt ein und nannte die Festung nun »Fort Tilly«. Er befahl auch die Aufstellung einer Büste des Feldherrn in der Walhalla bei Donaustauf, wo diesen allerdings weniger Publikum zur Kenntnis nehmen dürfte, als wenn es ihm in statuarischer Überlebensgröße in der Münchner »Feldherrnhalle« begegnet.
Gar nicht wie ein Triumphator steht er da, nicht in der pathetischen Pose so vieler Heldendenkmäler, die uns das vorige Jahrhundert in bedrückender Fülle beschert hat. Zwar tritt er fest und stark auf, wie es den Anschein hat, aber doch mit geneigtem Kopf, halb auf den Feldherrnstab gestützt, als ob er die Außenwelt nicht wahrnehmen würde. Das soll nicht nur ein künstlerischer Kontrast zum neben ihm etwas lockerer repräsentierenden Fürsten Wrede sein, sondern wohl auch die Charaktereigenschaft ausdrücken, die bei siegreichen Feldherren nicht häufig ist: Bescheidenheit.
Dabei können wir ihn aber ohne Zögern neben die beiden anderen Größen des Dreißigjährigen Krieges stellen, Gustav Adolf und Wallenstein. Denn wenn Tilly auch an politischer Phantasie und Genie der Organisation mit Wallenstein nicht verglichen werden kann, so ist er ihm als Stratege doch überlegen. Des Friedländers Kriegsführung hat etwas Statisch-Brutales an sich, so als ob er sie nur zur unumgänglichen Ergänzung seines geschäftlichen Erfolges gebraucht hätte.

Tilly hingegen ist, gemessen an den Kriegsmitteln, die seiner Zeit zur Verfügung standen, direkt ein Florettfechter an Behendigkeit des Marschierens, Nachdruck des Zustoßens, Beweglichkeit der immer erneuten Planung und Belauerung seines Gegners. Was man mit Schlachthaufen nach alter spanischer Art überhaupt an Witz und Phantasie entfalten kann, das hat er vorexerziert. Es war nur konsequent, daß mit ihm die »spanische Schule« von der Bühne der Kriegsgeschichte abtrat, denn sie war mit ihm an der Grenze ihrer Möglichkeiten angekommen. Im Leben des Stiles einer jeden Kunst, auch der Kriegskunst, fallen Entfaltung und Blüte zusammen: ist die Entfaltung erschöpft, dann ist auch die Blüte dahin, und ein Stillestehen gibt es nicht, besonders dann nicht, wenn die Politiker den Krieg ständig weitergehen lassen und ihm damit immer neues Feld zum Experimentieren einräumen.
Gerade der unglückliche Feldzug des Jahres 1631 zeigt Tilly auf der Höhe seines Könnens. Ein alter, verbrauchter General hätte sich damals aufs Zaudern und Hinhalten verlegt, zumal seine Mittel denen des Gegners nicht gleichkamen; stattdessen sah sich Gustav Adolf, der nicht die Hälfte von Tillys Lebensalter erreicht hatte, von dem »alten Korporal« aufs Manövrieren und Taktieren verwiesen.
Daß dem Feind trotzdem die Zukunft gehörte, hatte Tilly in Regensburg selbst ahnungsweise ausgesprochen; und die Schweden waren immerhin fair genug, seiner Leistung die öffentliche Anerkennung nicht zu versagen, sie herauszuheben aus dem konfessionell-politischen Tageskampf: »Sein Mut, seine Tüchtigkeit, seine Erfahrung, das Vertrauen, dessen er sich unter den Kriegsleuten erfreute, sein Lebenswandel, die ausgezeichneten Dienste, die er seiner Partei erwiesen, konnten ihm mit gutem Grund den Namen eines der größten Heerführer seines Jahrhunderts schaffen«, heißt es in einer zeitgenössischen Quelle, dem »Soldat suédois«. Wäre das nicht aus Feindesmund gesprochen, müßten wir den Lobspruch nur halb so ernst nehmen.
Er erfährt jedoch seine Bestätigung vor einer gleichsam überzeitlichen Instanz, von Clausewitz, den wir als zweifelsfrei über den Parteien stehenden Klassiker der Kriegstheorie auch zum zusammenfassenden Urteil über Tilly heranziehen dürfen. Man wende die in dessen Werk »Vom Kriege«, Erstes Buch, drittes Kapitel, aufgestellten Kriterien, die ein Soldat erfüllen muß, um »kriegerischen Genius« zugesprochen zu bekommen, auf unseren Helden an – man

wird sie bei ihm alle erfüllt finden: Mut, Scharfblick, Entschlossenheit, Energie, Standhaftigkeit, Charakterstärke, alles notfalls auch den eigenen Truppen gegenüber, an leitender Stelle Überlick über das Geschehen bis hin zur Qualität des Staatsmannes – der gründlich mißtrauische Maximilian hat Tilly ja auch bevollmächtigt, mit den jeweils in Frage kommenden Reichsfürsten und auch dem König von Dänemark zu verhandeln. Natürlich nach genauen Direktiven, aber die erteilt man auch nur dem, von dem man weiß, daß er sie vernünftig (in der Sprache der Zeit mit »Diskretion«) anzuwenden versteht.

Nachdem wir zusammen mit unserem Helden so lange zu Pferde gesessen sind, mit gefurchter Stirn an seinen Stabsbesprechungen teilgenommen und das Maß der Verantwortung gefühlt haben, das er ständig trug, vor seinen Augen blutiges Chaos, hinter sich die ermüdenden Schwierigkeiten der Politik, wollen wir uns Entspannung gönnen beim Anblick der Verklärung, die Tilly wegen seiner Leistung zuteil geworden ist. Die begann schon im Feldlager, mit einem biederen Soldatenlied, dem »Klagelied, gesungen dem weitberühmten Helden, Herrn Johann Tilly«, und es lautet auszugsweise so:

»Graf Tilly, der kühne Helde
und aller Ehren wert,
zieht nimmer in das Felde,
hat eingesteckt das Schwert.
Kein Held ist nie gewesen
viel hundert Jahre her,
hab auch von keinem g'lesen,
der Tilly gleiche wär,
an Herz, an Glück, an Siegen –
ihr Römer, schweiget still,
ihr müßt da unten liegen
wenn man's vergleichen will.
Es ist sein Gemüt zu loben,
und was er tat mit der Hand,
er sah auf das, was oben;
der Welt ist es bekannt,
daß Tilly verachtet
Reichtum und große Ehr;
hätt er nach diesen trachtet,
wer hätt derselben mehr?«

Der Vergleich mit den Römern bringt mit seinem Überschwang so etwas wie barockes Pathos in das einfache Gedicht. Solche Stilmittel wurden damals immer populärer; aus den Ruinen des Dreißigjährigen Krieges erhob sich der Pomp des Barockzeitalters, und wir wollen ihm mit dem Vergleich unseren Tribut zollen, daß er sich erhob wie jener ägyptische Phönix aus der Asche.

Die gelehrten Dichter verstanden sich darauf natürlich noch besser, Jakob Balde gar, am Hofe Maximilians als Poet besoldet, meint, Tilly habe die Qualitäten eines Alexander, Hannibal und Caesar in sich geschlossen, und damit kann man sachlich nicht viel anfangen. Er hat ihm auch ein politisches Lied gewidmet, und obwohl es nicht zu den Perlen der im übrigen respektablen Baldeschen Lyrik gehört, müssen wir es hier zitieren:

»Tilly, der alt und wacker Held,
in allen seinen Tagen,
der stets gelegen in dem Feld
umsonst das Schwert nit tragen:
tat so viel Züg, hat so viel Sieg,
Triumph und Ehrensäulen;
war lauter Bein, wird unterm Stein
im Grabe mit verfaulen.
Tilly gut Christ und Soldat
über Feinde früh und spat
siegte ob.
Daß er gewesen dürr und stark –
Magdeburg und Dänemark
gibt ihms Lob.
Tilly war nie vermählet,
wollt nie gebunden sein,
Victoriam erwählet
er für sein Braut allein.
Ließ nit viel mit sich schimpfen,
hat nichts aus Scherz gemeint.
Sag, Durlach, dort bei Wimpfen,
da du wolltst die Nasen rümpfen,
war Tilly nit verbaint!«

Dann flicht der Dichter, wohl zum klassisch krönenden Abschluß, seine Lateinkenntnisse mit ein:

»Wer ist, der dich verschwieg,
o Tilly, ter fortissime!
Die Welt ist nur ein Zeug,
Quod sicut corpus aruit,
sic virtus tua floruit,
gekrönt mit Palmenzweig.«

Obwohl ein Palmenzweig doch eher als das Symbol des Friedens gelten darf.

Es ist immer interessant zu beobachten, wie aus Blut, Dreck und Grauen ein würdiges Element der Bildung wird, nämlich Poesie und Geschichte. Am Totenbett Tillys gar fand sich die Steigerung der Geschichte ins Transzendent-Phantastische ein, die Legende, und erklärte ihn zum »Heiligen im Harnisch«. War er nicht wie ein Heiliger gestorben? So fragte die katholische Geistlichkeit, zu der er stets ein herzliches Verhältnis gehabt hatte.

Unser modernes Urteil zögert jedoch, dieser Art Glorifizierung zu folgen. Denn es widerstrebt uns, Heilige sterben zu sehen, die fast bis zum letzten Atemzug militärische Kommandos erteilen. Wer Menschen in den Tod schickt, und sei es auch ausschließlich im Rahmen der staatlichen Gesetzlichkeit, die das für erlaubt erklärt, der kann wohl kein Heiliger sein. Dieser Ehrentitel und der Harnisch sind zu schwungvoll in eine Einheit zusammenformuliert, denn wir meinen, daß Heiligkeit und Harnisch sich gegenseitig ausschließen. Die Inschrift auf der Predella des Altars der Tillykapelle in Altötting ist allerdings unbefangener: »Gepriesen sei der Herr, mein Gott, der Du meine Hände gelehrt den Kampf und meine Finger den Krieg«, ist da zu lesen zwischen Weihekerzen und dem Altargemälde, das Tilly zu Füßen des Kreuzes kniend zeigt.

Belassen wir es bei den anteilnehmenden Worten des niedergedrückten, aber nicht gebrochenen Kurfürsten, der im Mai 1632 aus dem Feldlager vor Regensburg seinem Bruder Albrecht schrieb: »Unser frommer, alter, braver Tilly ist auch an einem besseren Ort. Hoff, er sei im Himmel, dahin unser Herr uns allen helfen wolle.« Und später formulierte er für sich und sein neugegründetes Kurfürstentum Bayern: »Tilly hat seinesgleichen nicht gehabt.«

Das ist aus der Rückschau allerdings mit einer gewissen Einschränkung zu versehen. Denn nach zwei Jahren, nach Wallensteins Ermordung, schien es ganz so, als ob Tillys Geist erneut in die kaiserlichen und kurfürstlichen Waffen gefahren wäre: unter dem Kommando von Gallas (demjenigen, der im April 1632 um Pilsen herum auf höheren Befehl gezaudert hatte) und Octavio Piccolomini auf kaiserlicher und des Herzogs von Lothringen auf bayerischer Seite brachen die katholischen Truppen im Jahre 1634 über den Böhmerwald in Süddeutschland ein, schlugen die Schweden bei Nördlingen vernichtend und trieben sie bis nach Mecklenburg zurück.

Die Historiker, die von den nicht abreißenden Greueln, Plünderungen und Verwüstungen des Dreißigjährigen Krieges allmählich ebenso matt und marode werden wie die Handelnden, deren Schicksal sie beschreiben, ziehen sich ab Wallensteins Tod gerne auf die Feststellung zurück, nun sei der Krieg zwar noch weitere vierzehn Jahre weitergegangen, aber derart sinnlos geworden, daß er sich nur noch selber aufgefressen habe, und deshalb müsse man das andauernde Hin- und Hermarschieren nicht mehr im einzelnen verfolgen. Das ist natürlich eine verkürzende Sicht: in den Jahren 1635–1637 waren die kaiserlich-bayerischen Waffen, nunmehr klar vereint mit den spanischen, drauf und dran, die Schweden und die auch offen in den Krieg eingetretenen Franzosen zu schlagen, dem Krieg ein deutliches militärisches Ende zu setzen. Man wird uns nicht der durchsichtigen Parteinahme gegen Wallenstein bezichtigen können, wenn wir wahrheitsgemäß behaupten, daß dieser Schwung, der vor und nach Breitenfeld dem Kaiser so offensichtlich gefehlt hatte, ohne das Wegfallen des retardierenden, auch politisch und militärisch gichtkrank gewordenen Friedländers nicht möglich gewesen wäre.

Bis vor die Tore von Paris schweiften die Heere; auf bayerischer Seite tat sich dabei Johann von Werth hervor, ein würdiger Nachfolger des bei Lützen kurze Zeit nach Gustav Adolf gefallenen feurigen Feldmarschalls Pappenheim. Johann von Werth machte mit seinen vollkommen unvermittelten, von unwiderstehlichem Schwung getragenen Kavallerieattacken den Franzosen auch in den folgenden Kriegsjahren gewaltig zu schaffen. Er handelte nach der Devise »der schnellste und kühnste Entschluß ist der unfehlbarste«, wie sie Pappenheim aus der Seele gesprochen gewesen wäre, und wie sie Tilly auch oft genug befolgt hatte; nur die zu langsame Unterstützung der Spanier hinderte Werth daran, im September 1635 handstreichartig sage und schreibe Paris einzunehmen. Richelieu selbst soll in diesem Augenblick »wie ein begossenes Huhn« (nach den

Worten des Paters Joseph, der 1630 in Regensburg mit dabeigewesen war) gezittert haben. Die Gebildeten unter den Franzosen verglichen Johann von Werth mit dem siegreichen Hannibal vor Rom. Seinen Tilly erhielt der Ungebärdige in Feldmarschall Franz von Mercy. Gemeinsam nahmen sie ab 1643 in Süddeutschland den Kampf gegen die Franzosen auf, schlugen die Schlachtgewohnten viele Male, bei Tuttlingen besonders gründlich, bei Freiburg mußte ihnen der große Condé weichen, bei Mergentheim noch ein anderer Stern an Frankreichs Kriegerhimmel, Turenne. Aus dem ewigen Getümmel des Krieges heben sich die Leistungen der bayerischen Armee bis zum Ende besonders heraus, tatsächlich weit deutlicher als die der kaiserlichen. Wenn das auch am Kriegsausgang nichts änderte, hauptsächlich weil gegen die vereinten schwedisch-französischen Heere auf die Dauer doch nichts auszurichten war: die Manen Tillys konnten mit den Nachfolgern im Kommando zufrieden sein. Sowohl Mercy als auch Werth würden in der historischen Literatur umfangreichere Würdigungen verdienen.

Ist aber nicht auch Tillys Wirken letztlich umsonst gewesen, da alle seine Siege von den Schweden zunichte gemacht wurden in den letzten Monaten seines Lebens? Das meinen wir nicht, denn zum einen hätte der Kurhut nicht im Hause Maximilians bleiben können, wenn er nicht zunächst so erfolgreich durch Tillys Feldzüge verteidigt worden wäre. Die Franzosen hätten sich nämlich nicht bemüßigt fühlen müssen, Maximilian den Besitz der Kurwürde in Fontainebleau ausdrücklich zu garantieren, wenn dieser nicht über Tillys Schwert verfügt hätte. Dieses positive Ergebnis hatte die maßlose Wirrsal des Krieges doch.

Und wem dies zu wenig erscheint, dem sei versichert, daß auch wir es für ganz und gar unverhältnismäßig halten angesichts der Verwüstungen und des unbegrenzten Mordens. Die Stellung Tillys in der Geschichte kulminiert zwar in seinem Eingreifen in den Dreißigjährigen Krieg, ergibt sich jedoch nicht allein aus dessen Geschehen. Denn Tilly steht als einer der Größten in der Reihe der Feldherren überhaupt, die der Übermacht des Hauses Habsburg in Europa zum Durchbruch verhelfen wollten, selbst wenn er in bayerischen Diensten stand.

Wenn wir auch in den beiden letzten Kapiteln nicht eben viel von Eingriffen des Kaisers in den Lauf des Krieges berichten konnten, so war es doch damals klar, daß Maximilian die ureigensten Geschäfte des Kaisers seit 1620 stets und gerade dann besorgte, wenn er den Schweden widerstand. Die habsburgische Tendenz zur Dominierung in Europa durchzieht die Geschichte von der Einheirat des jungen Erherzogs, späteren Kaisers Maximilian in die burgundisch-niederländische Erbschaft Karls des Kühnen (1477) bis zum Ende des spanischen Erbfolgekrieges (1714) zweieinhalb Jahrhunderte lang. Bei Breitenfeld und Rocroi ging die spanische Tercio-Taktik unter, und mit ihr waren die spanischen Hegemoniebestrebungen machtlos geworden – nicht so der Wille des Hauses Habsburg, und letztlich auch nicht dessen Fähigkeit zur Vormacht.

In diesem Fürstengeschlecht lebte zu Beginn der sich allmählich säkularisierenden Neuzeit die Idee des mittelalterlich-sakralen, weltumspannenden Kaisertums ungebrochen weiter. Die Mittel zur Durchsetzung der Idee hatten sich gewandelt, waren zeitgemäß geworden; aber im Innern der Wiener Hofburg, auf die sich der Schwerpunkt des Hauses von Madrid weg verlagerte, nisteten die alten Vorstellungen und Überzeugungen und lenkten die Politik und führten auf die Schlachtfelder: mit Frankreich, Schweden, den Niederländern und Osmanen.

Daher darf in der Galerie, die die Häupter des Marchese Pescara, des Herzogs von Alba, Farneses, Spinolas, Montecuccolis und auch noch des Prinzen Eugen umfaßt, ungefähr in der Mitte das Portrait des Grafen Johann Tserclaes von Tilly nicht fehlen.

Register